Große Verschwörungen

Staatsstreich und Tyrannensturz
von der Antike bis zur Gegenwart

Herausgegeben von
Uwe Schultz

W0187730

Große Verschwörungen

Staatsstreich und Tyrannensturz
von der Antike
bis zur Gegenwart

Herausgegeben von
Uwe Schultz

Verlag C. H. Beck München

Die Deutsche Bibliothek CIP-Einheitsaufnahme

Große Verschwörungen : Staatsstreich und Tyrannensturz von der
Antike bis zur Gegenwart / hrsg. von Uwe Schultz. – München :
Beck, 1998. ISBN 3-406-44102-5

ISBN 3 406 44102 5

© C. H. Beck'sche Verlagsbuchhandlung (Oscar Beck), München 1998
Satz: Fotosatz Janß, Pfungstadt. Druck und Bindung: Ebner, Ulm
Gedruckt auf säurefreiem, alterungsbeständigem Papier
(hergestellt aus chlorfrei gebleichtem Zellstoff)
Printed in Germany

Inhalt

Vorwort

Der Tyrann Abantides von Sikyon, welcher meinte, er könne nach greulichen Proskriptionen doch noch auf der Agora mit Philosophen konversieren, wurde eben dort von diesen Leuten und ihrem Anhang umgebracht. Diesmal, wie in anderen Fällen, wechselte man freilich nur den Tyrannen; wenn dagegen eine Verschwörung der Demokraten gelang und der Tyrann in seiner Wohnung oder auf der Agora selbst an einem der dortigen Götteraltäre niedergemacht war, dann wurden die Bürger zur Freiheit gerufen, die Burg zerstört und die Familie schmachvoll ermordet oder im besten Fall dem Selbstmord überlassen.
Jacob Burckhardt: Griechische Kulturgeschichte. 1898

Der Tarpeische Felsen ist nicht weit vom Capitol entfernt.
Comte de Mirabeau. 1790

Die Verschwörung – der Griff nach der ganzen Macht

Als sie im Halbdunkel der frühen Geschichte Ägyptens sichtbar wird, ist sie die intrigenreiche Manipulation der Dynastie bis zum Mord – die Verschwörung von Frauen im Harem. Als Gaius Julius Caesar in öffentlicher Senatssitzung von den Dolchen der republikanisch gesinnten Attentäter durchbohrt wird, soll ein Tyrann fallen und mit ihm der Mißbrauch angemaßter Macht beseitigt werden. Wenn es in jahrzehntelangem Machtkampf den Karolingern gelingt, die Merowinger als Mönche wider Willen hinter Klostermauern verschwinden zu lassen, ist ein Staatsstreich vollzogen, dessen Ziel nackte Usurpation war.

In der Verschwörung geht es stets um die ganze Macht und um den Einsatz des ganzen Lebens – bis zum mörderischen Tod des politischen Gegners – oder bis zum – sogar willig in Kauf genommenen – Hinrichtungstod des Verschwörers. Der griechische Gewaltherrscher Abantides von Sikyon fiel nur durch die Gewalt seiner Feinde – allerdings bei offenem Ausgang des Machtwechsels, denn ein neuer Herrscher garantiert keineswegs eine humanere Regentschaft. Deshalb ist die Verschwörung in sich ambivalent – sie kann sich im ganzen Spektrum zwischen Machtkampf unter Usurpatoren und legitimer, wenn schon nicht legaler Befreiung vollziehen. Zudem verbindet in der Verschwörung das tödliche Risiko den Machthaber mit seinem Herausforderer, und Mirabeau hat um die kurze Wegstrecke gewußt, die in Rom ein Senator bis zum Tarpeischen

Felsen zurückzulegen hatte, wenn er wegen Hochverrats zum Tode verurteilt war, denn die französischen Revolutionäre von 1789 haben keineswegs einen längeren Weg zurückgelegt, wenn sie als «Verschwörer» gegen
die Revolution von der Assemblée Nationale zur Place de la Revolution
– später Place de la Concorde – aufs Schafott geführt wurden.

Das Bild der Verschwörung schillert vielfältig in der Geschichte zwischen Tyrannensturz zur Rettung der Freiheit und Staatsstreich zur Errichtung willkürlicher Herrschaft – bis in die Gegenwart. So vollzieht sich
der Aufstand der Niederlande gegen das Spanien Philipps II. zwangsläufig
im Dunkeln der Konspiration, denn der offene Widerstand Egmonts endet
unter dem Fallbeil, nur das Schweigen Wilhelms von Oranien führt zum
Sieg und zur Schaffung der Republik. Dagegen erobert Richard III. im
Handstreich den englischen Thron und weiß seine königliche Willkür zur
Ermordung anderer Thronprätendenten brutal zu gebrauchen, aber auch
zur Sicherung der Macht Englands. Der Aufstand gegen den Machtmiß-
brauch kann ins Ziel einer freieren Staatsform führen, aber der Staatsstreich
muß nicht zum Schaden des Staates ausfallen.

Auch das religiöse Gewissen kann zur Gewalt gegen den Staat werden,
wenn es die Freiheit des Glaubens gefährdet glaubt. Die Hussiten in Prag
und die Katholiken in London verschworen sich gleichermaßen gegen die
Staatsmacht, mochte ihr Scheitern sich sodann auch ehrenvoll oder nur
kläglich gestalten. Selbst die Religion besitzt die subversive Kraft zu Attentat und Aufstand, vorbereitet im Geheimbund der Verschwörer und
vollzogen mit diskret deponiertem Sprengstoff – der Islam des Nahen
Ostens zeigt es in blutiger Aktualität.

Für jene Verschwörer, deren Tat auf die Tötung des Tyrannen zielte und
die ihre Niederlage wie die ihrer Idee der Freiheit mit dem eigenen Tod
bezahlten, bewahrt die Geschichte ein ehrenvolles Gedächtnis. Vermochte
auch die Ermordung Caesars das imperiale Rom nicht zu verhindern, den
Verschwörern ist die Reinheit ihrer republikanischen Gesinnung nie abgesprochen worden. Mochte der aufgeklärte Adel im feudalistischen Rußland auch nur das Fanal einer freieren Gesellschaft setzen, ihre Vision ist
in der nachfolgenden Geschichte des Landes nicht dem Vergessen anheim-
gefallen, vielmehr in gewandelter Form politische Realität geworden –
wenn auch erneut bis zum Mißbrauch der Macht. Und mochten die
Verschwörer des 20. Juli 1944 auch in ihrem Widerstand nicht bis zur
Beseitigung des Diktators gelangen, ihr Kampf und Sterben wiesen doch
voraus auf ein anderes, demokratisches Deutschland.

Eine geheime Gerechtigkeit der Geschichte scheint der demokratischen
Staatsform zwar nicht die Verschwörung zu ersparen, doch erweist sich die
«offene Gesellschaft» des Parlamentarismus zunehmend resistent gegen
derartige Attacken. Mochten die Kugeln auf Lincoln noch die junge Republik der Vereinigten Staaten von Nordamerika zu erschüttern, die tödlichen Schüsse auf die Brüder Kennedy konnten die Staatsform ihres

Landes nicht mehr im geringsten gefährden. Spiegelbildlich beherrschen bis heute Aufstände, Attentate und Verschwörungen den südlichen Teil des amerikanischen Kontinents, der im Wechsel seiner höchst unterschiedlichen Regierungsformen nur mühsam zu jenen Formen des Machtausgleichs findet, der den verschiedensten Gruppen einen gerechten Anteil an der Gestaltung ihres Staates gewährt. In der funktionierenden, flexiblen, eben «offenen» Demokratie scheint die Verschwörung ihr Recht auf einen gewaltsamen Interessenausgleich zunehmend einzubüßen.

Früh jedoch in der Geschichte und bis weit in die zeitgenössische Gegenwart wird die reale Verschwörung von ihrem fiktiven Gegenbild begleitet. Vermag sich der Schwur der Verschwörer in Destabilisierung oder gar Sturz des Tyrannen vollenden, der Despot bedient sich seinerseits der Verschwörung als Abwehrwaffe, indem er sie seinen Gegnern unterstellt. Sein phantastisches Wahnbild einer vorgetäuschten Verschwörung vermag sehr wohl seine Willkürherrschaft zu stabilisieren und sie durch Terrortribunale sogar zu immunisieren. Diese «Perversion» der Verschwörung erreichte ihren Gipfel in der Legende der Weltverschwörung des Judentums – in den «Protokollen der Weisen von Zion». Ihrer Technik sollte sich auch Stalin im «revolutionären» Abwehrkampf gegen den «Verschwörer» Trotzki bis zum offenen Mordanschlag bedienen.

Doch stets ist die reale Verschwörung in der Geschichte mehr als Attentat, Aufstand, Mord, Verrat oder Geheimbund gewesen – eben die Programmatik einer anderen Politik. Daraus schöpften die Verschwörer ihre Legitimation, einen Machtwechsel ohne Mandat zu wagen, und daraus leiteten die Machthaber stets die legalen Mittel ab, die Verschwörer grausam zu verfolgen – nicht nur, um sie ihrerseits den Tod sterben zu lassen, mit dem sie den jeweiligen Machthaber bedrohten, sondern auch, um das Ideal einer anderen Gesellschaft zu vernichten – nicht selten vergeblich.

Es wurden deshalb jene historischen und zeitgeschichtlichen Verschwörungen ausgewählt, die den Gang der Geschichte veränderten oder verändern sollten. Die Auswahl, die chronologisch angeordnet ist und einen Ausblick auf die systematische Vielfalt geben will, konnte zwangsläufig nur begrenzt ausfallen. Dennoch haben die siebzehn Autoren – Historiker, Literaturwissenschaftler, Kunsthistoriker, Publizisten und Journalisten – sowohl den dramatischen Ablauf der einzelnen Verschwörungen nachgezeichnet wie die zeitgeschichtliche Konstellation aufgehellt, um eine Epoche in der Schrecksekunde ihrer radikalen Infragestellung sichtbar werden zu lassen. Denn jede Verschwörung ist ein entscheidender Impuls in der Geschichte und die Wegmarke in eine andere Zukunft.

Paris, im Juli 1998 *Uwe Schultz*

Haremsverschwörung unter Ramses III.
Die lange Tradition der Umsturzversuche
vom Alten Reich bis zu den Ptolemäern in Ägypten

Dietrich Wildung

«Im Jahre 30 am siebten Tag des dritten Monats der Überschwemmungs-
zeit stieg der Gott zu seinem Horizont empor, der König Amenemhet
entfernte sich zum Himmel, er vereinigte sich mit der Sonne, und der
Gottesleib ging auf in dem, der ihn gemacht hatte. Schweigen war in der
Residenz, die Herzen waren voll Trauer, die beiden großen Tore waren
geschlossen, die Hofleute saßen mit dem Kopf auf den Knien und die
Menschen wehklagten laut.»[1]

Mit diesen Worten schildert der Text des altägyptischen Sinuhe-Romans
den Tod des Pharao Amenemhet I. am 1. Februar 1962 v. Chr. und bedient
sich dabei einer Ausdrucksweise, die schon in den Pyramidentexten des
Alten Reiches den Tod des Herrschers als Aufstieg zum Himmel und als
Einswerden mit Rê begreift: «Es fliegt, der da fliegt! Er fliegt fort von
euch, ihr Menschen. Er ist nicht mehr auf Erden, er ist im Himmel. Er ist
zum Himmel gestürmt als Reiher, er hat den Himmel geküßt als Falke,
er ist zum Himmel gesprungen als Heuschrecke. Wohl denen, die ihn
sehen, wie er gekrönt ist mit dem Kopfschmuck des Rê. Er steigt auf zum
Himmel unter seine Brüder, die Götter.»[2]

Der Himmelsaufstieg des verstorbenen Herrschers führt ihn in seinem
Tod an seine Ursprünge zurück. Als «Sohn des Rê» ist er ein Abkömmling
des Sonnengottes, zu dem er nun zurückkehrt. Mit dem Tod des Königs
geht eine Weltzeit zu Ende, auf die mit der Thronbesteigung des Nach-
folgers eine neue Weltschöpfung folgt, ein neuer Mikrokosmos, der in
zyklischer Wiederholung der Weltentstehung jede Regierungszeit zu einem Zeitalter in sich werden läßt.

Der Sinuhe-Text läßt zunächst nicht erkennen, daß mit dem Tod des
Königs diese endlose Abfolge der Wiederholungen der Weltschöpfung
gestört wurde. Amenemhet, der Begründer der glanzvollen Epoche des
Mittleren Reiches, ist nicht eines natürlichen Todes gestorben, sondern
einer Verschwörung zum Opfer gefallen. Die zunächst unerklärliche
Reaktion des Hofbeamten Sinuhe, der bei der Nachricht vom Tod
des Herrschers in panischer Angst die Flucht ergreift, die ihn schließlich bis in den Libanon und in ein lebenslanges Exil führen wird,
diese Reaktion wird nur dadurch verständlich, daß des Königs Tod durch
eine Verschwörung verursacht wurde, in die Sinuhe verstrickt gewesen

sein muß. Präzisere Informationen sind diesem Bericht nicht zu entlok-
ken.

Ein anderer altägyptischer Text schildert jedoch dasselbe Ereignis aus
der Sicht des unmittelbar Betroffenen, des ermordeten Königs, der in
einem fiktiven Augenzeugenbericht das Attentat minutiös schildert:
«Nach dem Abendbrot war es, die Nacht war gekommen. Ich hatte mir
eine Stunde der Erholung genommen, indem ich auf meinem Bett lag;
denn ich war müde, und mein Herz hatte begonnen, meinem Schlum-
mer zu folgen. Da wurden Waffen gegen mich gewendet, die mich be-
schützen sollten, während ich mich (unbeweglich) wie eine Schlange in
der Wüste verhielt. Ich erwachte durch den Kampf, war gleich ganz bei
mir und erkannte, daß es ein Handgemenge der Wache war. Wenn ich
schnell die Waffen ergriffen hätte, dann hätte ich die Feiglinge im Angriff
zurückgetrieben – aber es gibt keinen, der des Nachts stark ist, keinen,
der allein kämpfen kann, und keine Tat ist erfolgreich ohne einen Helfer.»[3]

Amenemhet richtet diese Worte an seinen Sohn und Nachfolger Seso-
stris I. und fährt fort: «Siehe, der Mord geschah, als ich ohne dich war,
bevor der Hof gehört hatte, daß ich dir die Herrschaft übergeben wollte.
... Hätte ich doch deine Angelegenheit vorher geregelt! Aber ich war auf
den Mord nicht vorbereitet, hatte es nicht vorbedacht, mein Geist hatte
die Unzuverlässigkeit der Diener nicht vorhergesehen.»[4]

Wer hinter dem Attentat auf den Herrscher stand, wird unmißverständ-
lich mitgeteilt: «Hat denn je zuvor eine Gruppe von Frauen eine Kampf-
truppe angeworben? Hat man je Rebellen im Inneren des Palastes groß-
gezogen? Hat man je Wasser so losgelassen, daß es die Felder zerwühlt?»[5]

Die Verschwörung gegen den König ist vom Harem, vom königlichen
Frauenhaus, ausgegangen, das sich der Unterstützung von Emporkömm-
lingen versicherte, von Leuten, die vom König selbst gefördert worden
waren. Aus tiefer Enttäuschung spricht Amenemhet von ihnen zu seinem
Sohn: «Vertraue keinem Bruder, kenne keinen Freund. Schaffe dir keinen
Vertrauten – das führt zu nichts. Ich habe dem Hilfsbedürftigen gegeben
und die Waise aufgezogen, ich ließ den Habenichts ebenso vorwärts kommen wie den, der etwas hatte. Aber gerade der, der meine Speise gegessen
hatte, der zog Truppen zusammen, und der, dem ich geholfen hatte, nützte
das zum Aufstand. Die mein feines Linnen trugen, sahen mich als Fuß-
matte an, und die sich mit meinem kostbaren Öl salbten, schlugen mir ihr
Wasser ab.»[6]

Motive und Hintergründe der Verschwörung bleiben unklar. Da Amenemhet nicht von königlicher Abstammung war, mag seine Thronbesteigung nicht ohne Widerstände des alten Königshauses der vorangehenden
11. Dynastie erfolgt sein, das seinen Rückhalt im königlichen Harem hatte.
Die Rolle der Frau in der Legitimation des altägyptischen Herrschers war
seit alters stark ausgeprägt, und so konnte eine Verschwörung des Harems

gegen einen Usurpator durchaus eine gewisse Rechtmäßigkeit für sich in Anspruch nehmen.

Bereits drei Jahrhunderte früher ist eine Verschwörung einer Königin gegen ihren Gemahl bezeugt. König Pepi I. (um 2300 v. Chr.) soll gestürzt und durch einen seiner Söhne ersetzt werden. Als Richter im Prozeß gegen die Verschwörerin wird ein Vertrauter des Königs berufen, Uni mit Namen, der in seiner Autobiographie schreibt: «Als im königlichen Harem der Prozeß gegen die große königliche Gemahlin Hetes als geheime Angelegenheit geführt wurde, da ließ mich Seine Majestät in ihn eintreten, um das Verhör zu führen – mich allein, ohne daß ein Oberrichter oder Wesir oder Fürst dabei war außer mir allein, weil ich dem Herzen Seiner Majestät teuer und angenehm war. Ich selbst verfaßte den schriftlichen Bericht, obwohl mein Rang nur der eines königlichen Bezirksvorstehers war und in früheren Zeiten niemand von meiner Stellung die geheimen Angelegenheiten des königlichen Harems gehört hatte – nur mich ausgenommen, als mich Seine Majestät das Verhör führen ließ.»[7] Welcher Strafe die Verschwörerin zugeführt wurde, bleibt unerwähnt.

Drastische Maßnahmen gegen Aufrührer empfiehlt die Lehre für König Merikarê: «Wer ein unruhiges Herz hat, der bringt den Staat in Aufruhr, er macht aus Anhängern Partisanen. Vertreibe ihn, töte seine Kinder, lösche seinen Namen. Vernichte seine Sippe, tilge die Erinnerung an ihn und seine Anhänger, die ihn schätzen.»[8]

Nur wenig wird hinter der Fassade einer lückenlosen Herrscherfolge der ägyptischen Dynastien von den wirklichen Umständen des Übergangs der Macht von König zu König, von Herrscherhaus zu Herrscherhaus sichtbar. In den offiziellen Königslisten sind nicht nur Usurpatoren und Fremdherrscher ausgelassen, sondern auch dynastisch legitimierte Herrscher, die gegen geheiligte Traditionen verstießen – Echnaton zum Beispiel, der religiöse Neuerer.

Auf Echnatons Vater und Vorgänger im Königsamt, den König Amenophis III., folgt in den Königslisten unmittelbar König Haremhab. Nicht nur die siebzehn Regierungsjahre Echnatons werden Haremhab zugeschlagen, sondern auch die insgesamt siebzehn Jahre der Könige Semenchkarê, Tutanchamun und Eje, die, weil unmittelbare Nachfolger des Ketzerkönigs, als von dessen religiöser Revolution «kontaminiert» galten. König Eje trat als nicht-königliche Person die Thronfolge des jugendlich verstorbenen Tutanchamun an, und deshalb ist wiederholt vermutet worden, daß er eine Verschwörung angezettelt habe, der Tutanchamun zum Opfer gefallen sei. Wiederum seien die Damen des königlichen Hofes im Spiel gewesen, vor allem Ejes Gemahlin Tiji, die vielleicht die Erzieherin der Nofretete war. Sowenig sich diese Spekulationen beweisen lassen, so gerüchteträchtig bleibt Ejes Ende als Pharao, da sein Nachfolger Haremhab als Oberbefehlshaber des ägyptischen Heeres alle Machtmittel in der Hand hatte, seinen Vorgänger auszuschalten. Die wirklichen historischen Ereignisse bleiben hinter der bruchlos erscheinenden Herrscherfolge von Amenophis III. direkt zu Haremhab, wie sie in der offiziellen altägyptischen Geschichtsschreibung dargestellt wird, völlig im Dunkeln.

Daß die Gefährdung der legitimen Thronfolge durch Verschwörung, Aufruhr und Revolution auch in Altägypten nicht unbekannt ist, läßt sich aus manchen Anspielungen in altägyptischen Texten erkennen. In einem Lehrtext des Mittleren Reiches heißt es: «Die dem König treu sind, werden eine Grabausstattung erhalten, aber es gibt kein Grab für den, der sich gegen Seine Majestät empört. Sein Leichnam wird ins Wasser geworfen.»[9] In einem anderen Text lesen wir: «Wer sich nicht mit dem König anlegt, findet sein Begräbnis, und wer ihm nicht flucht, ruht in einer Pyramide.»[10]

Erst die weltoffene Zeit der Ramessiden gestattet in zahlreichen und ausführlichen Dokumenten einen Einblick in die wirklichen Machtverhältnisse, wenn auch noch in dieser Zeit das nach wie vor gültige Dogma der Unfehlbarkeit und Unangreifbarkeit des pharaonischen Königtums eine ungeschönte Darstellung von Verschwörung und Aufruhr verhindert. Aus Originalakten von Gerichtsverhandlungen ist eine zusammenfassende Darstellung der Ereignisse um eine Haremsverschwörung am Hofe Ramses' III. (1187–1156 v. Chr.) zusammengestellt, die in mehreren Papyri erhalten geblieben ist.

Ort und Jahreszeit des von den Verschwörern geplanten Anschlags auf den König sind bekannt. Die Datierung innerhalb der 31jährigen Regierungszeit bleibt jedoch ungewiß. Das Attentat sollte im oberägyptischen Theben am Tag des großen Talfestes stattfinden, zu dem der Götterkönig Amun, seine Gemahlin Mut und der jugendliche Gott Chons in ihren Prozessionsbarken den Reichstempel von Karnak verließen und mit großem Gefolge zum Besuch der thebanischen Tempel auf das Westufer des Nils übersetzten. Mit ihnen fuhr einmal im Jahr die ganze Bevölkerung der Hauptstadt Theben vom Ostufer des Nils über den Fluß, um die Gräber der Vorfahren in der Nekropole zu besuchen. In den Reliefbildern und Malereien vieler thebanischer Gräber des Neuen Reiches ist diese hochgestimmte Festgesellschaft dargestellt, die mehrere Tage und Nächte lang bei Essen und Trinken, Musik und Tanz die Gemeinschaft von Lebenden und Toten beging, und die Beischriften schildern lebhaft dieses rauschhafte Treiben: «Ich habe den Begräbnistag nicht vergessen und derer gedacht, die in ihren Gräbern ruhen. Ich ließ sie herauskommen, in Muße zu tafeln und sich im Grab, das ich gebaut habe, zu ergötzen. Ich war trunken von Wein und Süßwein, und ich war mit Myrrhe gesalbt.» «Nimm zu trinken, feiere einen schönen Tag in deinem Hause der Ewigkeit! Dir zum Wohle, Geehrter, ein weißes Kleid, Öl für deine Schultern, Kränze um deinen Hals, Myrrhen auf deinen Scheitel, die von Amun-Rê kommen! Feiere einen schönen Tag in deinem Hause der Ewigkeit!» Die religiöse Einbindung dieses Festes scheint aus dem Blick geraten zu sein, wenn es heißt: «Bring mir achtzehn Becher Wein! Sieh, ich will trunken werden. Mein Inneres ist Stroh.»[11]

Im festlichen Gewimmel dieses rauschenden Festes sahen die Verschwörer das ideale Umfeld für ihre Tat. Ramses III. hielt sich an diesen Festtagen in Theben auf und hatte sich in die palastartigen Gemächer am Westportal der großen Anlage seines Totentempels von Medinet Habu zurückgezogen. Medinet Habu war zu jener Zeit das Zentrum des kultischen Lebens in der thebanischen Totenstadt und stand deshalb sicherlich im Mittelpunkt des festlichen Trubels.

Die wichtigste authentische Quelle für die Haremsverschwörung unter Ramses III. ist der Gerichtspapyrus in Turin. Er beginnt mit der Auflistung der Mitglieder des Gerichtshofes, der nach dem Scheitern des Attentats zusammengerufen wird. Drei «Kammern» werden gebildet. Deren wichtigste vereint in sich «die großen Beamten des Platzes der Untersuchung»; es sind dies leitende Verwaltungsbeamte aus der unmittelbaren Umgebung des Königs, unter ihnen zwei Schatzhausvorsteher und zwei Standartenträger.

Es folgt eine Erklärung des Königs selbst, der die Objektivität der gerichtlichen Untersuchung dadurch unterstreicht, daß er sich als in jeder Beziehung Außenstehender bezeichnet: «Was die Dinge anbelangt, von denen die Leute – ich weiß nicht wer – gesprochen haben: Geht hin und untersucht sie! Und sie gingen hin und untersuchten sie, und sie ließen die Selbstmord begehen, die – ich weiß nicht wen – sie des Todes schuldig befunden hatten, und sie bestraften auch die anderen – ich weiß nicht wen. Ich trug ihnen nachdrücklich auf und sagte: ‹Habt acht, hütet euch davor, irrtümlich eine Strafe zu verhängen über jemand, der euch nicht untersteht.› Was all das betrifft, was sie [die Richter] getan haben: Sie haben es getan. Möge alles, was sie getan haben, über ihre Häupter kommen, während ich in alle Ewigkeit davon unberührt bin.»[12]

Aus der ersten Gruppe von Angeklagten wird «der große Feind Paibak-kamen, der Haushofmeister gewesen war», besonders herausgehoben. «Er wurde vorgeführt, weil er sich der (Königsgemahlin) Tije und den Frauen des Harems angeschlossen hatte. Er machte gemeinsame Sache mit ihnen und ging dazu über, ihre Worte nach draußen zu bringen zu ihren Müttern und ihren Brüdern und Schwestern, welche da waren, indem er sagte: ‹Sammelt Leute und schürt Feindschaft!›, um einen Aufruhr gegen ihren Herrn zu machen. Und sie stellten ihn vor die hohen Beamten des Platzes der Untersuchung, und sie untersuchten seine Verbrechen und fanden, daß er sie begangen hatte. Und seine Verbrechen ergriffen Besitz von ihm, und die Beamten, die ihn verhört hatten, ließen seine Strafe an ihm haftenbleiben.» Dieser Angeklagte war also der Verbindungsmann, der die Umsturzpläne aus der geschlossenen Welt des Frauenhauses hinaustrug und Sympathisanten sammeln sollte.

Als nächster wird «der große Feind Mesed-su-Rê, der Kammerherr gewesen war», vorgeführt, «denn er stand in Verbindung mit Pai-bak-ka-men, der Haushofmeister gewesen war, und mit den Haremsfrauen, um Feinde zu sammeln und eine Revolution gegen ihren Herrn anzuzetteln. Er wurde vor die großen Beamten des Platzes der Untersuchung gestellt. Sie untersuchten seine Verbrechen. Sie fanden ihn schuldig. Sie ließen seine Strafe an ihm haftenbleiben.»

Dem Haremsverwalter Pa-tjau-em-di-Amun wurde zum Vorwurf gemacht, er habe von der Verschwörung gehört, sein Wissen aber nicht weitergemeldet. Nach dem ehemaligen Schatzmeister Pa-iri ist die Reihe an dem «großen Feind Binem-Waset, der Oberbefehlshaber in Nubien gewesen war. Er wurde vorgeführt, weil seine Schwester, die zum Harem gehörte, ihm geschrieben und ihm mitgeteilt hatte: ‹Sammle Leute um dich, mache Feinde, und komme zurück, um eine Revolte gegen deinen Herrn zu machen!› Sie verhörten ihn. Sie fanden ihn schuldig. Sie ließen seine Strafe an ihm haftenbleiben.»

Besondere Erwähnung findet im Papyrustext Pen-ta-weret. Er war wohl der für die Nachfolge Ramses' III. vorgesehene Prinz. «Er wurde vorgeführt, da er mit Tije, seiner Mutter, gemeinsame Sache machte, als sie mit den Haremsdamen Pläne schmiedete, eine Revolte gegen seinen Herrn anzuzetteln. Er wurde vor die Kammerherrn gestellt, die ihn verhören sollten. Sie fanden ihn schuldig. Sie ließen ihn, wo er war. Er beging Selbstmord.» Dem «großen Feind Henut-en-Amun, der Kammerherr gewesen war», widerfährt das gleiche Schicksal, da er mit den Haremsdamen konspiriert hatte. Schließlich werden dem Gericht sogar zwei Mitglieder des Richterkollegiums vorgeführt, die während des Prozesses den Reizen der Haremsdamen erlegen waren und mit ihnen ein Fest gefeiert («eine Bierhalle gemacht») hatten.

Neunundzwanzig namentlich genannte Männer und sechs Frauen wurden abgeurteilt. Während die hochgestellten Angeklagten das Privileg zugestanden erhielten, das über sie ausgesprochene Todesurteil selbst an sich zu vollstrecken, wird über den Strafvollzug bei den anderen Verurteilten nichts mitgeteilt. Als milde Strafe gilt das Abschneiden von Ohren und Nasen, und einer der Angeklagten – wahrscheinlich als Informant in den Genuß einer Kronzeugenregelung gekommen – wird lediglich «ernstlich verwarnt».

Eine außergewöhnliche Art der Vorverurteilung mehrerer Angeklagter liegt in deren Namen, wie sie im Prozeßprotokoll aufgezeichnet sind. Mesed-su-Rê – «Der Gott Rê haßt ihn», Pai-bak-kamen – «der blinde Sklave», Pen-Hui-bin – «Der dem bösen Hui gehört», Bin-em-Waset – «Der Böse in Theben» und Pa-Rê-kamen-ef – «Der, den der Gott Rê blenden wird» sind Namen, deren Träger von vornherein als Übeltäter gebrandmarkt sind. Diese Ächtung der Verbrecher durch die Magie des bösen Wortes spiegelt auf seiten der Ankläger eine Praxis der Täter selbst. Sie hatten, wie aus Textfragmenten hervorgeht, «magische Texte verfaßt,

um Verwirrung und Unordnung zu stiften, und sie machten einige Götter-
und Menschenfigürchen aus Wachs, um Gliedmaßen zu lähmen. Und man
gab sie dem Pai-bak-kamen, den Rê nicht mehr Haushofmeister sein ließ,
und den anderen großen Feinden mit den Worten: ‹Bringt sie hinein› (in
den Palast), und sie brachten sie wirklich hinein. Als er sie hineinbrachte,
wurden die bösen Taten vollbracht, aber Rê verhinderte, daß sie erfolgreich waren.»[13] Offensichtlich sollten die magischen Figürchen die Wäch-
ter des Palastes lähmen und damit den Attentätern den Zugang zum König
öffnen.

Beamte der Haremsverwaltung spielen bei der Verschwörung eine
wichtige Rolle. Die Anzahl von Nicht-Ägyptern unter den Angeklagten
– Libyer, Lykier, Asiaten – ist auffallend hoch. Drahtzieherin ist jedoch die
Königsgemahlin Tije, die offenbar den von ihr geborenen Sohn Pen-ta-
weret als Nachfolger Ramses' III. auf den Thron bringen will. Im Gegensatz zu der traditionellen Hervorhebung einer der Frauen des Königs als
«Große Königliche Gemahlin», deren Erstgeborener Kronprinz wurde,
hatte Ramses III. auf die Ernennung einer solchen Hauptfrau verzichtet
und damit wohl indirekt die Verschwörung provoziert.

Details über die Haremsverschwörung werden in dem ausführlichen
Text nicht mitgeteilt; ebenso spärlich sind die Angaben über deren Aufdeckung und über den Strafvollzug. Der König scheint den Attentatsver-
such unbeschadet überlebt zu haben. An seiner Mumie sind keine Anzeichen für einen unnatürlichen Tod festzustellen; er ist offenbar in vorge-
rücktem Alter eines natürlichen Todes gestorben.

Die Epoche der makedonischen Fremdherrscher über Ägypten, der
Ptolemäerkönige, die als Nachfolger Alexanders des Großen die drei letzten Jahrhunderte vor der Zeitenwende das Niltal regieren, vermittelt in
den Reliefs und Inschriften der großen Tempel dieser Zeit – Dendera,
Edfu, Kom Ombo, Philae – den Eindruck einer weiterhin ungebrochenen
Kontinuität der Herrscherfolge. Die authentischen historischen Quellen
jedoch zerstören dieses Bild einer heilen Welt. Ägyptische Papyrusurkun-
den und Berichte hellenistischer Historiker zeichnen für die Geschichte
des ptolemäischen Ägypten ein Szenario von Intrige und Mord. Die Ermordung von Alexanders Nachfolger Philippos Arrhidaios (317 v. Chr.)
ist der Auftakt zur Lösung dynastischer Konflikte des Ptolemäerhauses
durch Mord. Nicht weniger als vier Könige und vier Königinnen sterben
in den folgenden Generationen eines gewaltsamen Todes.

Während diese politischen Morde vom Königshaus selbst inszeniert
wurden, bemühten sich nationalistische Kräfte, die Überfremdung Ägyptens durch die makedonischen Ptolemäer durch Aufstände zu stoppen.
Fern vom Königshof in Alexandria können sich um 200 v. Chr. für zwei
Jahrzehnte im oberägyptischen Theben zwei einheimische Herrscher eta-
blieren. Sie schüren Aufstände im Süden und im Nildelta. Als Anch-we-
nen-nefer, der zweite dieser letzten «echten» Pharaonen, im Jahr 186

v. Chr. den Soldaten Ptolemaios' V. unterliegt, wird er zum «Götterfeind» erklärt, aber schließlich begnadigt. Der Amnestie-Erlaß vom 9. Oktober 186, in Tempelinschriften und auf Stelen im ganzen Land verkündet, schließt eine Generalamnestie für alle Straftaten zwischen dem 4. September und 3. Oktober 186 ein. Den Rebellen in Unterägypten, die wenig später gefangengenommen werden, wird dagegen ein grausames Schicksal zuteil. Nackt werden sie vor Karren gespannt, durch die Stadt Sais getrieben und schließlich zu Tode gefoltert.

Der politische Feind als «Götterfeind» – diese Vorstellung ist so alt wie die Geschichte des ägyptischen Königtums. Auf der Narmer-Palette präsentiert der Gott Horus dem König die unterworfenen Feinde, in den Reliefs der Pyramidentempel des Alten Reiches werden gefesselte Asiaten, Libyer und Nubier von Göttern abgeführt, in den Schlachtenbildern des Neuen Reiches wird der Sieg über die Gegner Pharaos immer zum Sieg der göttlichen Weltordnung über das Chaos überhöht.

Diese Spiegelung politischer Konflikte in der Welt der Götter lädt dazu ein, der Konfrontation des altägyptischen Herrschaftssystems mit Verschwörern auch in religiösen Texten und Bildern nachzuspüren. Mythen stellen die zeitlos gültige Ausformulierung historischer Grunderfahrungen dar, und so findet sich die Revolte gegen den irdischen Herrscher im Bereich der Götterwelt wieder.

In den Erzählungen des «Buchs von der Himmelskuh» empören sich die Menschen gegen den alt gewordenen Sonnengott Rê. Er beruft einen Götterrat ein und spricht zu ihm: «Seht, die Menschen, die aus meinem Auge entstanden sind, sie haben Pläne gegen mich ersonnen. Sagt mir, was ihr dagegen tätet.»[14] Auf Vorschlag der Götter schickt Rê die Göttin Hathor aus, die Menschen zu vernichten, gebietet aber schließlich dem Blutrausch der rächenden Göttin aus Mitleid mit den Menschen Einhalt. Die Gnade, die der Herrscher gegenüber Verschwörern vor Recht ergehen läßt, folgt dem mythischen Vorbild des gnädig gestimmten Sonnengottes.

Im Horus-Mythos, im Tempel von Edfu in Schrift und Bild aufgezeichnet, verschwören sich Rebellen unter ihrem Anführer Seth gegen den Götterkönig Rê-Harachte. Dieser beauftragt den Gott Horus von Edfu mit der Niederwerfung des Aufstands. In den Bildfolgen, die die Innenwände der Umfassungsmauer des Edfu-Tempels bedecken, wird der beständige Kampf zwischen Gut und Böse, zwischen Licht und Finsternis zum kosmischen Präzedenzfall für die politische Verschwörung. Sie ist nicht aus der Welt zu schaffen, aber der Sieg des Horus über Seth bietet die Gewähr für die Niederlage der Verschwörer. Sie zerfleischen sich letztlich selbst: «Horus wütete mit seiner Stirn so gegen sie, daß sie mit ihren Augen nicht mehr sehen und mit ihren Ohren nicht mehr hören konnten, so daß jeder einzelne seinen Nachbarn im Zeitraum eines Augenblicks tötete und kein Haupt mehr da war, in welchem sie hätten weiterleben können.»[15]

Die latente Gefährdung jeglicher Ordnung durch Elemente der Unordnung wird in einer der zentralen Szenen des altägyptischen Totenbu-
ches in eindrucksvoller Knappheit zum Bild verdichtet: Neben der Waage
des Totengerichtes, auf deren Schalen Maat, die Weltordnung, und das Herz
des Menschen gegeneinander abgewogen werden, ist stets auch die «Seelenfresserin» dargestellt. Dieses Untier mit Löwenleib, Nilpferdbeinen und
Krokodilkopf droht den Verstorbenen zu verschlingen, wenn er dem Richter Osiris und seinen zweiundvierzig Beisitzern nicht standhält.

Sowenig eine Verschwörung den Lauf der dreitausendjährigen Geschichte Altägyptens nachhaltig gefährden konnte, so undenkbar wäre es
für einen alten Ägypter gewesen, daß die Seelenfresserin jemals zugepackt
hätte.

Alkibiades und der Sturz der athenischen Demokratie. Die dramatischen Ereignisse des Jahres 411 v. Chr.

Klaus Bringmann

Im Sommer des Jahres 416 v. Chr., in der Zeit des «faulen Friedens» zwischen den feindlichen Großmächten Athen und Sparta, wurden die Olympischen Spiele unter Beteiligung der ganzen griechischen Welt feierlich begangen. Im kostspieligsten, prestigeträchtigsten Wettkampf, dem Wagenrennen, feierte ein Bürger des demokratischen Athen, Alkibiades, den Triumph eines dreifachen Sieges. Nach Art fürstlicher Herren, ja sie übertreffend, schickte er mehrere Wagen, insgesamt sieben, ins Rennen, und er präsentierte sich vor der versammelten Elite Griechenlands wie einer der großen Tyrannen vergangener Tage – als ein Herr, dessen zur Schau gestellter Reichtum seinesgleichen suchte, dessen Einfluß und Macht über die Grenzen der eigenen Polis hinaus in der ganzen griechischen Welt verwurzelt waren.

Sein Biograph Plutarch schreibt: «Sein Rennstall wurde weitberühmt auch durch die Menge der Wagen, die er hielt. Sieben ließ kein anderer, weder Privatmann noch auch König, in Olympia laufen, sondern nur er, und daß er den ersten, den zweiten und den vierten Preis errang, wie Thukydides, oder den dritten, wie Euripides sagt, das stellt an Glanz und Ruhm alles in den Schatten, was andere auf diesem Feld erstrebt und erreicht haben ... Diesen Ruhmglanz erhöhte noch das wetteifernde Bemühen der Städte: ein prächtig geschmücktes Zelt errichteten für ihn die Ephesier, Futter für die Pferde und eine Menge Schlachtvieh lieferte die Gemeinde Chios, Wein und alles sonst Erforderliche für die üppigen Bewirtungen, die er für viele Menschen veranstaltete, die Lesbier.»[1] Kein Geringerer als der große tragische Dichter Euripides schrieb das Siegeslied zum höheren Ruhm des Alkibiades:

> «Dich preis' ich hoch, Sohn des Kleinias,
> Schön ist der Sieg, schöner noch,
> Was kein andrer der Griechen errang:
> Erster zu sein im Wagenrennen und zweiter und dritter,
> Mühelos zu schreiten, mit doppeltem Ölzweig bekränzt,
> Während der Herold mit schallendem Ruf den Sieg verkündet.»[2]

Alkibiades entstammte einer der fürstlichen Familien Athens, die ihre Herkunft auf einen Sohn des mythischen Helden Aias zurückführte, und seine Mutter, aus dem Adelsgeschlecht der Alkmaioniden, war eine Nichte des

Perikles. Der Vater fiel 447 v. Chr. in der Schlacht bei Koroneia, als Alkibiades noch ein kleines Kind war. Sein Vormund wurde Perikles, Onkel
des Alkibiades und der führende Politiker im damaligen Athen; in dessen
Hause wuchs Alkibiades auf. Er war schön und charmant, Körperkraft und
geistige Brillanz zeichneten ihn aus, er war reich und selbstbewußt, er
konnte Menschen bezaubern und vor den Kopf stoßen, er schulte sich
und seine Redegabe an den Lehren der Sophisten und kam in nähere
Berührung mit dem eindrucksvollen Denker Sokrates; vor allem aber genoß er das Leben mit der moralischen Unbefangenheit eines jungen Mannes, der sich durch Persönlichkeit, Macht und Reichtum über jedes
Durchschnittsmaß erhaben dünkte. Doch mochten auch die Skandale seines Privatlebens die Athener in Atem halten – das eigentliche Feld seines
Ehrgeizes war die große Politik. Er war entschlossen, eine Führerfigur wie
sein Onkel Perikles zu werden, über dessen Rolle der Historiker Thukydides sagte: «Es war dem Namen nach eine Demokratie, in Wirklichkeit
eine Herrschaft des Ersten Mannes.»[3]

Wie aber war es für einen Aristokraten möglich, in der athenischen
Demokratie eine Führerfigur zu werden? Diese Demokratie war auf die
politische Gleichheit aller erwachsenen männlichen Bürger gegründet und
war ernsthaft nach dem Grundsatz ausgerichtet, daß das Volk sich selbst
regiert. Alle sieben bis neun Tage trat die Volksversammlung zusammen
und faßte, wie wir sagen würden, Regierungsbeschlüsse. Der nach einem
Losverfahren zusammengesetzte Rat der Fünfhundert fungierte als kol-
lektive Geschäftsführung der Volksversammlung, und die rund 700 meist
durch das Los bestimmten, der Aufsicht und der Rechenschaftspflicht unterworfenen Amtsträger versahen begrenzte administrative Aufgaben auf
Zeit und nach einem komplizierten arbeitsteiligen Schema. Die athenische
Demokratie beruhte anders als die moderne parlamentarische nicht auf
dem Prinzip der Repräsentation, sie kannte weder Parlamentswahl noch
die Methode, mittels einer Parlamentsmehrheit eine Regierungsbildung
zu ermöglichen, und sie war schon gar nicht auf den Grundsatz der
Gewaltenteilung gegründet. Das Volk regierte, setzte Gesetzgebungsverfah-
ren in Gang und übte in Volksversammlung und Volksgericht die richter-
liche Gewalt aus.

Die athenische Demokratie war nicht in einem sich selbst genügenden
Kleinstaat entstanden. Ihr eigentlicher Entstehungszusammenhang war die
Abwehr der Perser und die Organisation eines Seebundes (477 v. Chr.),
dessen ursprünglicher Zweck die Befreiung der Griechen der Ägäisinseln
und Kleinasiens von persischer Herrschaft war, der sich jedoch schnell in
ein Machtinstrument Athens verwandelte. Dies alles brachte es mit sich,
daß die besitzlosen Schichten der Bürgerschaft für den Dienst auf der
Kriegsflotte und damit auch für die politische Mitsprache mobilisiert wurden. Die Ruderer der Kriegsschiffe empfingen Sold, und das Prinzip der
Besoldung wurde auch auf die Amtsträger, den Rat der Fünfhundert und

die Richter des Volksgerichts ausgedehnt. Teilhabe an Kriegsdienst und Politik waren folglich, um von anderen, der Teilhabe am politischen Geschehen entspringenden Vorteilen zu schweigen, mit einem ökonomischen Eigeninteresse der besitzlosen Schichten verknüpft. Sie schufen die Massenbasis für die zunehmend imperiale Seemachtspolitik, die Athen zunächst in die großen Kriege mit dem Perserreich, dann unter Führung des Perikles mit Sparta und seinen Bundesgenossen verwickelte.

Wenn aber die athenische Demokratie nicht zwischen dem Volk als Souverän, von dem alle Regierungsgewalt ausgeht, und einer wie auch immer durch Volkswahl bestimmten Regierung unterschied und das Volk selbst die Regierungsgewalt ausübte, dann war es, in den großen Streitfragen der Politik zumindest, darauf angewiesen, daß um die Meinungsführerschaft rivalisierende Politiker ihm politische Alternativen präsentierten und für die Annahme der jeweiligen Beschlußvorlagen warben. Für diese Rolle eigneten sich aus durchsichtigen Gründen in der Regel nicht Normalbürger, sondern Angehörige der Oberschicht, die über politischen Ehrgeiz, wirtschaftliche Unabhängigkeit, Selbstbewußtsein und über eine natürliche und, seit dem Auftreten der Sophisten, über eine geschulte Redegabe verfügten.

In dieser Oberschicht spielte der athenische Adel auch noch während der Demokratie lange Zeit eine tonangebende Rolle, ja mehr noch: die führenden Politiker, die von Kleisthenes bis Perikles in einzelnen, von pragmatischen Überlegungen bestimmten Schritten jene Verfassungsordnung schufen, die ungefähr seit der Mitte des fünften Jahrhunderts dann mit einer neuen Wortprägung als Demokratie bezeichnet wurde, gehörten dem Kreis der großen adligen Herren an. Die Meinungsführerschaft in der Volksversammlung war nicht an eine amtliche Stellung geknüpft. Gewiß bekleidete Perikles immer wieder das Amt eines Strategen, das wegen der erforderlichen militärischen Kompetenz eines der wenigen Wahlämter war, aber seine Führerschaft mußte er in der Volksversammlung immer von neuem durch Autorität und die Macht des Arguments verteidigen und rechtfertigen. Als im Peloponnesischen Krieg (431–404 v. Chr.) der schnelle Erfolg ausblieb und Athen im Belagerungszustand von der Pest heimgesucht wurde, brach seine Führungsstellung zusammen.

Die Durchsetzung eigener Vorschläge war für die Führer des Volkes – dies ist die ursprüngliche, von den bekannten negativen Konnotationen noch freie Bedeutung des griechischen Wortes Demagoge – nicht ungefährlich. Das Volk hielt sich an denen schadlos, die ihm tatsächlich oder vermeintlich falsch geraten hatten, und Ankläger standen in Gestalt von Rivalen und Feinden immer bereit. Die Konkurrenz der um die Meinungsführerschaft in der Volksversammlung rivalisierenden Politiker, die Methode, die Schuld für Fehlentscheidungen auf die betreffenden Ratgeber und Antragsteller abzuwälzen, und das Richtermonopol des Volkes – dies alles konnte sich dahin auswirken, daß gescheiterte Führungsaspiranten mit dem Entzug der bürgerlichen Ehrenrechte, mit Geldstrafen, Verbannung oder Tod bedroht wurden. Perikles entging nur knapp der Todesstrafe, aber ohne eine Geldbuße kam er nicht davon: «Und wirklich», schreibt Thukydides, «ruhten sie alle zusammen in ihrer Wut auf ihn nicht eher, als bis sie ihm eine Geldstrafe auferlegt hatten.»[4]

Obwohl jeder, der in Athen eine führende politische Rolle spielen wollte, sich den Spielregeln der Demokratie zu unterwerfen hatte, konnten die inneren Bindungen der Oberschicht an diese Regierungsform verständlicherweise nicht allzu tief sein. Die politische Gleichheit der Demokratie überlagerte eine gesellschaftliche Ungleichheit, und es ist begreiflich, wenn Angehörige der Oberschicht, die dem Volk aus standesgebundenem Überlegenheitsgefühl reserviert gegenüberstanden, aber sich aus politischem Ehrgeiz äußerlich loyal oder, wie es in den Quellen heißt, dem Volke gegenüber wohlgesinnt verhielten, dann zu erklärten Gegnern der Demokratie wurden, wenn sie in die Mühlen der Volksjustiz geraten waren.

Daß die ohnehin nicht sehr starken Bindungen an die Demokratie sich weiter lockerten, dazu trug der große Krieg, den man den Peloponnesischen nennt, Entscheidendes bei. Vor allem zwei Faktoren waren ausschlaggebend. In der Massenversammlung des regierenden Volkes schlugen sich die Emotionen, die aus den Rückschlägen und Menschenverlusten des Krieges resultierten, ungefiltert in Fehlentscheidungen und unter Umständen in darauf folgenden Korrekturversuchen nieder. Obwohl die athenische Demokratie, was ihre Institutionen und Regularien anbelangt, vielleicht die am besten organisierte Regierungsform der Antike war, wurde es ein Gemeinplatz, daß das regierende Volk, im Gegensatz etwa zu oligarchischen Regierungsgremien, unberechenbar und unzuverlässig sei. Um bei dem Beispiel des Perikles zu bleiben: erst wurde er verurteilt und dann doch wieder zum Strategen gewählt. Thukydides kommentiert dieses Verhalten mit der abschätzigen Bemerkung: «Sehr bald danach freilich, *wie die Menge pflegt,* wählten sie ihn wieder zum Feldherrn …»[5]

Der zweite Grund der Entfremdung hing mit dem Grundsatz zusammen, daß jeder Bürger nach Maß seiner Mittel und Möglichkeiten zu den Kosten der Gemeinschaft beitrug. Es waren Angehörige der reichen Oberschicht, die als Choregen die Chöre einstudieren ließen und bezahlten, mit denen an den Festen der Großen Dionysien und Lenäen der Wettbewerb der Tragödien und Komödien ausgetragen wurde.[6] Dies war Teil des öffentlichen Gottesdienstes, und es war reichen Bürgern auferlegt, mit Geldaufwendung und persönlichem Engagement um die Siegespreise zu wetteifern. Gymnasiarchen hatten die Kosten für die Ausrichtung der Fackelwettkämpfe (Wettläufe und Pferderennen) sowie für Training und Verpflegung der Wettkampfteilnehmer zu übernehmen. Die größte finanzielle Last aber war, zumal in Kriegszeiten, die Trierarchie, eine persönliche und finanzielle Dienstleistung, die in der Führung und Instandhaltung eines Kriegsschiffes, einer Triere, für die Dauer eines Jahres bestand.[7]

Aus der Anfangzeit des Peloponnesischen Krieges hat sich die Schrift eines Gegners der athenischen Demokratie erhalten, in der diese Herrschaftsform als wohldurchdachte Klassenherrschaft der Besitzlosen denunziert wird. Der Verfasser unterstellt der Volksherrschaft den Zweck, die Bundesgenossen und die Oberschicht Athens auszubeuten und auf deren Kosten zu leben. Von den genannten, die Wohlhabenden belastenden Dienstleistungen, den sogenannten Liturgien, sagt der anonyme Verfasser: «Bei den Choregien jedoch und Gymnasiarchien und Trierarchien sind es, wie ihnen bewußt ist, die Reichen, die als Choregen wirken, das Volk, das vom Choregen angestellt wird, und die Reichen, die als Gymnasiarchen und Trierarchen wirken, das Volk, das vom Trierarchen und Gymnasiarchen angestellt wird. Jedenfalls hält es das Volk für angemessen, Geld zu empfangen für sein Singen, Wettlaufen, Tanzen und auf den Schiffen Fahren, damit es selber den Gewinn habe und zugleich die Reichen verarmen, und ebenso kümmern sie sich nicht so sehr um das Recht als vielmehr um ihren eigenen Vorteil.»[8]

Obwohl also die Vorbehalte gegenüber der Demokratie in der wohlhabenden Oberschicht weit verbreitet waren, war die Mehrheit gewillt, den traditionellen Anspruch auf politische Führung und öffentliche Ehrung auch unter den Bedingungen der Demokratie aufrechtzuerhalten. Es war eine Minderheit, die in der Überzeugung, daß die Demokratie in Athen Herrschaft der Minderwertigen und unumstößlich sei, in die innere Opposition ging. Weniger der Masse des Volkes als den Standesgenossen, die sich in der Demokratie als Führer des Volkes profilierten, galt die Kritik dieser Minderheit. Der anonyme Verfasser der zitierten Flugschrift schrieb: «Volksherrschaft aber halte ich für meine Person dem Volk selbst zugute; denn sich selbst wohlzutun ist jedem zugute zu halten; wer aber, ohne zum Volk zu gehören, es vorgezogen hat, in einem demokratischen Gemeinwesen zu wirken statt in einem oligarchischen, der hat es darauf abgesehen, Unrecht zu tun, und hat erkannt, daß es für einen Schurken leichter ist, in einem demokratischen als in einem oligarchischen Gemeinwesen verborgen zu bleiben.»[9]

Alkibiades gehörte zu der Mehrheit, die auf alle Fälle, auch unter den Bedingungen der Demokratie, den ererbten Führungsanspruch der Aristokratie aufrechtzuerhalten gewillt war. Unbefangen und skrupellos ging er zu Werke, und er bewirkte, daß Athen nach 413 v. Chr., in der zweiten Phase des Peloponnesischen Krieges, dem sogenannten Dekeleischen Krieg, in eine ausweglos erscheinende Lage geriet. Die katastrophale Wendung, die der Krieg nahm, erschütterte zugleich die Demokratie, die Regierungsform, die für das Desaster eines verlorenen Krieges verantwortlich gemacht wurde. Innerhalb der Oberschicht und auch bei den Bauern gewann die Opposition gegen die Demokratie an Boden. Daß sie aus der Position einer machtlosen Minderheit herauskam und die Chance erhielt, die Demokratie zu stürzen, war beides nicht zuletzt das Werk des Alkibiades. Das Wirken dieses Abenteuerers, dem die große Politik die Bühne einer an die Tyrannen älterer Zeit erinnernden Selbstverwirklichung war, hatte großen Anteil an der politischen Entwicklung Athens, ja ganz Griechenlands.

Alkibiades sah seine Stunde gekommen, als gegen Ende der ersten Phase des Peloponnesischen Krieges beide Kriegsparteien wegen der Rückschläge, die sie erlitten hatten, kriegsmüde und somit friedensbereit wurden. Sein Großvater hatte vor 461 als Proxenos (wörtlich: Gastfreund) die Funktion eines Interessenvertreters der Spartaner in Athen ausgeübt, aber diese in der Familie erbliche Würde niedergelegt, als nach einer Brüskierung Athens durch Sparta beide Mächte in Konflikt gerieten. Alkibiades hoffte, die alte Position zurückzugewinnen, und er gab sich deshalb die größte Mühe, für die mehr als 300 spartanischen Vollbürger zu sorgen, die in athenische Kriegsgefangenschaft geraten waren. Um so größer war seine Enttäuschung, als das offizielle Sparta ihn überging und das Verdienst des Friedensschlusses dem Strategen Nikias gutgeschrieben wurde. Gegen Nikias als den älteren Rivalen mußte sich Alkibiades durchsetzen, und dies konnte nur in der Weise geschehen, daß er zu der vorsichtigen Friedenspolitik, die Nikias vertrat, auf Konfrontation mit Sparta und auf eine Politik der Machterweiterung und des kriegerischen Risikos setzte.

Dazu gaben Streitigkeiten, die nach dem Friedensschluß über die Erfüllung einzelner Bedingungen ausbrachen, unverdächtigen Anlaß. Alkibiades brachte es fertig, potentielle Gegner Spartas auf der Peloponnes, Argos, Mantineia und Elis, zu bewegen, Gesandte mit einem Bündnisangebot nach Athen zu schicken. Als die Spartaner das erfuhren, sandten sie, um den Abschluß des Bündnisses zu verhindern, ihrerseits Gesandte mit dem Auftrag nach Athen, die bestehenden Streitpunkte auszuräumen. Alkibiades mußte um das Gelingen seines Planes fürchten, und er griff zu einer List. Er veranlaßte die spartanischen Gesandten, vor der Volksversammlung ihre zuvor dem Rat vorgelegte Vollmacht zur Bereinigung der Streitpunkte zu leugnen, und erreichte gegen den Widerstand des Nikias, daß das Volk aus Zorn über die vermeintliche Unzuverlässigkeit der Spartaner das Bündnis mit den peloponnesischen Gemeinden abschloß.

Dies geschah im Sommer 420, Alkibiades wurde damals zum ersten Mal zum Strategen gewählt, in die amtliche Position also, die mit der Führungsrolle, die Perikles ausgeübt hatte, lange Zeit verbunden war. Zwei Jahre später verlor das Aufgebot der mit Athen verbündeten peloponnesischen Staaten die Schlacht von Mantineia, und die athenische Außenpolitik verfolgte, bedingt durch die unentschiedene Rivalität zwischen den beiden Exponenten einer Friedens- und einer Konfrontationspolitik, einen schwankenden Kurs. Der Versuch eines Dritten, des Demagogen Hyperbolos, einen der beiden, Nikias oder Alkibiades, durch ein Scherbengericht aus Athen zu entfernen und so zu einer klaren Kursbestimmung der Außenpolitik zu gelangen, scheiterte an der Absprache der vom Scherbengericht Bedrohten. Sie brachten es fertig, daß keiner von ihnen, sondern der Urheber des Verfahrens, eben Hyperbolos, 417 in die Verbannung gehen mußte. Wieder zum Strategen für die Jahre 417/16 und 416/15 gewählt, befürwortete Alkibiades den athenischen Gewaltstreich gegen das neutrale Melos und die Hinrichtung der gesamten waffenfähigen Mannschaft nach Einnahme der Stadt.

Alkibiades' große Chance schien gekommen, als im Winter 416/15 die sizilische Stadt Egesta die Athener um Hilfe gegen das mit Syrakus verbündete Selinus bat. Im Sommer 415 verhandelte die Volksversammlung über das erbetene militärische Eingreifen. Nikias war dagegen, Alkibiades dafür. Sein Plädoyer für eine Großmachtpolitik, die jede Chance der Machterweiterung zur Sicherung der einmal errungenen Machtstellung nützte, lautete so: «So können wir es uns nicht einteilen, wie weit wir herrschen wollen, sondern nachdem wir einmal so weit sind, braucht es notwendig immer neue Anschläge auf die einen, straffe Führung bei den anderen, weil uns droht, selber anderen untertan zu sein, wenn wir nicht selber andere beherrschen. Ihr könnt auf Friedfertigkeit nicht ebenso wie die anderen achten, wenn ihr nicht euer ganzes Tun und Lassen entsprechend umstellt. In der Einsicht also, daß wir uns hier stärken, wenn wir drüben angreifen, unternehmen wir die Fahrt, um den Peloponnesiern erst den Stolz zu dämpfen, wenn sie uns die jetzige Ruhe verschmähen und sogar nach Sizilien fahren sehen, darüber hinaus werden wir Hellas mit der drüben gewonnenen Macht wahrscheinlich ganz beherrschen oder wenigstens Syrakus schwächen, was uns selbst und unseren Verbündeten hilft.»[10] Die Mehrheit folgte ihm in Erwartung hoher Kriegsgewinne aus dem reichen Sizilien, und er wurde zusammen mit Nikias und Lamachos zum bevollmächtigten Strategen für die Expedition nach Sizilien gewählt.

Kurz vor Ausfahrt der Flotte wurde die Bürgerschaft durch einen Religionsfrevel in größte Unruhe versetzt. Nachts waren die Gesichter der in Athen zahlreichen Steinbilder des Gottes Hermes fast alle verstümmelt worden: «Sie nahmen die Sache sehr ernst, als ein böses Omen für die Ausfahrt und zugleich als Anzeichen einer Verschwörung zu Aufruhr und Sturz der Volksherrschaft.»[11] Wegen früherer Verstümmelungen und Profanierung der eleusischen Mysterien (des berühmtesten griechischen Erd- und Fruchtbarkeitskultes) wurde auch Alkibiades angezeigt, und seine Gegner schmiedeten daraus den Vorwurf, dies und der jüngste Religionsfrevel zielten auf den Sturz der Demokratie, und dahinter stecke Alkibiades: «Nichts von alledem sei geschehen, ohne daß er dabei gewesen sei – und sie wiesen endlich zum Beweis auf das ganze übrige Gebaren dieses arroganten Sittenverächters.»[12] Alkibiades forderte eine gerichtliche Untersuchung, aber seine Gegner verhinderten dies, weil sie befürchteten, das auf seiner Seite stehende Expeditionskorps werde seinen Freispruch durchsetzen. So fuhr die Flotte aus. Nach der Landung in Sizilien wurde er zurückberufen, um sich vor Gericht zu verantworten.

Die Furcht vor Adels- und Tyrannenverschwörung war das treibende
Motiv, und auf die Person des Alkibiades konzentrierten sich die Furcht
und der Verdacht tyrannischer Aspirationen: «Vor allem aber wünschte er
Feldherr zu sein», sagt Thukydides, «und hoffte, dadurch Sizilien zu er-
obern und Karthago und für sich selbst zugleich, wenn er Erfolg habe,
Geld und Ruhm zu gewinnen. Denn hoch angesehen in der Stadt frönte
er großen Leidenschaften dank seines Vermögens mit den Pferden, die er
hielt, und mit seinem sonstigen Aufwand. Und gerade das wurde einer der
Hauptgründe für den Untergang Athens. Denn da die Menge erschrak
vor dem Übermaß seiner persönlichen, das Bürgermaß völlig sprengenden
Lebensführung wie auch vor dem geistigen Schwung, womit er jede einzelne Angelegenheit betrieb, so wurden sie, als wolle er Tyrann werden,
seine Feinde ...»[13] Alkibiades ahnte nichts Gutes. Er floh und wurde in
Abwesenheit zum Tode verurteilt. Auch in dieser ausweglos erscheinenden
Lage gab Alkibiades den Vorsatz nicht auf, in Athen der Erste zu sein. Nach
Lage der Dinge konnte das nur durch Schwächung der athenischen
Machtstellung und Sturz der Demokratie geschehen, die ihn geächtet
hatte. Athen mußte in einen Krieg verwickelt werden, den es nicht gewinnen konnte. Erst dann würden sich die Vorbehalte gegen die Demo-
kratie und ihre imperiale Seemachtpolitik in einen Umsturz unter der
Regie des prominentesten Opfers der demokratischen Regierung verwan-
deln lassen. Jedenfalls ließ Alkibiades keine Gelegenheit aus, in diesem
Sinne zu handeln.

Auf der Flucht verriet er in Messene die Parteigänger Athens, in Thurioi
in Unteritalien schwor er seinen Feinden: «Ich will ihnen zeigen, daß ich
noch lebe»[14] – und er tat es. Er gewann Sparta für einen Kriegsplan, der
Athen an den Rand der Katastrophe brachte: «Voll Furcht vor seinen Feinden und sich ganz von seiner Vaterstadt lossagend, schickte er nach Sparta
und bat, ihm Sicherheit zu gewähren und Vertrauen zu schenken; er werde
ihnen größere Dienste leisten und ihnen mehr nützen, als er ihnen früher
als Feind geschadet habe. Da die Spartaner seine Bitte gewährten und ihn
bereitwillig aufnahmen, erreichte er eines sofort: daß er sie, die immer noch
mit der Hilfeleistung für die Syrakusaner zögerten und sie aufschoben, zum
Handeln trieb und sie anspornte, Gylippos als Befehlshaber hinzusenden
und die dortige Streitmacht der Athener zu vernichten; zweitens den Krieg
von der Peloponnes aus gegen die Athener wieder zu eröffnen; drittens, was
die Hauptsache war: Dekeleia als festen Stützpunkt gegen Athen anzulegen,
ein Schachzug, der mehr als alles andere die Stadt im eigenen Lande
schwächte und zum Erliegen brachte.»[15]

Hinzu kam, daß unter den zum attischen Seereich gehörenden Städten
eine Bewegung aufkam, von Athen abzufallen. Alkibiades erkannte sofort
die Chancen, die sich hieraus für die Kriegsführung Spartas ergaben; er
versprach, seine Verbindungen mit den ionischen Städten zu nutzen, um
dort für die Lossagung von Athen zu werben, und er setzte sich dafür ein,

daß Sparta zugunsten von Chios, das bereit war, von der Fahne zu gehen, und des die Inselgemeinde unterstützenden persischen Vizekönigs Tissaphernes intervenierte. Im Jahre 412/11 kam es über diese Verbindung mit Tissaphernes zu Verträgen zwischen Sparta und dem Perserkönig, die der spartanischen Seite die materielle Überlegenheit über die athenische endgültig sicherten. Der Krieg, so mußte es scheinen, war für Athen nicht mehr zu gewinnen.

An einer totalen Niederlage Athens hatte Alkibiades freilich kein Interesse – dies um so weniger, als er wegen seiner notorischen Skrupellosigkeit und wegen des Ausbleibens eines schnellen und durchschlagenden militärischen Erfolgs auch den Spartanern verdächtig wurde, so daß die Regierung dem in Ionien kommandierenden Admiral befahl, ihn zu töten. Dazu ließ es Alkibiades nicht kommen. Er begab sich zu Tissaphernes, verstand es, diesen völlig für sich einzunehmen, und überredete ihn, die Unterstützung der Spartaner so einzuschränken, daß keine der kriegführenden Parteien die Oberhand gewann. Er verstand es, dem persischen Vizekönig das Interesse der persischen Seite neu zu definieren: «Er solle also zunächst beide Seiten sich abnutzen lassen, das attische Reich möglichst stark beschneiden, dann aber die Peloponnesier aus dem Lande (Kleinasien) entfernen.»[16]

Daß Alkibiades Tissaphernes ganz für sich einnehmen konnte, war nicht nur das Ergebnis dieses politische Kalküls, sondern mehr noch des Zaubers, der von der wendigen und anpassungsfähigen, auf ihre jeweiligen Partner ganz eingehenden Persönlichkeit des Atheners ausging: «Tissaphernes, der selbst nicht schlicht und aufrichtig war», schreibt Plutarch, «bewunderte an Alkibiades die schillernde Vielseitigkeit und das Außerordentliche seiner Begabung. Für die Reize, die er bei der Unterhaltung und im täglichen Zusammenleben entfaltete, war kein Herz unempfindlich, kein Sinn unbezwinglich; selbst denen, die ihn fürchteten und beneideten, bereite der Umgang mit ihm und sein Anblick Freude und Wohlgefallen. Sonst brutal und ein Griechenhasser wie nur einer, ließ Tissaphernes sich durch das liebenswürdige Wesen des Alkibiades dermaßen betören, daß er ihn seinerseits durch Liebenswürdigkeiten zu überbieten suchte. Den schönsten Park, den er besaß, reich an Wiesen, frischen Gewässern und ausgestaltet mit Ruhe- und Erholungstätten von königlicher Pracht, ließ er Alkibiades benennen.»[17]

Alkibiades war liebenswürdig und ein guter Ratgeber – ohne Hintergedanken war er nicht. Thukydides kommentiert: «Solchen Rat gab Alkibiades teils, weil ihm das für Tissaphernes und den König, bei denen er war, am besten schien, zugleich aber, um seiner eigenen Rückkehr in die Heimat dabei zu dienen; wußte er doch, daß er Athen nicht verderben dürfe, wenn er je seine Rückberufung erwirken wolle, und erwirken könne er sie am ehesten, glaubte er, wenn er als erklärter Freund des Tissaphernes käme. Und so geschah es.»[18]

Auf eine Rückkehr unter dem demokratischen Regime, das ihn verurteilt hatte, konnte der notorische Landesverräter nicht rechnen. Seit
seiner Flucht redete er ohnehin von der Demokratie so verächtlich, wie
er vielleicht schon immer gedacht hatte. In Sparta, so berichtet Thukydides, unterschied Alkibiades zwischen der Rolle, die er und seine Standesgenossen als Führer des Volkes gespielt hatten, und seinem prinzipiellen
Urteil über die Demokratie: «Aber wir waren Führer des Gesamtvolkes
und bestrebt, das Maß an Größe und an Freiheit, das die Stadt jeweils
erreicht hatte, wie es jeder übernommen hatte, so bewahren zu helfen –
denn die Herrschaft des Volkes durchschauten wir alle, wer etwas Einsicht
hatte, und ich selbst so gut wie irgendeiner, da ich ja auch mehr Anlaß
habe, sie zu schelten. Aber über einen so unbestrittenen Unsinn (wie die
Demokratie) läßt sich nicht wohl etwas Neues sagen.»[19]

In der ersten Phase des Krieges beherrschte Athen das Meer, und die
Seeherrschaft war der Garant der Volksherrschaft. Die durch Alkibiades
ausgelöste Krise der athenischen Herrschaft erfaßte seit 413 auch die Demokratie. Der Krieg ruinierte die Lebensgrundlage der Besitzenden. Dies
waren die Bauern, die durch die spartanische Dauerbesetzung von Dekeleia das offene Land räumen und Zuflucht zwischen den langen Mauern,
jenen Schutzwällen, die Athen und den Piräus verbanden, suchen mußten.
Und es war die Oberschicht, die Klasse also, die die Last der Trierarchie
zu tragen hatte. Unter den Bedingungen eines nicht mehr zu gewinnen-
den Krieges und abgeschnitten von den Hauptquellen ihrer Einkünfte
gerieten die, wie die Quellen sie nennen, Reichen und Mächtigen in eine
Stimmung der Verzweiflung, aus der der Entschluß zum Umsturz erwuchs:
Das flache Land außerhalb des durch die langen Mauern geschützten
Festungsdreiecks wurde von den Feinden kontrolliert, die ergiebigen Sil-
berbergwerke von Laureion waren verloren, und bei Beginn der spartanischen Besetzung von Dekeleia hatte eine Massenflucht der athenischen
Sklaven eingesetzt.

Dem Verlust von Einkommen standen die enormen Ausgaben der Trierarchie gegenüber, die sich im Durchschnitt auf die für antike Verhältnisse
hohe Summe von etwa einem Talent, das sind ca. 6000 Silberdrachmen,
beliefen. Aus eher zufälligen statistischen Angaben des attischen Redners
Lysias wissen wir, daß als Ergebnis des Krieges die großen Vermögen in
Athen auf einen Bruchteil geschrumpft oder vernichtet waren. Das Vermögen des reichsten Mannes Athens, des Kallias, sank von ca. 200 auf
knapp 2 Talente, das des Nikias von ca. 100 auf etwa 14, das des Ischoma-
chos von ca. 80 auf rund 10 und das des Stephanos von über 50 auf
ungefähr 11. Von Kleophon heißt es, daß er ursprünglich sehr viel, zum
Schluß nichts mehr besaß. Und über zwei namentlich nicht Genannte
wird gesagt, daß das Vermögen des einen von einem Wert von 9 Talenten
und 2000 Drachmen auf 2 Talente, das des anderen von 80 Talenten auf
nichts abgesunken war.[20]

Unter diesen Umständen ist es leicht verständlich, daß die Trierarchen der auf Samos stationierten athenischen Flotte ihrerseits auf den Sturz der Demokratie sannen und Alkibiades mit seinem entsprechenden Werben offene Türen fand: «Als die athenischen Schwerbewaffneten in Samos Alkibiades' Einfluß bei Tissaphernes bemerkten, und da auch Alkibiades zu den einflußreichen Männern bei ihnen sandte, sie sollten bei den Besseren von den Leuten seiner gedenken: Er sei bereit, falls eine Oligarchie und nicht die Gemeinheit und das Volk herrsche, das ihn verbannt habe, heimzukehren, ihnen die Freundschaft des Tissaphernes zu bringen und als ihr Mitbürger in der Stadt zu leben – auf solchen Anstoß hin und mehr noch aus eigenem Antrieb waren die athenischen Trierarchen und Mächtigen eifrig bemüht, die Demokratie zu stürzen. Diese Bewegung hatte schon vorher im Lager begonnen und griff später von da auf die Stadt über.»[21]

Alkibiades lockte mit dem, seinen Partnern ohnehin einleuchtenden Argument, daß die Freundschaft des Großkönigs nur um den Preis eines Wechsels der Regierungsform zu erlangen sei; denn die notorisch unzuverlässige Volksmenge genieße nun einmal kein Vertrauen. Durch Alkibiades' Vermittlung glaubten die Verschwörer gegen die Demokratie zwei Ziele, die vorher in unerreichbarer Ferne lagen, auf einmal erreichen zu können: die ungeliebte Herrschaft des Volkes loszuwerden und den Krieg zu gewinnen. Die verzweifelte Kriegslage machte es ihnen auch leicht, die demokratische Gesinnung der Flottenmannschaften mit der Aussicht auf die aus persischen Subsidien fließenden sicheren Soldzahlungen einzuschläfern: «Sie gingen nach Samos, brachten aus den geeigneten Leuten einen verschworenen Bund zusammen, und vor der Menge sagten sie offen, der König werde ihr Freund sein und Geld geben, falls Alkibiades heimkehre und keine Volksherrschaft sei. Und mochte auch die Masse sich im ersten Moment an diesen Umtrieben stoßen, fühlte sie sich doch erleichtert in der Hoffnung auf Sold vom König und blieb ruhig.»[22]

Von Samos aus betrieben die Verschwörer den Sturz der Demokratie in Athen. Sie schickten Gesandte, an ihrer Spitze Peisandros, und tatsächlich gelang es diesen mit dem Hinweis, es gebe aus der aussichtslosen Lage keine andere Rettung als die von Alkibiades gezeigte, einen Volksbeschluß zu erwirken, daß offiziell mit dem persischen Vizekönig Tissaphernes Verhandlungen auf der Grundlage der Vorschläge des Alkibiades aufgenommen werden sollten: «Während nun Alkibiades um seiner hohen Ziele willen sein Äußerstes tat, Tissaphernes' Freundschaft zu gewinnen, und ihn drängte, kamen die von den Athenern in Samos abgesandten Boten mit Peisandros nach Athen und redeten vor dem Volk, aus vielem das Wichtigste heraushebend, vor allem: es sei ihnen möglich, wenn sie Alkibiades heimführten und nicht an der bisherigen Volksherrschaft festhielten, ein Bündnis mit dem König zu haben und die Peloponnesier zu überwinden. Da nun viele dagegenredeten wegen der Demokratie und dazu die Feinde des Alkibiades lärmten, es wäre empörend, wenn er das Gesetz beugte und zurückkehrte, und (die Priesterfamilien der) Eumolpiden und Keryken wegen der Mysterien, derentwegen er verbannt war, beschwörend die Götter anriefen gegen seine Rückberufung, da trat Peisandros unter lautem Widerspruch und Lärmen auf, rief jeden einzelnen der Gegenredner auf die Rednerbühne und fragte ihn, ob er der Stadt irgendeine Hoffnung auf Rettung wisse, da nun die Peloponnesier an Schiffen nicht weniger als sie auf dem Meer ihnen Bug gegen Bug stellen könnten und an Bundesstädtchen mehr hätten und vom König und von Tissaphernes Geld bekämen, während sie keines mehr hätten, wenn man nicht den König bewegen könne, auf ihre Seite zu treten, und wenn sie dann diese Frage verneinten, so erklärte er denn rundheraus: ‹Dazu gibt es nun keinen anderen Weg, als daß wir eine vernünftige Verfassung bekommen, die Ämter auf wenige beschränken, damit uns der König vertraut, und in unserer Lage uns nicht so sehr über unsere Verfassung besinnen als vielmehr über unsere Rettung (später können wir ja wieder umstellen, was uns nicht zusagt), und wenn wir Alkibiades heimrufen, der heute der einzige ist, der das zuwege bringen kann.›»[23]

Aber als die athenische Gesandtschaft mit Tissaphernes unter Beteiligung des Alkibiades in Verhandlungen eintrat, zeigte sich, daß dieser va banque gespielt hatte und Tissaphernes keineswegs zu einem Bündniswechsel bereit war, sondern sich eher weiter an dem ersten der ihm von Alkibiades nahegelegten Gesichtspunkte orientieren wollte: daß es im persischen Interesse liege, wenn beide kriegführenden Parteien einander schwächten. Alkibiades sah sich gezwungen, die Verhandlungen durch ständig erhöhte persische Forderungen scheitern zu lassen. So wollte er den athenischen Gesandten gegenüber das Gesicht wahren. Die Schlußforderung war so hoch, daß die Verhandlungen ergebnislos abgebrochen wurden: «Darauf gingen die Athener nun nicht mehr ein, sie fanden, das gehe nicht, Alkibiades habe sie betrogen, schieden im Zorn und begaben sich nach Samos.»[24]

Peisandros und die Mitverschworenen gingen nun ohne Alkibiades daran, die Demokratie durch eine oligarchische Regierung zu ersetzen, zumal dessen Herrscherallüren ebensowenig für die oligarchische Gleichheit wie für die demokratische zu taugen schienen: «Und im eigenen Kreis gedachten die in Samos beratschlagenden Athener, Alkibiades, wenn er denn nicht wolle, aus dem Spiel zu lassen – er sei auch gar nicht der geeignete Mann, in einer Oligarchie mitzuwirken – und für sich selbst, nachdem sie es einmal gewagt hatten, das Gewonnene möglichst nicht fahren zu lassen, den Krieg nach Kräften zu führen und selbst aus deren eigenem Geld und was sonst nötig sei großzügig beizusteuern: litten sie die Unbilden doch nun für sich selbst, nicht mehr für andere» (d. h. das Volk).[25]

Peisandros und die Seinen kehrten nach Athen zurück und fanden den Boden für den Umsturz durch die Tätigkeit der Klubs bestens vorbereitet. Diese Klubs, deren ursprünglicher Zweck die Pflege aristokratischer Geselligkeit war, waren längst zur Unterstützung von Wahlbewerbern und Prozessierenden politisiert worden. Seit dem Winter 412/11 arbeiteten sie für den Umsturz. Das Mittel, das angewendet wurde, war der Terror aus dem Verborgenen. Thukydides hat das Vorgehen der Klubs so beschrieben: «So war ein gewisser Androkles, der vor anderen Führer des Volkes war, von einer Gruppe junger Leute, die sich zu diesem Zweck vereinigt hatten, erschlagen worden; dieser hatte keinen geringen Anteil an Alkibiades' Verbannung, und aus beiden Gründen, als führenden Demagogen und Alkibiades zu Gefallen, der, so hatten die gehofft, heimkehren und die Freundschaft des Tissaphernes mitbringen werde, hatten sie ihn hauptsächlich umgebracht, und noch einige andere Widersacher hatten sie auf die gleiche Weise heimlich getötet. Als Grundsatz hatten sie offen verkündet, niemand solle (wie in der Demokratie) Tagegelder beziehen, und an der Politik dürften nicht mehr als 5000 teilhaben, diejenigen, die körperlich und mit ihrem Vermögen am leistungsfähigsten seien.»[26]

Das hieß, daß all jene, die als Schwerbewaffnete zum Kriegsdienst in der Phalanx − einer Kampfesformation − berechtigt und befähigt waren, die Volksversammlung bilden und alle übrigen Bürger von ihr ausgeschlossen werden sollten. Tatsächlich aber planten die Verschwörer eine Machtübernahme durch eine oligarchische Führungsclique; Thukydides urteilt weiter: «Das war zum schönen Schein gesagt für die größere Menge, denn die Macht in der Stadt gedachten die zu behalten, die den Umsturz betrieben.»[27] Der Terror aus dem Verborgenen verbreitete Angst und Schrecken. Die demokratischen Institutionen bestanden noch, aber sie waren wie gelähmt, weil jeder um sein Leben fürchtete und es vorzog zu schweigen: «Es widersprach auch keiner mehr von den anderen, aus Angst und weil der Verschworenen so viele wären; und wenn auch einer widersprach, war er gleich auf eine geschickte Art umgebracht, und nach den Tätern wurde nicht gefahndet, die Tat, auch wo Verdacht war, nicht geahndet, das Volk blieb ruhig und dermaßen eingeschüchtert, daß man es für ein Glück hielt, wenn einem nichts Gewaltsames widerfuhr − auch wenn man schwieg ... Denn argwöhnisch begegneten einander alle vom Volk, als wäre der andere mit im Spiel; waren doch auch Leute dabei, von denen man niemals gedacht hätte, daß sie sich für die Herrschaft der Wenigen einsetzen würden, und gerade diese bewirkten vor allem das allgemeine Mißtrauen und hatten am meisten bewirkt, daß die wenigen ungefährdet blieben, indem ihrethalben im Volk nichts so sicher war wie die gegenseitige Unsicherheit.»[28]

In dieser Atmosphäre des Terrors und der Verunsicherung stimmte die demokratische Volksversammlung für die Abschaffung der Demokratie: «Da wurde nun endlich ohne Umschweife erklärt, niemand solle mehr ein Amt nach der alten Ordnung bekleiden noch Tagegeld beziehen, man solle 5 Männer in den Vorsitz wählen, diese 100 und von den 100 jeder 3 weitere, und diese 400 sollten in das Rathaus einziehen, dort nach bester Einsicht mit Vollmacht regieren und die 5000 einberufen, wenn es ihnen gut schiene.»[29] Diesen Antrag stellte Peisandros, und er wurde angenommen. Widerspruch regte sich nicht, und die Volksversammlung löste sich auf. Wenige Tage später löste die konstituierte oligarchische Regierung der Vierhundert den demokratischen Rat der Fünfhundert auf.

Nicht ohne Sicherheitsvorkehrungen zu treffen, als trauten sie dem Frieden der freiwilligen Abdankung der Mehrheit nicht, ergriffen die Verschwörer die Macht: «An jenem Tag (der Machtergreifung) nun ließen sie die Nichteingeweihten wie gewöhnlich (zum Wachdienst) gehen, die Verschworenen aber waren angewiesen, ruhig, nicht an den Waffenplätzen selbst, sondern abseits zu warten, und wenn sich jemand den Vorgängen widersetzte, mit den Waffen einzuschreiten ... Als diese so verteilt waren, kamen die Vierhundert, jeder mit einem versteckten Dolch, und mit ihnen 120 junge Männer als Hilfe für den Fall, daß irgendwo Hand anzulegen wäre, stellten sich vor das Rathaus, wo die mit dem Bohnenlos ausgelosten Ratsleute versammelt waren, und hießen sie hinausgehen, ihr Tagegeld bekämen sie – und sie selber brachten es auf für die ganze noch übrige Zeit und gaben es ihnen beim Hinausgehen. Als auf diese Weise der Rat ohne Widerspruch sich still verlaufen hatte und die anderen Bürger nichts Gewaltsames unternahmen, sondern ruhig blieben, zogen die Vierhundert in das Rathaus ein ...»[30] In Athen regierte die Oligarchie. Terror und eine überlegene Regie hatten die Mehrheit erst mundtot gemacht und dann von der Herrschaft verdrängt. Insofern bezeugt Thukydides den Drahtziehern seinen Respekt: «Also gedieh dies Werk, von so vielen klugen Männern befördert trotz seiner Schwere: denn es war nichts Geringes, dem Volk von Athen ziemlich genau 100 Jahre nach dem Sturz der Tyrannen seine Freiheit zu nehmen, nachdem es nicht nur niemanden untertan, sondern über die Hälfte dieser Zeit selber andere zu beherrschen gewohnt gewesen war.»[31] Kaum war die Oligarchie zur Macht gelangt, setzte, von der Flottenmannschaft in Samos ausgehend, die demokratische Gegenbewegung ein. Die Oligarchen konnten weder den Krieg gewinnen noch von Sparta einen günstigen Frieden erlangen. An der Spitze der demokratischen Flotte schaffte es Alkibiades, was ihm bei der Inszenierung des oligarchischen Umsturzes mißlungen war. Er führte noch einmal eine Wende des Krieges zugunsten Athens herbei und wurde von der wiederhergestellten demokratischen Regierung ehrenvoll zurückberufen. Alkibiades schien am Ziel seines Ehrgeizes angelangt. Aber als einer seiner Unterführer zur See eine Niederlage erlitt, bestätigte die Volksversammlung das antidemokratische Vorurteil, daß das Volk zu irrationalen Reaktionen neige; man entsetzte ihn des Kommandos. Athen verlor den Krieg, und die Demokratie wurde, dieses Mal mit spartanischer Unterstützung, von neuem gestürzt. Alkibiades fand den Tod in Kleinasien – angeblich auf Betreiben der spartanischen Regierung, die den notorischen Unruhestifter beseitigt wissen wollte, oder, wie eine andere Version behauptet, als Opfer einer beleidigten Familienehre.

Die Ermordung des Dictators Caesar und das Ende der römischen Republik

Martin Jehne

Daß die Anfänge von Verschwörungen zumeist im Dunkeln liegen, ist kaum erstaunlich. Geheimhaltung ist für die ersten Kontakte und Organisationsansätze unverzichtbar, und nachdem die Verschwörer mit einer spektakulären Aktion an die Öffentlichkeit getreten sind, ist die Versuchung für Beteiligte, Anhänger und Gegner gleichermaßen unwiderstehlich, die Frühgeschichte der Verbindung im Lichte der späteren Entwicklungen und der eigenen Wünsche und Interessen zu konstruieren. So ist es geradezu erwartungsgemäß, daß wir auch bei der Verschwörung gegen Caesar nicht wissen, wann denn die Sondierungsgespräche begannen. Allem Anschein nach brauchte man aber nicht lange, um ca. 60 Männer[1] für den Plan zu gewinnen, den Mann zu ermorden, der die römische Welt beherrschte wie niemand zuvor. Am 15. März des Jahres 44 v. Chr., an den durch eben dieses Ereignis sprichwörtlich gewordenen Iden des März, schritt man zur Tat: Caesar wurde in der Curia Pompeii, einem ironischerweise von seinem großen Gegenspieler Gnaeus Pompeius Magnus erbauten und mit dessen Statue verzierten Versammlungslokal des Senats, von gut 20 Senatoren mit 23 Dolchstößen niedergestreckt.[2]

Eine solch breite Front von zu allem entschlossenen Caesarfeinden gab es noch nicht lange. Nachdem Caesar in dem großen Bürgerkrieg von 49–46 v. Chr. zunächst Gnaeus Pompeius und nach dessen Tod auch die noch verbliebenen Streiter der Gegenpartei besiegt hatte, war er unumschränkter Alleinherrscher des römischen Imperiums. Diese Stellung fand im Herbst 46 darin ihren Ausdruck, daß ihm die Dictatur, die altehrwürdige Notstandsmagistratur, die eigentlich auf eine Amtszeit von höchstens 6 Monaten befristet war, für die Dauer von 10 Jahren übertragen wurde. Die Herrschaft eines einzelnen galt aber in der römischen Republik als zutiefst rechtswidrig. Doch selbst Cassius und Brutus, die berühmten Führungspersönlichkeiten der Verschwörung, waren noch im Jahre 45 weit davon entfernt gewesen, ihr Heil in einem Attentat auf Caesar zu suchen. Als Caesar Anfang 45 nach Spanien ziehen mußte, um den von den Pompeius-Söhnen erneut entfachten Widerstand zu bekämpfen, hatte Cassius im Hinblick auf den jüngeren Gnaeus Pompeius, den jetzigen Feldherrn des anticaesarischen Heeres, an Cicero geschrieben: «Nun, um zu den Angelegenheiten des Staates zu kommen, schreibe mir, was in Spanien geschieht. Ich will vergehen, wenn ich nicht beunruhigt bin und lieber den alten und milden Herrn behalten will als einen neuen und grausamen zu erproben. Du weißt, was Gnaeus für eine Null ist; du weißt, wie er Grausamkeit für Tapferkeit hält; du weißt, wie er sich immer von uns belächelt glaubt; ich fürchte, daß er uns unseren Spott auf rustikale Art mit dem Schwert vergelten will.»[3]

Und Brutus war mit Caesar nach dessen Sieg in Spanien zusammengetroffen und hatte Cicero Anfang August 45 über die Begegnung in einer Weise informiert, die dieser seinem vertrauten Freunde Atticus folgendermaßen wiedergab: «Ist es zu fassen? Brutus meldet, Caesar sei auf dem Weg zu den Vertretern traditioneller Senatspolitik.[4] Welch frohe Botschaft! Aber wo trifft er die, wenn er sich nicht aufhängt?»[5]

In den Briefen Ciceros, in denen sich der erfahrene Politiker, der große Redner und Literat ebenso wie seine Korrespondenten recht freimütig zu äußern pflegte, sind uns also authentische Zeugnisse dafür erhalten, daß die beiden Protagonisten der Verschwörung Caesars Regime noch Anfang bzw. Mitte 45 durchaus positive Seiten abgewinnen konnten. Cicero selbst war im Herbst 46 ebenfalls kooperationsbereit gewesen war[6], aber früher enttäuscht worden, wie seine Reaktion auf Brutus' Optimismus verdeutlicht. Doch basierten alle Hoffnungen der alten Republikaner, zu denen Brutus und Cassius gehörten, auf der Erwartung, daß Caesars Herrschaft, deren Realität sie als gewiefte Politiker auch 46 und 45 nicht übersahen, vorübergehend sei, geboren aus der Sondersituation des Bürgerkrieges, aber ausgerichtet auf eine Befestigung der Republik in traditionellen Bahnen, so daß die Existenz eines Machthabers vom Schlage Caesars überflüssig werden würde. Diese Vorstellung war nicht ganz so wirklichkeitsfremd, wie es vielleicht auf den ersten Blick erscheinen mag. Schließlich kannte man einen ähnlich gelagerten Fall in der Geschichte, und die Römer pflegten allgemein in historischen Beispielen zu denken und ihr Handeln daran auszurichten.

Schon einmal, nämlich im Jahre 82 v. Chr., war ein Römer nach seinem Sieg im Bürgerkrieg Dictator geworden und hatte etwa eineinhalb Jahre lang ein nahezu unumschränktes Regiment ausgeübt. Lucius Cornelius Sulla aber hatte diese Machtfülle dazu benutzt, um nach grausamer Abrechnung mit seinen politischen Gegnern die alte Republik wiederherzustellen, und war danach ins Privatleben zurückgekehrt.[7] Caesar verhielt sich in betontem Gegensatz zu Sulla milde gegenüber seinen Gegnern,[8] aber er machte keine Anstalten, seine Kompetenzen aufzugeben. Vielleicht hat er dies sogar verkündet. Zumindest wird ein Ausspruch Caesars kolportiert, Sulla habe politischen Analphabetismus unter Beweis gestellt, indem er die Dictatur niedergelegt habe.[9] Aber selbst wenn dieses Diktum nicht historisch sein sollte:[10] Seit Caesars Rückkehr aus Spanien mehrten sich die Signale, daß er seine Herrschaft auf Dauer stellen wollte.

Wohl gegen Ende Dezember 45 beschloß der Senat umfangreiche Auszeichnungen und Ermächtigungen für den großen Sieger Caesar, darunter geradezu göttliche Ehren, außerdem die lebenslängliche Dictatur, das Purpurgewand, den Goldkranz und vieles mehr.[11] Um dem Geehrten diesen großen Senatsbeschluß gleich zu verkünden, zog der gesamte Senat in feierlicher Prozession mit den höchsten Amtsträgern, den beiden Consuln, an der Spitze auf das von Caesar erbaute Forum Iulium, wo dieser vor dem Tempel der Venus Genetrix saß, der Stammutter seines Geschlechtes, und sich mit der weiteren Bauplanung beschäftigte. Doch das höchste Gremium des römischen Reiches wurde von Caesar aufs Schlimmste brüskiert. Caesar hielt es nicht für nötig, sich vor dem Senat und den versammelten Magistraten zu erheben. Der kaum verhohlenen Empörung, die diese Geste der Geringschätzung auslöste, wurde zwar dann die offizielle Version entgegengesetzt, daß Caesar unpäßlich gewesen sei,[12] aber viele dürfte das nicht überzeugt haben. Im übrigen hatten immerhin einige Senatoren gegen diese absurde Anhäufung von Ehrungen und Rechten gestimmt, darunter Cassius[13], der sich offenkundig nicht scheute, seine Distanz zum Kurs der vorauseilenden Erfüllung denkbarer Wünsche des Herrschers zu bekunden.

Damit aber nicht genug. Am letzten Tag des Jahres 45 wurde den Römern ein Schauspiel geboten, das die Anhänger der alten Republik nur als zynische Entwertung ihrer ehrwürdigen Institutionen betrachten konnten. Cicero schildert die Begebenheit in einem Brief an einen Freund mit bitterem Sarkasmus:

«Es ist unglaublich, wie schäbig ich mich fühle, da ich bei diesen Angelegenheiten dabei bin. Du scheinst lange vorausgesehen zu haben, was in der Luft lag, damals als du dich von hier davongemacht hast. Obwohl diese Dinge auch schon bitter sind, wenn man nur von ihnen hört, ist hören noch immer besser erträglich als sehen. Du bist nicht auf dem Marsfeld gewesen, als gegen 9 Uhr, zu welcher Zeit die Wahlen der Quaestoren angesetzt waren, der Amtsstuhl des Quintus Maximus, den jene einen Consul nannten,[14] aufgestellt war; als gemeldet wurde, daß er gestorben war, wurde der Stuhl weggeräumt. ER aber, der die Götter über die Abhaltung von Tributcomitien[15] befragt hatte, hielt statt dessen Centuriatcomitien[16] ab, verkündete gegen 13 Uhr die Wahl des neuen Consuls, der bis zum 1. Januar amtieren sollte, der am folgenden Tag morgens anbrach. So wisse also, daß im Consulat des Caninius niemand gefrühstückt hat. Jedoch hat sich in seinem Consulat kein Übel ereignet; denn er war von bewundernswerter Wachsamkeit, der er in seinem ganzen Consulat nicht geschlafen hat.»[17]

Auch wenn Caesar auf diese Weise einen verdienten Helfer belohnte, was nach den Normen des Sozialsystems durchaus seine Pflicht war, erschien die ganze Aktion doch als Farce, und dies mußte Caesar auch klar sein.

Es sollte aber noch schlimmer kommen. Am 15. Februar 44 v. Chr. feierte man in Rom die Lupercalien, ein uraltes Fest, in dem sich Reinigungs- und Fruchtbarkeitsriten verbanden. Morgens wurde ein Ziegen-

und Hundeopfer dargebracht, danach liefen die Angehörigen der Priester-
kollegien der *luperci* nackt um den Palatin, wobei sie die am Wege stehenden Menschen mit Riemen schlugen, die aus dem Fell der Opfertiere
geschnitten worden waren. Da es Fruchtbarkeit verhieß, wenn man von
den *luperci* Schläge erhielt, drängten sich vor allem viele Frauen danach.
Das ganze archaische Ritual scheint in einer Atmosphäre orgiastischer
Erregung abgelaufen zu sein und war im übrigen so populär, daß es mit
leichten Abwandlungen noch im 5. Jahrhundert n. Chr. existierte, als das
Römische Reich längst christlich geworden war.[18]

Im Jahre 44 v. Chr. verlief das Fest beinahe wie immer – aber eben nur
beinahe. Zum ersten Mal nahmen neben den beiden traditionellen Gruppen von *luperci* die Mitglieder eines dritten Kollegiums an den Festivitäten
teil – die *luperci* des Iulius, geschaffen zu Ehren des Gaius Iulius Caesar.
Daß Caesars Stellung alle bisher gültigen Maßstäbe sprengte, wurde an
den Lupercalien des Jahres 44 in besonderer Weise augenfällig: Der amtierende Consul und Dictator Caesar sah dem bunten Treiben von der Rednertribüne aus zu, gekleidet in die Purpurtoga des Triumphators, sitzend
auf einem goldenen Stuhl, bekränzt wohl mit einem Goldkranz. Der
prachtvolle Ornat, der ihm in Ehrenbeschlüssen zuerkannt worden war,
verwies teils auf die Götter, teils auf die altrömischen Könige, war jedenfalls absolut singulär und hob Caesar in unmißverständlicher Weise aus
dem Kreise seiner Standesgenossen, der Senatoren, und der langen Kette
der republikanischen Magistrate heraus.

Da saß also Caesar und schaute auf die Menge herab, als Ungeheuerliches geschah. Cicero beschreibt diese Szene nach Caesars Tod in der im
Herbst 44 abgefaßten 2. Philippischen Rede, in der er voller Bosheit alles
zusammenstellt, was sich gegen seinen Antipoden Marcus Antonius, den
Führer der Caesarianer, ins Feld führen läßt. Dort heißt es unter anderem,
an Antonius gerichtet:

«Dein Kollege [im Consulat] saß auf der Rednertribüne, geschmückt
mit der Purpurtoga, auf dem Goldstuhl, bekränzt. Du stiegst hinauf, du
nähertest dich seinem Stuhl – auch wenn du damals *lupercus* warst,
hättest du doch nicht vergessen dürfen, daß du auch Consul warst – du
zeigtest das Diadem. Ein Raunen ging durch das ganze Forum. Woher
kam das Diadem? Du hast ja nicht etwas Heruntergefallenes aufge-
klaubt, sondern du hast es von zu Hause mitgebracht, das Verbrechen
war überlegt und wohlbedacht. Du setztest ihm das Diadem auf unter
den Klagerufen des Volkes; er wies es unter Beifall zurück. Du, Verbrecher, hast dich also als einziger dafür hergegeben, der du, weil du Urheber des Königtums sein und den Mann, der dein Kollege war, als
Herrn haben wolltest, ausprobiertest, was das römische Volk ertragen
und erleiden kann. Aber du warst sogar auf Mitleid aus; als Bittflehender
warfst du dich vor seine Füße! Um was zu erbitten? Daß du Sklaven-

dienste leisten darfst? Du hättest für dich alleine bitten sollen, der du von Kindheit an so gelebt hast, daß du alles ertrugst und willig dientest. Von uns und dem römischen Volk hattest du diesen Auftrag sicher nicht. O wie herausragend war deine Redekunst, als du nackt zum Volke sprachst! Was könnte schimpflicher und schändlicher, was aller Strafen würdiger sein? ... Aber sogar ER befahl, daß dem Vermerk der Lupercalien im Kalender beigefügt wurde: Dem Gaius Caesar, dem Dictator auf Lebenszeit, habe der Consul Marcus Antonius auf Befehl des Volkes das Königtum angeboten; Caesar habe es nicht annehmen wollen.»[19]

An den Lupercalien des Jahres 44 wurde also Caesar die Königswürde angeboten, symbolisiert im Diadem, der aus dem griechischen Kulturkreis bekannten Herrscherbinde. Das Königtum aber war in Rom geächtet. Die patriotischen Geschichtslegenden, die das Bild von der Vergangenheit in allen Schichten bestimmten, hatten den Beginn der römischen Republik mit der Vertreibung eines zum Tyrannen entarteten Königs verknüpft, gegen dessen Willkürakte aufrechte Männer aufgestanden waren, um das Vaterland zu befreien. Jetzt wurde Caesar die Königswürde angetragen, und es war dies nicht das erste Mal, daß der faktische Herr der römischen Welt mit jener verpönten Stellung in Verbindung gebracht wurde.[20] Daß er das Diadem ablehnte, konnte den Verdacht nicht aus der Welt schaffen, daß er es heiß begehrte, zumal es ihm von seinem Mitconsul Antonius angeboten wurde. Wie tief jedoch die Aversion gegen das Königtum selbst bei den breiteren Bevölkerungsschichten saß, verdeutlicht die Reaktion des Volkes auf den kühnen Vorstoß des Antonius: Trotz der ekstatischen Szenerie der Lupercalien, die sicher nicht gerade dazu angetan war, die Situation nüchtern zu durchdenken, murrte das Volk, von Begeisterungsäußerungen war keine Rede.[21] Die umstehenden Senatoren, die die Deformation ihrer Republik ohnehin beklagten, konnten wenigstens erleichtert aufatmen, daß es nicht zum Äußersten kam: Das Volk hatte die Aktion des Antonius in unmißverständlicher Weise negativ aufgenommen, die Auszeichnung Caesars mit dem Königstitel blieb den Römern daher vorerst erspart.[22]

Caesars Versäumnis, sich nicht vor dem Senat zu erheben, das Eintagesconsulat des Caninius Rebilus, die auf die Königswürde verweisenden Vorfälle bis hin zum Eklat an den Lupercalien: es gab Indizien genug, daß Caesar nicht daran dachte, sich von seiner Herrschaftsposition zurückzuziehen und die alte Republik wiederherzustellen. Aber all diese Ereignisse waren immer noch bis zu einem gewissen Grade doppeldeutig, konnten als ungeschickte Gedankenlosigkeiten Caesars, als übereifrige Aktionen verblendeter Anhänger oder als böswillige Verlockungen eingefleischter Gegner interpretiert werden. Dies galt jedoch nicht für die Dictatur auf Lebenszeit. Zwischen dem 9. und dem 15. Februar 44 hatte Caesar die lebenslängliche Dictatur angetreten und somit dokumentiert, daß er nicht gedachte, sich jemals ins Privatleben zurückzuziehen, sondern vielmehr die Geschicke des Staates bis zu seinem Lebensende zu lenken beabsichtigte.[23] Da Caesar 46 zum Dictator auf 10 Jahre ernannt worden war und daher 44 noch gar kein Handlungsbedarf bestand, war der ganze Vorgang eine Proklamation der Alleinherrschaft und damit eine unübersehbare Provokation. Kein Römer, konnte sich danach noch der Illusion hingeben, er lebe weiter in der alten Republik, die doch wesentlich darauf basierte, daß innerhalb der verhältnismäßig kleinen senatorischen Führungsschicht, die die wesentlichen Positionen im Staat besetzte, prinzipielle Gleichheit bestand. Mit der dauerhaften Dominanz einer Einzelpersönlichkeit war die traditionelle Regierungsweise unvereinbar.

Manches spricht dafür, daß die konkreteren Planungen für den Mord an Caesar in jenem Moment begannen, als der Antritt der lebenslänglichen Dictatur jede Hoffnung zerstörte, Caesar erwäge überhaupt noch eine Rückkehr zu republikanischen Regierungsformen. Allerdings wurden den Verschwörern schon in der Antike überwiegend private Motive unterstellt. Cassius soll sehr darüber verärgert gewesen sein, daß Caesar die Stadtpraetur, die angesehenste unter den mittlerweile 16 Praeturen[24], dem Brutus gegeben hatte, obwohl eigentlich klar gewesen sei, daß Cassius die besseren Ansprüche besaß.[25] Auch ist von einigen Verschwörern bekannt, daß sie durch Caesar Kränkungen erfahren hatten. Quintus Ligarius war erst spät und unter demütigenden Begleitumständen begnadigt worden, obwohl er durchaus das Gefühl hegen konnte, als aktiver Parteigänger der Pompeianer bis 46 auch nichts Schlimmeres auf dem Kerbholz zu haben als andere, denen es besser ergangen war.[26] Dem Minucius Basilus hatte Caesar nach der Praetur 45 die eigentlich daran geknüpfte Provinzstatthalterschaft verweigert.[27] Pontius Aquila hatte als Volkstribun 45 den großen Dictator durch eine freimütige Geste gegen sich aufgebracht und war dafür von Caesar verhöhnt worden.[28] Doch trotz alledem mutet es schon recht merkwürdig an, daß sich Cassius aus Zorn über Caesar ausgerechnet mit dem Mann zusammengetan haben soll, der ihm vorgezogen worden war.[29] Zudem waren einige der Verschwörer von Caesar kontinuierlich gefördert worden, wodurch sie nach den Normen des römischen Sozialsystems unbedingt zur Dankbarkeit verpflichtet gewesen wären, und dennoch ermordeten sie ihren Wohltäter.[30] Insgesamt ist das ganze Bündel persönlicher Motive nicht ausreichend, um die breite Allianz gegen Caesar zu erklären.[31] Dazu bedurfte es zusätzlicher Beweggründe – und diese gab es ja auch, wenn man den Beteuerungen der Verschwörer Glauben schenken darf: Sie nahmen für sich in Anspruch, den römischen Staat von einem Tyrannen befreit zu haben.

Marcus Brutus ist der einzige unter den Verschwörern, dem unsere Quellen einhellig zubilligen, allein aus Sorge um das römische Gemeinwesen gehandelt zu haben.[32] Er war bekannt als ein prinzipientreuer Mann, der das traditionelle Senatsregime in den 50er Jahren energisch gegen alle Anfechtungen durch die Potentaten Pompeius, Caesar und Crassus verteidigt hatte. Als 49 der Bürgerkrieg ausbrach, stand Brutus auf seiten der Senatspartei, obwohl er damit deren Feldherrn Pompeius unterstützen mußte, der einst im Bürgerkrieg der 80er Jahre den Vater des Brutus hatte exekutieren lassen. Brutus hatte damit unübersehbar die Interessen des Staates über seine persönlichen Gefühle und Feindschaften gestellt. Nachdem aber Pompeius im Herbst 48 die große Schlacht bei Pharsalos gegen Caesar verloren hatte, machte Brutus seinen Frieden mit dem Gegner, wohl nicht zuletzt aus dem Gefühl heraus, daß eine Fortsetzung des selbstmörderischen Bürgerkriegs der römischen Republik nicht zum Segen gereichen konnte.

Caesar war zweifellos hocherfreut darüber, daß sich ihm ein begabter, zur Crème der römischen Führungsschicht gehörender und als integer geltender junger Mann zur Verfügung stellte, denn von dieser Art gab es in seinem Lager nicht viele. Hinzu kam aber, daß Caesar mit Servilia, der Mutter des Brutus, seit vielen Jahren ein Verhältnis hatte, wie in Rom jeder wußte. Caesar war durchaus geneigt, etwas für den Sohn seiner Freundin zu tun. So wurde Brutus im Jahre 46 mit der Statthalterschaft der Provinz Gallia Cisalpina betraut, die geographisch in etwa mit dem heutigen Norditalien identisch ist. Dieser Posten war eine besondere Vertrauensposition, denn der Kommandeur der Cisalpina befehligte Truppen so nahe bei Rom wie kein anderer Provinzstatthalter. Darüber hinaus stellte diese Aufgabe eine persönliche Auszeichnung dar, denn Brutus war nach den herkömmlichen Normen eigentlich noch nicht weit genug in der römischen Ämterlaufbahn vorgedrungen und auch noch zu jung, um ein solches Amt bekleiden zu können. Für das Jahr 44 wurde Brutus dann zum Praetor gewählt und erhielt die begehrte Stadtpraetur, ein weiterer Beweis der Vorzugsstellung, die er bei Caesar genoß.

Diese Gefälligkeiten nahm Brutus alle entgegen, es entsprach auch den üblichen Verhaltensweisen eines römischen Nachwuchspolitikers, daß er ganz auf die eigene Karriere fixiert war. Dennoch scheint Brutus hin- und hergerissen gewesen zu sein. Schon früh hatte er in seinem Onkel Marcus Porcius Cato ein großes Vorbild gesehen, und Cato war in den letzten Jahren der Republik so etwas wie das moralische Gewissen der Senatorenschaft geworden, ein schonungslos prinzipientreuer Verteidiger der traditionellen Verhältnisse, der infolge seiner Konsequenz auch gegenüber sich selbst eine ungewöhnliche, über seinen politischen Rang weit hinausreichende Autorität gewonnen hatte.[33] Als Caesar seine Gegner 46 in Nordafrika ein zweites Mal schlug, beging Cato Selbstmord, nicht etwa aus persönlicher Verzweiflung, sondern in der Erkenntnis, daß ihm andernfalls die Begnadigung durch Caesar drohte. Diesbezüglich hatte er jedoch einen klaren Standpunkt, den er – nach Plutarch – folgendermaßen formulierte: «Ich will dem Tyrannen nicht dafür Dank schulden, daß er gegen die Gesetze handelt. Denn er handelt gegen die

Gesetze, wenn er wie ein Herrscher die begnadigt, über die zu herrschen ihm nicht zusteht.»[34]

Spätestens seit Catos Freitod lebten alle Anhänger der alten Republik ein wenig mit schlechtem Gewissen in Caesars Staat weiter. Vielleicht der erste, der die Galionsfigur der republikanischen Freiheit mit einer Lobschrift bedachte, war Brutus, andere, darunter Cicero, folgten ihm auf dem Fuße. Die anticaesarische Stoßrichtung solcher Elogen auf Cato war unübersehbar. Caesar reagierte moderat, denn er beschränkte sich darauf, seinerseits eine Gegenschrift zu verfassen.[35]

Doch in Brutus wuchs wieder das Bedürfnis, sich Cato anzunähern. Da das Idol nun tot war, wandte er sich dessen Tochter Porcia zu. Im Sommer 45 ließ sich Brutus von seiner Frau Claudia scheiden und heiratete Porcia.[36] Diese neuen Dispositionen des Brutus erregten in Rom vielleicht Anstoß, zumindest aber Aufsehen, denn Claudia war als Schwägerin des Pompeius in Kreisen der Republikanhänger durchaus hoffähig, sie hatte zudem keinen Anlaß geboten für eine Scheidung. Da man in Rom nicht aus Liebe zu heiraten pflegte, sondern die familiären Verbindungen im Vordergrund standen, wurden Hochzeiten auch entsprechend interpretiert – eben als bewußt gesuchte Allianz zweier Familien. Es ging also eine Botschaft von dieser Hochzeit aus, und diese Tatsache muß Brutus auch bewußt gewesen sein.

Die Figur des Marcus Brutus fordert psychologisierende Deutungen geradezu heraus. Als Sohn von Caesars langjähriger Freundin war er dennoch tief beeindruckt von Caesars unbeirrbarstem Gegenspieler, in dessen Fahrwasser er seine ersten Schritte in der politischen Öffentlichkeit unternahm. Nach der katastrophalen Niederlage seiner Partei machte er seinen Frieden mit Caesar und wurde nun beständig von dem Mann gefördert, welcher der Republik, dem Lebensideal Catos und auch des Brutus, immer mehr entwuchs. Aufgerüttelt durch Catos Tod heiratete er dessen Tochter und glaubte trotzdem noch an Caesars Absicht, nur das alte Regime zu befestigen.

Darüber hinaus lastete auf Brutus besonders schwer der Druck seiner Abstammung, sah er sich doch als Abkömmling des legendären ersten Consuls der Republik, Lucius Iunius Brutus, der angeblich die Vertreibung des zum Tyrannen entarteten letzten Königs Tarquinius Superbus am Ende des 6. Jahrhunderts v. Chr. ins Werk gesetzt hatte. Die Heldentaten der Ahnen waren jedem jungen Römer zugleich Verpflichtung, ihnen nachzueifern.[37] Brutus selbst hatte sogar bei Atticus, Ciceros Freund, die Erforschung der Familiengenealogie in Auftrag gegeben und sich den verzweigten, hochadligen Stammbaum in das Atrium seines Stadthauses malen lassen.[38] Ein weiterer prominenter Trieb dieses Stammbaums war Servilius Ahala, ein Ahn von Brutus' Mutter Servilia. Ahala war die Hauptfigur eines berühmten Exemplums der römischen Geschichte, einer Episode beispielhaften und nachahmenswerten Handelns, die zur moralischen Stärkung und Einschärfung von Wertmaßstäben und Handlungsnormen in der Gegenwart immer wieder erzählt wurde. Im Jahre 439 v. Chr. soll der römische Ritter Sp. Maelius durch freigebige Getreideverteilungen an das Volk große Popularität erlangt haben, was in ihm den hybriden Plan reifen ließ, in Rom eine Tyrannis zu errichten. Der wachsame Senat durchschaute aber diese Ambitionen, und im Zuge der Gegenmaßnahmen tötete Servilius Ahala kurzerhand den die Republik bedrohenden Maelius. Dieser selbstlose Einsatz für den Erhalt des Staates in seiner traditionellen, letztlich alternativlosen Form brachte Ahala einen Ehrenplatz in der Galerie der republikanischen Freiheitshelden, von wo aus er zusammen mit dem ersten Consul Lucius Brutus mahnend auf den gemeinsamen Sproß herabblickte. Und man sorgte dafür, daß Brutus dies nicht vergaß. Eines Morgens fand sich an der Statue des ersten Consuls Lucius Brutus auf dem Capitol die Aufschrift: «O wenn du doch noch leben würdest!» Am Tribunal des Brutus, der erhöhten Plattform, von der aus er als Stadtpraetor Recht zu sprechen pflegte, entdeckte man Bemerkungen wie: «Du schläfst, Brutus!» und: «Du bist kein Brutus».[39] Es bestand offenbar eine gewisse Erwartung gegenüber Brutus, sich für die Erhaltung der Freiheit in besonderem Maße zuständig zu fühlen.

Wahrscheinlich war es aber Gaius Cassius Longinus, der begann, die Fäden zu knüpfen.[40] Es sollen sich 60 Männer zusammengefunden haben,[41] ohne sich allerdings eidlich zu verbinden.[42] Eine der berühmtesten Verschwörungen der Weltgeschichte war also strenggenommen gar keine. Der Grund für den Eidverzicht ist nun nicht etwa darin zu sehen, daß Eidesleistungen in der römischen Antike nicht üblich oder von geringer Bindungskraft gewesen seien, eher das Gegenteil ist der Fall. Auch die Vermutung, hier sei das Ziel so evident legitim, daß es der Schwüre gar nicht bedurft hätte, ist kaum überzeugend, da doch der Eid auch nicht geschadet hätte und die Furcht vor Verrat zu den inhärenten Problemen einer jeden Attentatsvorbereitung gehört. Die Erklärung dürfte vielmehr darin zu suchen sein, daß kurz zuvor alle Senatoren und römischen Ritter unter großem Pomp einen feierlichen Eid auf das Heil Caesars abgelegt hatten,[43] einen Eid, den die Verschwörer nun mit ihrem Vorhaben radikal zu brechen beabsichtigten. Da war ein weiterer Eid wohl nicht das geeignete Mittel, sich die gegenseitige Verläßlichkeit zu beteuern.

Aber niemand brach aus. Obwohl die Zahl der Verschwörer verhältnismäßig groß und die Gruppe recht heterogen war, wurde niemand zum Verräter.[44] Die klare Erkenntnis, daß Caesar sich zum Alleinherrscher auf Dauer aufgeschwungen hatte und folglich die alte Republik nicht mehr bestand, hatte die Männer zusammengeführt; sie wollten wie einige der legendären Vorbildfiguren Rom von einem Tyrannen befreien und so selbst durch eine heroische Tat in die Geschichte eingehen.

Von den 60 Verschwörern kennen wir 20,[45] von denen einige für uns jedoch bloße Namen sind. Aber auch wenn wir nur den Werdegang weniger Verschwörer besser kennen verfolgen können, so ist doch hinrei-

chend klar, daß sich Männer mit ganz unterschiedlichem Hintergrund
zusammenfanden. Da waren die ehemaligen Bürgerkriegsgegner, die sich
mit Caesar arrangiert hatten bzw. von ihm begnadigt worden waren. Aus
dieser Gruppe ragten Cassius und Brutus hervor, die sogar im Jahr 44
Praetoren waren und denen also der Weg zum Consulat offenstand – dem
Ziel und Zweck der politischen Laufbahn eines jeden Römers, der dem
Kreis der führenden Familien entstammte. Auch befanden sich unter den
Verschwörern langjährige Caesarianer, Männer, die seit den 50er Jahren in
Caesars Diensten standen, den gesamten Bürgerkrieg über auf seiner Seite
gekämpft hatten und ihre Karriere als seine Gefolgsleute gemacht hatten.
Die prominentesten aus dieser Gruppe waren Gaius Trebonius, der 45
Consul war, und Decimus Iunius Brutus Albinus, der 45 Praetor gewesen
und für 42 zum Consul designiert war.[46] Decimus Brutus, ein entfernter
Verwandter des bekannteren Marcus Brutus, stand Caesar so nahe, daß er
sogar in dessen Testament als Ersatzerbe eingesetzt worden war.[47] Daß sich
die Koalition gegen Caesar über die alten Bürgerkriegslager hinweg bildete, zeigt sehr deutlich, wie breit die Front der Ablehnung des Dictators
in der Führungsschicht geworden war.

Gerüchte über Attentatsabsichten gegen Caesar waren schon 46 zu vernehmen[48] und seither wohl nie ganz verstummt. Caesar hatte sich davon
nicht sonderlich beeindrucken lassen, vor allem auch keine Aufklärungs-
hysterie entwickelt mit all ihren fürchterlichen Begleiterscheinungen wie
Schnüffelei, Denunziationen und Exekutionen, sondern er hatte nur öffentlich gemacht, daß ihm die Pläne bekannt seien.[49] Wohl im Februar 44
löste er sogar seine spanische Leibwache auf,[50] die bis dahin zweifellos
eine beachtliche Abschreckungswirkung entfaltet hatte. In diesem Schritt
manifestierte sich augenfällig die offizielle Deutung der Gegenwart, daß
nämlich der Bürgerkrieg jetzt ausgestanden sei und die Normalität wieder
einkehre, wozu die Entmilitarisierung der Stadt Rom notwendig gehörte.
Folgerichtig lehnte Caesar auch die Leibwache aus Senatoren und Rittern
ab, die ihm der eilfertige Senat angeboten hatte.[51]

Daß Caesar durch diesen Verzicht auf Personenschutz den Verschwörern
die Realisierung ihres Vorhabens ganz wesentlich erleichterte, steht außer
Frage. Es dürfte dabei auch eine gewisse Überheblichkeit mitgespielt haben:
Caesar demonstrierte auf diese Weise seine Überlegenheit gegenüber allen
Regungen kleinkarierter Ängstlichkeit. Die Senatoren erlebte er vor allem
als willfährige Anpasser, die sich in ihrem Bemühen übertrafen, seine Gunst
zu erlangen. Er scheint ihnen keine mutige Tat mehr zugetraut zu haben.
Darüber hinaus entsprach eine gewisse Risikobereitschaft wohl auch seiner
Lebenseinstellung. Am Abend vor den Iden des März soll er bei einem
Bankett, als das Gespräch auf die Frage kam, welcher Tod wohl der ange-
nehmste sei, spontan geäußert haben: «Der unerwartete!»[52] Ein weiteres
Diktum charakterisiert Caesars Haltung noch deutlicher: «Es ist besser,
einmal zu sterben als sich ständig zu fürchten.»[53]

Die Verschwörer standen unter Zeitdruck. Zweifellos war es ohnehin opportun, nicht lange zu warten, schon damit die Entschlossenheit der Beteiligten nicht in langwierigen Debatten von Bedenken aller Art unterhöhlt würde, vor allem aber wegen der permanenten Entdeckungsgefahr. Doch Caesar hatte darüber hinaus die Zeitgrenze selbst markiert. Am 18. März wollte er zu einem großen Feldzug gegen die Parther im Osten des Reiches aufbrechen,[54] und im Feldlager, im Kreise seiner treu ergebenen Truppen, war an ein Attentat, das beifällig aufgenommen werden sollte, nicht zu denken. Die Kriegsdauer war zudem auf mindestens 3 Jahre veranschlagt, und wenn Caesar − wie nach seiner bisherigen ruhmreichen Feldherrnkarriere nicht auszuschließen war − erneut spektakuläre Erfolge erzielt hätte, wäre seine Stellung noch großartiger und unangreifbarer geworden, als das zum damaligen Zeitpunkt bereits der Fall war. Man mußte also vorher handeln.

Wir haben einige Quellennotizen über Alternativpläne, die die Verschwörer erwogen haben sollen,[55] doch ist ganz unklar, wie verläßlich Informationen sind, die spätere Autoren über geheime Diskussionen von nicht realisierten Varianten haben wollten. Aber wie dem auch sei, man beschloß jedenfalls, das Attentat im Senat durchzuführen, den Caesar für den 15. März in die Curia Pompeii einberufen hatte. Die Rahmenbedingungen waren günstig.[56] Caesar konnte nicht von einer Traube seiner engsten Mitarbeiter umgeben und geschützt sein, da Senatssitzungen nur Senatoren zugänglich waren, und die im angrenzenden Theater gerade abgehaltenen Gladiatorenspiele ermöglichten es Decimus Brutus, ganz unauffällig und unanstößig seine Gruppe von Gladiatoren, die er wohl für demnächst abzuhaltende Spiele zusammengekauft hatte, in unmittelbarer Nähe in Bereitschaft zu halten.[57] Für den Fall also, daß es zu unvorhergesehenen Zwischenfällen käme, hatte man eine kleine, aber gut ausgebildete Schar von Berufskämpfern bei der Hand, die Spontanattacken abwehren und Ordnung schaffen konnten.

Wie es sich in der Antike für den spektakulären Tod eines großen Mannes gehört, ranken sich um das Ereignis eine Reihe von Vorzeichen. Glaubwürdig ist aber jedenfalls, daß Caesar schlecht geschlafen hatte und sich morgens nicht wohl fühlte, so daß er ernsthaft erwog, die Sitzung ausfallen zu lassen. Seine Frau Calpurnia soll darüber hinaus in der Nacht von unheilverheißenden Träumen geplagt worden sein und ihn daher bestürmt haben, zu Hause zu bleiben.[58] Derweil wartete der Senat auf seinen Versammlungsleiter. Es ist als bemerkenswerte Leistung der Verschwörer einzustufen, daß sie in Anbetracht von Caesars Verspätung nicht die Nerven verloren. Schließlich mußte sich doch jedem von ihnen der Verdacht aufdrängen, Caesars Ausbleiben habe damit zu tun, daß die Attentatspläne doch noch verraten worden seien.[59] Statt auseinanderzulaufen oder sich gar gegenseitig zu bezichtigen, ging Decimus Brutus kaltblütig zu Caesar nach Hause und erkundigte sich, was denn die Ursache der

Verzögerung sei. Als er von den Träumen Calpurnias hörte, soll er sich darüber mokiert haben, daß Caesar sich von solchem Aberglauben beeinflussen lasse. Er verwies aber vor allem auf den wartenden Senat, den Caesar durch eine Absage doch sehr verstimmen würde.[60] So machte sich Caesar gegen 11 Uhr auf den Weg; wohl eine Stunde später traf er vor der Curia Pompeii ein. Zahllose Bittsteller hielten ihn auf. Auch soll ihm noch ein Billet zugesteckt worden sein, in dem das Komplott enthüllt wurde, aber Caesar sei nicht mehr dazu gekommen, es zu lesen.[61] Als Caesar im Bereich der Curia war, verwickelte Gaius Trebonius verabredungsgemäß den Antonius in ein Gespräch im Vorraum, damit der kräftige, zudem auch rhetorisch geschickte und vor allem mit der Autorität des amtierenden Consuls ausgestattete Kollege Caesars dem Mord und den danach vorgesehenen Aktionen nicht unmittelbar im Wege stünde.[62]

Das Attentat selbst wird uns in mehreren antiken Quellen dargestellt, mit leichten Abweichungen und manchen farbigen Details, deren Verläßlichkeit nicht über jeden Zweifel erhaben ist. Doch der Kern ist nicht umstritten.[63] Der Biograph Sueton hat das Ereignis bei allem Sinn für die dramatische Situation doch in der hier gebotenen Kürze nachgezeichnet:

«Als sich Caesar setzte, stellten sich die Verschwörer unter dem Vorwand einer Verpflichtung um ihn herum, und sofort trat Tillius Cimber, der den Einleitungspart übernommen hatte, näher an ihn heran, so als ob er um etwas bitten wollte. Caesar winkt ab und verschiebt die Angelegenheit auf einen anderen Zeitpunkt. Da ergreift Cimber die Toga Caesars an beiden Schultern. Caesar ruft aus: Das ist ja Gewalt! In diesem Moment verwundet ihn von hinten einer von den Casca-Brüdern unterhalb des Schlüsselbeins. Caesar greift Cascas Arm und durchsticht ihn mit dem Schreibgriffel. Als er aber versucht aufzuspringen, wird er durch eine weitere Verwundung daran gehindert. Und wie er nun erkennt, daß er von allen Seiten durch gezückte Dolche bedroht wird, verhüllt er den Kopf mit der Toga. Zugleich zog er mit der linken Hand den Bausch der Toga bis zu den Unterschenkeln herab, damit er schicklicher mit bedecktem Unterkörper falle. Und so wurde er von 23 Stößen durchbohrt. Nur beim ersten Stoß soll er einen Seufzer ausgestoßen haben, doch er sprach nicht mehr, obwohl einige überliefern, er habe, als Marcus Brutus auf ihn losging, auf griechisch gesagt: Auch du, mein Kind?»[64]

Niemand kam Caesar zu Hilfe.[65] Auch wenn von dem durch Caesar auf etwa 900 Mann aufgeblähten Senat vielleicht nur ein Drittel der Mitglieder anwesend war, ergab das immerhin noch eine große Zahl von Senatoren, die ihren Rang Caesar verdankten und ihm daher unbedingt verpflichtet waren. Doch niemand griff ein. Sprachlos vor Entsetzen klebten die Senatoren an ihren Sitzen, während ihr Wohltäter unter den Dolchstößen der Attentäter sein Leben aushauchte. Als sich aber dann Brutus mit einer großen Rede an den Senat wenden wollte, kam Bewegung in die Senatorenschaft. Alles hastete zum Ausgang und versuchte, sich so schnell wie möglich in Sicherheit zu bringen.[66]

Die Verschwörer hatten nach dem Attentat zuerst den Senat, dann das Volk zu Kundgebungen gegen den Tyrannen Caesar veranlassen wollen, danach sollte seine Leiche – wie es sich bei einem Tyrannen gehörte – in feierlichem Umzug durch die Stadt geschleift und in den Tiber geworfen werden, schließlich waren die Rechtsakte des Tyrannen für ungültig zu erklären.[67] Als der Senat davonlief, statt sich eine wohlgeformte Rede über die Freiheit und die Republik und das Verbrechen der Alleinherrschaft anzuhören und sich in Beifallsstürmen zu ergehen, war das Konzept schon gescheitert. Daß man sofort umdisponieren mußte, zeigt die Tatsache, daß die Verschwörer Caesars Leiche achtlos in der Curia Pompeii liegen ließen, von wo sie nach einiger Zeit von drei Sklaven in eine Sänfte gehoben und nach Hause transportiert wurde.[68]

Doch Alternativpläne gab es offenbar nicht, weitere Vorsorge hatte man nicht getroffen. Schwächliche Ansätze, noch auf das Volk einzuwirken, waren erfolglos, die Stadt war von Panik erfüllt. Die Verschwörer verbrachten auf dem Capitol eine Nacht voller Bangen, was denn die Anhänger Caesars und vor allem seine Soldaten zu tun gedächten. Die Verhandlungen mit den Führern der Caesarianer, allen voran Antonius, ergaben einen faulen Kompromiß: In der Senatssitzung am 17. März wurde die Gültigkeit der Handlungen Caesars, ja sogar seiner erst geplanten Maßnahmen in aller Form bestätigt, gleichzeitig wurde den Attentätern Amnestie gewährt. Mit diesem Senatsbeschluß wurde symbolisch konstatiert, daß einerseits Caesar kein Tyrann war und daß andererseits die Attentäter keine Mörder waren. Daß sich dieser Widerspruch nicht zur verläßlichen Basis für die künftige Politik stabilisierte, ist wenig verwunderlich.

Wenn man sich vor Augen führt, wie umsichtig das Komplott gegen Caesar geplant und realisiert wurde, welche Nervenstärke die Täter zudem an den Tag legten, als Caesar sich verspätete, wenn man all dies berücksichtigt, ist die geradezu klägliche Unsicherheit, mit der die Verschwörer nach dem Attentat agierten, um so erstaunlicher. Man hatte keine Machtübernahme vorbereitet, ja man hatte noch nicht einmal Alternativszenarien durchgespielt für den Fall, daß sich das pathetische Ritual des Umgangs mit dem toten Tyrannen nicht vollziehen ließ, weil das wichtigste Element ausblieb – die breite öffentliche Zustimmung aller Schichten. Daß die Attentäter eine solche Möglichkeit offenkundig gar nicht einkalkuliert hatten, deutet auf eine grundlegende Wahrnehmungstrübung. Sie hatten allem Anschein nach die Pervertierung Caesars zum Tyrannen und die damit einhergehende Beendigung der republikanischen Freiheit für evident gehalten, so daß sie gar nicht auf die Idee kamen, große Teile der Römer könnten das anders sehen oder auch nur andere Konsequenzen

daraus ziehen. Die Caesarmörder hatten ihre eigene Perspektive verabso-
lutiert – auf Kosten einer realistischen Einschätzung, wie denn ihre Tat auf
die Umstehenden und die relevanten Gruppen des römischen Staates wirken würde.

Zumindest der Umstand, daß die Senatoren nach dem Mord an Caesar
in kopfloser Panik aus dem Senat liefen, hätte keine vollkommene Überraschung sein müssen. Schließlich waren die meisten Senatoren im Jahre
44 Caesars Kreaturen und hatten in vielfältiger Weise mit seinem Regime
kollaboriert; auch konnten sie ja nicht wissen, daß die Attentäter tatsächlich nur den Tyrannen töten wollten, ohne ein Massaker auch unter dessen
Anhängern anzurichten. Daß die Verschwörer so rein bei der Ideologie
des Tyrannenmords bleiben wollten, daß sie nicht einmal Marcus Antonius,
dem nun als verbliebenem Consul eine Schlüsselrolle zufallen mußte, aus
dem Wege räumten,[69] war nur ihnen selbst klar, aber niemandem sonst.
Bereits die ganz vernünftige Reaktion der Senatoren, die Flucht zu ergreifen, scheint die Verschwörer in Ratlosigkeit gestürzt zu haben. Aus der
grandiosen Proklamation der wiedergewonnenen Freiheit im Senat wurde
also nichts.

Doch auch das Stadtvolk, von dem die Befreier auf einer Woge der
Begeisterung getragen werden wollten, spielte nicht die Rolle, die ihm
zugedacht war. Die Verschwörer hatten in ihrer Fixierung auf ihre Stan-
desperspektive aus den Augen verloren, daß die Dimensionen von Freiheit,
die durch die Alleinherrschaft Caesars verlorengegangen waren, vor allem
die politischen Betätigungsmöglichkeiten der Führungsschicht betrafen,
weniger aber die römische Plebs, die im Gegenteil in Caesar einen äußerst
großzügigen und sehr volkstümlichen Wohltäter verloren hatte. Bei aller
Resonanz, die das Schlagwort der Freiheit in Rom zu finden pflegte, war
doch die Bereitschaft, den großen Patron Caesar als Tyrannen zu betrachten, beim Volke nicht sonderlich ausgeprägt, und so überwogen zunächst
Verunsicherung, Skepsis und Mißtrauen, woraus sich dann bald eine eindeutige Oppositionshaltung gegenüber den Caesarmördern entwickelte.[70]

Bei den erfolgreichen Tyrannenmördern machte sich angesichts der
Widerstände und der unklaren Zukunftsperspektiven eine gewisse Resi-
gnation breit. Ausgerechnet Decimus Brutus, der an den Iden des März
noch kaltblütig zu Caesar gegangen war und ihn zum Besuch der Senatssitzung überredet hatte, empfahl nur wenige Tage später den Rückzug aus
Rom und das passive Abwarten der weiteren Entwicklung.[71] Tatsächlich
wurden die Caesarmörder bald aus Rom verdrängt.[72] Cicero gelang es
zwar, noch einmal breite Unterstützung für einen republikanischen Kurs
im Senat zu mobilisieren, doch die von ihm mit allen Mitteln betriebene
Ausschaltung des Antonius scheiterte trotz einiger Anfangserfolge. Und so
marschierte zunächst im Sommer 43 Octavian, Caesars Adoptivsohn, auf
Rom und ließ die Caesarmörder ächten; seit dem Herbst des Jahres beherrschte die geeinigte Front der Caesarianer die Hauptstadt und setzte

noch viele weitere Gegner auf die Todesliste, darunter auch Cicero, der auf der Flucht gestellt und ermordet wurde.

Marcus Brutus und Gaius Cassius hatten dagegen den Osten des Römischen Reiches mit großen Heeren unter ihre Kontrolle gebracht und konnten so den Caesarianern energischen militärischen Widerstand leisten, aber mit den Idealen der Republik hatte ihr Vorgehen nicht mehr viel zu tun. Unter dem Druck der Verhältnisse waren sie ähnlich bedenkenlose Condottieri geworden wie ihre Gegenspieler Antonius und Octavian. Über die Frage, ob sie sich tatsächlich bemüht hätten, die alte Republik wiederherzustellen, läßt sich nur mutmaßen: In der berühmten Doppelschlacht bei Philippi in Makedonien im Herbst des Jahres 42 v. Chr. erlitten Brutus und Cassius die entscheidende Niederlage, beide begingen daraufhin Selbstmord.

Die Verschwörung gegen Caesar war also insgesamt ein Mißerfolg, obwohl ihr Nahziel, die Ermordung des Alleinherrschers, so spektakulär erreicht worden war. Aber dieses Nahziel war selbst doch nur als Mittel gedacht gewesen, durch das die alte Republik für das freie Spiel der Kräfte einer kleinen Führungsschicht wiedergewonnen werden sollte. Daß das so gründlich mißlang, lag auch an der Überschätzung des Attentats durch die Attentäter. Paradoxerweise standen gerade diejenigen, die Caesar und seine neuartige Machtposition so entschieden ablehnten, daß sie sich gegen ihn verschworen, mit am meisten im Banne seiner Persönlichkeit. So war ihr Blick dafür getrübt, daß Caesars Staat erheblich mehr war als Caesars Person. Der Dictator ließ sich durch einen Anschlag beseitigen, die Veränderungen des Systems aber teilweise gar nicht mehr oder jedenfalls nicht so leicht, daß die Republik nach dem Tod des Herrschers gewissermaßen automatisch wiederauferstanden wäre. So griffen die kleinen Caesares zu, als die Machtpotentiale des Dictators kurzzeitig verwaist waren, und in den Prätendentenkämpfen wurden die Verschwörer genauso zerrieben wie ihr eigentliches Ziel, die Wiederherstellung der Republik. Was dann Octavian, der Sieger dieser blutigen Bürgerkriege, der sich seit 27 v. Chr. Augustus nannte, der Öffentlichkeit als wiederhergestellte Republik präsentierte, war eine geschickt gestaltete, auf das Feingefühl vor allem der Führungsschicht Rücksicht nehmende Fassade eben jener Monarchie, die zu verhindern sich die Verschwörer seinerzeit gegen Caesar zusammengeschlossen hatten.

Die «lange Machtergreifung» der Karolinger.
Der Staatsstreich gegen die Merowinger in den Jahren 747–771

Michael Richter

Es mag überraschen, daß es bis heute keine minutiöse Untersuchung des Staatsstreichs von 751 gibt, der die Machtergreifung der Karolinger in die Wege leitete. Es sollen diesem Beitrag zwar selbstverständlich die aktuellen Forschungserträge zugrunde gelegt werden, aber darüber hinaus werden auch Aspekte in den Blick genommen, die bislang keinen Eingang in die Diskussion gefunden haben. Das Thema ist zwar sehr häufig behandelt worden, aber eigentlich immer unter dem nicht unerheblichen Vorbehalt, daß der Staatsstreich positiv bewertet wurde. Die Ursache dafür mag sein, daß unsere Quellen zu dem Ereignis ausgesprochen einseitig sind. Nötig und nützlich, aber auch schwierig, ist eine vorurteilsfreie Betrachtung eben dieser Quellen – dessen, was sie sagen, und dessen, was sie verschweigen.

Unter machtpolitischen Gesichtspunkten betrachtet, war der Staatsstreich des Jahres 751 im Frankenreich ein Dynastiewechsel von lediglich regionaler Bedeutung. Der Dynastie der Merowinger, die seit dem ausgehenden 5. Jahrhundert dem Frankenreich vorstanden, folgte die Dynastie, die man nach ihrem zweiten Vertreter, Karl (dem Großen), die Karolinger nennt. Dennoch war der Dynastiewechsel von 751 von anderer Qualität als jeder spätere Dynastiewechsel. Denn verfassungspolitisch war dies ein Ereignis, das europaweite Folgen haben sollte: Durch die Einbeziehung der Kirche in die Königserhebung wurde der Grundstein gelegt für das christlich geprägte Königtum, das im Lauf der Zeit fast im gesamten mittelalterlichen Abendland verwirklicht wurde und das sich an Karl dem Großen mehr als an seinem Vater Pippin orientierte. Es war das Königtum ‹von Gottes Gnaden› *(Dei gratia),* jeweils von einem einzelnen verkörpert.

Es liegt eigentlich in der Natur der Sache, daß viele Einzelheiten dieses Staatsstreichs bis heute nicht geklärt sind. Er fand statt in einer Zeit mit sehr begrenzter Schriftkultur; die vorhandenen schriftlichen Quellen stammen zudem weitgehend aus dem Umfeld der siegreichen Partei, die gute Gründe hatte, sowohl die Vorgänge zu schönen als auch ihre Vorgänger oder Gegner in möglichst ungünstigem Licht darzustellen. Eine Folge davon ist, daß es bis heute keine akzeptable Monographie gibt, die der im Zentrum dieses Staatsstreichs stehenden Persönlichkeit, Pippin dem Jüngeren, gewidmet wäre. Doch konnten in der jüngsten Vergangenheit einige wichtige Details so weit geklärt werden, daß sie erlauben, eine neue Gesamtdeutung des Staatsstreichs von 751 zu skizzieren. Ein Staatsstreich ist der Sache nach zumeist eine unsaubere Angelegenheit; hier sollen nun die dunklen Aspekte des Karolingerkomplotts deutlicher erkennbar werden, als es in jenen Darstellungen der Fall ist, deren Autoren die Ansicht vertreten, das, was 751 im Frankenreich geschah, sei das Beste gewesen, was passieren konnte – richtig, wenn auch nicht rechtens.

Der eigentliche Staatsstreich von 751 hatte eine längere Vorlaufzeit und wurde erst zwei Jahrzehnte später vollendet. Es ist gewiß kein Zufall, daß in der öffentlichen Meinung Karl der Große, der an dem Umsturz beteiligt war, bekannter ist als sein Vater Pippin. Dafür sorgte die von ihm geförderte Propaganda, die kritische Stimmen fast völlig zu unterdrücken vermochte. Die Mietmäuler Karls leisteten so gründliche Arbeit, daß selbst im wissenschaftlichen Diskurs Karl der Große fast immer unkritisch, ja mit Andacht und Verehrung behandelt wird.

Die Familie der Merowinger leitete ihren Namen von einem Urahn Merowech ab; zu ihren Vorfahren zählten sie möglicherweise auch ein Meeresungeheuer oder eine überirdische Gestalt. Die Dynastie der Merowinger, der Frankenkönige, geht indes von Chlodwig (später ‹Ludwig›) aus. Bis ins ausgehende fünfte Jahrhundert gab es eine Vielzahl fränkischer Kleinkönige. Chlodwig gelang es durch brutales Handeln, jene rivalisierenden Frankenkönige auszuschalten. Nach seinem Tod im Jahre 511 war das Königtum in den Händen seiner männlichen Nachkommen. Es ist bezeichnend, daß das Frankenreich in der Regel von mehreren Merowingerkönigen in Teilreichen regiert wurde, die sich alle *Rex Francorum* nannten. Im sechsten Jahrhundert umfaßte das Frankenreich im wesentlichen das Gebiet des heutigen Frankreich (ohne die Bretagne), während die Gebiete östlich des Rheins in einer nur schwer zu definierenden Abhängigkeit von den Frankenkönigen standen. Obwohl Chlodwig sich zum Katholizismus bekehrte (die anderen Barbarenkönige waren in der Regel Arianer) und auch seine Nachkommen katholische Christen waren, blieb das merowingische Königtum davon unberührt. Die Nachkommen Chlodwigs wurden als Vertreter des sakralen Königtums betrachtet und anerkannt. Ihr überirdisches Charisma verdichtete sich in ihrer langen, gelockten Haartracht *(reges criniti)*. In der Praxis regierten sie mit Hilfe des Adels, der bei der Königserhebung eine wichtige und sichtbare Rolle spielte; auf dessen Zusammenarbeit waren sie angewiesen, wenngleich sie in der Lage waren, einzelne Gestalten gegeneinander auszuspielen. Seit dem ausgehenden sechsten Jahrhundert ist das Amt des Hausmeiers *(maior domus)* bezeugt, des wichtigsten Mitarbeiters der Frankenkönige.

Unter den zahlreichen fränkischen Adelsfamilien waren die Arnulfinger, benannt nach Bischof Arnulf von Metz, eine wichtige, wenn auch nicht die dominierende Familie seit der Mitte des 7. Jahrhunderts. Im früheren 8. Jahrhundert war ihr bedeutendster Vertreter Karl, der auf Grund seines epochalen Sieges über die Araber im Jahre 732 zwischen Tours und Poitiers

später Martell («der Hammer») genannt wurde und der dem eigentlich
unbedeutenden Namen ‹Karl› einen Glanz verlieh, der durch seinen Enkel
Karl Dauerhaftigkeit erlangte.

Karl Martell war der bedeutendste Heerführer der Franken; zwar gab
es zu seiner Zeit immer noch merowingische Könige, doch sind sie freilich
extrem schlecht bezeugt. Es steht außer Frage, daß Karl Ambitionen zu
Höherem hatte – sicher ist dies jedenfalls anzunehmen für die Zeit nach
732. In der Tat herrschte er als Major Domus ohne Merowingerkönig in
den letzten drei Jahren seines Lebens.

Die erhaltenen Quellen geben zu erkennen, daß Karl Martell bei seinem Tod im Jahre 741 über das Frankenreich wie ein König verfügte: Er
teilte es unter zwei Söhne, den älteren Karlmann und den jüngeren Pippin.
Pippin erhielt den Westteil, Karlmann den Ostteil. Ein weiterer jüngerer
Sohn und Halbbruder der beiden, Grifo, erscheint in den Quellen nur als
«Störfaktor», der letztlich von Pippin ausgeschaltet wurde. Die Mittel, die
er zu diesem Zweck einsetzte, sind nicht bekannt.

Im zweiten oder dritten Jahr ihrer Herrschaft als Hausmeier fühlten
sich die Brüder genötigt, erneut einen Merowingerkönig, Childerich III.,
zu bestellen. Die Initiative zu diesem Vorgehen lag offenbar bei Karlmann;
die einzig plausible Erklärung dafür, wenn es auch keine konkreten Belege
gibt, ist die, daß der fränkische Adel in seiner Gesamtheit darauf bestand.
Der scheinbar unaufhaltsame Aufstieg der Arnulfinger wurde von ihren
Standesgenossen nicht geduldet.

Für Karlmann kann man erschließen, daß er zu der Zeit, da sein Vater
starb, bereits Söhne hatte. Seine Frau ist nicht namentlich bekannt, von
seinen Söhnen nur einer, Drogo. Pippin hingegen, verheiratet seit 744 mit
Bertrada, blieb mehrere Jahre ohne Nachkommen und scheint ernsthaft
erwogen zu haben, seine Frau deswegen zu verstoßen.

Dies war die Situation im Jahr 747 – ein wichtiges Jahr, darin das entscheidende Ereignis Karlmanns Rückzug aus der Politik war. Sein letzter
bekannter Akt als Hausmeier datiert auf Mitte August 747. Danach, wann
genau ist unbekannt, zog er sich in ein römisches Kloster zurück. Seine
Motive dafür liegen im Dunkeln; man hat gemutmaßt, daß ihm seine
Verantwortung für das Blutbad von Cannstatt im Jahre 746 bewußt geworden war, als man den alemannischen Adel niedergemetzelt hatte: Die
Tat hatte sich in seinem Verantwortungsbereich ereignet, und vielleicht
wollte er dafür Buße tun. Allerdings wäre ein derartiges Verhalten für einen
Arnulfinger weniger typisch, als ein Blutbad anzurichten.

Auf längere Sicht zog Pippin aus dieser Situation den eigentlichen
Gewinn: Er war seinen Bruder und größten Rivalen im Frankenreich los.
Erst in den letzten Jahren konnte überzeugend dargelegt werden, daß
Karlmann 747 keineswegs zugunsten Pippins auf seine Stellung verzichtete.
Vielmehr hinterließ er einen Sohn, Drogo, der wohl schon volljährig war,
als seinen Nachfolger. Da Pippin bislang noch kinderlos war, hatte Karl-

mann gute Gründe anzunehmen, daß sein Sohn Drogo die besten Aussichten hatte, sogar als Kandidat für die Nachfolge auch im Gebiet Pippins zu bestehen. Diese Umstände machen den Rückzug Karlmanns verständlicher.

Zum Zeitpunkt seines Rückzugs aus der Öffentlichkeit war Karlmann wohl kaum bekannt, daß Pippins Ehefrau doch noch schwanger geworden war; im August 747 war sie wohl im zweiten Monat. Bei der hohen Sterblichkeitsrate von Neugeborenen in jener Zeit wäre dieser Umstand an sich wohl kein Grund zur Unruhe für Karlmann gewesen. Tatsächlich brachte Bertrada am 2. April 748 einen Sohn zur Welt, der den Namen Karl erhielt, und nach etwa drei Jahren einen weiteren Sohn, den die Eltern Karlmann nannten. Sicher war diese Situation dazu angetan, in Pippin den Plan reifen zu lassen, seinen Neffen Drogo auszuschalten. Die Lage ist denkbar schlecht bezeugt, aber fest steht, daß Pippin irgendwann Erfolg gehabt haben muß.

Daß Pippin nach dem Ausscheiden Karlmanns aus der Politik nach dem fränkischen Königtum für sich allein strebte, steht außer Zweifel. Ob er schon früher mit dem Gedanken gespielt hatte, darf bezweifelt werden. Karlmanns Pläne jedenfalls waren so angelegt, daß er von einem Weiterbestehen der merowingischen Könige ausging. Zu einem Wechsel in der Dynastie bedurfte es der Zustimmung des fränkischen Adels; Pippin mußte den existierenden Merowingerkönig Childerich III. ausschalten und den Herrschaftsanspruch der Merowinger als solchen diskreditieren. Das gelang ihm im Zeitraum von insgesamt drei Jahren; aber leider sind insbesondere die Mittel völlig unbekannt, mit deren Hilfe er den Adel von seinen Zielen überzeugte.

Wohlbekannt ist indes ein Mittel, seine Usurpation zu legitimieren. Er bediente sich dazu des Papstes. Nach den hofnahen, nicht zeitgenössischen Reichsannalen geschah das durch eine Gesandtschaft nach Rom: «Bischof Burkard von Würzburg und der Kaplan Folrad wurden zu Papst Zacharias gesandt, um wegen der Könige in Francien zu fragen, die damals keine Macht als Könige hatten, ob das gut sei oder nicht. Und Papst Zacharias gab Pippin den Bescheid, es sei besser, den als König zu bezeichnen, der die Macht habe, statt den, der ohne königliche Macht blieb. Um die Ordnung nicht zu stören, ließ er kraft seiner apostolischen Autorität den Pippin zum König machen.» (S. a. 749)[1]

Zur Königserhebung Pippins schreiben dieselben Reichsannalen: «Pippin wurde nach der Sitte der Franken zum König gewählt und gesalbt von der Hand des Erzbischofs Bonifatius seligen Andenkens und von den Franken in Soissons zum König erhoben. Childerich aber, der fälschlicherweise König genannt wurde, wurde geschoren und ins Kloster geschickt.» (S. a. 750)

Etwas anders lautet die Information des zeitgenössischen Chronisten Graf Childebrand, eines Onkels von Pippin:

«Zu dieser Zeit wurde auf Rat und mit der Zustimmung aller Franken eine Gesandtschaft an den apostolischen Sitz geschickt, und nachdem der päpstliche Spruch bekanntgeworden war, wurde der erlauchte Pippin durch die Wahl aller Franken auf den Thron des Reiches erhoben durch die Weihe der Bischöfe und die Unterwerfung der Adligen gemeinsam mit der Königin Bertrada, wie es die Ordnung von altersher erfordert und im Reich erhoben.» (Cont. Fr. 33)

Dieser zeitgenössische Chronist hielt es nicht einmal für nötig, die Entfernung des letzten merowingischen Königs zu erwähnen. Es ist ebenfalls bedeutsam, daß der anonyme Biograph des Papstes Zacharias, an den diese Anfrage aus dem Norden angeblich gerichtet gewesen war, im *Liber Pontificalis* zu dieser Angelegenheit kein Wort verliert. Das ist um so bemerkenswerter, als er den Rückzug Karlmanns aus der Politik und seinen Eintritt in ein Kloster in Rom, ein Ereignis, das drei Jahre früher stattgefunden hatte, in der Tat berichtet. Dem ist zu entnehmen, daß der Biograph, der bald nach dem Tod von Zacharias schrieb, an Fragen der fränkischen Politik sehr wohl interessiert war. Dennoch spricht einiges dafür, daß eine Delegation der Art, wie sie in den fränkischen Quellen erwähnt wird, tatsächlich nach Rom geschickt wurde, denn schon wenige Jahre später sah der Bischof von Rom in dem neuen Frankenkönig jemanden, der ihm offenbar in irgendeiner Weise verpflichtet war.

In der wissenschaftlichen Literatur wird durchweg behauptet, das Papsttum sei damals die höchste moralische Instanz im Abendland gewesen. Das mag durchaus konzediert werden, aber damit besaß diese Instanz gleichwohl keinerlei Autorität, einen gewaltsamen Machtwechsel, der seinem Wesen nach amoralisch war, zu autorisieren. Statt dessen ist zu konstatieren, daß Pippin mit seiner Legitimitätsanleihe in Rom höchst fragwürdige Mittel zum Machterwerb einsetzte. Denn der Bischof von Rom war der traditionelle Gegner der alten Verbündeten der Franken in Italien, der Langobarden. Wie der Biograph Papst Stephans II. wenig später ausführen sollte, hatten bereits einige seiner Amtsvorgänger Karl Martell um Hilfe gegen die Langobarden angefleht. Gregor III. hatte ihm sogar die Schlüssel Petri übersandt, doch ohne Erfolg. Etwa zu derselben Zeit wurde das Bündnis zwischen Franken und Langobarden dadurch vertieft, daß Pippin um 738 von deren König Liutprand adoptiert wurde; ein engeres Bundesverhältnis ist schwer vorstellbar.

Das Ersuchen um Autorisierung der Königserhebung Pippins in Rom wird in seiner potentiellen anti-langobardischen Tendenz bei den führenden gesellschaftlichen Kreisen im Frankenreich Bedenken ausgelöst haben, wie in späteren Ereignissen sichtbar wird. Doch noch etwas ist für das Jahr 751 zu erwähnen: Die beiden fränkischen Quellen stimmen in ihrer Grundaussage überein. Es fällt auf, daß dem Adel spätestens seit dem Jahre 750 bei dem Machtwechsel eine wesentliche, konstitutive Rolle zugeschrieben wurde; mit anderen Worten, der Dynastiewechsel bedurfte zwin-

gend der Zustimmung der führenden Kreise im Frankenreich. Über eine
derartige Zustimmung ist für die merowingischen Könige des 8. Jhs. nichts
bezeugt, obwohl jene sicherlich nicht so einseitig von den Entscheidungen
der Hausmeier abhingen, wie die kargen Quellen vermuten lassen. Karl
Martells Amtsführung der letzten drei Jahre ohne merowingischen König
war ohne Zustimmung des Adels undenkbar, wie auch die Einsetzung
Childerichs III. im Jahr 743 durch Karlmann im Einvernehmen mit dem
Adel anzunehmen ist.

Pippins neues Königtum war also trotz der Salbung in ungewöhnlich
starker Weise vom Adel abhängig. Die kirchliche Weihe hatte die Funktion,
Pippin ein Charisma zu verleihen, über das er kraft seiner Abstammung
nicht verfügte – im Gegensatz zu den Merowingern. Die Einbindung der
Kirche in den Vorgang der Königserhebung war eine Neuerung, die allerdings langfristig nicht ohne Risiko war: Wenn die Kirche zur Königserhebung unverzichtbar wurde, dann konnte sie diese Stellung auch gegen
mögliche Kandidaten ausspielen. Aber so weit war man im Jahre 751 noch
nicht. Gleichwohl sei hervorgehoben, daß die Teilnahme der Kirche in
eine Reihe von weltlichen Akten eingebettet ist. Für die fränkische Führungsschicht waren diese sicher entscheidend, nicht aber die Salbung.

Nach den Reichsannalen, im Gegensatz zu dem Bericht Childebrands,
war die kirchliche Weihe, die Salbung, von Bonifatius vollzogen worden.
Der Eintrag, wie er an uns gelangt ist, stammt aus einer Zeit nach dem
Tod von Bonifatius. Bonifatius war im Jahre 754 bei Dokkum von heid-
nischen Friesen erschlagen worden, die sich seinen Bekehrungsversuchen
widersetzten. Die angebliche Teilnahme des Bonifatius an der Königserhebung Pippins, vielleicht im Zusammenwirken mit anderen Bischöfen,
wie es Childebrands Bericht zeigt, war sein letzter bezeugter Auftritt im
Dienste der Politik; diese Teilnahme hatte bedeutet, daß er gezwungen
worden war, Prinzipien aufzugeben, die er zu Beginn seiner Tätigkeit bei
den Franken postuliert hatte – vor allem, nicht mit kompromittierten und
verweltlichten Geistlichen zusammenzuarbeiten. Wenn diese Vermutung
zutreffen sollte, überrascht es nicht, wenn sich Bonifatius baldmöglichst
aus dem politischen Leben zurückzog. In diesem Falle wäre sein Marty-
rium für ihn der beste aller denkbaren Lebensabschlüsse gewesen.

Es überrascht ebenfalls nicht, daß die karolingischen Annalen nicht
überliefern, wann der letzte Merowingerkönig aus dem Leben schied. Man
sollte wohl annehmen, daß dies bald geschah, denn ein noch lebender,
wenn auch geschorener Merowingerkönig war eine potentielle Bedrohung des neuen Königs der Franken.

Die Rolle der Langobarden sollte schon bald eine neue Qualität erreichen. König Aistulf (749–756) verhielt sich immer aggressiver gegenüber
dem Bischof von Rom und dem Verwalter römischen Territoriums im
Namen des oströmischen Kaisers. Die recht detaillierte Information über
diese Haltung entstammt ganz und gar dem päpstlichen Lager – zum einen

der Lebensbeschreibung Papst Stephans II. im *Liber Pontificalis,* zum anderen Briefen an den Frankenkönig. Der Nachfolger von Zacharias sah sich von Aistulf so bedrängt, daß er Pippin um Hilfe ersuchte. Er muß von dem traditionellen fränkisch-langobardischen Bündnis gewußt haben; sein Biograph berichtet jedenfalls von früheren Hilferufen seiner Vorgänger an Karl Martell, die unbeantwortet geblieben waren. Die Hinwendung zu dem Frankenkönig läßt sich schlüssig dahingehend deuten, daß jener in der Schuld des Bischofs von Rom stand. Der Biographie Stephans II. ist zu entnehmen, daß dieser Papst nicht nur bereit war, die erforderliche Hilfe durch einen persönlichen Besuch bei Pippin zu erreichen, sondern auch darauf bestand, daß Pippin ihn ins Frankenreich einladen sollte, was auch geschah.

Die Einladung wurde tatsächlich übermittelt, und Stephan reiste ins Frankenreich. Der Weg dorthin führte ihn durch das Reich Aistulfs. Letzte Versuche, mit dem langobardischen König zu einem Einvernehmen zu kommen, blieben erfolglos. Stephan II. wurde im Frankenreich ehrenvoll empfangen. Ihn holte vor dem Amtssitz des Königs dessen älterer Sohn, der noch nicht sechsjährige Karl, ab und geleitete ihn zu seinem Vater. Man deutet das gern als gebührenden Respekt des Königs für den Bischof von Rom. Es gibt allerdings auch Gründe, diese Haltung als gar nicht selbstverständliche mögliche Auswirkung von Ereignissen zu sehen, die Pippin in Zugzwang brachten. Man muß es bei diesem Fragenkomplex bei Vermutungen belassen, weil die exakte Chronologie entscheidender Ereignisse nicht mehr zu erstellen ist.

Zunächst zu den Fakten: die Begegnung zwischen römischem Bischof und Frankenherrscher brachte ein doppeltes Resultat. Zum einen salbte Stephan persönlich erneut Pippin und erstmalig dessen Söhne Karl und Karlmann zu Königen. Sicher auf Drängen Pippins verfügte der Papst, daß die Könige der Franken künftig nur unter den Nachkommen Pippins gewählt werden sollten. Damit wurde die Rolle des Adels bei der Auswahl künftiger Könige empfindlich beschnitten, doch das war nicht die primäre Absicht Pippins. Des weiteren übertrug der Papst die Würde eines *Patricius* von Rom auf die neu gesalbten Könige. Das bedeutete, daß er jene verpflichtete, dafür zu sorgen, daß die durch den langobardischen König widerrechtlich annektierten römischen Gebiete restituiert werden sollten (die sogenannte Pippinsche Schenkung). Pippin mußte sich also dazu hergeben, gegen den König der Langobarden aktiv zu werden zugunsten Roms. Es handelte sich demnach um eine Verpflichtung zu einer Politik, die den traditionellen fränkischen Bindungen zuwiderlief. Die päpstliche Salbung Pippins und seiner Söhne ließ sich nicht ungeschehen machen; andererseits war die Festlegung auf ein wirksames Vorgehen des Frankenkönigs gegen den König der Langobarden ein Wechsel auf die Zukunft, der letztlich nicht eingelöst wurde. In Rom blieb man sich dessen bewußt und mahnte ein entsprechendes Eingreifen immer wieder an – vergeblich.

Die Entscheidung darüber lag nicht einzig bei Pippin; der fränkische Adel als potentielle Streitmacht hatte ein gewichtiges Wort mitzureden. Ein derart tiefgreifender politischer Richtungswechsel konnte nicht einfach von oben dekretiert werden, selbst wenn Pippin es gewollt hätte; dies galt erst recht für einen König, dessen Machtbasis im eigenen Land bisher noch höchst fragwürdig war. Aber auch das ist anzuzweifeln. Pippin spielte dem Papst gegenüber mit gezinkten Karten, und sein Nachfolger sollte sich nicht anders verhalten; letzten Endes saßen sie am längeren Hebel.

Nun zu den Faktoren, die das, was zwischen Pippin und Stephan II. gespielt wurde, besser verstehen lassen. Den Hintergrund des Geschehens bildete im Jahre 754 ein weiterer – unerwünschter – Besuch aus Italien; ins Frankenreich kam nämlich Pippins älterer Bruder Karlmann. Dieser war inzwischen Mönch im Benediktinerkloster Monte Cassino geworden, aber offenbar gab es im fränkischen Adel Kreise, die ihn immer noch für ein mögliches Gegengewicht gegen den machthungrigen Pippin hielten. Außerdem ist bekannt, daß Karlmanns Söhne zu dieser Zeit noch auf freiem Fuß waren und Pippins Stellung ebenfalls gefährden konnten, wenn sich genügend Adlige dazu bereit erklärten, sich auf deren Seite zu stellen.

Nach Auskunft der päpstlichen Quellen, die keineswegs unparteiisch waren, erfolgte der Besuch Karlmanns auf Initiative des langobardischen Königs Aistulf. Es steht außer Frage, daß die Verfügung Stephans hinsichtlich künftiger fränkischer Könige, die aus dem Kreis der Nachkommen Pippins kommen sollten, gezielt gegen die Nachkommen Karlmanns gerichtet war. Einen rechten Sinn ergab diese Festlegung nur, wenn Stephan wußte, daß Karlmanns Nachkommen neuerlich an Bedeutung gewonnen hatten. Am besten sichtbar wird dies durch die neue Situation, daß Karlmann wieder präsent war und auch für die fränkischen Adligen einen möglichen Machtfaktor von neuer Qualität bildete.

Allein die Tatsachen sind bekannt: Karlmann starb noch im selben Jahr in der Obhut seiner Schwägerin Bertrada, seine Söhne wurden tonsuriert, ins Kloster verbannt und damit ihrer Erbrechte beraubt. Man wüßte nun gern, wie es um die chronologische Reihenfolge dieser Ereignisse bestellt war. Sie ist leider unbekannt. Daß aber bei Karlmanns Tod alles mit rechten Dingen zuging, darf füglich bezweifelt werden. Laut Reichsannalen war er zuvor erkrankt. Da er sicher aus Italien ins Frankenreich gerufen worden war, um gegen die Alleinherrschaft Pippins zur Verfügung zu stehen, war Pippin ihm schwerlich wohlgesonnen. Karlmann wird sich nicht freiwillig in die Obhut von Bertrada begeben haben, und wenn er imstande war, rasch aus Süditalien ins Frankenreich zu reisen, kann er nicht hinfällig gewesen sein.

Im folgenden Jahr veranlaßte Pippin die Überführung der sterblichen Überreste seines Bruders nach Monte Cassino. Für wohlmeinende Betrachter war das ein Akt der Pietät. Näher liegt allerdings die Ansicht, daß selbst ein toter Karlmann im Frankenreich noch den Kristallisationspunkt einer Widerstandsbewegung gegen Pippins kontinuierliche Machterweiterung hätte bilden können. Damit stellt sich die Frage nach dem Verbleib seiner Söhne. Als Mönche wider Willen, aber deswegen wie ihr Vater keineswegs ohne Gewicht für Kreise, die Pippin nicht gewogen waren, mußten sie ein Dorn im Auge Pippins sein, solange er sie unter den Lebenden wußte. Das Schicksal, daß ihr Tod nicht bezeugt wurde, teilten sie mit anderen Leidensgenossen, ob sie nun König Childerich III. oder später Herzog Tassilo III. hießen.

Es geschah sicher absichtsvoll, daß der zeitgenössische fränkische Chronist Nibelung, ein Vetter Pippins, dessen Salbungen im Jahre 754 unerwähnt ließ und auch den Besuch Karlmanns sowie dessen Folgen einfach verschwieg. Die Reichsannalen im Gegensatz dazu berichten von den Salbungen ohne jeden historischen Kontext und übergehen einfach Karlmann und seine Söhne.

Mit der Bestätigung von Pippins Königtum durch den Papst im Jahre 754 war der Machtwechsel im Frankenreich an sich abgeschlossen; die spätere Geschichte zeigt jedoch, daß es nötig ist, noch jenes Nachspiel zu betrachten, das die Ereignisse nach dem Tod Pippins bildeten. Es ist allerdings zu ergänzen, daß Pippin sich seinerseits an seine 754 übernommenen Verpflichtungen dem Papst gegenüber nicht hielt. Papst Stephan II. und sein Bruder und Nachfolger Paul I. beschwerten sich oftmals darüber, aber der Frankenkönig pflegte dessen ungeachtet wieder das traditionelle Bündnis mit den Langobarden; erst sein Sohn Karl machte sich mit einem weiteren Gewaltstreich im Jahre 774 selbst zum König der Langobarden. Doch auch er hielt sich nicht an die Absprachen von 754.

Die Nachfolge Pippins in die hier vorgestellten Überlegungen noch mit einzubeziehen hat freilich seinen guten Sinn, auch wenn die Einzelheiten der vorliegenden Informationen widersprüchlich sind. Es herrscht indes Einvernehmen darüber, daß Pippin das Frankenreich unter seine bereits gesalbten Söhne Karl und Karlmann teilte und daß sie bald darauf, unklar, ob vor oder nach seinem Tod, in ihr Amt eingesetzt wurden, unter entscheidender Mitwirkung des Adels und mittels einer neuerlichen Weihe durch Bischöfe. In dieser Sicht waren die Ereignisse des Jahres 768 eine Wiederholung und damit eine Bestätigung dessen, was 751 geschehen war – mit dem Unterschied, daß es nun wieder zwei gleichberechtigte fränkische Könige nebeneinander gab.

Nibelung berichtet zur Nachfolgeregelung durch Pippin im Jahre 768: «Dort [in St Denis] teilte er mit Zustimmung der Franken (und) seiner Ersten und Bischöfe das Frankenreich, das er selbst innegehabt hatte, zu gleichen Teilen unter seine ... Söhne Karl und Karlmann noch zu seinen Lebzeiten auf.» (Cont. 53)

Und nach dem Tod Pippins am 24. 11. 768 heißt es: «Die Könige Karl und Karlmann kamen, jeder mit seinen Gefolgsleuten, an den Sitz ihres jeweiligen Reiches, beriefen eine Versammlung ein und wurden nach Beratung mit ihren Ersten am Sonntag, dem 18. September – Karl in Noyon und Karlmann in Soissons – am gleichen Tag von ihren Ersten und durch die Weihe der Bischöfe in ihrem Reich erhoben.»[3] Auch hier war also die Mitwirkung von Adel und Geistlichkeit entscheidend.

Nach den Reichsannalen starb Pippin am 24. September, und die Königserhebung der Söhne erfolgte am 9. Oktober.

Die von Pippin und dem fränkischen Adel herbeigeführte Konstellation im Frankenreich erfuhr eine neuerliche und auf längere Sicht folgenreiche Änderung. Karlmann starb zwanzigjährig am 4. Dezember 771; er hatte zu diesem Zeitpunkt bereits (mindestens) zwei Söhne. Seine Witwe hatte offenbar Gründe, um die Sicherheit ihrer Nachkommen besorgt zu sein: Sie flüchtete mit ihnen zu den Langobarden. Dort überlebten die Flüchtlinge bis zum Jahre 774. Als Karl der Große in jenem Jahr Pavia und damit das Langobardenreich eroberte, fielen seine Schwägerin und seine Neffen in seine Hände; von ihrem Ende ist nichts bekannt.

Nach fränkischen Vorstellungen waren die Söhne Karlmanns selbstverständlich seine legitimen Erben. Karl setzte sich an ihre Stelle, gerade so wie Pippin die Söhne des älteren Karlmann beseitigt hatte. Wie Karl dabei vorging, verschweigen die herrschernahen Quellen selbstverständlich. Aber es ist geraten, die Vorgeschichte etwas gründlicher auszuleuchten.

Von Bedeutung ist, daß Karlmann bei seinem Tod bereits mehrere Söhne hatte; der um drei Jahre ältere Karl hatte bisher nur einen körperlich mißgestalteten Sohn, Pippin (den Buckligen), von einer Fränkin. Pippins Witwe Bertrada hatte sich nach dem Tod ihres Mannes aktiv in die Politik eingemischt. Sie reiste nach Bayern und zu den Langobarden, sicher, um eine Stärkung des traditionellen Bündnisses zu erreichen. Ein Ergebnis dieser Reise war die Eheschließung zwischen Karl und einer langobardischen Prinzessin im Jahr 770. Rom war über diese Tatsache ebenso entsetzt wie empört.

Papst Stephan III. sandte ein sehr deutliches Schreiben in dieser Sache an Karl und Karlmann, in dem er voll Abscheu von einer möglichen Eheverbindung mit den Langobarden schrieb; zu diesem Zeitpunkt war er der Ansicht, die Sache ließe sich noch abwenden: Das edle Volk der Franken würde durch diese Verbindung mit den Langobarden, die man als Aussätzige, ja kaum als Menschen, betrachten müsse, herabgewürdigt werden. Stephan wies darauf hin, daß ihre Vorfahren selbst keine «Ausländerinnen» geheiratet hätten. Er unterstrich zudem, daß es gegen das Kirchenrecht verstieße, eine bereits geschlossene Eheverbindung zu lösen. So etwas täten nur Heiden. Er erinnerte daran, daß sein gleichnamiger Vorgänger ihren Vater Pippin mit Erfolg gemahnt hatte, sich nicht von seiner Ehefrau zu trennen. Zudem erinnerte er sie noch einmal daran, daß sie von dem Stellvertreter Petri mit heiligem Öl gesalbt worden seien. (Codex Carolinus 45)[4]

Der Papst stieß mit seinen Äußerungen auf taube Ohren, mehr noch: die päpstlichen Mahnungen wurden gleich in doppelter Weise in den Wind geschlagen, dem Schelm noch ein halber draufgesetzt. Unmittelbar nach Karlmanns Tod trennte sich Karl von der langobardischen Prinzessin, schickte sie zu ihrem Vater zurück und ging zu einer massiv antilangobardischen Politik über, indes nicht zugunsten des Papsttums, sondern zum eigenen Nutzen. Dies war der *Dei gratia rex,* der König von Gottes Gnaden, der sich in seinem persönlichen Lebensstil an elementare christliche Gebote nicht gebunden fühlte.

Über dem plötzlichen Tod des jungen Karlmann am 4. 12. 771 liegt ein düsterer Schatten. In der letzten von ihm ausgestellten Urkunde, die leider nicht auf den Tag datiert ist, aber gewiß aus dem Monat Dezember und somit aus den letzten Tagen seines Lebens stammt, vermachte er einen kleinen Landbesitz an das Kloster St. Denis (D 53).[5] In der Arenga dieser Urkunde finden sich völlig konventionelle Äußerungen über die Vergänglichkeit des menschlichen Lebens und die Vorsorge für das Paradies. Hätte es sich um eine spektakuläre Schenkung gehandelt, man wäre geneigt, in ihrem Aussteller eine Person zu sehen, die ihr nahes Lebensende ahnte. Angesichts der materiellen Geringfügigkeit dieser Schenkung verbietet sich eine derartige Lesart. Im Gegenteil, alles spricht dafür, daß Karlmanns Tod damals völlig unerwartet erfolgte. Die – im nachhinein offensichtlich nur allzu wohlbegründete – Flucht der Witwe vor dem Zugriff ihres Schwagers Karl bietet berechtigten Anlaß zu der Vermutung, daß jener in irgendeiner Weise beim frühzeitigen Tod seines jüngeren Bruders die Hände im Spiel hatte.

Damit waren die Grundlagen für das Königtum neuen Typs gelegt: Ein einziger gesalbter König, freilich immer noch auf die Mitarbeit seines Adels angewiesen, herrschte «von Gottes Gnaden» über das gesamte Frankenreich. In dieser Hinsicht war das Königtum Pippins, das er als unter seine Söhne teilbar wünschte, dem Königtum der Merowinger noch stärker verpflichtet. Jetzt war die neue Konzeption des Königtums im Grunde abgeschlossen.

Somit erscheint die Machtergreifung der Karolinger durch ähnliche Mittel erfolgt zu sein wie die der Merowinger unter Chlodwig, durch die brutale Beseitigung der nächsten Rivalen, die bei Pippin und Karl, im Gegensatz zu Chlodwig, die nächsten Verwandten waren. Unterschiedlich ist lediglich die Quellenlage, wobei doch die Gemeinsamkeit darin besteht, daß der Sieger im Rückblick auch als der Bessere erscheint.

Der Staatsstreich von 751 war mehr als nur ein Dynastiewechsel, es war der erste Baustein für einen neuen Typus von Königtum, der im Abendland allmählich fast überall durchgesetzt wurde. Man nennt ihn vereinfachend das christliche Königtum. Es wurde unter Mitwirkung von Geistlichen durch Salbung geschaffen und wurde im Lauf der Zeit fast überall unteilbar. Es findet seinen ideologischen Ausdruck prägnant in der Formel

«König von Gottes Gnaden» *(Dei gratia rex)*. Diese Formel wurde seit Karlmann dem Jüngeren und Karl Bestandteil des Titels. Lange Zeit wurde die Formel als Devotionsformel bezeichnet; inzwischen ist man eher geneigt, sie als Legitimationsformel zu verstehen. Es ist deutlich geworden, wie sehr das fränkische Königtum unter Pippin und seinen Söhnen durch die Zustimmung der Großen des Reiches gesichert worden war. Das war die eigentliche *mos Francorum,* die Art, wie man bei den Franken das Königtum verstand. Karl sollte in den folgenden Jahren versuchen, die Rolle des Adels beträchtlich zu mindern. Auf Dauer konnte das nicht gelingen; indes, durch die Salbung galten die christlichen Könige sicher nicht länger nur als *primi inter pares,* als Erste unter Gleichen.

Politik ist selten erfreulich und schon gar nicht erbaulich. Pippin zeigte eine Mischung von Brutalität und menschlicher Schäbigkeit, die bei seinem Vater Karl nur unscharf wahrzunehmen ist, die aber auch seinen Sohn Karl geprägt zu haben scheint. Daß dies bisher nicht deutlicher ausgesprochen wurde, liegt einfach daran, daß es Karl gelang, Stimmen des Widerspruchs und des Widerstandes gegen den Aufstieg seiner Familie nachhaltig zum Verstummen zu bringen.

Vater und Sohn im Konflikt.
Die Absetzung Heinrichs IV.

Theo Kölzer

In der Nacht vom 12. auf den 13. Dezember 1104 geschah Denkwürdiges: Heimlich verließ der bereits gekrönte Thronfolger, Heinrich V., das Hoflager seines gleichnamigen Vaters in Fritzlar und begab sich mit einigen Getreuen nach Bayern, um sich dort an die Spitze der antikaiserlichen Opposition zu stellen. Damit war der Kampf um die Krone zwischen Vater und Sohn eröffnet. Er sollte fast zwei Jahre dauern und endete erst mit dem Tod des alten Kaisers am 7. August 1106.

Kaiser Heinrich IV. war, wie uns die Quellen versichern, völlig überrascht. Vater und Sohn befanden sich, vom Rhein kommend, auf einer Strafexpedition gegen Graf Dietrich von Katlenburg, und nichts hatte offenbar auf die bevorstehende Auseinandersetzung hingedeutet. Daß andererseits dieser Entschluß zur Empörung gegen den Vater keiner spontanen Eingebung entsprang, sondern langsam herangereift sein mußte, erscheint einsichtig, wenn man weiß, daß der Sohn damit einen Eid brach, den er seinem Vater bei seiner Wahl und Krönung (1098/99) hatte leisten müssen: daß er die Sicherheit der Person des Vaters garantiere und sich zu dessen Lebzeiten nicht ohne Zustimmung in die Angelegenheiten des Reiches einmischen werde.[1]

Schon dieser Sicherheitseid war ungewöhnlich, doch nicht unbegründet. Denn Heinrich IV. wollte offenkundig verhindern, daß der Zweitgeborene sich ebenso empörte wie dessen älterer Bruder Konrad wenige Jahre zuvor. Eine kurze Rückblende erscheint notwendig, weil diese Ereignisse nicht unabhängig voneinander sind.

Konrad war Anfang 1074 geboren und bereits Ende des folgenden Jahres von seinem Vater zum Nachfolger designiert worden – am Vorabend der sich verschärfenden Auseinandersetzungen zwischen Papsttum und Kaisertum. Aber erst 1087 – nach der Geburt seines Bruders Heinrich im Jahr zuvor – wurde der designierte Thronfolger in Aachen zum König gekrönt. Das war als dynastische Sicherungsmaßnahme keineswegs ungewöhnlich, gewann aber jetzt, zehn Jahre nach der Erhebung des ersten Gegenkönigs, Rudolfs von Rheinfelden (1077–1080), besonderes Gewicht: Denn diesem hatte man den Verzicht auf die Sohnesfolge zugunsten einer Fürstenwahl nach Maßgabe der Eignung abgerungen. Jetzt schien der Sieg des Wahlgedankens noch einmal abgewendet.

Im Herbst 1087 wurde Konrad als «Statthalter» nach Italien geschickt, der Kaiser selbst folgte im März 1090. Hier muß es in den beiden folgenden Jahren zu einer wachsenden Entfremdung zwischen Vater und Sohn gekommen sein. Dem Sohn mag die mehr und mehr zutage tretende politische und militärische Schwäche des Vaters im Hinblick auf die eigenen Zukunftspläne zu denken gegeben haben. Vergeblich hatte der Königssohn darauf gehofft, daß sich Heinrich IV. beim Kampf um das Erbe der Markgrafen von Turin entscheidend durchsetzen könnte.

Von der offenen Empörung seines Sohnes im März 1093 scheint der Kaiser überrascht worden zu sein. Kein Wunder: es lag rund anderthalb Jahrhunderte zurück, daß sich Heinrich (939) und später Liudolf (953/54) gegen ihren Vater Otto den Großen erhoben und weitere 100 Jahre zuvor sich die Söhne Ludwigs des Frommen gegen ihren Vater empörten (830, 833/34). In allen diesen Fällen ging es um enttäuschte Hoffnungen in bezug auf die eigene Zukunft der Empörer.

Die Forschung geht mehrheitlich davon aus, daß Konrad aus eigenem Antrieb handelte, und die Tatsache, daß er sich sofort mit den Gegnern des Kaisers in Italien verband, deutet darauf hin, daß er glaubte, nur in eigener Regie seine Aussichten auf die Thronfolge wahren und zugleich das Kaisertum für die salische Dynastie retten zu können. Dieser Schritt hatte das vorrangige Ziel, einen Ausgleich mit dem Reformpapsttum herbeizuführen, das gegenüber dem Kaiser in einer unversöhnlichen Abwehrhaltung verharrte.

Konrad, der noch im selben Jahr (Ende 1093) in Mailand zum König von Italien gekrönt wurde, fand großen Anhang, so auch bei der süddeutschen antikaiserlichen Opposition und vor allem bei Welf IV. von Bayern. Damit saß der Kaiser zwischen Gardasee und Verona in einer Falle; in dieser Situation soll er sogar an Selbstmord gedacht haben. 1095 kam es in der Tat zu einem Ausgleich zwischen König Konrad und Papst Urban II. durch gegenseitige Anerkennung; Konrad leistete einen Sicherheitseid für den Papst und das Papsttum, Urban versicherte dem König seine Unterstützung und sagte ihm die Kaiserkrönung zu. An diese Wendung knüpften sich die Hoffnungen all jener, die der jahrzehntelangen Auseinandersetzungen überdrüssig waren.

Aber schon bald zeigte sich, daß Konrad nur vorübergehend als Werkzeug dienlich war. Sein Stern sank, zumal er offenbar auf wenig Hilfe seiner Bundesgenossen hoffen konnte und sich überdies mit Mathilde von Tuszien überworfen hatte. Zudem hatte Welf V. seine berechnende Ehe mit der deutlich älteren Mathilde gelöst. Die auf diese Weise erschöpften Hoffnungen der Welfen auf das reiche mathildische Erbe ließen sie die Wiederannäherung an den Kaiser suchen, mit dem sie sich 1096 aussöhnten. Damit war für den Kaiser der Weg zurück über die Alpen frei, und Heinrich IV. konnte jetzt in Deutschland die Erhebung seines Zweitgeborenen vorbereiten, was Konrads Position in Italien weiter schwächte.

Auf einem Mainzer Hoftag 1098 wurde Konrad für abgesetzt erklärt, an seiner Stelle – nicht ohne Bedenken einiger Fürsten, die kriegerische Auseinandersetzungen befürchteten – Heinrich V. gewählt und am 6. Januar 1099 in Aachen gekrönt, nachdem er dem Vater den Sicherheitseid geleistet hatte. Konrad spielte fortan keine politische Rolle mehr; er starb – fast vergessen – am 27. Juli 1101 in Florenz an einem Fieber.

Gut drei Jahre später wurde Heinrich IV. erneut mit der Empörung des Thronfolgers konfrontiert, und erneut sei er völlig überrascht worden, heißt es in den Quellen.

Man wird gut daran tun, die Ursachen nicht vordergründig im Charakter oder Lebenswandel des Kaisers zu suchen, wie einige Quellen suggerieren. Denn die zeitgenössischen Quellen sind parteiisch und geben kaum ein vorurteilsfreies Bild der Protagonisten.

Wenig überzeugend ist auch die Erklärung, der Königssohn habe sich über einen Vorfall empört, der bereits geraume Zeit zurücklag: Anfang Februar 1104 war auf dem Hoftag zu Regensburg Graf Sigehard von Burghausen (Oberbayern), dessen Verhältnis zu Heinrich IV. nach dem Urteil von Zeitgenossen nicht das beste gewesen sein soll, von Ministerialen überfallen und ermordet worden. Die Hintergründe dieser Lynchjustiz bleiben dunkel, sind aber auch nicht entscheidend. Wichtig ist allein, daß man dem Kaiser zum Vorwurf machte, die Gewalttat nicht verhindert zu haben. Von einer Bestrafung der Mörder verlautet nichts, und der wachsende Unmut kann dem Kaiser schon am Ort des Geschehens nicht verborgen geblieben sein.

Wenn also diese Bluttat tatsächlich Bedeutung gehabt haben sollte, dann doch nur in dem Sinne, daß die Reaktionen darauf einmal mehr zeigten, daß viele mit der Situation im Reich, mit der Regierung Heinrichs IV. und mit der Person des Kaisers selbst unzufrieden waren, daß man ihm Übles zutraute und mit seiner Regentschaft kaum auf eine Verbesserung der Zustände hoffen mochte.

Die offenkundig verfahrene Situation erfordert erneut einen kurzen Rückblick. Heinrich IV. hatte 1056 seine Herrschaft als Sechsjähriger in krisenhafter Zeit angetreten, am Vorabend einer tiefgreifenden Zeitenwende, wie sie das Mittelalter nicht ein zweites Mal sah. Das Königtum der Salierzeit ruhte vor allem auf der persönlichen Autorität des Amtsinhabers, seiner sakralköniglichen Legitimation und seiner theokratischen Kirchenhoheit, und dies alles wurde in der kaiserlosen Zeit (bis 1084) erschüttert. Entscheidende Wegmarken wurden zunächst von den Regenten gesetzt, der politisch wenig begabten Kaiserinwitwe Agnes sowie den Erzbischöfen Anno von Köln und Adalbert von Bremen. Diese Unruhe galt auch für die Beziehungen zum Reformpapsttum, das bereits 1061 durch die Aufstellung eines Gegenpapstes (Cadalus von Parma als Honorius II., †1072) gegen Alexander II. (1061–1073) herausgefordert wurde. Nicht zu Unrecht bemerkt Gerd Tellenbach, «Heinrichs Königtum (sei) schon bedroht gewesen, bevor er selbst die Regierung übernehmen konnte».[2] Als Heinrich IV. nach 1065 die Zügel selbst in die Hand nahm und zu retten versuchte, was noch zu retten schien, erzeugte er Mißmut und Opposition, vor allem im Sächsischen, wo sich ihm bereits 1073 eine starke Adelsopposition entgegenstellte. Und wenn er Rückhalt bei den aufstrebenden Ministerialen sowie bei den Bürgern der rheinischen Städte suchte und fand, trieb er die weltlichen Fürsten und die geistlichen Stadtherren auf die Seite der Opposition.

Die Differenzen mit dem Reformpapsttum entwickelten sich über die Frage der Bischofsinvestitur hinaus mehr und mehr, begleitet von einem publizistischen Kampf, zu einer grundsätzlichen Auseinandersetzung um das Verhältnis von Papsttum und Kaisertum, zumal Heinrich IV. in Papst Gregor VII. (1073–1085) ein unnachgiebiger und kompromißloser Verfechter päpstlicher Interessen gegenüberstand. Es lag nahe, daß sich die deutsche Fürstenopposition und die Anhänger des Reformpapsttums in einer antiköniglichen Front zusammenfanden und so die königliche Stellung in Deutschland unterminierten.

Aus seiner verzweifelten Lage heraus konnte sich Heinrich IV. nur durch den sprichwörtlichen Canossa-Gang retten, der freilich die Autorität des Königtums erschütterte und die deutsche Opposition nicht davon abhielt, Rudolf von Rheinfelden als Gegenkönig zu erheben. Das Reich versank in einen jahrelangen Kampf um die Krone, denn als Rudolf 1080 fiel, folgte ihm mit Hermann von Salm (1081–1088) ein weiterer Gegenkönig. Das Jahr 1080 brachte zugleich den endgültigen Bruch mit dem Papsttum: Papst und Kaiser setzten sich erneut gegenseitig ab, Wibert von Ravenna (†1100) wurde zum königlichen Gegenpapst designiert und nach Heinrichs Einzug in Rom im Jahre 1084 inthronisiert, worauf er Heinrich zum Kaiser krönte. Damit hatte Heinrich seine kaiserliche Legitimation eng an das Schicksal des Gegenpapstes gebunden. Der Augenblickserfolg und der Tod Gregors VII. (†1085) verschafften dem Kaiser zwar ein vorübergehendes Übergewicht, doch dauerte in den deutschen Diözesen der zermürbende Kleinkrieg zwischen kaiserlichen und gregorianischen Bischöfen fort. Immerhin gelang es dem Kaiser, seinen Sohn Konrad 1087 in Aachen zum König erheben zu lassen.

Mit Urban II. (1088–1099) erholte sich das Reformpapsttum von seiner vorübergehenden Schwäche und konnte sich nach 1093 zeitweise auf den von seinem Vater abgefallenen König Konrad stützen. Mit der Absetzung Konrads und der Wahl und Krönung Heinrichs V. sowie dem Tod Urbans II. (†1099), Wiberts-Clemens III. (†1100) und König Konrads (†1101) schien die Zeit der Schismen vorbei. Aber mit dem mißtrauischen Papst Paschalis II. (1099–1118) kamen trotz ernsthafter Bemühungen seitens des Kaisers keine Verhandlungen zustande. Der Kaiser hatte kein Interesse an einer Verlängerung des Schismas, war sogar zu einem Schuldbekenntnis bereit, in der Investiturfrage zeigte er sich jedoch unnachgiebig. Er be-

harrte auf dem Status quo ante, wie er zur Zeit seines Vaters und Groß-
vaters bestanden hatte.[3] Aber eben in dieser Problematik war der neue
Papst zu keinerlei Konzessionen bereit: Auf einer Synode erneuerte Paschalis II. im März/April 1102 das generelle Verbot der Laieninvestitur und
die Exkommunikation Heinrichs IV.

Die Frage der Investitur blieb kontrovers, und ein Kompromiß schien
außer Reichweite. Angesichts solch verhärteter Fronten schien die Empörung Heinrichs V. neue Möglichkeiten zu eröffnen.

Dies war die politische Konstellation am Vorabend des Abfalls von Heinrich V., und sie liefert den Hintergrund für die Motive des Thronfolgers.

Herrschsucht und jugendlichen Ehrgeiz hat man in einem Teil der
Quellen als Ursachen herausgestellt, und Theodor Schieffer brachte es auf
den Punkt: «Das Ziel seiner menschlich unedlen, aber politisch nicht un-
verständlichen Aktion war es, den Vater zu opfern, um die drohende neue
Entfremdung der Fürsten abzufangen und die ausweglos gewordene kir-
chenpolitische Situation unter Wahrung der entscheidenden Königsrechte
zu überwinden.»[4] Dagegen hat Stefan Weinfurter jüngst betont, treibende
Kraft sei nicht reines Machtstreben gewesen, sondern ein tiefreligiöser
Ernst, dem auf die Dauer verderblich erscheinen mußte, daß der Kaiser
nach wie vor außerhalb der Kirche stand, «als Zerstörer von Glauben,
Frieden und Einheit gelten mußte und das Seelenheil der Menschen im
Reich gefährdete».[5] Dieses «reformreligiöse Verantwortungsbewußtsein des
Reformadels»[6] wird man ohne Frage ernster nehmen müssen als bisher,
aber deshalb natürlich nicht den politischen Impetus der Empörung im
Rahmen des Reichsganzen gering schätzen dürfen. Dieser Impetus richtete sich gegen die subjektiv empfundene Mißachtung fürstlicher Rechte
und Teilhabe an der Königsherrschaft sowie gegen die seit einer Generation andauernde Zwietracht in Reich und Kirche.

Heinrich V. wird sich angesichts des erstarrten Prinzipienkampfes und
des vergifteten Klimas darüber im klaren gewesen sein, daß auf dem Ver-
handlungswege keine Aussöhnung zwischen Papsttum und Kaisertum zu
erhoffen war, und er wird angesichts der jüngsten Geschichte zugleich
gefürchtet haben, daß seine Thronfolge bei Fortdauer der Polarisierung
zumindest unwägbaren Risiken ausgesetzt war. Deshalb wagte er den «Be-
freiungsschlag» mit Unterstützung jener Kreise, die den Verhandlungsweg
zum Papst neu ebnen konnten.

In dieser Situation war die Konfrontation unausweichlich. Es zeigt sich,
daß die beiden Kontrahenten die offene Auseinandersetzung scheuten, daß
sie einander belauerten, entscheidende Vorteile der gegnerischen Partei zu
verhindern suchten und doch beide auf eben solche glückliche Gelegenheit hofften. An einem «Schauprozeß», etwa auf einem Hoftag, hatte der
Sohn kein Interesse, und weil auch der Papst allen Vermittlungsversuchen
zugunsten des Kaisers widerstand, waren die Kontrahenten auf das
Schlachtfeld verwiesen.

Heinrich IV. hatte das geplante Unternehmen im Sächsischen sofort abgebrochen, entließ das Heer und zog nach Mainz, wo er sich sicher fühlen konnte. Flehentlich versuchte er durch Vertraute, den Sohn zum Einlenken zu bewegen, beschwor ihn, sich nicht gegen den eigenen und den himmlischen Vater zu versündigen, sich des geleisteten Eides zu erinnern und nicht schädlichen Einflüsterungen zu folgen. Auch sein versöhnlicher Vorstoß bei Papst Paschalis II. blieb ungehört. Gleichzeitig hatte sich der Sohn mit der Bitte an den Papst gewandt, ihn von dem dem Vater geleisteten Eid zu entbinden, was offenbar ohne Vorbedingungen gewährt wurde; zugleich wurde der König durch den päpstlichen Legaten, Bischof Gebhard von Konstanz, vom Bann gelöst, dem er durch den fortgesetzten Kontakt mit seinem Vater automatisch verfallen war. Der Papst maß sichtlich mit unterschiedlichen Ellen, setzte allein auf Heinrich V., dem die fortdauernde Exkommunikation des Vaters als willkommener Vorwand für seinen Vorstoß diente, wohl wissend, daß sich daran ohne ein Einlenken in der Investiturfrage nichts ändern würde.

Die Hoffnungen der Kurie wurden zunächst nicht enttäuscht, denn der junge König führte schon aus Eigeninteresse, wo immer er konnte, die päpstlichen Bischöfe gegen die kaiserlichen auf ihre Bischofsstühle zurück und verbreitete somit die Basis der Reformpartei im Reich, die nun auch in den ihr bislang verschlossenen Königsklöstern Platz zu greifen begann. Das gleichsam symbiotische Verhältnis zwischen Empörern und Reformern, zwischen weltlicher und kirchlicher antikaiserlicher Opposition, hielt, solange nicht erneut die eigentliche Streitfrage der Laieninvestitur zur Debatte stand, der man einstweilen geflissentlich aus dem Weg ging; über die von Heinrich IV. nicht zu unterscheidende Praxis der Bischofserhebung sahen die Reformer vorerst hinweg, weil man auf den König angewiesen war. Aber ein grundlegender kirchenpolitischer Umschwung in Deutschland blieb in den folgenden Jahren aus, was ein bezeichnendes Licht auf die wahren Motive von Heinrichs V. Empörung wirft.

Im April 1105 huldigten auf Betreiben Erzbischof Ruthards von Mainz sächsische und thüringische Große dem König in Erfurt und berieten mit ihm in Goslar die Wiederherstellung der kirchlichen Einheit; vier Wochen später nahm der päpstliche Legat auf einer Synode in Nordhausen die Unterwerfung bislang noch kaisertreuer Bischöfe entgegen, die milde behandelt wurden, ordnete die kirchlichen Verhältnisse und bekräftigte die Ziele der Kirchenreform, wobei die Investiturfrage vorsorglich ausgeklammert blieb.

Ein Augenzeuge schildert den inszeniert wirkenden, demütigen Auftritt Heinrichs V. in schlichtem Gewand: Er rief «unter Tränen den König des Himmels selbst und die ganze himmlische Heerschar zu Zeugen an, daß er nicht aus Herrschsucht die Herrschergewalt des Vaters an sich reiße und keineswegs wünsche, daß sein Vater des Römischen Reiches verlustig gehe, daß er vielmehr dessen Halsstarrigkeit und Ungehorsam stets das schuldige

Mitleid entgegenbringe; für den Fall aber, daß dieser sich gemäß dem christlichen Gesetz dem hl. Petrus und dessen Nachfolgern unterwerfen werde, versprach er, ihm im Reich Platz machen und untertänig dienen zu wollen».[7]

Der junge König konnte sich beruhigt in dieser mit Beifall quittierten Weise vernehmen lassen, denn alle Versuche des alten Kaisers, den Verhandlungsfaden mit der Kurie wiederaufzunehmen, waren bislang an der harten Haltung des Papstes gescheitert, und daran sollte sich auch im Fortgang der Ereignisse nichts ändern.

Nachdem er sich Sachsens sicher sein konnte, zog Heinrich V. Ende Juni in Richtung auf Mainz, konnte jedoch von seinem Vater am Rheinübergang gehindert werden. Erneut scheiterten Verhandlungen zwischen beiden: Der Kaiser soll eine Teilung des Reiches angeboten und dem Sohn die Nachfolge garantiert haben, aber Heinrich V. wollte nur über die Unterwerfung des Vaters unter den Papst und die nur so zu gewährleistende Wiederherstellung der Einheit der Kirche sprechen.[8]

Unverrichteter Dinge zog der König daraufhin nach Würzburg und ersetzte dort den kaisertreuen Bischof Erlung durch einen ihm genehmen. Während der folgenden Belagerung Nürnbergs gewann der Kaiser Würzburg für Bischof Erlung zurück und bereitete sich darauf vor, Nürnberg zu entsetzen, das der König inzwischen eingenommen hatte, um dann ohne Heer nach Regensburg weiterzuziehen. Fast wäre es dem Kaiser dort geglückt, seines Sohnes habhaft zu werden, doch konnte Heinrich V. mit Mühe fliehen, während der Kaiser Zuzug durch den Böhmenherzog erhielt. Am Ufer des Regen standen sich das kaiserliche und königliche Heer gegenüber, doch sollen unter den Fürsten beider Parteien heimliche Verhandlungen geführt worden und schließlich der Böhmenherzog und sein Schwager, der Markgraf von Österreich, vom Kaiser abgefallen sein, weshalb dieser Regensburg und damit Bayern aufgab und sich in den Schutz Wiprechts von Groitzsch begab, auch er ein Schwager des Böhmenherzogs. Heinrich V. hatte dem Markgrafen die Hand seiner soeben verwitweten Schwester Agnes geboten, und diesem verlockenden Prestigegewinn vermochte Leopold nicht zu widerstehen.[9]

Heinrich V. zog nach Würzburg, wo sich ihm nun auch Bischof Erlung unterwarf, einer der treuesten Anhänger des Kaisers. In Speyer, der salischen Nekropole, berief er sodann den Reformer Gerhard von Hirsau als Bischof; das setzte bedeutende Signale!

Der Kaiser war Ende Oktober mit Hilfe Wiprechts in das treue Mainz gelangt, wich aber vor dem herannahenden Sohn nach Köln aus, nachdem ein erneuter Verständigungsversuch gescheitert war; der König ließ nicht locker. Für Weihnachten wurde nun ein Hoftag nach Mainz ausgeschrieben, auf dem in Anwesenheit des päpstlichen Legaten über den Thronstreit beraten werden sollte.

Der Kaiser hatte vor, auf diesem Hoftag mit stattlichem Gefolge zu erscheinen, um seine Sache öffentlich zu vertreten. Aber eben dies wollte und mußte der Sohn verhindern, weshalb er ihm Mitte November rheinabwärts entgegenzog. Bei Koblenz kam es – diesmal auf Betreiben des Königs – erstmals wieder zu einer Begegnung zwischen Vater und Sohn. Dabei konnte Heinrich V. seinen Vater durch vorgetäuschte Reue bewegen, sein Heer zu entlassen. Im Gegenzug versprach er, seinen Vater zum Hoftag nach Mainz zu geleiten und dort für dessen Rehabilitierung und Aussöhnung mit der Kirche zu wirken. Aber schon zwei Tage später (22. Dezember), in Bingen, setzte der Sohn den Kaiser gefangen und ließ ihn auf der Burg Böckelheim an der Nahe in harter Kerkerhaft halten.

So wurde der geplante Hoftag ohne den Kaiser mit dem Ziel eröffnet, dessen Absetzung ohne öffentliches Verfahren zu betreiben. Aus diesem Grund ließ Heinrich V. den Vater heimlich nach Ingelheim bringen, wo er vor ausgewählten, ihm feindlich gesonnenen Fürsten zugunsten seines Sohnes abzudanken gezwungen wurde.

Heinrich IV. selbst schilderte kurz darauf das Verfahren in einem Brief an seinen Taufpaten, Abt Hugo von Cluny:

«Dorthin (nach Ingelheim) kam unser Sohn mit unseren Todfeinden und deren Anhang, während unsere Getreuen fast alle in Mainz geblieben waren in der Annahme, daß er uns dorthin bringen müsse. Sie alle wurden in dieser Hoffnung getäuscht, da wir dort wiederum peinlichster Befragung und ungerechten Forderungen unterworfen wurden in Gegenwart des päpstlichen Legaten. Nicht aus eifernder Gewissenhaftigkeit, sondern aus dem Bemühen, uns zu verdammen, wurde uns dort von unseren Feinden so viel an Unverschämtheiten vorgeworfen, wie unserem Wohl und unserer Würde nur zuwider sein konnte. Als wir dagegen verlangten, antworten und uns gegen alle Vorwürfe in würdiger Weise rechtfertigen zu dürfen, schlugen sie es gebieterisch ab; das würden selbst Barbaren nicht einmal einem Knecht antun.»[10]

Auch flehentliches Bitten des fußfälligen Kaisers, seine Sache in Rom vortragen zu dürfen, half nichts in einer Situation, in der das Urteil von vornherein festgestanden hatte, denn «man gab uns zur Antwort, wir könnten der drückenden Gefangenschaft nur entrinnen, wenn wir das ausführten, was sie uns gegen Recht und Würde abverlangten, nämlich, daß wir nach ihrem Willen die Krone des Reiches herausgäben», und «nachdem sie alles von uns nach ihrem Willen und Befehl erpreßt hatten, gingen sie nach Mainz und ließen uns entehrt zurück».[11]

Der anwesende Kardinallegat, Richard von Albano, hatte eine bedingungslose öffentliche Buße gefordert. Dem widersetzte sich Heinrich IV. mit der Forderung, er wolle für sein Schuldbekenntnis sofort losgesprochen werden, was ihm der Legat hartnäckig verweigerte und ihn bezüglich der Absolution an Rom verwies. Diese Haltung hat noch bei Späteren, gänzlich Unbeteiligten Unverständnis hervorgerufen: «Wir lesen aber, daß viele gesündigt haben, denen doch durch das Mittel reuiger Buße geholfen

wurde. Wenigstens blieb David als ein bußfertiger Sünder König und Prophet. König Heinrich aber, der betend und büßend zu Füßen der Apostel
lag, demütigte sich umsonst und fand im Zeitalter der Gnade (Gottes)
nicht, was jener (doch) im harten Zeitalter des Gesetzes erlangt hatte.
Doch darüber mögen rechten, die es verstehen oder zu tun wagen.»[12]

Am 5. Januar erhielt Heinrich V. in Mainz die aus der Burg Hammerstein herbeigeschafften Reichsinsignien und wurde, wie Ekkehard von
Aura berichtet, zum zweitenmal von den Fürsten gewählt und erhoben
und von den päpstlichen Legaten durch Handauflegung in seiner Königswürde symbolisch legitimiert und bekräftigt.[13] In dieser befestigenden
Handlung konnte man nun doch den Sieg des Wahlprinzips sehen, das
mit der Designationswahl des Königssohnes 1099 noch einmal hatte zurückgedrängt werden können. Allerdings war die Herrschaftsübergabe
wohl nicht ganz nach den Vorstellungen Heinrichs V. verlaufen, denn zu
einer persönlichen Übergabe der Insignien war es nicht gekommen. Aber
eben das stellt eine bekannte Zeichnung in der Chronik Ekkehards von
Aura geschichtsklitternd dar: «Das Bild ... zeigt ..., was nicht stattfand,
aber sehr wohl hätte stattfinden sollen.»[14]

Unverzüglich sandte man Unterhändler an die Kurie, die sich in dem
langen Ringen als Sieger fühlen konnte. Bei der Übergabe der Reichsinsignien an Heinrich V. hatte Erzbischof Ruthard von Mainz gemahnt, es
sollte ihm, wenn er nicht ein gerechter Lenker des Reiches und ein
Verteidiger der Kirche Gottes werden wolle, so ergehen wie dem Vater;[15]
das war eine deutliche Warnung.

Mit seinem Mainzer Coup hatte Heinrich V. freilich noch nicht das
ganze Reich gewonnen. Im elsässischen Ruffach entging er nur knapp
einem Aufruhr.

Inzwischen war der Kaiser aus seiner Haft in Ingelheim entflohen und
hatte sich über Köln und Aachen nach Lüttich begeben, wo er nicht nur
die Unterstützung Bischof Otberts fand, sondern auch des Herzogs Heinrich von Niederlothringen, des Grafen von Namur und anderer niederrheinisch-lothringischer Großer. Schon von Köln aus hatte er seinen Taufpaten, Abt Hugo von Cluny, um Vermittlung beim Papst gebeten; von
Lüttich aus rief er den Beistand des französischen Königs an.[16] Der Kampf
war neu eröffnet!

Heinrich V. versuchte jetzt, den Vater in dessen letztem Refugium frontal anzugehen, und schrieb für Ostern einen Hoftag nach Lüttich aus. Aber
auf seinem Vormarsch über Köln und Aachen wurden seine Truppen bei
Visé an der Maas von lothringischen Kräften überrascht und geschlagen,
worauf sich der König an Köln vorbei, das ihm – anders als kurz zuvor –
seine Tore verschloß, über Bonn nach Mainz zurückzog, von wo aus er
eine neue Heerfahrt gegen Lüttich ausschrieb. Anfang Juli sammelte sich
das Heer bei Koblenz und rückte vor auf Köln, das inzwischen von den
Lothringern besetzt worden war. Erneut kam es in der Zeit der Belage-

rung auf Initiative des Kaisers zu brieflichen Kontakten mit dem Sohn
und den Fürsten.[17] Der Kaiser forderte Genugtuung, erklärte sich aber
zur Unterwerfung unter den Papst bereit und hoffte auf tragfähige Vereinbarungen mit den Fürsten bezüglich der Zukunft des Reiches: «Denn es
ist offensichtlich, daß er (der Sohn) nicht aus Eifer für das Gesetz Gottes
und aus Liebe zur römischen Kirche, sondern aus Begierde nach der
Herrschaft, die er dem Vater widerrechtlich raubte, all dies begonnen
hat.»[18]

Heinrich V. und die ihn stützenden Fürsten boten eine sofortige er-
neute Prüfung der Streitfragen in Anwesenheit des Kaisers an einem geheimen Ort an. Der Kaiser bestand freilich auf der Auflösung des Heeres
und auf einer Verweisung des Streitfalls an einen einzuberufenden Hoftag,
er wünschte folglich größtmögliche Öffentlichkeit. Insgesamt gestalteten
sich die Verhandlungen recht schwerfällig.

So hob der König nach erheblichen Verlusten die Belagerung Kölns auf
und zog nach Aachen. Dem Kaiser stellte er ein Ultimatum: Er habe
innerhalb der nächsten acht Tage zu Verhandlungen zu kommen, wenn er
nicht erneut angegriffen werden wolle. Noch einmal appellierte der Kaiser
an die Fürsten, auf eine Entlassung des Heeres zu dringen und den Thronstreit durch ein Fürstengericht auf einem Hoftag zu entscheiden.[19]

In dieser sich erneut zuspitzenden Situation starb der Kaiser am 7. August 1106 nach kurzer Krankheit im Alter von knapp 56 Jahren in Lüttich.
Als die Todesnachricht bei den Gegnern in Aachen eintraf, war die Erleichterung allenthalben deutlich zu spüren.

Aber selbst im Tod fand Heinrich IV. keine Ruhe. Bischof Otbert ließ
den Leichnam des Kaisers zunächst provisorisch, aber ehrenvoll im Lütticher Dom vor dem Marien-Altar bestatten. Auf Intervention des «päpstlichen Legaten», Erzbischofs Heinrich von Magdeburg, der die Lütticher
Bischofskirche wegen der Aufnahme eines Gebannten mit dem Interdikt
belegte, mußte der Leichnam exhumiert werden und wurde sodann außerhalb der Stadt in ungeweihter Erde bestattet. Wenige Tage später ordnete der König die Überführung nach Speyer an, so wie es der Kaiser auf
dem Totenbett gewünscht hatte. Bei der vorübergehenden Aufbahrung in
der Domkirche sollen vom Volk bezahlte Priester die Totengebete gesprochen haben, während Bewaffnete mit gezückten Schwertern die Ehren-
wache gehalten hätten. Das Volk soll sich herangedrängt haben in dem
Bemühen, die Bahre zu berühren; andere sollen Erde vom Grab zusam-
mengescharrt und es auf ihre Felder gestreut oder Saatkörner auf die Bahre
gelegt und dann mit ihrem Saatgut vermischt haben in der Erwartung
großen Erntesegens.

Am 25. August wurde der Leichnam Heinrich V. übergeben, am 3. September erreichte der Leichenzug Speyer, wo jedoch der Ortsbischof got-
tesdienstliche Feiern im Dom verbot und den Leichnam in eine noch
ungeweihte Seitenkapelle bringen ließ. Dort ruhte er für die nächsten fünf

Jahre, bevor Heinrich V. dem Papst die Zustimmung für die feierliche
Bestattung im Dom selbst abpressen konnte. Am fünften Todestag des
Kaisers, am 7. August 1111, wurden die Gebeine Heinrichs IV. feierlich
neben dem Grab Heinrichs III. zur letzten Ruhe gebettet. Heinrich V. aber
bestätigte der Stadt ihre Privilegien und traf Verfügungen zur Feier des
Jahrgedächtnisses seines Vaters.

Heinrich V. fuhr fort, den Episkopat in seinem Sinne zu «säubern»,
bediente sich bei der Einsetzung der Bischöfe jedoch weiterhin jener
Formen, die seinem Vater zum Vorwurf gemacht worden waren; auf die
Bischofsinvestitur mochte auch der neue König nicht widerstandslos ver-
zichten, und erst 1122 fanden Papst und Kaiser im Wormser Konkordat –
auf massiven Druck der Fürsten hin – zu einem tragfähigen Kompromiß,
der den Investiturstreit beilegte.

Daß Heinrich V. selbst ohne Thronfolger blieb, erklärten einige als Strafe
Gottes für das Vergehen gegen den Vater,[20] dem er Ekkehard von Aura
zufolge «unter dem Anschein der Frömmigkeit ... das Reich» genommen
hatte.[21]

Der Hussitenkelch
und die vier Prager Artikel von 1420.
Eine Revolution aus dem Glauben

Ferdinand Seibt

«Jetzt, da Hus tot war, wurde er erst eigentlich lebendig», schrieb Leopold von Ranke vor hundert Jahren. Der Nachruf des Historikers traf die merkwürdigen Umstände von Leben und Tod des Prager Reformators, dem man inzwischen weltweit nachsagt, die große Epoche der europäischen Reformationen vor fast sechshundert Jahren mit seinem Feuertod eingeleitet zu haben. Aber mit Hussens Namen bedenkt man auch eine folgenschwere politische Revolution, die 1419 ausbrach, vier Jahre nach seinem Tod, und für die nächsten zweihundert Jahre Böhmen, Mähren, die Lausitzen und Schlesien, einen Länderblock etwa so groß wie die modernen Bundesländer Bayern, Baden-Württemberg und Hessen, in Konfessionskämpfe stürzte und die monarchische Herrschaft in dem nach dem Hauptland Böhmen benannten Königreich in ihrer Potenz für die nächsten zweihundert Jahre empfindlich schwächte. 1618, bis dahin freilich auch noch in sich gestärkt durch die politischen Folgen der Reformen Luthers und Calvins, wäre dieser Länderblock unter böhmischer Führung, zuletzt erweitert durch den Beitritt von Ober- und Niederösterreich, beinahe zur Ständerepublik nach niederländischem Muster geworden.

Die Entwicklung unseres Kulturkreises hätte in einer solchen Konstellation der Kräfte einen anderen Weg genommen. Die Welt des katholischen Barock und der absoluten Monarchien in Frankreich, Spanien, in der Südhälfte Mitteleuropas und in Italien wäre entscheidend verkleinert worden. Das parlamentarische System im Norden und Nordwesten, das man gemeinhin aus der Entwicklung der englischen Staatsordnung und der niederländischen «Generalstaaten» herleitet, hätte schon damals, also 1618, in Mitteleuropa Fuß gefaßt, als die böhmischen Adeligen unter der Losung des wiedererstandenen Hus, «Hussus redivivus», gegen die Habsburgerherrschaft mit dem berühmten Prager Fenstersturz rebellierten. Die Rechte des Individuums, für gewöhnlich aus englischer Wurzel als «Menschenrechte» bezeichnet und mit den Revolutionen in Amerika und in Frankreich in Verbindung gebracht, hätten zuvor schon einen Stützpunkt in Böhmen, Mähren und vielleicht auch in Schlesien gefunden, wäre diese neuerliche hussitische Revolution erfolgreich gewesen. Statt dessen fand der Dreißigjährige Krieg hier seinen Zündstoff, und seine Friedensregelungen von 1648 trugen letztlich zur Entstehung des preußisch-österrei-

chischen Dualismus im 19. Jahrhundert bei. Die Konfrontation zwischen
starkem Staatsbewußtsein und starken Bürgerrechten in Europa wäre ohne
diesen Dualismus nicht aufgerissen, und damit hätte es vielleicht auch
keinen Weltkrieg gegeben ... Das alles kann man sich ausdenken, wenn
die Revolution siegreich und beständig geblieben wäre nach der Verschwörung um die Vier Prager Artikel im Frühjahr 1420.

Unter den großen Revolutionen in Europa gegen Thron und Altar war
diese Revolution die erste. Für zweihundert Jahre beeinflußte sie das europäische Kräftesystem. Als Ansatzpunkt kann Hussens Protest in Konstanz
gegen die kirchliche wie die staatliche Unmoral gelten, aber die Verwand-
lung in eine militante Bewegung in den nächsten vier, fünf Jahren nach
seinem Tod ist nicht einfach mit seinem Namen zu kennzeichnen. Vielmehr wurde durch das Urteil von Konstanz, von seinen Anhängern als
Rechtsbruch und als Justizmord empfunden, erst einmal der internationale
politische Protest geformt, und damit eben wurde Hus «erst eigentlich
lebendig», ehe sich dieser Protest zu einer Kette von Verschwörungen
verdichtete, deren eine endlich am 30. Juli 1419, fast auf den Tag genau
vier Jahre nach Hussens Feuertod im schwäbischen Konstanz, in der böhmischen Hauptstadt in Prag den Umschwung auslöste.

Eine erste Verschwörung begleitete bereits den Prozeß des Prager Ma-
gisters, der nicht nur unter seinen meist gleichaltrigen Kollegen an der
Universität, sondern auch unter seiner nach Tausenden zählenden Zuhö-
rerschaft mit feurigen und zugleich frommen Predigten in den letzten
Jahren vor seinem Tod wachsenden Anhang gefunden hatte. Hus hatte
unter seinen Kollegen an der Prager Universität auch Ratgeber für seinen
Prozeß vor dem Konstanzer Konzil, und er war letztlich der entsprechenden Prozeßstrategie zum Opfer gefallen, weil er mit Tapferkeit jede Art
von Widerruf verweigerte, der unvermeidlich nicht nur ihn, sondern zugleich seinen böhmischen Freundeskreis belastet hätte. Also ging er «in-
convictus et non confessus» aus dem Prozeß hervor, nicht überführt und
nicht geständig, und seine ungerechte Verurteilung gereichte nach den
Argumenten seiner Verteidiger auch zur Schande des böhmischen Königreichs, seines Heimatlandes und des böhmischen Königs, der seinen Untertan hätte schützen müssen.

Mit dieser Prozeßpolitik verschworen sich die böhmischen Adeligen
und drohten zunächst in Briefen dem Konzil. Zuletzt, nach Hussens Tod,
sandten sie den Konzilsvätern einen Fehdebrief. 450 Siegel trägt das Dokument vom Juli 1415. Man muß nicht annehmen, daß es die Delegierten
der Christenheit besonders beeindruckte. Eher ging es als Kuriosum in
die Erinnerung ein. Aber es handelte sich hier doch um ein Bündnis zu
einer gemeinsamen politischen Aktion und um eine ernsthafte Abkehr von
der kirchlichen Gemeinschaft durch die beinahe vollständige Adelsver-
sammlung eines seit Jahrhunderten anerkannt christlichen Königreichs,
und ein solches diplomatisches Zeugnis traf den *orbis christianus* auf bisher

unbekannte Weise. Überdies ging es um eine Aktion, die der Adel ohne den König unternommen hatte. So war der böhmische Fehdebrief zugleich ein Protest gegen die auf dem Konzil durch ihre Bischöfe versammelte Christenheit wie auch gegen die politische Struktur im Innern des böhmischen Landes.

Der Fehdebrief bewirkte nichts. Weder ließ sich das Konzil, von Böhmen weit entfernt und überdies in der Reichsstadt Konstanz unter dem Schutz des römisch-deutschen Königs Sigismund, von der Fehdeerklärung beirren, noch sah sich der böhmische Adel in der Folge zu Konsequenzen seiner eigenen Deklaration genötigt. Eine Verschwörung zur Rache an Hussens Tod war offensichtlich kein taugliches politisches Bindemittel. Es bedurfte festerer, persönlicher Bindungen, derentwegen man bereit war, für einen illegalen politischen Bund Leib und Leben einzusetzen.

Ein solcher Bund hatte sich im Frühjahr 1415, noch vor Hussens Tod, in Prag bereits angezeigt. Und zwar nicht nur hinter dem Rücken der kirchlichen Obrigkeit und damit auch hinter dem Rücken der königlichen Gewalt, sondern auch ohne Wissen des damals in Konstanz eingekerkerten und seinen Prozeß erwartenden Sprechers der gesamten böhmischen Reformbewegung. Es ging um die Kelchkommunion.

Es ist lange darüber gerätselt worden, wer unter den Freunden des Johannes Hus im Kreis der Prager Reformprediger auf den Gedanken gekommen sei, den Gläubigen nicht nur nach herkömmlicher Liturgie im Gottesdienst das Abendmahl in Brotgestalt zu reichen, sondern auch den Kelch mit Wein als das Blut Christi, aus dem bisher lediglich die Priester tranken. In der theologisch durchaus nicht einheitlichen Bewegung, die nur die Kritik an den kirchlichen Mißständen und ihr religiöser Eifer immer wieder einte, war eine solche Neuerung auch nicht ohne Widerspruch von allen gutgeheißen worden. Aber wirksam war sie. In der jahrzehntealten Geschichte des religiösen Reformbegehrens in Böhmen, besonders in seiner Hauptstadt Prag, war die Kelchkommunion mit manchen Akzenten der Unterweisung durch eifrige Prediger und durch die Heilssehnsucht der gläubigen Massen schon lange vor Hus vorbereitet und «lag in der Luft».[1]

Man hat nach ostkirchlichen oder urkirchlichen und zuletzt nach deutschen Einflüssen aus dem Kreis der kirchlich verurteilten Waldenserbewegung gefragt. Tatsächlich findet sich unter Hussens Reformfreunden auch ein Magister Nikolaus von Dresden, der offenbar selber in der kirchenkritischen waldensischen Unterströmung wirkte. Er wird nach einem seiner Briefe mit der Neuerung besonders in Verbindung gebracht. Hussens Billigung hatte er offenbar nicht, sowenig wie der Prager Magister Jakobellus, dem Hus noch aus dem Kerker in Konstanz in dieser Sache Geduld empfahl. Wie auch immer: Tatsache ist, daß in der kleinen Kirche St. Martin in der Prager Altstadt, in der benachbarten großen Neustädter Kirche Maria Schnee und noch in einigen anderen Kirchen seit März 1415 den

Gläubigen zum Abendmahl auch der Kelch mit Wein gereicht wurde, gleich wie die Priester aus diesem Anlaß seit je das Blut Christi aus dem Kelch tranken, und daß diese Neuerung als besondere Erhöhung und Gleichstellung der Laien, ja gar als notwendig für das Seelenheil, sich «mit Blitzgeschwindigkeit»[2] im Lande verbreitete.

Es entbrannte eine besondere Diskussion um die Kelchkommunion zwischen Hussens Nachfolgern in Prag und den Konzilsvätern in Konstanz. Mit Hus und seinem Prozeß hatte diese Auseinandersetzung nichts zu tun. Nicht mehr der Tod des Prager Reformators, den der böhmische Adel zu rächen sich anschickte, sondern die Kelchkommunion, die Hussens Prager Freunde forderten und verteidigten, wurde seither zum Streitobjekt, und dieses Anliegen war für jedermann klarer als der verschlungene Weg des Husprozesses mit seinem nicht überführten und nicht geständigen Angeklagten. Am 15. Juli 1415, zehn Tage nach Hussens Tod, verbot das Konstanzer Konzil die Kelchkommunion; nicht aus Glaubensgründen, sondern als eigenwillige Abweichung vom Herkömmlichen. Das war zweifellos ein schwacher Punkt in der kirchlichen Argumentation. Die Forderung der Prager Reformer war dagegen klar. Als Steigerung des Altarsakraments schien sie für alle wichtig und sehr wohl ein Anlaß, Leib und Leben einzusetzen.

Doch das konziliare Verbot betraf nicht nur einen akademischen Streitpunkt. Es galt auch einem entscheidungsträchtigen Symbol: Am 10. März 1417 verteidigte die Prager Universität in einer magistralen Erklärung die Kelchkommunion. Das Konzil antwortete mit der Aufhebung ihrer Lehrbefugnis. Damit war jedermann in Entscheidungszwang gestellt. Denn der Kelchkommunion folgte der Kirchenbann. Unter diesem Druck entstand ein neuer Bund von «Kelchnern» als Gemeinschaft all derer, die sich aus der alten Kirche hinausgedrängt sahen im Bewußtsein einer besonderen gemeinsamen Entscheidung hier auf Erden und einer besonderen Heilsgewißheit im Himmel. Dafür lohnte es sich auch zu sterben. Und für den Kelch konnte man zudem leichter sterben als für eine verwinkelte Widerrufsverweigerung im Husprozeß. Hus hatte mit seinem Widerstand zweifellos in den Augen der Seinen einen Märtyrertod erlitten. Aber sein Tod war nicht jener Anruf, der einen jeden traf. Das war die Kelchkommunion, mit der sich jeder für oder gegen die neue Gemeinschaft entschied. Mit dem Kelch, nicht mit dem Konstanzer Scheiterhaufen, mußte sich jeder fortan in ganz persönlicher Weise verbinden. So war der Kelch zu einem elementaren Symbol geworden, für das zu leben oder zu sterben lohnte, wie das Kreuz im Urchristentum. Mit dem Urchristentum fühlten sich die «Kelchgläubigen» ohnehin besonders verbunden, und ihre geistlichen Führer argumentierten immer wieder aus der Bibel, so wie sie den Kelchgebrauch mit dem biblischen Bericht rechtfertigten: «Trinket alle daraus . . .» Das galt schließlich selbst für getaufte Kinder; ein neues Ärgernis für die Altgläubigen.

Das kirchliche Verbot reizte aber auch zur konspirativen Verbindung. Diese Verbindung ging zunächst nicht die Laien an, sondern erst einmal diejenigen, die kraft ihres Amtes imstande waren, Brot und Wein in Christi Leib und Blut zu verwandeln. An dieser sakramentalen Gewalt hielten die Kelchgläubigen ganz nach den Regeln der alten Kirche fest, und so benötigte die Mehrheit für ihr Glaubensleben rechtmäßig geweihte und ordinierte Priester, ehe eine Minderheit auf die apostolische Ordnung verzichtete. Das bedeutete aber nicht nur, daß die neue Bewegung zwangsläufig mit der kirchlichen Obrigkeit in Konflikt geriet, sondern ebenfalls, daß sie ihr auch einen Teil ihrer eigenen Funktionsträger abspenstig machte, um sie einer eigenen konkurrierenden Organisation einzufügen. Zwangsläufig. Ohne die Forderung nach der Kelchkommunion, also ohne die Inanspruchnahme des Kernstücks der liturgischen Memoration an den Tod Christi, wäre die Entwicklung wohl anders verlaufen.

Es gab also, seit man vom Frühjahr 1415 an in Prag und bald im ganzen Land die Kelchkommunion reichte, Priester, die der Neuerung geneigt waren, und andere, die sie ablehnten. Die Spaltung erfaßte die gesamte kirchliche Organisation in Böhmen. Die Kelchpriester ihrerseits unterstanden ihren Oberen, und ihren Ungehorsam übten sie vielfach unter weltlichem Schutz oder im geheimen. Die Kelchkommunion wurde für sie zum Gegenstand von Vereinbarungen, die sie nicht jederzeit offenlegten, und ähnliches galt auch für ihre Gläubigen, soweit sie den Ausschluß aus der alten Kirchengemeinschaft nicht offen bekennen wollten. Die Machtbefugnis über die Entscheidungen von Priestern oder Laien lag infolge davon bald nicht mehr bei den böhmischen Bischöfen. Sie lag bei den adeligen Patronatsherren, die wie überall auch in Böhmen das Recht hatten, Pfarrer in ihren Dörfern und Städten zu «präsentieren» und nun Gelegenheit nahmen, nach ihrem eigenen Bekenntnis und auch im Hinblick auf den möglichen Druck aus den Pfarrgemeinden Kelchpriester zu berufen, andere abzusetzen und sich untereinander zu solchen Maßnahmen zu verbinden.

Man kann nicht sagen, daß zwischen 1415 und 1419 ganz Böhmen auf diese Weise kelchgläubig geworden wäre. Es gab regionale Strukturen, oft abhängig von Übereinkünften unter den Adeligen. Nach Nordböhmen war der Kelchgedanke kaum gedrungen, in Westböhmen, in dem auch rechtlich vom übrigen Böhmen abgegrenzten Egerland, hatte er so gut wie gar keine Anhänger. Im Nachbarland Mähren gab es deutlich weniger Gefolgschaft für den Kelch. Im allgemeinen hing, die freilich bevölkerungsstarke Hauptstadt ausgenommen, die regionale Verteilung von politischen Verbindungen im Adel ab. Mittel-, Ost- und Südböhmen waren kelchgläubig nach der Abendmahlspraxis ihrer Pfarreien. Sogar Klöster gehörten zu diesem Verband.

Dabei verlief die Kontroverse anfangs meist gewaltfrei. Pfarrer tauschten in Übereinkünften untereinander ihre Pfründen, Laien sahen sie ohne

Gewalttaten ziehen. Allerdings blieben Aggressionen bei der fortschreitenden Parteibildung nicht aus. Es war die These von der Heilsnotwendigkeit
der Kelchkommunion, die den Streit vertiefte. Bei wechselnden Macht-
konstellationen, bei kelchgläubigen adeligen Herren in Stadt und Land
und bei einem wankelmütigen königlichen Herrn über die Hauptstadt
und über eine Anzahl der größeren Städte gab es auch gnadenlose Verfolgungen. Als König Wenzel IV. endlich, ermahnt von Papst und Konzil, sich
Anfang 1419 zum Einschreiten gegen die Kelchpriester entschloß, war die
Konfrontation schon weit vorgeschritten.

Nun war der Kelch zwar ein Bündnissymbol, aber er hatte wegen der
teilweise verborgenen Übung doch noch nicht zum gesinnungsträchtigen
Gemeinschaftserlebnis geführt. Das vermittelten nach dem königlichen
Verbot der Kelchkommunion innerhalb der königlichen Städte die sogenannten Bergwallfahrten. Auch dabei ist ein Element zu beobachten, das
die Entwicklung wie ein Lehrstück spontaner Bewegungen aussehen läßt.
Eine Wallfahrt – an sich eine fromme Übung der alten Kirche und deshalb
nicht ohne weiteres der neuen Bewegung zuzuordnen oder zu verbieten
– ermöglichte unter dem Deckmantel der herkömmlichen Frömmigkeit
Vereinbarung und Aufbruch der «Kelchgesinnten». Allein das erforderte
schon eine besondere Entscheidung, eine Unterbrechung des alltäglichen
Lebensrhythmus. Sie trennte unter Umständen auch Familienangehörige,
Verwandte und Freunde und schuf neue Gemeinschaftsverbindungen. Die
Wallfahrten richteten sich jeweils auf einen markanten Berg in der Umgebung. Dabei verband das Reiseerlebnis die an ihre tägliche Arbeit und
die engere Umgebung Gebundenen mit neuen Erfahrungen.

Und oben auf einer Berghöhe, an einem Lagerplatz für Hunderte und
wohl auch noch mehr, erfuhren die Wallfahrer praktische Lebenshilfe,
Glaubensunterweisung und als Höhepunkt die Kommunion aus dem in
den Tälern zum Gebrauch für Laien verbotenen Sakralgefäß. Gestärkt,
erbaut, beseeligt stiegen die Gläubigen wieder nach unten. Der physische
Aufbruch, das gemeinsame Unterwegssein, das Erlebnis der Zusammengehörigkeit auch noch im Augenblick der Vereinigung mit dem Göttlichen, schuf Bindungen, die sich unter den Möglichkeiten einer politischen Bewegung von besonderer Kraft erwiesen und Gesinnungsgemein-
schaften festigten. Derart gestärkte Gemeinschaften begannen nun auch,
sich selbständig abzugrenzen und gegen die unbelehrte Mitwelt zu
wenden.

Es ist nun wieder eine Besonderheit im reichhaltigen Spektrum der
Verschwörungen um den Hussitenkelch, daß solche Abgrenzungen überhaupt mit Überzeugungsversuchen einhergingen. Es handelte sich zunächst einmal nicht, wie man jahrzehntelang leichthin der gesamten Hussitengeschichte zugedacht hatte, um eine selbstverständlich nationaltsche-
chische Bewegung. Besonders in den Städten war Zweisprachigkeit
verbreitet. Die Belehrungen der Kelchgläubigen richteten sich an alle,

denn es ging von Anfang an um eine christliche, nicht etwa um eine nationale Reform: auch im außerböhmischen Verständnis der Dinge. Es gab auch deutsche Kelchner, in Prag wie in den Regionen, wo deutsche Bewohner in Beziehungen zu der in Süd- wie in Ostdeutschland verbreiteten biblisch orientierten Laienbewegung der «Armen von Lyon» oder «Waldenser» standen. Andererseits war, wie erwähnt, das großenteils tschechische Nachbarland Mähren von der Kelchbewegung nur wenig berührt. Bedingungslos aber suchten die für die neue Bewegung Gewonnenen ihre Überzeugung darzustellen, um womöglich die ganze Christenheit zu gewinnen.

Die Reformbewegung, die man verbreiten wollte und mit der Kelchkommunion symbolisierte, setzte sich jedenfalls über einige Vermittler auch in Deutschland fort. Der Magister Nikolaus von Dresden aus dem Kollegenkreis um Jan Hus ist in diesem Zusammenhang in Deutschland als hussitischer Emissär hingerichtet worden und blieb da nicht allein. Andere Delinquenten weisen ebenfalls auf deutsche Herkunft hin und wurden, nach ihren Geständnissen vor Inquisitionsgerichten in Deutschland, in Prag und auch in der zumindest teilweise deutschen Stadt Saaz (Žatec) in Westböhmen ausgebildet. Die Kelchbewegung, die sich nicht wie die Waldenser nach einem präsumptiven Begründer Peter Waldes benannte, die auch nicht «hussitisch» heißen wollte, obwohl sie die Konstanzer Delinquenten als Märtyrer verehrte, wollte überzeugen, belehren, missionieren. Sie wollte ihre Gesinnung verbreiten und, wenn möglich, auch die Mächtigen für sich gewinnen, anstatt sich gegen die Mächtigen zu verschwören.

Aber selbst dazu war eine Organisation unvermeidlich, die allerdings bereits den Bestandteil einer in sich verbundenen Gemeinschaft, einer «Verschwörung», bildete. Hatte der böhmische Adel bei seiner Gemeinschaftsbildung, seiner «Verschwörung» gegenüber dem Konstanzer Konzil 1415, das ganze Land zu vertreten beansprucht, so hatte die Kelchkommunion seither diese Einheit gespalten und zugleich ihre Funktion an die einzelnen Pfarrgemeinden gebunden. Pfarrgemeinden, wenn auch die nicht immer ohne inneren Widerspruch, wurden über ihre Kelchpriester die Bausteine der Bewegung. Auch im Hofadel in unmittelbarer Umgebung des Königs gab es Parteigänger, so wie die Königin selbst, Sophie von Wittelsbach.

Die Gemeinschaftsbildung fand zum entsprechenden, dem Gemeinen Mann in Stadt und Land ohnehin vertrauten Organisationsbegriff. Er hieß, tschechisch, lateinisch wie deutsch: obec, communitas, Gemeinde. Er wurde fortan in Angleichung wie in Unterscheidung zur herkömmlichen Begrifflichkeit aus räumlicher wie ständischer Gliederung gebraucht. Solche spontanen, nicht mehr auf der Siedlungsgemeinschaft, sondern auf der Bekenntnisgemeinschaft gründenden «Gemeinden» für das ganze Land, aber auch für Regionen oder für militärische Verbände hießen nun: die Gemeinde der Gläubigen, communitas fidelium, die Gemeinde der Taboriten, der Orebiten, der Waisen, der Prager oder die «Feldgemeinden» zur Bezeichnung der taboritischen Armee.

Der Gemeindebegriff lieferte also den Organisationskern der Bewegung. Er hatte seine innere Struktur, ähnlich, wie sich die Dorf- oder Stadtgemeinde bisher schon aus einer Anzahl untereinander Gleicher, miteinander Verschworener gebildet hatte, die ihre Oberen wählen. Das war ein in ganz West- und Mitteleuropa verbreitetes Organisationsprinzip städtischer oder freier dörflicher Lebensformen. Die Untertanen einer Herrschaft mußten sich nicht verschwören, um einen Verband zu bilden. Einen solchen Verband bestimmte der Herr. Und dieser Herr wurde nicht gewählt: Er wurde zu seiner Position sozusagen geboren. Das mag deutlich machen, welch wichtiges Element aus Überzeugung und Bekenntnis bei genereller Gleichheit und bei dem besonderen Gewicht der Gesinnung und zugleich der Fähigkeit, eine solche Gesinnung selber formulieren und anderen mitteilen und ihre Zustimmung gewinnen zu können, die neue Gemeinschaftsbildung kennzeichnet. Sie war eine Überzeugungsgemeinschaft. Aus Überzeugung zusammengekommen, verschworen und bereit, Gesinnungsgenossen zu suchen. Es zeugt für das hohe Niveau der Bewegung aus Bauern und Handwerkern unter der Führung mehr oder minder akademisch gebildeter Bakkalauren und Magister, daß sich diese Auseinandersetzungen schriftlich niederschlugen, ja daß die Bewegung ihre Bekenntnisse im Lauf der Zeit in einem über das Land verbreiteten Diskurs entwickelte, immer wieder unterstützt oder korrigiert durch die Magister an der seit 1417 allerdings geschwächten Universität, und daß sich schließlich aus dieser Diskussion vier Artikel im Sinn reformpolitischer Forderungen mit Bekenntnischarakter herausbildeten. Sie wurden fortan zum definierten Kern der hussitischen Gemeinschaftsbildung.

«Wir, die auf dem Berge Bzí versammelte Gemeinde ...». Mit diesen Worten beginnt das wohl bekannteste Zeugnis der hussitischen Bergwallfahrer vom März 1419. Die Versammelten, die sich da als «Gemeinde» empfanden und bezeichneten, suchten ihren Zusammentritt zu erklären. Sie kennzeichneten ihr Gemeinschaftserlebnis als Erfahrung eines neuen Christentums und riefen alle Welt dazu auf, ihrem Beispiel zu folgen. Das heißt: ein Wallfahrtserlebnis, das natürlich die biblischen Forderungen der eucharistischen Gemeinschaft einschloß und für kurze Zeit ein Leben in urchristlicher Gemeinsamkeit von Besitz und Gesinnung suggerierte.

Dergleichen Versammlungen auf einem Berg gab es in der Geschichte christlicher Dissidentenbewegungen immer wieder. Nicht nur die südfranzösischen Katharer kannten sie. Auch der oberitalienische Adventsprediger Fra Dolcino baute solche Treffen zu beständigeren Lebensgemeinschaften aus. Endzeiterwartungen spielten dabei fast mit Selbstverständlichkeit eine Rolle, war doch die Flucht auf die Berge als eine Rettungsmöglichkeit in den letzten Tagen biblisch empfohlen. Aber gerade ohne einen solchen

Adventismus erwies sich die Definition einer eigenen Willensbildung als notwendig, und daß sie schriftlich erfolgte und als Manifest wie später noch zahlreiche andere hussitische Botschaften auf nicht näher bekannten Wegen ins Land ging, kennzeichnet zugleich das kulturelle Niveau der Bewegung.

Für die Entwicklung der hussitischen Eidgenossenschaft, um die Verschwörung einmal mit einem Begriff zu kennzeichnen, der als Kern der politischen Gemeinschaftsbildung der Schweiz, als Confoederatio Helvetica, noch heute unter den staatlichen Symbolen einen Platz hat, wurden die Erklärungen der Gemeinde von Wallfahrern auf dem Berge Bzí und anderswo wichtig. Sie wurden geradewegs zu ihrem Rütlischwur, wobei man noch erwägen muß, daß es sich dabei um religiöse Anliegen handelte, die ungleich stärker noch ins Persönliche griffen als die gewiß nach dem zeitgenössischen Empfinden ohnehin bereits sakrale Bindung, die man dem sagenhaften Eid der Schweizer auf einem Berggipfel im Verborgenen zuschreiben könnte.

Die Versammelten auf dem Berge Bzí forderten einerseits mehr als die Eidgenossen auf dem Rütli, andererseits auch weniger; jedenfalls nicht die politische Unabhängigkeit oder die Reichsunmittelbarkeit, wie sie die Sage dem Ursprung der Schweizer Eidgenossenschaft zuteilt. Sie verlangten die freie Predigt des Evangeliums, und das war weniger und mehr zugleich. An sich war es Ausdruck eines fundamentalen Mißtrauens gegen die etablierte Kirche, denn ihre Vorschriften, nicht etwa irgendeine weltliche Macht, schienen eine solche freie Predigt zu hindern. Zugleich steckte in dieser Forderung aber auch ein besonderes Selbstbewußtsein der Predigenden oder, wenn man so will, ihrer Zuhörer: Als liege es nur an einem beliebigen äußeren Umstand, nur daran, ihre Prediger von irgendwelchen Hemmnissen zu «befreien», und schon seien diese imstande, das religiöse Heil zu vermitteln. Man muß bei diesem Ansinnen daran erinnern, daß gerade wegen ihrer Forderung nach allgemeiner Predigterlaubnis für ihre Gemeinschaft seinerzeit die Waldenser, deren Spuren man immer wieder zu erkennen meint, mit der Amtskirche in Konflikt geraten waren. Außerdem schließt dieses Postulat natürlich biblischen Fundamentalismus ein, wie er ebenfalls seit dem 12. Jahrhundert, seit den Zeiten eben jenes sagenhaften Petrus Waldes von Lyon, für alle Laien gefordert worden war. Allerdings lassen sich solche Forderungen auch ganz ohne Rückgriff auf die Waldenser in Böhmen aus der Reformdiskussion an der Prager Universität herleiten, wie etwa Hussens Anspruch auf dem Konzil, allein aus der Bibel widerlegt zu werden.

Eine zweite Forderung der Gemeinde auf dem Berge Bzí trifft den Kirchenbesitz und die sogenannte weltliche Herrschaft der Prälaten. Auch diese Forderung war den Waldensern vertraut, wenn auch weniger auf die weltliche Herrschaft der Kirche gerichtet als auf die getreuliche Nachfolge Christi in der armen Gemeinschaft der Apostel. Als wandernde Prediger versuchten die Waldenser seit dem 12. Jahrhundert eine solche Nachfolge zu praktizieren. Aber auch hier ist die Verbindung zwischen böhmischen Kelchnern und Waldensern nicht zwingend. Die Kritik an der reichen Kirche hatte viele Wurzeln, darunter auch solche auf sehr orthodoxer Grundlage, die gerade auf dem Konzil zu Konstanz zur Entfaltung drängten. Der Oxforder Reformtheologe Jan Wiklif, an den sich die Prager akademische Kritik zum Teil anlehnte, war dagegen einmütig und wiederholt zum Ketzer erklärt worden. Im Vergleich zu Hussens Äußerungen waren seine solche Forderungen radikal. Hus hatte aber mit ihm, und das im Hinblick auf weltliche wie geistliche Herren, die mangelnde Verdienstlichkeit unwürdiger Herrschaft kritisiert. Daraus konnte sich ein noch weit fundamentaleres Argument gegen jede Herrschaft entwickeln.

Die Versammelten auf dem Berge Bzí verlangten natürlich die Kelchkommunion. Damit hielten sie fest am einfachsten, auch jedem Laien einsichtigen Selbstbewußtsein im Zusammenhang mit ihrer eigenen Erleuchtung und Erwählung. Denn nur die Kelchkommunion nach der Verteilung des Brotes versprach das vollständige Heil der Eucharistie.

Es gab Bergwallfahrten auch in anderen Regionen des Landes, die dabei für eine kurze Zeit mit besonderen Namen zu einer biblischen Landschaft wurden: Die Wallfahrer nannten einen Berg Horeb, einen anderen Ölberg, Mons Olivetti, einen dritten und vierten Tabor. Es sah aus, als sollte das hussitische Böhmen eine neue Geographie erhalten, eine Erweckungslandschaft, die Städte aussparte. Tatsächlich war der ländlichen Erneuerungsbewegung auch ein städtefeindlicher Akzent eigen. Das galt aber nicht unbedingt auch für die Landeshauptstadt, die durch die Universität und zahlreiche Kelchnergemeinden unter den vielen Kirchen einen Schwerpunkt eigener Art bildete, ein Massenzentrum an sich mit ihren dreißig- bis vierzigtausend Einwohnern und ein Ort der unmittelbaren Erinnerung an Jan Hus und seine Predigtstätte.

Unter Hussens Nachfolgern hatten sich in Prag zwei Geistliche besonders hervorgetan: der Magister Jacobellus von Mies, (Jakoubek ze Stříbro), ein etwas jüngerer Kollege und Freund des Konstanzer Märtyrers und bald das anerkannte geistige Haupt der Bewegung, zumindest im städtischen Milieu; und Johann von Seelau (Jan Želivský), ein ehemaliger Prämonstratenser, der aus seinem Stift in Mähren wie nicht wenige Ordensgeistliche erst nach Hussens Tod zu der Bewegung gestoßen war, weil ihre Bestrebungen um ein sozusagen fundamentalistisches Christentum dem Mönchsdasein in mancher Hinsicht entgegenkamen. Zelivsky wurde Pfarrer in der größten Kirche der Prager Neustadt und fand Zulauf im hauptsächlich kleinbürgerlichen Milieu. Predigtgewaltig, wurde er später zum Volkstribun und Heerführer in der Phase der bewaffneten Verteidigung der Revolution. Erfüllt von einem besonderen Sendungsbewußtsein, das ihn zwar fernhielt vom Adventismus der Bergwallfahrer, aber doch in Verbindung mit einem göttlichen Auftrag brachte, wurde er zunächst zum

Hüter des Widerstands gegen die Versuche von Kirche und König, die Kelchbewegung wieder einzuschränken.

Er war, nach allem, was sich den Ereignissen ablesen läßt, schließlich auch der Mann, der den gewaltsamen königlichen Versuchen zur Unterdrückung der Bewegung im Sommer 1419 Gewalt entgegensetzte. Želivský bewerkstelligte damit, nach den Bündnissen unter den Reformern um Kelchkommunion und Meßreform und nach der Verbreitung des Bewußtseins, in Wahrheit die verfolgten Auserwählten zu sein, die der verdorbenen Welt den Weg zu einem wirklich christlichen Leben zu zeigen vermöchten, im Juli 1419 den Umschlag vom Leiden zum Handeln. Nach allem, was sich nur irgendwie rekonstruieren läßt, hatte er Bundesgenossen, und es handelte sich um ein wohlverbreitetes Unternehmen. Er agierte mit dem besonderen Symbol der Bewegung, dem Kelch, und benützte dabei die bekannte Form der Demonstration gläubiger Christen außerhalb des geweihten Kirchenraumes als eine Aktion unter freiem Himmel.

Želivský rief seine Gläubigen auf zu einer Prozession, die aber nicht die Monstranz mit dem geweihten Brot allein vor den Augen der Gläubigen durch die Straßen tragen ließ, womit die alte Kirche seit zweihundert Jahren besonders im Fronleichnamsfest dem Schau- und Teilnahmebedürfnis der Gläubigen entsprochen hatte. Es wurde auch der Kelch in feierlichem Zug über den weiten Karlsplatz zum Rathaus der Prager Neustadt getragen. Der fromme Zug erreichte das Rathaus gerade während einer Ratssitzung. Die dort versammelten Räte, tschechische, aber katholische Bürger der Stadt, waren kurze Zeit vorher nicht durch die übliche Wahl, sondern auf Befehl des Königs im Zug der Rekatholisierungsmaßnahmen eingesetzt worden. Die Menge forderte vor verschlossenen Toren die Freilassung gefangener Gesinnungsgenossen.

Nicht durch Zufall waren also zumindest zum Teil die innerstädtischen Gegner im Rathaus versammelt, und nicht durch Zufall war vor dem Haus der große Zug wie eine Protestkundgebung angekommen. Eigentlich bedurfte es keines besonderen Funkens mehr für das Pulverfaß: Ein Stein, der angeblich als besondere Provokation aus dem Rathaus gegen den Kelch und seinen Träger geschleudert worden sein soll, ist für den Fortgang der Ereignisse nicht unbedingt vonnöten.

Seit Jahrhunderten wird aber eben dieser Hergang kolportiert, und nichts als die Kombination der Umstände kann ihn widerlegen. Die frommen Prozessionsteilnehmer waren nämlich plötzlich bewaffnet. Man nimmt an, daß sich auch der Hauptmann der königlichen Wache, Jan Žižka von Trocnov, unter den Demonstranten befand und vielleicht noch ein Kriegsmann aus der Umgebung des Königs, ausgewählt von Jan Želivský, «denn der war nicht nur ein Mann des feurigen Wortes, sondern auch der entschlossenen Tat».[3] Das Rathaus wurde gestürmt, elf Ratsherren auf die Straße geworfen und gelyncht, man spricht vom «Ersten Prager Fenstersturz».

Wichtiger wurde: die Prager Neustadt war von jetzt an von Kelchnern
regiert, der Aufruhr verlagerte sich in die Prager Altstadt, der Prager Burg-
graf auf dem Hradschin zählte überdies zum kelchnerisch gesinnten
Hochadel, und der König erlitt wegen dieser Insubordination einen
Schlaganfall und starb nach zwei Wochen. Das ereignete sich zwischen
dem 30. Juli und dem 16. August 1419. Man zählt von da an den Beginn
der hussitischen Revolution.

Jan Želivský, der diesen Umschwung der Dinge nach aller Mußmaßung
mit einer Gruppe entschlossener Kelchanhänger geplant und ausgelöst
hatte, wurde dadurch nicht etwa zum Führer der hussitischen Revolution.
In seinen Händen lag in den nächsten drei Jahren allerdings die unausge-
sprochene Herrschaft über das revolutionäre Prag. Eine Zeitlang später
erwies er sich auch als Organisator eines sozialen Umschwungs, wobei die
Häuser geflohener Bürger augenscheinlich seinen Anhängern zugeteilt
wurden, gestützt auf die Macht einer revolutionären Gemeindeversamm-
lung. Aber die Aufrührer waren weiterhin über Taktik wie Strategie uneins,
wie in einer jeden Revolution im unruhigen Kräftefeld einander wider-
strebender Interessen, und eine jede Neuordnung des Landes mußte dem
Rechnung tragen. Es spricht wieder für das Niveau der politischen Kultur,
daß trotz Mord und Totschlag, trotz wachsender Gewaltbereitschaft und
Thronvakanz zunächst eine Versöhnung über eine Ständeversammlung
versucht wurde, der die verwitwete, als Kelchgläubige aber exkommuni-
zierte Königin Sophie von Wittelsbach vorstand. Es spricht auch für die
in vier Jahren gewachsene Festigkeit der Glaubensgemeinschaft, daß die
folgenden Monate ohne klare Autorität das Land nicht in die Anarchie
stürzten. Die kelchtreue Universität suchte währenddem die Gewaltbereitschaft in den Normen der herkömmlichen christlichen Kriegsmoral als
Selbstverteidigung zu deklarieren und auf die gegebene Situation des kö-
nigslosen, also im Sinne der christlichen Kriegsdefinition autoritätslosen
Landes zu übertragen. Und die Revolutionäre selbst wurden durch die
verstärkten Kreuzzugsdrohungen der christlichen Nachbarschaft jenseits
der böhmischen Grenzen nicht nur zu Selbstaussagen gezwungen, um ihr
eigenes Christentum zu beweisen, sondern auch zu einer klaren Übereinkunft untereinander, um die ganze ständepolitische Spannweite des kelchgesinnten Böhmens zu einer verteidigungsbereiten Gemeinschaft zusam-
menzufassen.

Mit einem Kreuzzug hatte den unbotmäßigen Böhmen schon das Konstanzer Konzil 1418 in seinen letzten Wochen gedroht. Nach dem Tod des
böhmischen Königs rückte die Gefahr näher. Denn Wenzel IV. hatte nach
vierzigjähriger, wenn auch mitunter skandalträchtiger Regierung immer
wieder glaubhaft seine Rechtgläubigkeit und seine Bereitschaft hervorge-
kehrt, die Probleme um Hus und Hussiten zu bereinigen. Dem königslo-
sen Land ließ sich eine solche umfassende Aktion der lateinischen Christenheit viel leichter androhen. Und, nach allen Voraussetzungen, war sie

sowohl nach ihrem ideologischem wie nach ihrem militärischen Gewicht nicht zu unterschätzen: Kreuzzüge hatten das ferne Jerusalem nach mühseliger und kostspieliger Logistik wiederholt erobert und die gewaltige Militärmacht des Islam gefügig gemacht. Der furchtbare Albigenserkreuzzug hatte zweihundert Jahre zuvor Südfrankreich verwüstet. Wie sollte das nahe und relativ kleine Böhmen dem gesammelten Ansturm der Christenheit widerstehen?

Sigismund von Luxemburg, römisch-deutscher König und Bruder und Erbe Wenzels IV., war der Schutzherr des Konstanzer Konzils. Unter seiner Schirmherrschaft war Hus verbrannt worden. Nun rüstete Sigismund dazu, sein böhmisches Erbe anzutreten, und er konnte gar nicht anders, als die Kreuzzugsdrohung aufzunehmen. Er bekam aus Böhmen Bedingungen für seine friedliche Anerkennung. Die Kelchkommunion war dabei, aber die Bedingungen liefen im einzelnen auseinander. Die Großen, die Aristokraten und die reichen Prager Ratsherren, waren verhandlungsbereiter als die Kleinen und die Prager Gemeindeversammlungen. Einigkeit war notwendig!

Einigkeit war um so erforderlicher, als sich inzwischen die Kelchgläubigen im Land auch sichtbar gespalten hatten, sozusagen an der sozialgeographischen Sollbruchstelle zwischen der städtereichen Nordhälfte, mit der bevölkerungsstarken Hauptstadt im verkehrspolitischen Zentrum, und dem weit ärmeren, vorwiegend bäuerlich-kleinstädtischen Süden. Im Süden hatten die Bergwallfahrten zahlreiche adventistische Anhänger mobilisiert, bei den armen Bauern und Landlosen ging die Hoffnung nach der Wiederkehr Christi um. Als sie zu Beginn der Fastenzeit 1420 noch nicht erfüllt war, überfiel ein zusammengewürfeltes, von Jan Žižka geführtes Kontingent die kleine, schon zuvor durch radikale Priester bekannte Stadt Sezimovo Ústí an der Lužnice und errichtete hier endgültig den schon verschiedentlich lokalisierten heiligen Berg Tabor. Es wurde ein fundamentalistisches Zentrum aus dieser neuen Gemeinde, unmittelbar den Weisungen Gottes, der Bibel und seiner Priester folgend. Der geniale Stratege Jan Žižka schuf ihm eine schlagkräftige Armee, die taboritische «Feldgemeinde». Nun hatte die Revolution nach ihrem bipolaren sozialen Interessenfeld auch eine bipolare Geographie: das bäuerlich-kleinbürgerliche, chiliastisch erregte Tabor und die der Ständeordnung weit eher verpflichtete Hauptstadt Prag, auch sie militärisch potent. Dorthin kehrte sich am ehesten auch der Landsadel mit seinen gemäßigten Reformforderungen.

Sigismund zog nach Breslau, das damals zum böhmischen Königreich gehörte, aber nur wenig von der Kelchbewegung berührt war, und ließ den Kreuzzug verkünden. Ein riesiges Aufgebot rückte daraufhin von allen Seiten gegen die böhmische Hauptstadt. Sigismund zog in Böhmen ein. Die Königsburg auf dem Hradschin mit dem Krönungsdom wurde ihm übergeben, ein großer Teil des Landesadels stellte sich hinter ihn, die «rechtmäßige» Ordnung zu unterstützen. Die Prager riefen nach allen Seiten um Hilfe, vornehmlich nach Südböhmen zu Žižka und seinen «Gotteskriegern», wie sie sich inzwischen nannten. Sie kamen. Aber sie stellten Bedingungen.

Bauern und Kleinstädter hatten die rasch wachsende Großstadt Prag, die volkreichste in Mitteleuropa nach dem Verkehrsknotenpunkt Köln, seit je als ein Sündenbabel betrachtet und nicht nur als ein Zentrum religiöser Reform mit seinen vielen Kirchen und Klöstern. In ihrem strengen Denken fanden nun gar erst die «Gotteskrieger» vieles an ihrer neuen Zuflucht auszusetzen, und man berichtet von gestürmten und geplünderten Klöstern, von geschändeten Königsgräbern, vom Ikonoklasmus in allen Kirchen, und gewiß ist dabei nicht alles nur dem religiösen Eifer zuzuschreiben. Andererseits war Prag auch eine veritable Festung im Sinn der zeitgenössischen Kriegsführung, und die neue Besatzung verstand sich dort einzurichten. Versorgungsprobleme drohten nicht nur den Eingeschlossenen, sondern auch den Belagerern. Aber das Wichtigste innerhalb der Mauern war wohl eine klare Formulierung der Forderungen an den König, der seine Annahme und Krönung erzwingen wollte.

Das machte zunächst innere Einigkeit nötig. So führte die Situation im April 1420 zur Formulierung von vier Artikeln.

Drei sind genannt worden, die bereits eine Rolle bei den Bergwallfahrten spielten. Der vierte wurde fortan zum Streitpunkt zwischen den beiden Flügeln der Revolution. Man war sich also einig über die freie Predigt, über den Laienkelch und die Kirchenenteignung, wenn auch jede dieser drei Forderungen noch ihren eigenen Interpretationsspielraum hatte. Aber beim vierten Artikel brach der Gegensatz auf: Die Universität, die Räte der Prager Altstadt und die Vertreter des Adels wiederholten die Formulierung nach der Wiederherstellung der Ehre der böhmischen «Zunge», mit sprachnationalem, und jedenfalls mit politischem Akzent. Diese Formel war schon in der Klageschrift des böhmischen Adels an das Konstanzer Konzil verwendet worden. Auf der anderen Seite stand die Forderung der Neuankömmlinge, von der Prager Neustadt unterstützt, nach Bestrafung der Todsünder durch die Gemeinde. Auch diese Forderung war nicht neu. Ihr sozialrevolutionärer Charakter ist klar genug. Hier die Ehre der Nation mit ihrer aristokratischen Konnotation. Dort die fundamentale Moralforderung, die in die Hände der «Gemeinde» gelegt werden sollte. Welcher Gemeinde: der Allgemeinheit der Gläubigen, der städtischen, der Taboriten oder der Feldgemeinde, des Hussitenheeres? Es wird klar, daß dieser vierte Artikel in der fundamentalistischen Form einen weiten Spielraum einschloß.

Das war wohl auch der Grund, warum die «Gemäßigten», der «rechte Flügel», diesen vierten Artikel doch endlich akzeptierten. Der Thronprätendent akzeptierte ihn natürlich nicht, so wenig wie die anderen drei. Aber zunächst zeigte ein Gefecht am nördlichen Belagerungsring die

Überlegenheit Žižkas und seiner Taboriten gegenüber den schwerfälligen und schlecht motivierten Kreuzfahrern. Danach verhandelte man um die vier Artikel, aber ohne Erfolg. Schließlich ließ sich Sigismund auf dem Hradschin unter dem Beifall des katholischen Adels krönen und hob die Belagerung auf. Für seine Krönung hatte diese ihren Zweck erreicht. Als Demonstration im Land war sie im übrigen wirkungslos geblieben. Die Kosten waren hoch, die Plagen im heißen Sommer empfindlich, und natürlich litt das ganze Land unter Mord und Raub. Die fällige ernsthafte militärische Auseinandersetzung ergab sich dann erst im Herbst des Jahres, am Allerheiligentag 1420, wieder vor den Toren von Prag, und Sigismund wie seine adeligen Verbündeten erlitten eine katastrophale Niederlage.

In fünf Kriegszügen von 1420 bis 1432 blieben die Hussiten unbesiegt. In dieser Zeit rangen sie aber auch untereinander um die Vorherrschaft des linken oder des rechten Flügels im Land, um – einfach ausgedrückt – die Vormacht des Prager Städtebundes oder des Städtebundes unter Führung der neugegründeten Festungsstadt Tabor. Niemand gewann die Oberhand. Auch der Adel nicht, der im Hintergrund wechselnde Koalitionen schloß. Die Kirchenenteignung geriet vielfach zu seinen Gunsten. Doch auch der Erzbischof blieb erstaunlicherweise im Land, nachdem er 1421 die vier Artikel akzeptiert hatte, natürlich bei großzügigster Auslegung. Erst 1428 wurde er kirchlich gemaßregelt. Das hussitische Böhmen wurde faktisch eine Ständerepublik unter adeliger Vorherrschaft, aber die Christenheit ringsum blieb ihm verschlossen. Trotz einiger meist siegreicher militärischer Ausfälle war die Kirchenreform mit dem Symbol der Kelchkommunion der Welt nicht aufzuzwingen. Das Land litt unter der Isolation. Auch neue Verhandlungen um die vier Prager Artikel mit dem gekrönten, aber von seiner Herrschaft ausgeschlossenen König Sigismund führten zu keinem Erfolg.

Und doch lag in diesen vier Artikeln der Ausweg. Sigismund hatte ein neues Reformkonzil in der Reichsstadt Basel organisiert. Es galt den Mißständen in der gesamten Kirche und dabei natürlich besonders auch der Hussitenfrage. Man nahm Kontakt auf und diskutierte über die vier Artikel. Eine böhmische Delegation reiste nach Basel und verhandelte mit den Konzilsvätern. Daß die Kelchkommunion nicht nur möglich sei, wie in der Urkirche ohnehin, sondern daß sie zum Seelenheil nötig sei, bildete den theologischen Streitpunkt. Hier fand sich auch der Kompromiß.

Allerdings erregte der Verzicht auf die Notwendigkeit der Kelchkommunion für alle Christen auch den Widerstand ihrer unbedingten böhmischen Verfechter. Sie hatten traditionell ihren politischen Stützpunkt in Tabor. Da war schließlich doch die letzte Entscheidung bei der Gewalt zu suchen. Aber nicht bei Gewalt von außen: die hatte in fünfzehn Jahren den böhmischen Widerstand nicht bezwingen können. Es bedurfte einer Verschwörung im Inneren zwischen den «Gemäßigten», denen es genügte, selbst toleriert zu werden, und den Katholiken im Land. Eine entsprechende Auslegung der vier Artikel führte zu einer geheimen Absprache zwischen adeligen und städtischen Kelchnern und den Parteigängern des Königs wie der alten Kirche. Nach dieser neuen politischen Verbindung wurden die Unbeugsamen, vornehmlich Taboriten, 1434 von ihren Landsleuten besiegt.

Das machte den Weg frei zu einer Anerkennung der Kelchkommunion (wer sie wählte), zu Predigtfreiheit (wem sie zustünde), zur Kirchenenteignung (soweit sie vollzogen war) und auch zur Bestrafung von Todsündern (wessen Amtes es sei). Viel änderte diese Variante nicht an den Verhältnissen, wie sie bisher bestanden, außer denn, daß die Priester der Kelchner fortan von freiwilligen Gaben ihrer Gläubigen lebten und daß die Prälaten nicht mehr im Landtag vertreten waren. Dort nahmen nun die Vertreter der Städte Platz.

Mit dem Basler Konzil wurde eine entsprechende Vereinigung geschlossen. Diese «Basler», nach anderen Verkündungsorten auch Iglauer oder Prager, «Kompaktaten» bildeten die erste Übereinkunft zur konfessionellen Toleranz innerhalb der lateinischen Christenheit. Sie hatten erhebliche politische Mängel. Sie hatten auch Verschwörungscharakter innerhalb der Kirche, denn es fehlte ihnen die Anerkennung durch die Päpste. Aber sie ließen die böhmische Christenheit wieder ohne Kampf in zwei kirchlichen Erscheinungsformen nebeneinander leben. Sie bedeuteten auch eine Versöhnung unter der jüngeren Generation nach den blutigen Kämpfen der alten.

König Sigismund konnte in sein Land zurückkehren und zeigte sich ebenfalls versöhnlich. Die nun besiegte Hussitenstadt Tabor, das Zentrum seiner erbittertsten Widersacher, nahm er auf in den Kreis der königlich privilegierten Städte und verlieh ihr als Zeichen seiner besonderen Huld den Reichsadler ins Wappen. Den führt die Stadt noch heute.

Richard III. usurpiert den Thron.
Die Geschichte und Shakespeare bestimmen das Bild des königlichen Schurken

Helmut Winter

Im Sommer 1674 wurde bei Bauarbeiten im Londoner Tower eine Holztruhe mit den Skeletten von zwei Kindern gefunden. Alles deutete darauf hin, daß es sich hier um die Überreste der beiden Söhne von König Eduard IV. handelte, die Richard III. 1483 in den Tower hatte bringen und wahrscheinlich dort auch ermorden lassen – so behaupten bis heute seine Gegner. Die Gebeine wurden als die der Prinzen erklärt, in eine Urne gebettet und in die Westminster Abtei überführt, wo sie sich noch heute befinden. 1933 öffnete man das Grab, um die Knochen mit neuen wissenschaftlichen Methoden zu untersuchen. Archäologen und Anatomen kamen übereinstimmend zu dem Ergebnis, daß die Skelette mit großer Wahrscheinlichkeit die Überreste von zwei blutsverwandten Kindern im Alter von zwölf bzw. zehn Jahren darstellen. Ein Fleck auf einem der Schädel wurde nicht als stichhaltiger Beweis für Tod durch Ersticken angesehen; eine zahnmedizinische Analyse bestätigte das angenommene Alter der Kinder – im August 1483 war Eduard V. zwölfeinhalb und Richard fast zehn Jahre alt.

Diese Gutachten sind seither immer wieder angefochten worden. Heute lassen sich zwar durch Tests mit radioaktivem Kohlenstoff und Teilchen-Beschleunigern ziemlich genaue Angaben über die Verfallszeiten von Objekten machen; Hypothesen wie die, daß die Prinzen im Schlaf erstickt worden seien, sind aber selbst mit den modernsten Verfahren nicht zu erhärten. Die Meinungen über die Rolle Richards III. in der englischen Geschichte gehen nach wie vor weit auseinander. Für die einen bleibt er trotz aller Versuche, ihn reinzuwaschen, der klassische Schurke, die Verkörperung des Bösen schlechthin. Sie glauben, daß Richard zu Recht im Ruf eines machiavellistischen Intriganten und skrupellosen Machtmenschen steht, daß seine Thronbesteigung und die Ermordung der Prinzen die Konsequenz finsterer Komplotte war und daß Shakespeare in seinem Drama *Richard III.* ein zutreffendes Porträt des «buckligen Bösewichts» gezeichnet hat (dessen Buckel übrigens eine Erfindung späterer Porträtmaler gewesen zu sein scheint). Die anderen sind überzeugt, daß Richard nach dem Tod seines Bruders Eduard IV. nicht anders konnte, als im eigenen Interesse und nach der Devise *reale est quod petimus regnum* (es ist eine Tatsache, daß wir nach dem Königreich streben) zu handeln, daß er ferner mit dem Tod der beiden Knaben wahrscheinlich nichts zu tun hatte und daß die Härte seiner Machtpolitik durch parlamentarisches und administratives Geschick durchaus kompensiert wurde. Beide Parteien sind sich jedoch darin einig, daß er im Sommer 1483 beim Griff nach der Krone alle, die er für seine Gegner hielt, konsequent aus dem Wege geräumt hat.

Die Rekonstruktion der dramatischen Ereignisse, die zum Tod Eduards V. und seines Bruders führten, wird dadurch erschwert, daß die Quellenlage unsicher und widersprüchlich ist. Die überlieferten Dokumente und Berichte scheinen zu bestätigen, daß der Charakter und die Regentschaft Richards III. schon bei den Zeitgenossen gegensätzliche Reaktionen ausgelöst hat. Aus der Perspektive moderner und stabiler konstitutioneller Regierungssysteme müssen die Vorgänge im Sommer 1483 brutal, ja barbarisch erscheinen. Vor dem Hintergrund der dynastischen Selbstzerfleischung während der Rosenkriege zwischen den Häusern York und Lancaster wirken die Gewaltaktionen, Morde und Verschwörungen, in deren Verlauf Richard von Gloucester im Sommer 1483 die Krone an sich riß, durchaus normal. Die Rosenkriege waren keine Kriege im modernen Sinne, sondern blutige Auseinandersetzungen zwischen Adelsfamilien und ihrem Anhang, von denen nur ein relativ kleiner Teil der Bevölkerung betroffen war. Im Umkreis skrupelloser Machtkämpfe, die sich in einem vergifteten Klima von Gerüchten und Verdächtigungen abspielten, und in einer Phase des Verfalls der politischen Moral, in der Ränke und Attentate an der Tagesordnung waren, hatten meist nur diejenigen Zugang zu den entscheidenden Informationen, die sich im Zentrum der Macht befanden – die englischen Chronisten des fünfzehnten Jahrhunderts gehörten gewiß nicht dazu.

Die beiden wichtigsten Quellen für die Umstände von Richards Machtergreifung sind die sogenannte Croyland-Chronik und der Reisebericht des italienischen Diplomaten Mancini.[1] Die Aufzeichnungen eines anonymen, gebildeten, gut informierten Gelehrten aus der Benediktinerabtei Croyland (hinter dem man John Russell, den Bischof von Lincoln, vermutet) stellen in ihrer Präzision und analytischen Klarheit ein bedeutendes Stück Geschichtsschreibung dar. Sie vermeiden jeden direkten Hinweis auf Richards Schuld am Tod der Prinzen – ob aus Beweismangel oder Ängstlichkeit, bleibt offen. Auch Dominic Mancinis Situationsbeschreibung ist spürbar um Objektivität bemüht, läßt aber Tiefenschärfe vermissen, was mit den unzureichenden Sprachkenntnissen des Italieners zusammenhängen mag. (Er zitiert unter anderem einen königlichen Leibarzt, der von dem jungen Eduard V. gehört haben will, daß er sich seines bevorstehenden Todes bewußt sei.)

Etwa dreißig Jahre nach Richards Aufstieg und Fall veröffentlichte Thomas Morus seine unverhohlen voreingenommene Biographie Richards III.,[2] die auch die nicht verbürgte Geschichte von den beiden Tower-Bediensteten, Forest und Dighton, enthält, die die beiden Prinzen erstickt und am Fuße einer Wendeltreppe unter einen Steinhaufen begraben haben sollen.

Richards Bild ist in diesen Quellen vom Geschichtsbild der Tudordynastie geprägt, die in ihm den Inbegriff des abgefeimten Schurken sah. Thomas Morus kann man allerdings nicht vorwerfen, daß er bedingungslos die Trommel für die Tudors rührte; sein Porträt Richards III. ist psychologisch subtil und zeugt von scharfem Blick für die historischen Zusammenhänge.

Richard Plantagenet, die Hauptperson der dramatischen Verwicklungen des Jahres 1483, jüngster Sohn von Richard, Herzog von York, und Cicely, der Tochter des Herzogs von Westmoreland, wurde am 2. Oktober 1452 auf Schloß Fotheringhay geboren. Bei der Krönung seines ältesten Bruders, Eduard IV., im Juni 1461 wurde er zum Herzog von Gloucester ernannt. Im Gegensatz zu seinem Bruder Georg, dem Herzog von Clarence, verhielt er sich Eduard IV. gegenüber loyal und begleitete ihn 1470 sogar ins Exil. Nach der gemeinsamen Rückkehr zeichnete sich Richard in der Schlacht von Tewkesbury offenbar besonders aus. Danach verdüstert sich sein Bild zusehends. Folgt man den Tudor-Historikern, so erstach Richard unmittelbar nach Tewkesbury kaltblütig Eduard, den Sohn der Königin Margarete und Kronprinz des Hauses Lancaster (die zeitgenössischen Quellen berichten jedoch, daß Prinz Eduard in der Schlacht gefallen sei). Als sicher gilt, daß Richard in die Ermordung Heinrichs VI. am 22. Mai 1471 verwickelt war; er hat sich an diesem Tage nachweislich am Tatort, im Tower, aufgehalten. Eduard IV. belohnte ihn für seine Treue reichlich mit Ämtern und Ländereien. Durch die Heirat mit Anne, der Tochter des Herzogs von Warwick, erwarb er einen Anspruch auf das riesige Vermögen der Familie Neville, machte sich gleichzeitig aber seinen Bruder, den Herzog von Clarence, zum Feind, der die ältere Neville-Tochter geheiratet hatte; an Clarences Tod im Jahre 1478 scheint Richard jedoch schuldlos gewesen zu sein. Die Neville-Besitztümer lagen überwiegend im Norden Englands; bei ihrer Verwaltung erwies sich Richard als umsichtig und geschickt, so daß ihn Eduard mit Vollmachten ausstattete, die denen eines Vizekönigs gleichkamen.

Am 15. April 1483 erfuhr Richard – er hielt sich gerade in Schloß Middleham in Nordengland auf –, daß Eduard IV. am 9. April in London gestorben war; in seinem Testament hatte er ihn, seinen neun Jahre jüngeren Bruder, bis zur Volljährigkeit des Prinzen zum Protektor eingesetzt.

In den nächsten Monaten überstürzten sich die Ereignisse; sie gehören zu den dramatischsten, blutigsten und gewalttätigsten der englischen Geschichte, und durch Shakespeares Historiendramen sind daraus Mythen von unerschöpflicher Faszination geworden. Kaum drei Wochen nach dem Tod seines Vaters brachte Richard den zwölfjährigen Thronfolger Eduard V. in seine Gewalt, ließ die machthungrigen Verwandten des jungen Königs mütterlicherseits ohne Gerichtsverfahren beseitigen, seinen gefährlichsten persönlichen Widersacher – Lord Hastings – verhaften und enthaupten, sorgte dafür, daß der zwölfjährige König und sein kleiner Bruder, der Herzog von York, zu Bastarden erklärt (und danach wahrscheinlich im Tower umgebracht) wurden, und setzte sich am 26. Juni 1483 selber die Krone aufs Haupt.

Auf die Frage, wann und warum der Herzog von Gloucester den Entschluß faßte, nach dem Thron zu greifen, gibt es bis heute keine eindeutige Antwort. Paul Murray Kendall, einer der besten Kenner der Epoche, tendiert in seiner Monographie *Richard III.* (1955) dazu, den Usurpator von den meisten ihm vorgeworfenen Verbrechen freizusprechen; er nimmt an, daß Richard gute Gründe gehabt haben muß, an die Hypothese von der Illegitimität der Prinzen und an eine bzw. mehrere gegen ihn selbst gerichtete Verschwörungen zu glauben. Kendall sieht einen Beweis dafür in der Tatsache, daß auch Henry Tudor die Bastardgeschichte zu unterdrücken versucht hat und den Bischof Stillington, der sie in die Welt gesetzt hatte, gleich nach der Schlacht von Bosworth Field in den Tower werfen ließ. Für die Behauptung, daß Richard die Knaben ermorden ließ, fehlt nach Kendall jeder Beweis.

Eine andere Spezialstudie über Richard III. aus der Feder des englischen Historikers Charles Ross, 1981 erschienen, beschäftigt sich unter anderem mit der Rechtmäßigkeit der Ansprüche des Königs und kommt zu dem Schluß, daß das sogenannte «Titulus Regius-Gesetz», vom Parlament am 23. Januar 1484 erlassen, den Königstitel zwar rechtsgültig festschrieb, aber in seiner Darstellung der Vorgeschichte von Richards Machtergreifung nichts weiter ist als ein «höchst tendenziöses Stück Propaganda». Der Streit um die Rolle Richards ist noch immer nicht entschieden. Am 4. November 1984 strahlte die BBC ein Fernsehspiel mit dem Titel *The Trial of Richard III.* aus; es war dies ein geschickt inszenierter Versuch, eines der berühmtesten Geheimnisse der englischen Geschichte, nämlich den Fall des wegen Prinzenmordes angeklagten Königs, mediengerecht vor einem modernen Schwurgericht nachzustellen und zu verhandeln. Nach einer detaillierten Beweisaufnahme mit Experten-Anhörungen und leidenschaftlichen Plädoyers erkannten die Geschworenen einstimmig auf «unschuldig».

Richard, soviel scheint festzustehen, sah offenbar nach dem Tod seines Bruders die größte Gefahr für sich in der Familie der Woodvilles, aus der Eduards IV. Gattin Elisabeth stammte und die während dessen Herrschaft besonders in Südengland Reichtümer, Macht und Einfluß angehäuft hatte.

Bei Mancini heißt es: «Nachdem er das ganze königliche Geblüt des Landes in seine Gewalt gebracht hatte, wurde ihm bewußt, daß seine Position so lange nicht gesichert war, bis er alle diejenigen, die zu den engsten Freunden seines Bruders gezählt hatten und auch seinen Kindern die Treue halten würden, beseitigt oder ins Gefängnis geworfen hatte.»[3]

Die Woodvilles kontrollierten nicht nur den Kronrat, der aus den wichtigsten Ratgebern des Königs bestand, sondern auch den Tower von London, die königlichen Schatzkammern, die Flotte – und nicht zuletzt die beiden Prinzen, die von ihrem Onkel Anthony Woodville, Graf Rivers, in Wales aufgezogen wurden. Während der Bestattungsfeierlichkeiten für Eduard IV., die vom 9. bis zum 16. April 1483 dauerten, trat der den Woodvilles gefügige Kronrat zusammen, setzte den Termin für die Krönung Eduards V. auf Montag, den 4. Mai, fest und übertrug sich selbst die Regentschaft. Richard mußte befürchten, man wolle ihn als Protektor ausschalten. In dieser Situation kam ihm sein alter Vertrauter, der Lordkämmerer Hastings, zu Hilfe; er forderte Richard auf, so rasch wie möglich nach London zu kommen, sich des jungen Königs zu bemächtigen und sein Amt als Lord Protektor zu übernehmen. Richard schrieb daraufhin einen Brief an Elisabeth, die Witwe des Königs, versicherte sie seines Beileids und erklärte, daß er den Nachkommen seines Bruders ebenso treu sein werde wie ihm selber, und berief sich auf das Testament, in dem er zum Protektor des Königreichs ernannt worden sei.

Etwa zur gleichen Zeit machte sich im walisischen Ludlow Anthony Woodville, Graf Rivers, mit dem jungen König auf den Weg nach London; Richard hatte ihm vorgeschlagen, sich unterwegs zu treffen und die letzte Wegstrecke gemeinsam zurückzulegen.

Am 29. April traf er in Northampton ein. Im Morgengrauen des nächsten Tages wurde in einem Handstreich der überraschte Anthony Woodville verhaftet; Richard erklärte, daß er eine gegen sein Leben gerichtete Verschwörung aufgedeckt habe, die Verantwortlichen beseitigen werde und sich zum alleinigen «Beschützer» des Königs ernennen müsse. Dem verstörten Eduard blieb nichts anderes übrig, als sich in die Obhut seines rabiaten Onkels zu begeben. Der Herzog von Gloucester hatte mit diesem Coup den Woodvilles eine schwere Niederlage beigebracht. Als die Nachricht von ihrer Entmachtung am 1. Mai in London eintraf, floh die Königin, Böses ahnend und unter Mitnahme des Lordsiegels, sogleich ins Asyl in die für keine weltliche Gewalt zugänglichen Gebäude der Westminster Abtei. Lord Hastings war offenbar zunächst überrascht von Richards resolutem Durchgreifen, glaubte aber weiterhin an die Ehrlichkeit seiner Absichten. In London verbreitete sich das Gerücht, der Herzog von Gloucester habe seinen Neffen nicht in seine Obhut, sondern in seine Gewalt gebracht, um über kurz oder lang selbst die Macht an sich zu reißen. Noch bevor er London erreichte, beteuerte Richard dem Magistrat der Stadt:

«Treue und Wohlgeliebte, ich bitte Euch mir zu glauben, daß ich den König nicht gefangengesetzt, sondern ihn und das Königreich gerettet habe – beide wären sonst in die Hände derjenigen gefallen, welche die Ehre und die Gesundheit seines Vaters schädlich beeinflußt haben und von denen man unter den gegenwärtigen Umständen nicht erwarten kann, daß sie auf die Jugend des Sohnes Rücksicht nehmen.»[4]

Am 4. Mai zog Eduard V., begleitet von den Herzögen von Gloucester und Buckingham, in London ein; noch vor den Toren der Stadt nahm er vom Bürgermeister und den Magistratsmitgliedern Treue-Schwüre entgegen. Am 10. Mai setzte der Kronrat die Krönung auf Sonntag, den 22. Juni, fest und bestätigte Richard, Herzog von Gloucester, feierlich in seinem Amt als Protektor von England, ohne sich jedoch festzulegen, wie lange das Protektorat währen solle. Die Woodvilles forderten, es dürfe nur bis zur Krönung dauern, Richard schien entschlossen, das Amt drei Jahre lang, d. h. bis zur Volljährigkeit des Königs, auszuüben (soviel jedenfalls geht aus einem Predigtentwurf des von Richard zum Lordkanzler ernannten Bischofs von Lincoln für die Parlamentseröffnung am 25. Juni hervor).[5]

Unverzüglich besetzte er die wichtigsten Staats- und Regierungsämter mit seinen Vertrauten, wobei er darauf achtete, daß der Einfluß der Woodvilles auf die Bewegungen der Flotte kontrolliert werden konnte. Auffällig großzügig wurde der Herzog von Buckingham belohnt, so auch mit weitreichenden Vollmachten über Wales.

Es ist zu vermuten, daß Richard schon Ende Mai 1483 den Plan zur Usurpation des Thrones gefaßt hatte. Der Bevölkerung war nicht entgangen, daß er sich bei allen Loyalitätsbekundungen gegenüber dem König weder um dessen verhaftete Verwandte noch um die im Asyl lebende Königin zu kümmern schien. Richard, der als ausgeprägter Individualist wenig Talent dafür besaß, seine Anhänger fest um sich zu scharen, war sich darüber klar geworden, daß sein Protektorat selbst im günstigsten Fall nur wenige Jahre dauern konnte und daß er in jedem Fall der Zustimmung des Königs bedurfte. Er hatte zwar die entscheidenden Posten in Regierung und Kabinett mit seinen Anhängern besetzt, aber nicht verhindern können, daß es zwischen den Amtsträgern bald zu Meinungsverschiedenheiten kam, was noch dadurch verstärkt wurde, daß die Ausschüsse des Kronrats in unterschiedlichen Örtlichkeiten tagten. Im Tower, wo sich der minderjährige König aufhielt, beriet eine Gruppe unter Führung von Lord Hastings, die mit dem König ständigen Kontakt unterhielt. Argwöhnisch beobachtet von Buckingham und dem Protektor, geriet sie bald in den Verdacht, eigene Ziele zu verfolgen, zumal Hastings aus seiner Enttäuschung über die Beschränkung seiner Machtbefugnisse durch Richard keinen Hehl machte.

Der Protektor ist wahrscheinlich erst nach dem 13. Juni von Robert Stillington, dem Bischof von Bath und Wells, über jenen Sachverhalt informiert worden, der die dramatische Zuspitzung der nächsten Tage erheblich beschleunigt hat und den Richard schließlich als entscheidenden Hebel zur Machtergreifung benutzte: die Theorie nämlich, daß Eduard IV. aus einer ehebrecherischen Beziehung stamme und daß seine Kinder unehelich seien, weil er vor der Ehe mit Elizabeth Woodville einen Ehevertrag mit Lady Eleanor Butler eingegangen sei. Bereits am 10. Juni hatte sich Richard an den ihm nach wie vor wohlgesonnenen Magistrat der

Stadt York gewandt und um die Entsendung einer kampfstarken Truppe gebeten:

«Wir bitten Euch sehr, in aller Euch möglichen Eile zu Uns nach London zu kommen, um Uns zu helfen und zu unterstützen gegen die Königin, ihre Blutsverwandten und Anhänger, die beabsichtigt haben und täglich beabsichtigen, Uns und Unseren Vetter, den Herzog von Buckingham und die alte königliche Blutsverwandtschaft dieses Reiches zu ermorden und gänzlich zu vernichten und, wie jetzt öffentlich bekannt ist, in ihrer heimtückischen und schändlichen Art und Weise solches geplant haben, um es sofort ins Werk zu setzen.»[6]

Einen Tag später ließ er Lord Neville mitteilen, er möge rasch nach London kommen und ihm beistehen.

Offensichtlich hatte der Protektor Hinweise auf eine Verschwörung erhalten. Im Kronrat waren Stimmen laut geworden, die das Amt des Protektors unmittelbar nach der Krönung von Eduard V. abschaffen wollten. In einer Atmosphäre der Verunsicherung, die täglich durch neue Gerüchte aufgeladen wurde, konnte sich Richard weder ein klares Bild darüber machen, was in der Umgebung des Königs im Tower vor sich ging, noch welche Nachrichten der Königswitwe durch Lord Hastings Geliebte Jane Shore zugespielt wurden (er beschuldigte sie später, von Hastings zur Kontaktaufnahme mit den Woodvilles angestachelt worden zu sein). Alles schien darauf hinzudeuten, daß ein Komplott vorbereitet wurde, in dem Hastings die zentrale Rolle spielte, Buckingham dagegen Richard die Treue hielt.

Am 12. Juni beschloß der Kronrat, für den nächsten Tag zwei Ausschüsse einzuberufen. Der eine sollte sich mit den Krönungsvorbereitungen befassen, der andere, zu dem Hastings, Buckingham und andere Ratgeber des Protektors gehörten, im Tower politische Entscheidungen treffen. Vor Beginn der Sitzung hatten sich auf Richards Anweisung bewaffnete Männer in einem Nebenzimmer versteckt. Nachdem der Protektor sich zunächst locker und liebenswürdig gegeben und den Bischof von Ely um eine Schüssel Erdbeeren gebeten hatte, bezichtigte er plötzlich Hastings, Stanley, Morton und Rotherham der Verschwörung gegen das Protektorat und schrie Hastings ins Gesicht, er sei ein Verräter. Er rief die Soldaten herein, die nach kurzem Handgemenge die vermeintlichen Rebellen überwältigten und sie in die Verliese des Towers warfen. Hastings wurde ins Freie geführt, und auf einem groben Hackklotz schlug man ihm kurzerhand den Kopf ab. Um Unruhen in der Bevölkerung vorzubeugen, ließ Richard öffentlich eine (wie es schien, sorgfältig vorbereitete) Anklageschrift gegen den Hingerichteten verlesen: Hastings habe gegen den Protektor und den Herzog von Buckingham eine Verschwörung angezettelt und sei wegen dieses Verrats auf der Stelle hingerichtet worden, um aufrührerische Versuche, ihn zu befreien, im Keime zu ersticken; überdies habe der Lordkämmerer ein Beispiel lasterhaften Lebens gegeben und in der Nacht zuvor mit der Verräterin Jane Shore geschlafen.

Daß sich danach der Eindruck verstärkte, der Onkel des Königs werde in Kürze wohl selbst nach der Krone greifen, liegt auf der Hand. Der Protektor erklärte und rechtfertigte sein Vorgehen auch im Kronrat, konnte aber den Eindruck eines beunruhigenden Mißverhältnisses zwischen den Beweisen für eine Verschwörung und der Härte des Gegenschlags nicht verwischen. Die Dynamik der neuen Situation ausnutzend, schlug Richard dem Rat vor, sich des kleinen Herzogs von York zu versichern, falls sich die Königin weiterhin weigern sollte, ihr Asyl in der Westminster Abtei zu verlassen. Der König brauche die Gesellschaft seines Bruders, auf die Krönungsfeierlichkeiten falle durch seine Abwesenheit ein Makel, und das Schauspiel, das die Königinwitwe biete, indem sie ihre Kinder im Schutz der Kirche verstecke, sei eine unerträgliche Zumutung für die Regierung.

Am Montag, dem 16. Juni, ließ sich der Kronrat vom Tower nach Westminster rudern, wo der Erzbischof von Canterbury so lange auf die Witwe Elizabeth einredete, bis sie ihren neunjährigen Sohn freigab. Richard begrüßte seinen Neffen förmlich und übergab ihn der Obhut des Erzbischofs, der ihn zu seinem Bruder Eduard in den Tower begleitete.

Nachdem er auf diese Weise auch den jüngeren Prinzen in seinen Gewahrsam gebracht hatte, ging Richard immer hemmungsloser und direkter auf das Ziel der Machtübernahme zu. Am 17. Juni widerrief er den Erlaß, mit dem das Parlament für den 25. Juni einberufen worden war, und noch am gleichen Tag scheint er angeordnet zu haben, die Krönungsvorbereitungen für Eduard V. abzubrechen. Außerdem befahl er die sofortige Hinrichtung der Grafen Rivers, Grey, Vaughan und Haute – eine Willkürmaßnahme, wie sie sich nur ein zukünftiger Herrscher erlauben konnte.

Am Sonntag, dem 22. Juni, hielt der Mönch Ralph Shaw, ein Bruder des Londoner Bürgermeisters, im Auftrage des Protektors vor dem St.-Pauls-Kreuz eine «politische Predigt» über den Bibeltext «Was aus der Hurerei gepflanzt wird, das wird nicht tief wurzeln».[7] In dieser offiziellen Verlautbarung (denn nichts anderes waren Predigten an einem derart traditionsreichen Ort) wurde zum erstenmal öffentlich der Anspruch Richards auf den Thron ausgesprochen: Da der Sohn des Herzogs von Clarence wegen des Hochverrats seines Vaters rechtsunfähig sei, habe Richard von Gloucester als der rechtmäßige Erbe des Hauses York zu gelten und sei daher auch der einzig rechtmäßige König von England. In anderen Stadtteilen gingen die Geistlichen noch weiter und erklärten ihren Zuhörern, daß Eduard IV. möglicherweise unehelich, weil außerhalb Englands geboren, sei; daraus ergebe sich, daß auch seine Söhne Bastarde seien. Der Herzog von Buckingham wiederholte diese Theorie zwei Tage später im Rathaus vor dem Bürgermeister und dem Magistrat der Stadt London in einer effektvollen Rede; er wies darauf hin, daß das Reich einen Mann und keinen Knaben brauche, daß die Bevölkerung der Regierung eines Minderjährigen skeptisch gegenüberstehe und daß der Lordprotektor beliebt und mächtig genug sei, um nun selbst das höchste Amt zu übernehmen.

Die Behauptung, daß Eduard IV. und seine Söhne Bastarde seien, ist offenbar Richards entscheidende Begründung für den eigenen Anspruch auf den Thron gewesen. (Daß eine derartige Behauptung zwangsläufig einen Schatten auf seine eigene Mutter werfen mußte, scheint für ihn keine Rolle gespielt zu haben.) Am Mittwoch, dem 25. Juni, wurde auf einer Versammlung beider Häuser des Parlaments – sie war noch von einem König einberufen worden, dem inzwischen die Königswürde abgesprochen worden war – ein Schriftsatz verlesen, der die offizielle Rechtfertigung von Richards Anspruch auf den Thron enthielt und den Lordprotektor in der Form einer Petition aufforderte, die Krone anzunehmen: «An den hohen und mächtigen Fürsten, Richard, Herzog von Gloucester.

Möge es Euer Gnaden gefallen, die Beweggründe der Erwählung und diese Petition, die von uns, den geistlichen und weltlichen Lords und den Gemeinen dieses Königreichs von England, unterschrieben wurde, angemessen zu würdigen.

Wir geben zu bedenken, daß dieses Land viele Jahre in großer Blüte stand und in Frieden und Ruhe lebte, bis durch die geheimgehaltene Heirat zwischen König Eduard und Elizabeth Übelstände wie Mord, Erpressung und Bedrückung insbesondere der Armen und Schwachen entstanden.

Wir geben zu bedenken, daß die besagte geheimgehaltene Ehe in einem nichtöffentlichen Raum, an einem profanen Ort und nicht im Angesicht der Kirche geschlossen wurde und daß zur Zeit dieses Eheschlusses der besagte König Eduard bereits verheiratet und ehelich mit Lady Eleanor Butler, Tochter des Grafen von Shrewsbury, verbunden war, woraus sich ergibt, daß besagter König Eduard und besagte Elizabeth sündhaft und im Ehebruch gelebt haben, wider die Gesetze Gottes und seiner Kirche, und daß alle Nachkommen aus dieser Ehe demnach Bastarde sind und nach englischem Recht unfähig, durch Erbschaft irgendwelche Ansprüche zu erheben.

Wir ziehen weiterhin in Erwägung, daß Georg, Herzog von Clarence, Bruder des besagten Königs Eduard, wegen Hochverrats angeklagt und verurteilt worden ist, weshalb auch alle seine Nachkommen rechtsunfähig und von allen Ansprüchen ausgeschlossen sind.

Wir ziehen überdies in Betracht, daß Ihr der unbezweifelbare Sohn und Erbe Richards, des verstorbenen Herzogs von York, und somit sein rechtmäßiger Nachfolger und König von England seid. Wir sind uns Eures hervorragenden Verstandes bewußt, Eurer Klugheit und Gerechtigkeit,

Eures Mutes, bewiesen in vielen Schlachten, in denen Ihr dieses unser Reich verteidigt und gerettet habt.

Nach all dem wünschen wir in Demut, bitten und fordern Euer Gnaden auf, daß Ihr, gemäß dieser Erwählung durch uns, die drei Stände dieses Landes, in Anbetracht der wahren Erbfolge die besagte Krone und königliche Würde annehmen und mit allem, was dazu gehört, auf Euch nehmen wollet.»[8]

Nachdem die Petition verlesen war, gaben die Versammelten einstimmig ihre Billigung zu Protokoll und beschlossen, daß am nächsten Tag die Urkunde dem Lordprotektor überreicht werden sollte.

Am Donnerstag, dem 26. Juni, begaben sich die Lords und Gemeinen, der Bürgermeister und der Magistrat von London nach Baynard's Castle, der Stadt-Residenz des Protektors. Dort verlas Buckingham die Petition vor Richard und forderte ihn feierlich auf, «das Zepter zu ergreifen». Nach einigem Zögern, symbolisch als Zeichen der Bescheidenheit gemeint, sprach Richard:

«So treten Wir hiermit in den königlichen Stand und übernehmen die Herrschaft über die zwei edlen Reiche England und Frankreich, wovon das eine von diesem Tage an durch Uns und Unsere Erben regiert, verwaltet und verteidigt werden soll, das andere aber mit Gottes Gnade und mit Eurer treuen Hilfe wiedergewonnen, unterworfen und für immer in gebührendem Gehorsam diesem Königreich England angegliedert werden soll.»[9]

Die Krönungszeremonie fand am 6. Juli statt. Mittlerweile waren aus dem Norden größere Truppenkontingente vor den Toren der Stadt eingetroffen, die einen eventuellen Gegenschlag der Woodville-Anhänger verhindern sollten. Für die pompösen Feierlichkeiten machte sich der neue König mit Geschick die Repräsentationsmaschinerie des alten Herrschers zunutze. Offenbar war nicht nur das Zeremoniell besonders glanzvoll – auch die Anteilnahme der Bevölkerung scheint, nach anfänglichem Zögern, ungewöhnlich lebhaft gewesen zu sein.

Zwei Tage vor der Krönung hatte Richard mit seiner Gattin Anna die königlichen Gemächer im Tower bezogen; dort begnadigte er überraschend Lord Stanley, der in die Verschwörung des 13. Juni verwickelt gewesen war, und ernannte ihn zum Oberhofmeister. Die eigentliche Krönungszeremonie fand, überwacht und geleitet vom Herzog von Buckingham, mit großem Prunk und Aufwand in der Westminster Abtei statt. Nach der Salbung durch den Erzbischof von Canterbury empfing der neue König Richard III. die Krone Eduards des Bekenners, dazu die Regalien, Reichsapfel und Zepter. Er nahm auf dem Thronsessel in der King's Bench Platz und demonstrierte auf diese Weise die Usurpation des Thrones und den Beginn seiner Regentschaft. Während des fünfeinhalbstündigen Krönungsbanketts in der Westminster Hall wurde die traditionelle Akklamation durch die Anwesenden inszeniert (sie fiel offenbar peinlich matt aus), wodurch die Unanfechtbarkeit des Königstitels endgültig besiegelt war.

Zwei Wochen nach der Krönung begann Richard in Begleitung eines großen Gefolges eine längere Rundreise durch sein Reich. Die erste Station war Reading, wo er sich huldvoll gegenüber der Witwe von Lord Hastings erwies; danach ging es über Oxford, Gloucester und Worcester nach York, einer Stadt, in der Richard sich seit je besonderer Popularität erfreute. Buckingham war schon in Gloucester umgekehrt, hatte in Brecon mit dem Bischof von Ely beraten und sich von dem Kirchenmann in der Überzeugung bestärken lassen, daß er, Buckingham, für seine bisherigen Taten zu gering belohnt worden sei und ohnehin auf das falsche Pferd gesetzt habe. Buckingham hatte sich vor allem aus einem starken Ressentiment gegen die Woodvilles auf die Seite Richards geschlagen. Jetzt wurde ihm zugetragen, daß es im Süden des Landes eine wachsende Bewegung gebe, die sich die Befreiung der Prinzen aus dem Tower zum Ziel gesetzt habe. Nach seiner Rückkehr erfuhr auch der König von dieser neuen Gefahr und verband sie mit Gerüchten über verschwörerische Aktivitäten seines engsten Vertrauten Buckingham. Wieder handelte er rasch und konsequent. Er schlug Buckinghams Rebellion nieder und ließ ihn ohne weitere Umstände köpfen. Das Ende von Richards kurzer Herrschaft, der Tod des Zweiunddreißigjährigen in der Schlacht von Bosworth, gehört nicht mehr in den unmittelbaren Zusammenhang der Verschwörungsgeschichte.

Richard III. hat mit einem Staatsstreich die Macht an sich gerissen. Seine umstrittene Rolle in der englischen Geschichte hängt vor allem mit dem Geheimnis des Prinzenmordes zusammen. Wie ist es zu erklären, daß die beiden Knaben «von der Bildfläche verschwanden», während Richard III. König war? Warum ist der König zu keinem Zeitpunkt den Gerüchten entgegengetreten, die Prinzen seien gewaltsam beseitigt worden? Die Zeitgenossen, so müssen wir annehmen, waren überzeugt davon, daß Richard etwas mit dem Tod seiner Neffen zu tun hatte.

Dominic Mancini, der am 6. Juli 1483 nach Italien zurückkehrte, schreibt in seinem Reisebericht:

«Nachdem Hastings beseitigt worden war, wurde allen, die König Eduard V. gedient hatten, der Zutritt zu ihm untersagt. Er und sein Bruder wurden in die inneren Gemächer des eigentlichen Tower gebracht, und von Tag zu Tag sah man sie immer seltener hinter den Gittern und Fenstern, bis sie zuletzt ganz aufhörten zu erscheinen. Ob sie jedoch umgebracht wurden und auf welche Art, habe ich nicht ausfindig machen können.»[10]

Thomas Morus dagegen läßt keinen Zweifel an Richards Schuld. In seiner Monographie über den König heißt es:

«Als Richard auf seiner Sommerrundreise im Jahre 1483 in Gloucester eingetroffen war, beschloß er plötzlich, er müsse seine Neffen töten, um seinen Thron zu sichern. Er schickte einen Gesandten mit einem Schreiben zu Sir Robert Brackenbury, den Kommandanten des Tower, in dem er ihm befahl, die Kinder umzubringen. Als Brackenbury sich weigerte, bestimmte er James Tyrell für diese Tat, der seinerseits Miles Forest, einen der vier Prinzen-Wächter, zum Mörder erkor. Nachdem die Dienerschaft weggeschickt worden war, schlichen sich Forest und ein gewisser Dighton um Mitternacht zu den schlafenden Knaben, wickelten sie in ihre Betttücher, stopften ihnen das Federbett und die Kissen in den Mund und erstickten sie auf diese Weise. Tyrell ließ sie sofort am Fuß der Treppe, hinreichend tief im Erdboden, unter einem großen Steinhaufen begraben. Als Tyrell Richard von der Tat benachrichtigte, dankte ihm der König überschwenglich; manche sagen, er habe ihn daraufhin zum Ritter geschlagen.»[11]

Diese Version der Ereignisse erscheint in mehrfacher Hinsicht fragwürdig. Welcher Verbrecher, der entschlossen ist, jemanden ermorden zu lassen, bedient sich eines schriftlichen Mordauftrages an eine Person, von der er nicht einmal weiß, ob sie den Auftrag ausführen wird? Bestand für Richard überhaupt die Notwendigkeit, die Prinzen töten zu lassen? Konnte ihre angebliche Bastardschaft diejenigen, die nicht an sie glaubten, davon abhalten, Aufstände und Umsturzversuche anzuzetteln? Warum hat Henry Tudor nach seinem Sieg bei Bosworth nichts unternommen, um den Tod der Knaben, von dem er erfahren haben mußte, aufzuklären und die Schuldigen zu ermitteln? Beweise der Schuld seines Vorgängers hätten ihn in seiner Position nur stärken können. Wie konnte sich Elizabeth, die Mutter der Kinder, bereits einige Monate nach deren Ermordung wieder mit ihrem Schwager Richard versöhnen? Wer dezimiert seine eigene Familie, um an die Macht zu gelangen?

Nach der jüngsten Theorie über das Verschwinden der Prinzen[12] wird vermutet, daß sie eines natürlichen Todes gestorben sind, und zwar am sogenannten Schweißfieber, einer Variante der Pest, die in London wenige Wochen nach der Schlacht bei Bosworth ausbrach und nachweislich besonders viele Opfer im Tower forderte. Hätte Richard die Knaben öffentlich aufbahren lassen, wären die Leichen ein Ansteckungsherd gewesen, und die Spuren von Blutungen an ihren Körpern hätten als Zeichen von Gewaltanwendung ausgelegt werden können.

Richard Plantagenet war nur wenig mehr als zwei Jahre lang König von England, aber die Phantasie der englischsprachigen Völker hat er angeregt wie kein zweiter. Über seine Schuld oder Unschuld läßt sich kaum etwas mit Sicherheit sagen. Das Bild des Königs ist über Jahrhunderte nicht von den historischen Quellen, sondern von ihrer genialen Umdeutung durch Shakespeare geprägt worden. Der elisabethanische Dramatiker machte ihn zum archetypischen Schurken, den höchstens ein Jago noch an Raffinesse übertraf. Für Shakespeare bestand kein Zweifel daran, daß Richard nicht nur ein Beispiel für das Walten der christlichen Vorsehung, sondern auch ein Werkzeug göttlicher Strafe für ein schuldig gewordenes Land gewesen ist. Deshalb bestimmt bei ihm der Rachegedanke, der wie in der antiken Tragödie die Figuren des Stückes in einen vorgezeichneten Kreislauf von Schuld und Sühne stellt, den Verlauf der Handlung. Die hypnotische Anziehungskraft, die von der Figur des angeblich verwachsenen, diabolischen Tyrannen ausgeht, von der prunkvollen Rhetorik, archaischen Wucht und geschliffenen Eleganz der Sprache, ist einer der Gründe, warum das melodramatische Schauspiel *Richard III.* bis heute eines der am meisten gespielten und kommentierten Werke von Shakespeare geblieben ist.

Richard, «diese giftige, bucklige Kröte», repräsentiert in der Mißbildung seines Körpers und der Brutalität seines Handelns die Grausamkeit und moralische Verkommenheit seiner Zeit; er zeigt sich ihr vorübergehend überlegen, weil er um das Böse in sich selber weiß. Seine Verbrechen begeht er mit einer unbändigen Freude an Tabuverletzungen. Getrieben vom Bewußtsein seiner Einzigartigkeit, befreit von der Notwendigkeit der Selbstrechtfertigung, lebt er seinen dämonischen Willen zur Macht hemmungslos aus und räumt mit kühler Berechnung nach und nach seine Verwandten und jene aristokratischen Freunde, die sich ihm widersetzen, aus dem Wege – klug, zynisch, zur Verstellung und zu plötzlichem, rücksichtslosem Handeln jederzeit bereit. Sein Machtstreben geht mit einer psychisch abartigen, narzißtischen Ichbezogenheit einher, die ihn auf die Umwelt verweist und gleichzeitig von ihr isoliert.

Bis zum Ende hält Shakespeares Richard mit satanischer Konsequenz seine Komplizenschaft mit dem Bösen aufrecht; er erinnert damit sowohl an den Heldentypus der Tragödien des Seneca als auch an die *vice,* die diabolische Clownsfigur aus den Moralitätenspielen des Mittelalters. Verwandt ist der literarische Richard schließlich auch mit dem machiavellischen Prinzen: Er ist abscheuerregend amoralisch und skrupellos in der Wahl seiner Mittel. Richards Grausamkeit äußert sich nicht in handgreiflichen, blutigen Taten auf der Bühne, sondern in der subtilen Ironie, mit der er seine Handlungen kommentiert. Er hat die extreme Wandlungsfähigkeit des berechnenden Verstandesmenschen: Je nach Bedarf kann er werbender Liebhaber, witziger Onkel oder bescheidener Gelehrter sein. Seiner ironischen Doppelzüngigkeit, seinem makabren Witz und seinem bitteren Humor ist niemand gewachsen. Noch als Inkarnation des Bösen hat er etwas bestechend Glaubwürdiges: Richard ist immer beides – Opfer und Instrument von Handlungen, die der Kausalnexus von Verbrechen und Strafe verbindet.

Vom historischen Richard läßt sich zumindest sagen, daß er zwar blutige Verbrechen beging, um in den Besitz der Krone zu gelangen, als König aber kein Tyrann war. Nach der Definition des Erasmus von Rotterdam ist der Tyrann «ein roher, grausamer, heftiger Despot, der fremdes Gut an sich reißt, ein Sklave seiner Begierden ist und ein Anstifter von Kriegen, der mit Heimtücke, Arglist und Betrug seine Untertanen in Furcht und Schrecken versetzt».[13] Während Richards Machterlangung alle Merkmale des Tyrannischen besaß, waren die Mittel, die er zur Machterhaltung benutzte, eher die eines Königs, der, so will es Erasmus, «durch Weisheit, Unbestechlichkeit und Wohlwollen regiert».[14]

Das Bild des «wirklichen» Richard setzt sich aus zwei entgegengesetzten Traditionen zusammen. In Nordengland bewahrt man bis heute dem Erben des Neville-Vermögens und großmütigen Patron ein ehrendes Andenken; in Südengland blieb seine brutale Behandlung der Gentry nach der Buckingham-Rebellion lange unvergessen. Läßt man die Umstände der Usurpation beiseite, finden sich in Richards kurzer Regierungszeit auch durchaus positive Züge. Das Parlament stärkte die Rechte des Individuums, die Verwaltung, besonders der nördlichen Landesteile, wurde gestrafft, der Schiffbau gefördert, Kirchen und Colleges in großem Stil gegründet. Richard war nicht nur der Freund und Förderer des ersten englischen Buchdruckers, William Caxton, er gab auch den Auftrag, «alle in der Wissenschaft der Musik bewanderten Sänger und Singeknaben aufzuspüren, die in der Lage sind, dem König an allen Orten seines Reiches zu Diensten zu sein»,[15] und schließlich hat er sich um die englische Sprache verdient gemacht, als er darauf bestand, daß die vom Parlament beschlossenen Gesetze nicht in Latein, sondern auf Englisch abgefaßt sein sollten. Die Croyland-Chronik resümiert solche Verdienste eher skeptisch: «Der König hat die Leute des Nordens begünstigt und dadurch den Unwillen der Bewohner der südlichen Grafschaften erregt; in seinen Ausgaben ist er ein großer Verschwender gewesen. Mit seinen großzügigen Geschenken hat er sich unbeständige Freundschaften erworben und in kurzsichtiger Begünstigung immer nur seine engsten Gefährten bedacht.»[16]

Mit Richard III. geht das Spätmittelalter in England zu Ende. Die feudale Legitimation des Monarchen als des gesalbten Stellvertreters Gottes auf Erden verliert in den dynastischen Machtkämpfen der Rosenkriege an Autorität. Weil der Lordprotektor es nicht verstand, durch Bündnisstrategien und Interessenausgleich die umstürzlerischen Kräfte in seiner Umgebung zu kontrollieren, konnte er die Gefahr von Verschwörungen nicht bannen; ausschließlich administrative Effizienz erwies sich als unzureichendes Machtfundament. Der alte Hochadel, der den polyzentrischen mittelalterlichen Feudalstaat geprägt hatte, war zwar trotz unübersehbarer Zerfallserscheinungen den zu *peers* erhobenen Angehörigen der Gentry immer noch überlegen, aber in der Schlacht bei Bosworth, am 24. August 1485, konnte sich Richard auf seine zahlenmäßig überlegene Armee nicht mehr verlassen. Die adligen Befehlshaber verweigerten ihm den Gehorsam.

Seinen Ruf als monströses Scheusal verdankt der letzte König aus dem Hause York vor allem Shakespeare und dem sogenannten Tudor-Mythos, der den Krieg der verfeindeten Rosen zum göttlichen Strafgericht erklärte und die Restauration der Ordnung durch die Tudors feiert. Heute neigen die Fachleute dazu, in der Verdammung Richards als eines Erzschurken ein historisches Unrecht zu sehen. Gewiß war seine Herrschaft hart und von Gewalttaten geprägt, aber Gleiches gilt auch für andere Monarchen der Zeit. In England gibt es eine Gesellschaft, die sich zum Ziel gesetzt hat, Richard zu rehabilitieren und alle dem Verleumdeten zugeschriebenen Untaten anderen in die Schuhe zu schieben. Ein ausgewogenes Urteil ist auch aus dieser Perspektive kaum zu erwarten.

Retter und Verderber der Republik.
Die Revolte des Fiesco zu Genua im Jahre 1547

Achatz von Müller

Friedrich Schiller hatte mit diesem Drama kein Glück. Immer wieder veränderte er sein Konzept, um den ihm offenbar wesentlichen Gedanken nicht nur den Lesern, sondern auch dem Theaterpublikum zu verdeutlichen: Verschwörung als politische Handlung an sich ist weder gut noch schlecht. Erst die Ziele des Verschwörers und die Stetigkeit, mit der er sie verfolgt, erlauben, das Urteil über ihn zu sprechen. So ließ er der Urfassung von 1782 die Mannheimer Bühnenfassung von 1784 und schließlich wieder ein Jahr später die Leipzig-Dresdner Fassung folgen.[1] Die Varianten kreisen ausschließlich um ein Problem: Welches Ende nimmt Fiesco? Die erste Fassung läßt den Genueser Aristokraten als Person erscheinen, die die Freiheitsbewegung nur instrumentalisieren will und deshalb vom «wahren» Republikaner Verrina ertränkt wird. In Mannheim treten Fiesco und Verrina Arm in Arm vor das Publikum – kurz nachdem Verrina versucht hat, den Freund zu erstechen –, um gemeinsam die Freiheit Genuas zu verkünden. In der dritten Fassung schließlich führt Verrina seinen Plan von Mannheim aus, um sich am Ende dem Gericht des Volkes zu stellen. Schillers Schwanken verrät viel über die Wahrnehmung der Aporien politischer Ethik, die mit dem «Verrat» des Verschwörers verbunden sind. Die Überlieferung der Geschichte des Fiesco gab solche Probleme kaum her, geschweige denn Lösungen für sie. Dennoch kristallisiert sich um sie das Phänomen der Entstehung des modernen Staates, dem sich Schillers «Republikaner» schon gänzlich ausgeliefert sahen.

«Es ist gewiß ein seltenes Beispiel, wie es keinem Philosophen in seinen geträumten Republiken jemals vorgekommen ist»,[2] lautet zu Beginn des 16. Jahrhunderts ein Urteil über die Verfassung Genuas aus berufenem Mund. Es stammt von Machiavelli, der damit nicht nur den Unterschied zwischen Florenz und der «Superba» – der Stolzen, wie die ligurische Republik in der blumigen urbanen Nomenklatur Italiens genannt wurde – zum Ausdruck brachte. Die Stadt schien vielmehr in keines der traditionellen Ordnungsschemata zu passen, die seit der Antike für politische Systeme zur Verfügung standen. Weder als Adelsrepublik noch Signorie eines «Tyrannen» oder gar Demokratie war die alte Widersacherin Venedigs im Kampf um die Handelsvormacht im Mittelmeer anzusehen; auch als Variante eines dieser Grundtypen von Herrschaftsordnung oder als politischer Homunkulus – erzeugt von allen gemeinsam – konnte sie nicht gelten.

Dabei ähnelten die spätmittelalterlichen Stationen der soziopolitischen Entwicklung Genuas durchaus denen anderer Städte. Wie in Florenz hatten sich im 13. Jahrhundert zwei ökonomisch dominante Gruppierungen gebildet: Adelskaufleute und bürgerliche Händler. Und ebenso wie dort war der Adel auf dem Wege zweier bürgerlicher Revolten (1257 und 1339) von der Stadtherrschaft ausgeschlossen worden. Im Unterschied zu den städtischen Adelsfamilien am Arno, die im Verlauf des 14. Jahrhunderts mit reichen Bürgern ein «neues Patriziat» bildeten und das Ausschlußrecht als Parteimittel gebrauchten, organisierte sich der genuesische Adel in Clans. Diese «Alberghi» waren Waffen-, Wirtschafts-, Schwur- und Klientelverbände, die sowohl gegen die politisch privilegierte «Bürgerschaft» mit dem gewählten Dogen oder «Dux» an der Spitze wie auch untereinander militärisch agierten. So traten diese feudalen Einsprengsel in der Stadt vor allem als Friedensstörer in Erscheinung.

Aber diese Konstellation hätte einen Machiavelli gewiß am wenigsten überrascht. Seine polittheoretische «Verwirrung» spielte auf einen anderen Faktor an: auf den Verfassungskapitalismus der «Superba». Zwar hatte sie Venedig herausfordern können, und tatsächlich war für die Mischung von Piraterie, Plünderung, Handel und Geldtransport, aus der das Mittelmeergeschäft vom 12. bis zum frühen 14. Jahrhundert zu nicht unwesentlichen Teilen bestand, die spannungsreiche politische Struktur Genuas sogar passend gewesen. Doch der überlegenen Wirtschafts-, Militär- und Verfassungsorganisation Venedigs waren Kommune und Adel nicht gewachsen. So endeten Handelskrieg und militärischer Konflikt zwischen den beiden maritimen Supermächten des Spätmittelalters mit der Niederlage der ligurischen Hafenstadt.

In unmittelbarer Folge darauf brach der Staatshaushalt Genuas zusammen. Zur Rettung ihrer in Staatsanleihen investierten Gelder gründeten adelige und bürgerliche Kaufleute die «Casa S. Giorgio». Diese institutionalisierte Gläubigerversammlung übernahm nun faktisch die Macht im «Staat» Genua. Da in den Aufsichtsgremien der «Casa» Adel und Bürgertum – übrigens unter weitgehender Ausschließung der sonst in den politischen Räten vertretenen Handwerker – die wichtigen Protektoren- und Prokuratorenstellen unter sich aufteilten, verwundert es nicht, daß auch auf der Ebene der politischen Ordnung diese Machtteilung kurze Zeit später (1413) durch eine neue Verfassung nachvollzogen wurde: Von nun an besetzten der Adel und merkantil wie handwerklich tätige Bürger jeweils zur Hälfte die städtischen Ämter. Allein die führenden Ämter blieben dem Adel noch verschlossen. Kandidaten für das Amt eines Dogen oder Senators durften nach wie vor nur «popolane» Familien stellen.

In kurzer Zeit gelang es der in der «Casa S. Giorgio» organisierten Gruppe von Bürgern und Adeligen, alle weiteren Gläubigergruppierungen durch Kauf oder «außerökonomische» Maßnahmen zur Abtretung ihrer Ansprüche an die Kommune zu bewegen. Damit aber brachte die «Casa» die Staatsfinanzen – genauer, die Schulden der überschuldeten Kommune – unter ihre Kontrolle. Wenn auch nicht juristisch im Sinne römischen Privatrechts, so aber doch faktisch eignete sich die institutionalisierte Gläubigerversammlung den «Staat» an. Da die Gläubiger zugleich Bürger dieses Staates oder sozial und wirtschaftlich privilegierte, wenn auch politisch distanzierte, aristokratische Einwohner waren, konnte man nun kaum den insolventen Schuldner pfänden, ausplündern und die Tür schließen. So blieb nur der Weg zur Sicherung der öffentlichen Schulden durch private Einlagen, Neuauflage der (Zwangs-)Anleihen bei gleichzeitig verbesserter Rendite. Mit anderen Worten: die Gläubigerversammlung mutierte zur Staatsbank.[3]

Die Hauptaufgabe dieser Bank blieb die Schuldenbegrenzung und Kreditsicherung der Kommune, deren Steuerorganisation nun zugleich von ihr verwaltet wurde. Daneben aber reüssierte sie als normale Bank, die für genuesische Finanzkunden vor allem im Giro- und Depositengeschäft tätig war. «Daher kommt es, daß die Zuwendung der Bürger von der Kommune auf S. Giorgio übergegangen ist», stellt Machiavelli fest, «denn dort fand man Willkür, hier hingegen geregelte Verwaltung».[4] Damit spielt der Florentiner nicht nur auf die Wiederherstellung der Finanzordnung, sondern auf den politischen Zustand der Stadt überhaupt an, in der auch die Zwangsenthaltsamkeit des Adels im Hinblick auf städtische Führungsämter Parteikämpfe nicht hatte verhindern können. Seit der Einführung des popolanen Dogenamtes – eines Amtes auf Lebenszeit – waren nur vier Dogen im Amt gestorben, nur einer übte seine politischen Funktionen länger als acht Jahre aus, und vier waren gezwungen worden, noch am Tage ihrer Wahl ihre Kandidatur wieder zurückzuziehen. Politische Kämpfe gab es also auch ohne formelle Beteiligung des Adels, dessen reale Macht und Rang jedoch nie wirklich auszuschalten waren.

Insofern stellte also die Übernahme der Kommune durch eine Wirtschaftsgruppe eine Form der Modernisierung dar, für die Machiavelli wohl zu Recht keine denkbare Parallele zu finden wußte. Zugleich zeigen sich hier aber nun auch jene Züge, die im 15. und 16. Jahrhundert die Strukturen Genuas bestimmen sollten: Die Führung des «Staates» in der Hand der beiden dominanten Sozialgruppierungen der Stadt – Aristokratie und merkantiles Bürgertum – vollzieht sich *in nuce* bereits in Form der Gläubigerversammlung von «S. Giorgio». Es ist also eine Art von Gesellschaftskompromiß, der hier geschlossen wird und die Bildung einer neuen, eher funktional, weil ökonomisch bestimmten Elite vorbereitet. Damit weist Genua ein Potential sozialer und politischer Modernisierung auf, das in Europa ähnlich nur in den Niederlanden und in England anzutreffen sein wird. Nirgendwo sonst bestimmen die monetären Zirkulationsgesetze so tiefgreifend Gesellschaft und Politik wie hier.

Jedoch zugleich erscheinen eben die Gruppen, die als die wesentlichen Träger dieser sozioökonomischen Modernisierung des Politischen auftre-

ten, als Gefangene ihrer sozialen und politischen Traditionen. Die wirtschaftspolitische Moderne erfaßt niemals das ganze Feld der Politik, der
sozioökonomische Kompromiß zwischen den Gruppen gilt so gut wie
nie für alle Handlungsräume der Gesellschaft – oder weniger abstrakt: die
feudalen Rivalitäten werden nicht nur nicht durch die keineswegs seltene
Kooperation und immer häufigeren Familienverbindungen zwischen Adel
und Bürgern abgeschliffen und «zivilisiert», sondern beginnen auch das
Konkurrenzverhalten der Bürgerfamilien zu bestimmen. Eine ganze Reihe
von ihnen kann habituell kaum noch von den «Geschlechtern» unter-
schieden werden.

Doch trotz allen aristokratischen Gehabes von Familien wie den Adorni
oder Fregosi, die beide zugleich als Klientel-«Parteien» in der Stadt auftreten – die innerstädtischen Kontrahenten kennen die Unterschiede zwischen alten Geschlechtern und bürgerlichem Reichtum ganz genau. Da
nützt es auch nichts, daß man Diener, Pferde, Hunde und bewaffnete
Gefolgschaften hält wie der Adel oder Landgüter kauft, auf denen Pächter
wie einst leibeigene Bauern schuften. In den Augen der Fieschi oder Doria
– um auch hier die am heftigsten ineinander verbissenen adeligen Kontrahenten zu nennen – blieb man «popolano», «gente nouva» oder allenfalls
«poplo grasso» – fettes Volk.

So ist diese wirtschaftlich hochmoderne Stadt politisch ein Dinosaurier.
Nach dem letzten großen, am Ende verlorenen Kampf gegen Venedig wird
Genua daher im Gegensatz zur siegreichen Adria-Konkurrentin zum
Spielball der politisch und militärisch überlegenen Mächte. Savoyen
(1382–83 sowie 1390–92), Frankreich (1396 und 1499), Montferrat (1409)
sowie Mailand (1463) heißen die zeitweiligen Herren der Stadt im 14. und
15. Jahrhundert. In solchen Zeiten wird die popolane Dogenverfassung
außer Kraft gesetzt. Statt dessen regieren die von den jeweiligen Herren
eingesetzten Gouverneure. Doch kaum ziehen sie sich zurück – in den
seltensten Fällen allein auf Grund des Genueser Widerstands –, so wird
mit zäher Beharrlichkeit das bürgerliche, antiaristokratische Regiment erneuert. In seinem Schatten aber realisiert die «Kompromißgruppe» um die
«Casa S. Giorgio» den wirtschaftlichen Wiederaufstieg der Stadt. Seit 1447
gelingt es ihr, den inflationären Verfall der Genueser Preise allmählich
umzukehren und durch die Einführung einer «Goldkernwährung» (Dek-
kung des umlaufenden einheimischen Geldes durch Goldreserven) Stabilität zu sichern. Zugleich werden nun die an Venedig verlorenen Positionen im Orienthandel – durch die türkische Invasion in Byzanz ohnehin
in zunehmenden Schwierigkeiten – konsequent durch okzidentale Alternativen ersetzt. Der westliche Seeweg nach Indien hat nicht zufällig einen
Genuesen in spanischen Diensten als bedeutendsten Promotor: Christoph
Kolumbus.

Damit aber ist zugleich die neue Disposition der europäischen und der
italienischen Politik benannt. Wie ganz Italien außer Venedig wird auch

die «Superba» zum Objekt des weltpolitischen Konflikts zwischen Spanien/Habsburg auf der einen und Frankreich auf der anderen Seite. Die Eroberung Italiens durch die Eilmärsche König Karls VIII. von Frankreich im Jahr 1494 war zwar noch ohne dauerhafte Wirkung geblieben, aber sie konnte als Menetekel gelten. Seine Nachfolger Ludwig XII. und vor allem der Modernisierer Frankreichs Franz I. schufen sich feste Basen in Italien. Gleichzeitig gewann auch Habsburg, zunächst geleitet durch die Erneuerungspolitik Kaiser Maximilians I., dann aber mit Hilfe des spanischen Erbes seines Enkels Karl V. Besitzungen in Süd- und Oberitalien.

Im «Sacco di Roma» (Mai 1527) plünderte und verwüstete das Heer Karls V. die «heilige Stadt» – eine Zerstörung, die das christliche Europa erschütterte. Plötzlich sah sich das militärisch unterlegene Frankreich psychologisch im Vorteil. Franz I. erhielt Hilfsangebote, der Kaiser suchte den Friedensschluß. Da kam ihm ganz unerwartet Hilfe von einer Seite, die bis dahin für Frankreich die militärisch erfolgreichste Rolle gespielt hatte: Der Generalkapitän Frankreichs, der erfolgreichste Flottenorganisator Italiens, Andrea Doria, wechselte die Seiten. Sein Preis war die «Freiheit Genuas».

Das Adelshaus der Doria reicht bis in das 12. Jahrhundert zurück. Als Konsuln – damals das höchste Amt der Stadt –, Handelsherren und Admirale der Kriegsflotte Genuas stieg die Familie im Hochmittelalter zu den einflußreichen Geschlechtern der Stadt auf. Ihre Stadtburg bei S. Matteo und die dort gestiftete Grablege schufen ihr ein festes Quartier, in dem die verschiedenen Zweige der Familie sowie ihre Klientelgruppen miteinander lebten und als militärische Gefolgschaft organisiert waren. Schutz für die Mitglieder des «Clans»[5], wie Jacques Heers diese aristokratischen Klientelgruppen nannte, und Bedrohung anderer aristokratischer Gruppierungen der Stadt war die wesentliche soziale Leistung solcher Clans. So entstanden dauerhafte Bündnisse, aber auch nicht weniger dauerhafte Feindschaften. Die Verbündeten und «Verwandten» der Doria fanden sich im Clan der Familie Spinola; ihre Feinde stammten aus den Clans der Grimaldi und der Fieschi. Diese vier mächtigsten Adelsfamilien der Stadt bestimmten auch in den folgenden Zeiten immer wieder die wesentlichen Konfliktlinien. Ging es nach dem Sieg der Bürgergruppierungen und der mit ihnen verbundenen Einführung der Dogenverfassung (1339) unter Ausschluß der Aristokratie kaum noch um die unmittelbare Herrschaft in der Stadt, so blieb immer noch genügend Konfliktstoff in den Territorialbesitzungen von Stadt und Adel sowie den Geschäftsinteressen der vier «Alberghi» in Übersee. Seit dem 12. Jahrhundert behaupteten sich die Doria als Kolonisatoren auf Sardinien und Korsika, besaßen Kastelle an der Riviera di Levante sowie Besitzungen bei Imperia und Savona. Die Grimaldi reklamierten hingegen die Riviera di Ponente für sich. Ihre Besitzungen gruppierten sich um Monaco (bis heute) sowie Ventimiglia. Hauptkonkurrenten an der «Levante» waren die Fieschi, an der «Ponente» die Spinola. Außerhalb wie innerhalb der Stadt traten sich somit Fieschi und Doria als erbitterte, «strukturelle» Feinde entgegen. Ihr Konflikt war alt und ursprünglich – gehärtet durch Geschichte und blutige Kämpfe.[6]

Andrea Doria (1468–1560), aus einer Seitenlinie der Familie stammend, begann seine Laufbahn als Condottiere in päpstlichen Diensten. Darauf folgten Aufträge aus Neapel und schließlich der Heimatstadt selbst. 1507 schlug er auf Korsika einen Aufstand gegen die «Superba» nieder – fast ebenso im Dienst der Familie wie der Heimatstadt. Nur zögernd folgte er dem Werben einer auswärtigen Macht. Aber es war schließlich der junge französische König Franz I., der ihn mit Geld und einer Reihe von Zusicherungen zugunsten Genuas für seine offensive Italienpolitik gewinnen konnte, die im Sieg von Marignano (13./14. Sept. 1515) ihren ersten glänzenden Höhepunkt fand. Fortan standen Genua und der Admiral Andrea Doria scheinbar unverbrüchlich fest an der Seite Frankreichs. Die Stadt ließ sogar den Horror einer spanischen Belagerung und Eroberung (1522) über sich ergehen, der nachträglich als ein Vorzeichen des «Sacco di Roma» gedeutet werden konnte.

Dennoch war Genua weder unter französischer noch unter spanischer Herrschaft gänzlich in der Hand von «Fremden». Vielmehr kämpften in diesen vornationalen Zeiten auch auf der Ebene «regionaler Identitäten» alle gegen alle – so wie am Ende aber auch alle mit allen zu paktieren verstanden. Und dennoch – es wäre gänzlich falsch, von vollständiger Beliebigkeit der Loyalitäten auszugehen. So verlockend den aristokratischen und bürgerlichen Berufssoldaten, den mit allen Feinheiten der politischen Rhetorik vertrauten Humanisten, den ihr Sujet als Auftragsinteresse begreifenden Malern, Bildhauern, Architekten das Geld und ebenso fester Dienst und Rang aus der Hand ihrer jeweiligen Dienstherren auch erscheinen mochte – der Dienst für die «patria», den Heimatort, galt ihnen doch als der verlockendste. Diese Form des «Patriotismus» war zwar weit entfernt vom Opferkult der europäischen Nationalmythologien seit der Französischen Revolution, aber sie verband den antiken Pflichtgestus, wie ihn Rhetorik und Exempelliteratur überlieferten, mit der familialen und materiellen Bindung an Verwandte, «Freunde» und gewährte Sicherheit durch vertraute Gesetze und Bürgerrechte. Dem Ehrgeizigen bot sie die Möglichkeit zur Signorie, zur Fürstenherrschaft, zu gelangen.

So schien auch Andrea Doria 1527 zwar im Auftrag seines französischen Dienstherren, doch auch als «Patriot» die Heimatstadt von den Besatzern zu befreien. Aber kaum in der Stadt, begann er nun Verbindungen zum Kaiser zu knüpfen. Er hatte wie kein anderer in der Stadt die Gunst des Augenblicks erkannt: Genua durch Genuesen in französischen Diensten besetzt, die spanische Besatzung vertrieben, der französische König militärisch geschwächt, Spanien-Habsburg nach dem «Sacco» zur Rücksichtnahme gezwungen. Damit bot sich nach vielen Jahren der Besatzung durch unterschiedliche Herren die Gelegenheit, die Stadt langfristig im

Schutz eines überregionalen Bündnisses an Autonomie nach außen und an ein «Doria-Regiment» im Inneren zu gewöhnen.

Der plötzliche und für Frankreich (wenn auch für den Kaiser möglicherweise weniger) überraschende Wechsel Dorias auf die spanische Seite wurde von diesem in ein konsequent auf die «Freiheit» der Stadt setzendes Vertragswerk eingebettet. Der Kaiser und der Admiral schlossen einen Vertrag (10. August 1528), der die Unverletzlichkeit des Genueser Territoriums ausdrücklich garantierte. Neben der «Freiheit» der Republik wurden ihre Neutralität und ihre Handelsrechte in Spanien hervorgehoben. Schließlich konnte die «Superba» auch ihre Herrschaftsrechte auf Korsika, an der Riviera sowie endlich auf die von den Doria schon seit langem beanspruchte Stadt Savona sichern. Ihre Führungsrolle in Ligurien schien durch den Vertrag vollständig erneuert. Sämtliche Militärleistungen für den Kaiser übernahm der Admiral, der allerdings auch als Vertreter der Stadt unterzeichnete.

Entsprechend war nun auch seine Bedeutung für die politische Verfassung der Stadt. Das Andrea Doria offiziell angetragene Amt eines Dogen auf Lebenszeit lehnte er ab, duldete aber den Titel «Liberatore e Padre della Patria» – Befreier und Vater des Vaterlandes. Auch Geschenke wie die Übereignung einer Kapelle in der Hauskirche der Doria S. Matteo wies er nicht zurück. Gewann er doch erst so Ranggleichheit mit den mächtigeren und reicheren Zweigen seiner Familie. Dennoch begnügte sich der «Liberatore» nicht mit bloßen Ehrengeschenken. Die Verfassung der Stadt sollte nun endgültig auch formell das Gesicht haben, das der faktischen, durch die Steuer- und Finanzverwaltung der «Casa S. Giorgio» organisierten internen Machtverteilung entsprach.

Träger dieser neuen Ordnung, die nach dem Modell der «Casa» nun Adel und Bürger gemeinsam herrschen ließ, sollten die alten aristokratischen «Alberghi» sein – jene Clanorganisationen, die Klientel-, Schutz-, Geschäfts- und Aggressionsbündnisse der «Familien» gewesen waren. Insgesamt, so schlug der von Doria dazu berufene Ausschuß vor, hätten 23 aristokratische Alberghi das Recht, eine politische Organisation eben dieses Namens zu bilden. Dazu sollten fünf «bürgerliche» Alberghi kommen, die damit zugleich «neuer Adel» (nuovi nobili) seien. Alle adligen und Kaufmannsfamilien sollten sich in den Alberghi organisieren und im «Liber Civitatis» eingetragen werden, um den «neuen» Adelsstand und die mit ihm verbundenen politischen Privilegien zu manifestieren. Nur diese hier eingetragenen Familien hatten fortan das Recht, das Dogenamt sowie Senats- und Ratspositionen zu besetzen, deutlicher: die Regierung zu bilden. Alle politischen Ämter sollten fortan zeitlich begrenzt ausgeübt werden.[7] Die neue Verfassung ließ somit nicht nur den Adel wieder zu allen politischen Ämtern zu, sondern bewirkte durch das numerische Übergewicht der aristokratischen Alberghi sowie die «Feudalisierung» des reichen Bürgertums, das zu einem «neuen Adel» generierte, eine Aristokratisierung der gesamten politischen Struktur der Stadt. Diese neue Elite balancierte dabei geschickt zwischen Abschließung gegenüber dem mittleren und kleinen Bürgertum aus Lokalhandel und Handwerk, der notwendigen Öffnung für «Mobilität von unten» sowie der internen Differenzierung zwischen «alten» und «neuen» Geschlechtern. Denn die Statuten bestimmten fortan, daß in die «neuen Alberghi» jährlich bis zu zehn Mitglieder aufgenommen werden konnten – sieben Familien aus der Stadt, drei aus dem «Territorium». Zugleich aber waren «alte» und «neue» dadurch geschieden, daß die 23 Alberghi der alten Aristokratie ihren eigenen Versammlungsort in der Kirche San Luca haben sollten, die fünf «neuen» dagegen in der Kirche San Pietro di Banchi. So bildeten die einen den «portico di San Luca», die anderen den «portico di San Pietro». Bei allem Interesse an einer funktionalen politischen Ordnung waren die ständischen Differenzen innerhalb der politischen Elite doch nicht aufgehoben, sondern lebten in diesen «portici» weiter fort.

Und der Admiral? Seine politische Bescheidenheit war ostentativ, aber mehr klug als ernstgemeint. Er wußte, daß er, als «armer Verwandter» ständisch kaum akzeptiert, eine politische Signorie nicht überleben würde. Zum Prinzipat fühlte er sich weder politisch stark genug – also genügend eingebunden in verwandtschaftliche und «freundschaftliche» Solidarität –, noch bot die politische Tradition von Familie und Stadt genügend Stoff und Anlaß, eine solche Option wahrzunehmen. Im Unterschied zu den Medici in Florenz hatten die Doria keine Geschichte einer politisch und kulturell erfolgreichen faktischen Stadtherrschaft von fast einem Jahrhundert hinter sich, um nach der Alleinherrschaft qua Verfassung zu streben. So begann in Florenz im April 1532 der Prinzipat der Medici in Gestalt des «Duca Alessandro», während Andrea Doria sich in Genua mit Ehrentiteln, ständischer Erhebung und letztlich doch noch einem Amt begnügte. Er ließ sich zum «Censore perpetuo» ernennen und trat damit an die Spitze einer Behörde, deren Aufgabe es war, die Verfassungsmäßigkeit aller politischen Handlungen und Wahlakte zu überwachen. Einen vorzeitigen Rückzug aus dieser Kontrollbehörde behielt sich der Admiral zwar vor, aber er ließ keinen Zweifel daran, daß es allein bei ihm lag, die neue politische Ordnung Genuas zu garantieren und auch ihr Funktionieren zu gewährleisten.

Tatsächlich war es das Bündnis zwischen Kaiser und Admiral, das die «Freiheit» der Stadt garantierte. Dies bedeutete zwar die innere Unabhängigkeit von fremder Verwaltung und Steuer, aber mit der Genueser «Neutralität» war es nicht weit her. Sie war eine Fiktion des Vertrages, der vor allem den Geldhändlern Zugang zu den französischen Messen sichern sollte. Politisch bewegte sich die Republik im fest geknüpften Netz der spanisch-habsburgisch-italienischen Beziehungen. Die Sonderrolle des Admirals betonte der Kaiser zusätzlich durch dessen Fürstentitel, mit dem er ihn über die aristokratischen Standesgenossen in der Heimatstadt erhob.

Als «Fürst von Melfi» aber forderte der Aufsteiger aus der «armen Seiten-linie» zugleich den Neid der adelsstolzen heimatlichen Konkurrenten her-aus.

Denn sosehr die neue Verfassung bedacht war, durch die interne Orga-nisation der «Alberghi» die alten Adelskämpfe nicht wiederaufleben zu lassen, sowenig konnten doch derartige Maßnahmen das allen aristokrati-schen Sozialisationen anhaftende «Hausgedächtnis» oder gar die realen territorialen Konfliktpotentiale zwischen den «Häusern» aufheben. Es blieb auch der Gegensatz zwischen Doria und Fieschi virulent, ohne daß er sich allerdings unmittelbar im Augenblick des großen Triumphs des Admirals von 1528 gezeigt hätte. Dennoch gab es genug Möglichkeiten, sich der alten Gegensätze zu erinnern. Nicht nur, daß die Fieschi den Emporkömmling als anmaßend empfinden mußten – daß es so war, sollte sich an den Reden des «Verschwörers» von 1547, Gian Luigi Fiesco, zeigen, wenn dieser an die Verdienste seiner Vorfahren um die «Freiheit» der Re-publik erinnerte –, sie sahen sich auch als Opfer der Wende, die Doria zugunsten Spaniens eingeleitet hatte. Die Fieschi waren zwar eine der alten und stolzen «Alberghi», und die Verfassung von 1528 bestätigte ihnen diese Position durch die Aufnahme des Geschlechts als «Träger» in die Namens-reihe der 23 adeligen Alberghi – doch sie waren weder Geldhändler, noch hatten sie die Wende in Richtung Westen und damit in Richtung Spanien in ihren Handelsgeschäften vollzogen. Ihre Bündnispartner waren Frank-reich und die neuen Fürstengeschlechter von Frankreichs Gnaden in Oberitalien. In dem Maß, in dem Andrea Doria sich auf Habsburg und Spanien konzentrierte, bemühten sich die Fieschi um die mit Frankreich verbundenen «Signori». So schienen nicht zuletzt die Farnese neue Mög-lichkeiten für eine Zusammenarbeit zu bieten. Sie besaßen Herrschaften in Ober- und Mittelitalien, vor allem aber stellten sie die einzige Univer-salmacht neben dem Kaiser – den Papst.

Papst Paul III. Farnese war auch den Fieschi gewogen. Grund dafür bot schon allein das enge Verhältnis zwischen Kaiser und Admiral. Ostentativ stieg er im Juni 1538 anläßlich des Waffenstillstandes von Nizza, den Frank-reich und Spanien durch seine Vermittlung schlossen, im Palazzo Fieschi ab, während der Kaiser nicht weniger deutlich den Palazzo Doria bevor-zugte. Am 25. Juni mußte sich der Papst, der einer Einladung Andreas zu entgehen versuchte, dann doch in den «palatio Andreae de Auria» bemü-hen, da der Kaiser sich wegen einer «Podagra» (Fußgicht) gehindert sah, den Palazzo Fieschi zu betreten. So ließ sich der Siebzigjährige mit einer Sänfte durch Genua tragen, um dem 38jährigen Habsburger seine Auf-wartung zu machen. Auch hier hatte die Casa Doria über das Haus der Fieschi gesiegt.[8]

Der Konflikt zwischen Habsburg und den Farnese entzündete sich jedoch an der offen frankreichfreundlichen Haltung, die der Sohn des Papstes – es ist die Epoche des Nepotismus – Pier Luigi Farnese, Herzog

von Parma, an den Tag legte. Ihm konnte der Kaiser unmittelbar entgegentreten. Seit Ende 1546 versuchte der kaiserliche Statthalter von Mailand,
Ferrante Gonzaga, einen Sturz des Herzogs zu organisieren. Nur unter
vielen Bedingungen – vor allem mit Blick auf den Papst, das Leben des
Farnese zu schonen – willigte der Kaiser im Dezember 1546 ein. In
Oberitalien kursierten längst zahlreiche Gerüchte über diesen Plan; nun
verdichteten sie sich.

Unter dem Eindruck derartiger «Ablenkungen» sah nun aber in Genua
der junge Gian Luigi Fiesco, der unlängst zum «Chef» seines Hauses auf-
gestiegen war, die Gelegenheit für einen Schlag gegen den Admiral sowie
dessen Nachkommen und Verwandte gekommen. Ohnehin stand er in
heimlicher Verbindung mit Pier Luigi Farnese, wenn auch dessen Teilnahme am Komplott gegen den Doria-Clan nur vermutet werden kann.
Längst hatte Gian Luigi Fiesco unter militärischem Vorwand Bewaffnete
und eine Reihe von Galeeren nach Genua kommen lassen. Diese warteten
allein noch auf ein Signal. Am Nachmittag des 2. Januar 1547 hatte Gian
Luigi Fiesco noch an einem Fest im Palazzo Doria teilgenommen, getanzt
und mit den «jungen Leuten» des Clans gescherzt. Nun sah er den Gegner
ohne Verdacht, schlecht gerüstet, den über achtzigjährigen Greis scheinbar
wehrlos.

In dieser Situation schlug der Graf von Fiesco los. Auf sein Zeichen
sammelte sich eine Reihe von jungen Aristokraten aus den «neuen Familien» in seinem Palast, die bewaffnete Fiesco-Klientel besetzte Plätze
und Tore, die Fiesco-Galeeren riegelten den Hafen ab. Der Erbe des Admirals, Giannettino Doria, versuchte die Porta San Tomaso zu entsetzen
und wurde sofort getötet. Er stand ohnehin gemeinsam mit seinem Großvater an der Spitze der Proskriptionsliste. Der Admiral war auf einem
Maultier vermummt und unerkannt nach Masone geflohen. Dort fand er
bei den Spinola, den alten Verbündeten der Doria, Unterschlupf. Fiesco
und seine «Jungen» und «Neuen» schienen auf ganzer Linie gesiegt zu
haben. «Libertà» ließ der Sieger in den Gassen rufen, während er zum
Hafen eilte, um der einzig verbliebenen Gefahr, einem überraschenden
Schlag der Doria-Galeeren, begegnen zu können. Bei dem Versuch, eine
improvisierte Gangway zwischen zwei Galeeren zu passieren, rutschte er
aus und versank mit seiner schweren Rüstung im Hafenbecken.

So rasch, wie die Verschwörer zugeschlagen hatten, so schnell stoben sie
auseinander. Die Brüder von Gian Luigi Fiesco waren nicht imstande, die
Verbündeten vom Erfolg des nächtlichen Unternehmens zu überzeugen.
Offenbar fehlte es ihnen auch an «Charisma». Schon am 4. Januar hatte
der greise Admiral mit seinen Galeeren jeden Widerstand gebrochen. Seine
Rache für den ermordeten Erben sollte fürchterlich werden. Die Häuser
und Güter der Fieschi wurden eingezogen, die Leiche des an den Strand
gespülten Grafen wurde am Hafen ausgestellt, jede Bekundung von Trauer
und das Begräbnis des Toten wurden untersagt. Die Verwandten und Mit-

verschwörer wurden über Jahre in Italien verfolgt, aufgegriffen, gefoltert und hingerichtet. Eine «clementia Doriae» gab es nicht.[9]

Fiesco hatte ohne Zweifel in geschickter Weise verstanden, die strukturelle Schwäche der Doria-Verfassung – ihre Aristokratisierung bei gleichzeitiger Tendenz, die «neuen» Geschlechter allmählich quantitativ die Oberhand gewinnen zu lassen, ohne dieser Erweiterung angemessenen politischen Spielraum zu bieten – mit der persönlichen Unzufriedenheit einiger Genueser zu verbinden. Insofern faßte seine Verschwörergruppe die Konfliktpotentiale der spätmittelalterlichen Geschichte Genuas wie in einem Brennspiegel zusammen. Es war der alte aristokratische Konflikt der führenden Familien, der Widerspruch zwischen politischen Strukturen und wirtschaftlichen Interessen und die mangelnde Integration aller Bürgergruppierungen – die jede für sich eine politische Vergangenheit in der Stadt besaß – in die neue aristokratische politische Ordnung; alle diese Faktoren sprachen gegen Doria und für Fiesco. Die Doria-Verfassung war «der Versuch einer Aufpfropfung staatlicher Prinzipien auf die sozioökonomische Anarchie privater Clans», urteilt ein moderner Verfassungshistoriker.[10] Und eben dies war die Chance des Fiesco; aber sein Konzept wies an keiner Stelle darüber hinaus. Es war seinem Wesen nach lediglich eine *Reaktion* auf die herrschenden Verhältnisse und entsprach somit negativ dem «Friedensentwurf» Dorias mit allen seinen Schwächen.

Damit aber agierte die Verschwörung des Fiesco zu Genua auf eben jener Ebene, die Machiavelli in seinen «Discorsi» den Verschwörungen überhaupt zuweist. Sie erscheinen ihm als symptomatisch für die Politik seiner Zeit, denn «sich gegen einen Fürsten zu verschwören steht in der Macht eines jeden».[11] «Staat» und «private Herrschaft» sind noch fest ineinander verwoben. Daher erscheint nach Machiavelli noch mancher «Staat» wie eine private Obrigkeit und mancher Feudalherr wie ein durch Leistung und Öffentlichkeit legitimierter Staat. Aus diesem Grund ist auch der Zufall im politischen Konzept der Verschwörung von besonderer Bedeutung. Er kann alles entscheiden: «. . . gegen Zufälle läßt sich . . . kein Mittel anwenden».[12] Allein die denkbaren sollte man zuvor erwägen.

Eine politische Moral wie diese fußt also nicht auf der ethischen Bindung zwischen «Bürger», Verfassung und Obrigkeit, sondern allein auf der Fragilität der Verhältnisse, die jeden «Privaten» sehr rasch zur legalen Obrigkeit werden lassen kann. Für Leopold von Ranke sind daher Verschwörungen überhaupt das Signum der Geschichte Italiens in der Frühen Neuzeit: «Wäre man nur stark, so würde man sich alles erlauben. Da man es nicht ist, . . . fassen die einen unausführbare Anschläge, die anderen lassen sich von unbegrenztem Verdacht fortreißen». So entgeht Italien – wenn auch leidend – dem großen Krieg und bleibt «im Ganzen im Besitz der Hervorbringungen seiner Vergangenheit».[13]

Diesen Gedanken greift auch Jacob Burckhardt wieder auf, wenn er in Anlehnung an Machiavelli in seiner «Kultur der Renaissance in Italien» feststellt, daß der «Brutus-Gestus» den politischen Verschwörungen einen pathetisch-literarischen Charakter verleihe, aber zugleich sich darin das «Ende der (mittelalterlichen) Republiken» ankündige.[14] Die Verschwörung wird so zu einem Signum nicht nur Italiens allein, sondern gilt als Vorzeichen der am Horizont heraufdämmernden absoluten Gewalt des Staates, dem die Verschwörer mit «privater» Gewalt entgegentreten und ihn doch zugleich mit vorbereiten. Denn es ist an ihnen, den Diskurs der Gewalt in der Gesellschaft neu und auf abstrakterer Ebene als in den Jahrhunderten zuvor zu verankern und damit die spezifische Ambiguität des vormodernen Staates manifest zu machen: seine Herkunft aus erfolgreichen Verschwörungen, die den nicht erfolgreichen Konkurrenten als Repräsentanten unrechter Gewalt stigmatisieren − eben als «Verschwörer».

So gibt Schillers «Fiesco» erst im Schwanken des Dichters zwischen verschiedenen Fassungen die angemessene Einschätzung des Verschwörungsproblems. Ob als Retter oder Verderber der Republik − in jedem Fall kann der Verschwörer beides sein: Retter und Verderber.

Wilhelm von Oranien löst die Niederlande von Spanien. Der Aufstand gegen Philipp II.

Horst Lademacher

Ein gutes Jahrzehnt nach dem Beginn des Aufstandes glaubte Prinz Wilhelm von Oranien, Vertreter des Hochadels in den Niederlanden, eine Rechtfertigung seiner Führerschaft kundtun zu müssen. In seiner «Apologie» von 1580 heißt es, er habe 1559 vom französischen König Heinrich II. erfahren, daß der Protestantismus gemäß einem Plan Albas und Philipps II. durch eine Inquisition von extremer Rigorosität ausgerottet werden sollte. Heinrich erzählte dies in der Annahme, der Oranier sei in die Pläne eingeweiht. Der Prinz kommentiert dies ausführlich: «Ich will gerne zugeben, daß mich damals großes Mitleid mit so vielen ehrvollen Menschen, die nun dem Tode ausgeliefert schienen, erfaßte, und zugleich hatte ich alles Mitgefühl mit einem Land, mit dem ich so stark verbunden bin und bei dem man nun glaubte, eine Inquisition einführen zu können, die die spanische Grausamkeit noch überstieg.»[1] Wenngleich es sich bei der «Apologie» lediglich um ein Rechtfertigungspamphlet handelt, das dazu dient, praktisch mit jeder Zeile den Aufstand zu begründen, kann doch kein Zweifel an der Echtheit dieser emotionsbestimmten Begründung bestehen.

Über die Hitze der Emotionalität des «Mitleids» hinaus, die ein hohes Maß an Empörung enthält, bleibt zu fragen, ob nicht die oranische Forderung nach Religionsfreiheit mehr noch die Folge eines prinzipiellen Toleranzdenkens gewesen sein mag, der Oranier also als ein Proselyt der neuen Intellektualität des Humanismus gelten kann, für die Toleranz die einzige Form eines menschenwürdigen Zusammenlebens darstellte. Die Entschiedenheit dieses Prinzips jedenfalls dürfte er in seiner nicht mehr im ganzen erhaltenen Silvester-Rede von 1564 im Brüsseler Staatsrat vorgetragen haben – eine Rede, die dem Vorsitzenden des Rates, Viglius van Aytta, am folgenden Tag noch einen Schlaganfall bescherte. Dieser konnte kaum unvorbereitet sein, hatte er doch noch wenige Monate zuvor, im August 1564, geschrieben, daß die Zukunft besorgniserregend sei, weil man sich allerorten entweder für eine Milderung der Ketzerverordnungen oder gar für die Freiheit des Gewissens einsetze.[2]

Jedenfalls trug der Oranier sein Anliegen im Klartext vor, er ließ sich von keinem taktischen Kalkül leiten. Mit aller Unbedingtheit forderte er die Rücknahme der Ketzerverfolgungen, und er warf in diesem Zusammenhang dem König vor, sein Verhalten stelle einen religionspolitischen Anachronismus dar. Von der allerorten in Europa stattfindenden Veränderung der Glaubensmuster war die Rede, und der Oranier tat recht daran, wenn er versuchte, die Niederlande gleichsam in den Trend der Zeit einzubetten. Die Religion sei überall Gegenstand einer nicht mehr aufzuhaltenden Diskussion. Wie könne es da angehen, so fragte er, daß die eine, die katholische, Religion in den Niederlanden als die allein seligmachende angepriesen und über Inquisition und Ketzerverfolgung gerettet werde. Die Beschlüsse des Trienter Konzils erschienen in der Rede des Oraniers als längst von den Zeitläuften überholte Handlungsanweisungen. Er könne es, so ließ Wilhelm schließlich folgerichtig wissen, nicht dulden, daß Fürsten über das Gewissen ihrer Untertanen verfügten und sie der Freiheit des Glaubens und des Gottesdienstes beraubten.[3]

Es gab im sozialen und intellektuellen Umfeld des Oraniers sicherlich eine Reihe von Personen, die einer diskussionslosen Einheit von Staat und Kirche widersprachen und die praktische Politik, die diese Einheit über Ketzerverfolgung durchzusetzen versuchte, hinterfragten. Es ist darum auch keineswegs erstaunlich, daß es nach Aussage eines Zeitgenossen eben eine Reihe von hochstehenden Persönlichkeiten, guten Katholiken zugleich, gab, die die Verordnungen, wie sie noch unter Karl V. ergangen waren, ablehnten, weil sie es nicht begreifen konnten, daß man jemanden wegen seiner abweichenden Konfession exekutieren wolle. Wilhelm war also weder der einzige noch der erste, der sich der Religionspolitik des spanischen Königs widersetzte, aber er war der einzige und der erste, der sich imstande zeigte, ein so klares Urteil gegen diese Politik zu formulieren.

Dieses Unbehagen freilich, wie es Wilhelm von Oranien in der Silvesterrede äußerte, hatte nicht nur einen religionspolitischen, sondern auch einen allgemein innenpolitischen Grund. Der Oranier sprach im Staatsrat, und dieses Gremium muß in seiner beratenden Funktion als ein Bollwerk des niederländischen Hochadels angesehen werden. Es war daher ein gravierender Fehler, wenn Philipp II. einen Landfremden, den Kardinal Granvelle (Antoine de Perrenot), zum Vorsitzenden des Staatsrates machte, und es war ebenso gravierend, wenn der Staatsrat im Laufe der Jahre immer mehr am Rande des Geschehens gehalten und die relevanten politischen Entscheidungen von Granvelle und einigen Intimi getroffen wurden. Endgültig unerträglich wurde es, wenn diese politischen Entscheidungen auch die ureigensten Interessen des Hochadels betrafen und gleichzeitig von eben diesem Hochadel mit verantwortet werden mußten. Noch am 25. Oktober 1555 bei seiner Abdankung war der Kaiser, gestützt auf die Schulter Wilhelms von Oranien, im Saal des Brüsseler Palastes erschienen. Ein Akt des Vertrauens und der Verbundenheit, wie er sich nicht wiederholen sollte. Vier Jahre später soll Philipp II. bei seiner Abreise nach Spanien den Oranier beschuldigt haben, daß nicht die Generalstände, sondern er, Wilhelm, mit dem gesamten Adel die Opposition gegen ihn führe. «Nicht die Stände sind es, die Schwierigkeiten machten, sondern Ihr, Ihr, Ihr!» soll der König ausgerufen haben. Später hat der Oranier dem König noch ein deutlicheres Wort zugeschrieben. Demnach soll er gesagt haben: «Wenn die Generalstände keine Unterstützung hätten, würden sie nicht ein so großes Wort führen!»[4]

Dieser niederländische Hochadel schloß sich in der Liga zusammen. Aber war dieser Zusammenschluß stark genug, um Änderungen in der offiziellen Regierungspolitik herbeizuführen? Die Silvesterrede des Oraniers, deren Forderungen in einem Sendschreiben an den König festgelegt wurden, fruchtete gar nichts. Der Spanier war nicht bereit, die Ketzerverordnungen zu mildern. Gewiß, es war schon vorher gelungen, den landfremden Granvelle aus dem Staatsrat entfernen zu lassen, aber dies blieb dann auch der einzige Erfolg. Selbst wenn dieser Hochadel eine grundsätzliche Veränderung konstitutioneller Strukturen angestrebt haben sollte, soweit es etwa das Ratssystem der Niederlande betraf, so war dieses Streben keinesfalls stark genug, daß es zu dem Versuch gekommen wäre, solche Veränderung etwa auf dem Wege einer Verschwörung herbeizuführen. Die Vielfalt der Meinungen und vor allem die Verbundenheit mit dem Brüsseler Hof war noch allzu stark, als daß diese über eine Fronde hätte überwunden werden können. Adlige wie Egmont und Hoorn begriffen sehr wohl die Absichten des Oraniers, aber sie waren nicht gewillt, ihre Loyalität gegenüber dem spanischen König aufzugeben. Ihren Glauben an die Rechtlichkeit des Denkens in der Monarchie haben sie schließlich mit dem Tod bezahlen müssen.

Dieser Hochadel stellte nur eine kleine Schicht innerhalb der Opposition dar. Seine geringe Widerstandskraft stand hier der Starrköpfigkeit des spanischen Königs gegenüber, und deshalb war der Mißerfolg vorprogrammiert. Anders sah das beim niederen Adel aus, der eine ganz wichtige oppositionelle Rolle übernahm. Er schloß sich angesichts der Hartnäckigkeit des Landesherrn und der nicht so ausgeprägten oppositionellen Aktionsfreudigkeit des Hochadels zu einer Schwurgemeinschaft zusammen, deren Hauptangriffsziel die Inquisition sein sollte. Dieser niedere Adel, den man durchaus als *action-group* bezeichnen kann, entwarf ein Manifest, ein Protestpapier, das katholische und protestantische Adlige gleichermaßen unterzeichneten. Sie traten schon Anfang Dezember 1565 zu ersten Beratungen zusammen, nachdem in den berüchtigten Segovia-Briefen des spanischen Königs deutlich geworden war, daß dieser Monarch nicht die geringste Bereitschaft zeigte, auch nur einen Fußbreit vom Weg der scharfen Ketzerverfolgung abzuweichen. Über die Stimmung im Lande schrieb der Chronist Godevart van Haecht: «Am Ende dieses Jahres hörte man in den Niederlanden schlimme Gerüchte, und es herrschte hier Aufregung über Briefe, die der König von Spanien geschickt hatte und in denen zu lesen stand, daß er die Inquisition im Lande verschärfen wolle.»[5]

Auf einer zweiten Versammlung vor Weihnachten lag ein Entwurf zum sogenannten «Kompromiß» der Adligen vor. Darin forderte das Gremium, daß die Ketzerverordnungen aufgehoben und die Generalstände eine neue Regelung der religiösen Frage beraten sollten. Die Mitglieder des Verbundes wurden verpflichtet, für ihren Zusammenschluß geheime Agitation zu treiben und neue Mitglieder zu gewinnen. Diese konnten durchaus unter dem mehrheitlich noch katholischen Adel gefunden werden. Die Gründungsurkunde enthielt keine Agitation zugunsten des Calvinismus, vielmehr ging es um die Ausbalancierung der in Verwirrung geratenen inneren Verhältnisse durch Beendigung der Ketzerverfolgung. Es stand in dieser Urkunde, daß die Inquisition als die Hauptursache der Unordnung und Ungerechtigkeit beendet werden müsse. Der Hochadel wurde erst im Februar 1566 eingeweiht und aufgefordert beizutreten, aber die Meinungsverschiedenheiten waren zu groß, so daß schließlich eine Solidarisierung ausblieb.

Wenngleich der niedere Adel der Niederlande Grund hatte, sich über eine Reihe von politischen Maßnahmen des spanischen Königs zu empören und sich auch tatsächlich empörte, konzentrierte er sich doch bei seinen Aktivitäten innerhalb dieser Schwurgemeinschaft auf die Frage der Ketzerverfolgung. Er ließ im Alleingang – also ohne den Hochadel – von Philipp von Marnix von Sint Aldegonde, einem Rebellen und antikatholischen Publizisten der ersten Stunde, eine Petition ausarbeiten, die der Generalstatthalterin vorgelegt werden sollte. Dort lauteten die abschließenden Worte: «Wir haben uns unserer Pflicht durch diese unsere Erklärung entledigt; wir sind von nun an vor Gott und den Menschen entlastet. Wenn in der Folgezeit Gefahren, Unordnung, Aufstand, Aufruhr oder Blutvergießen deshalb über das Land kommen, weil nicht zur rechten Zeit Abhilfe geschaffen worden ist, kann uns nicht der Makel angeheftet werden, daß wir ein so offen sichtbares Unheil verfehlt haben; dafür rufen wir Gott, den König und unser Gewissen als Zeugen an, daß wir gehandelt haben, wie es guten und loyalen Dienern und treuen Vasallen des Königs geziemt, ohne die Grenzen unserer Pflicht verletzt zu haben; mit um so größerem Recht bitten wir daher, daß Eure Hoheit es hören wolle, ehe es zu spät ist.»[6]

Die Überreichung der Bittschrift war ein öffentliches Spektakel: Am 5. April gingen rund dreihundert Adlige zu Fuß, in Zweierreihen, zum Sitz der Generalstatthalterin. Diese Schwurgemeinschaft, vorher im Geheimen tagend, trat nunmehr an die Öffentlichkeit, und sie erregte dabei das nötige Aufsehen. Das Volk von Brüssel säumte Platz und Straße. Teile der Elite des Landes setzten sich für die Rechte des Landes ein, vertraten die öffentliche Meinung. Die Überlieferung will es, daß just in diesem Augenblick den Adligen der Beiname «Bettler (gueux)» zugedacht wurde – jener Name, der später für die gesamte Widerstandsbewegung gegen die spanische Herrschaft galt. Graf Berlaymont, Mitglied des Staatsrates und

Vertreter des Hochadels, aber alles andere als ein auf Reform erpichter Kämpfer, soll ihnen diesen Spottnamen gegeben haben.

Die Generalstatthalterin, Margarethe von Parma, geriet unter Druck. Es empfahl sich angesichts der aufgeregten Stimmung im Lande nicht, die Beantwortung der Bittschrift hinauszuzögern und erst auf Antwort aus Spanien zu warten, die ohnehin stets einen langen Weg nahm. So verkündete sie schon Ende April eine Mäßigung der Ketzerverfolgung, was nicht bedeutete, daß sie die Glaubensdissidenten anerkannte: Bis zur endgültigen Antwort des Monarchen werde sie die zuständigen Behörden zu Mäßigung anhalten. Tatsächlich scheinen in diesem Augenblick Theorie und Praxis der Ketzerverfolgung einigermaßen übereingestimmt zu haben. Das hatte freilich zur Folge, daß bei nachlassender Repression die Zahl der Menschen zunahm, die die calvinistischen Heckenpredigten besuchten. Der Mäßigung folgten so auch bald neue repressive Maßnahmen, da die Protestanten aktiver denn je auftraten.

Die politische Aktion der adligen Schwurgemeinschaft geriet in ihrer religiös heterogenen Struktur angesichts solcher Entwicklung durchaus in Schwierigkeiten. Man suchte nun nach einem Mittelweg, indem man sich zum einen für eine Eindämmung des protestantischen Aktionismus einsetzte, zum anderen die Generalstatthalterin erneut zu bitten beabsichtigte, Inquisition und ähnliche Repressionsverfahren aufzuheben. Der Weg war schwierig, weil die bürgerlichen, calvinistischen Konsistorien nachdrücklich Religionsfreiheit und Aufrechterhaltung der Privilegien forderten und die adlige Führung der Bewegung nur anerkennen wollten, wenn ihr ein Rat als Kontrollinstanz, bestehend aus sechs Adligen und sechs Bürgern, beigegeben würde.

Die Inhalte der großen Bittschrift vom April griff Ludwig von Nassau, der führende Adelsvertreter, am 30. Juli 1566 nach neuerlichen Beratungen in Adels- und Bürgerkreisen in einem Katalog von Forderungen an die Generalstatthalterin noch einmal auf. Aber er ging noch einen Schritt weiter, als er Religionsfreiheit verlangte, bis sich die Generalstände in dieser Frage entschieden hatten. Es berührte durchaus die Souveränität des Landesherrn, wenn die Entscheidungsgewalt in religiösen Fragen von ihm auf die Landschaft, vertreten durch die Generalstände, verlagert werden sollte. In dieser zweiten Bittschrift verlangten sie darüber hinaus, daß der Adelsverbund von Rechtsverfolgung verschont bliebe und Wilhelm von Oranien, Egmont und Hoorn die Regierung des Landes übernehmen sollten. Im August gestand der spanische König – nun vollends unter Druck geraten – zu, daß die päpstliche Inquisition abgeschafft werde; die bischöfliche aber blieb erhalten. Der Adelsverbund erhielt Straffreiheit zugesichert, die Organisation war jedoch aufzulösen. Eine Einberufung der Generalstände lehnte der Landesherr grundsätzlich ab.

Was hier bei den Adelsgruppen an Diskussionen stattfand oder in Form von Petitionen von ihnen vorgebracht wurde, lag durchaus nicht außerhalb, ja nicht einmal am Rande der Legalität, sondern bewegte sich im Rahmen der rechtlichen Möglichkeiten, die die Vertreter der Landschaft gegenüber dem Landesherrn ausschöpfen wollten. Auch wenn hier und da einmal geheim getagt wurde, so trug das Ganze doch nicht den Charakter einer Verschwörung. Alles ließ sich noch als Unmutsäußerung auffassen, die dann freilich vom August 1566 an eine neue Qualität, nämlich die der Gewalt, erhielt. Der Bildersturm, der sich zu einer expandierenden Aufstandsbewegung auswuchs, überrollte das einigermaßen bescheidene Auftreten des Adelsverbundes und bot naturgemäß keinen Raum für Kompromisse. Er setzte am 10. August 1566 im westflandrischen Steenvoorde ein, in den ländlichen Gebieten der Textilindustrie, pflanzte sich von hier aus in die übrige Region Flandern und nach Brabant fort, in die großen Städte Gent und vor allem Antwerpen, Doornik, Valenciennes, Mechelen, Oudenaarde und griff auf die nördlichen Provinzen über. Dort brachten Nachrichten über die Ereignisse im Süden die Aktionen in Gang. Kirchen wurden geplündert und beraubt, aber die Zielsetzung war nicht der kriminelle Akt, sondern die Säuberung der Gotteshäuser von Bildwerken. Man verhielt sich entsprechend der Lehre Calvins, und vor allem ging es darum, das Stadium der Heckenpredigten im Freien hinter sich zu lassen und endlich für die Predigt ein Gotteshaus zu erwerben. Wo die Stadtregierungen unter dem Druck des Sturms nachgaben, war dieses Vorhaben erfolgreich.

Die Heckenpredigten, die außerhalb der Städte im Freien stattfanden, schufen die eigentliche Massenbasis der Widersetzlichkeit gegen den spanischen Landesherrn. Seit Anfang der 60er Jahre zog man mancherorts zum Gottesdienst «zu Felde», und zwar bewaffnet. Das war spontan und militant zugleich. Die Spontaneität wich im Juli und August 1566 einer eher planvollen Unternehmung, deren Militanz zunahm. Im Süden wurden diese Heckenpredigten von der Antwerpener Synode, im Norden von einer Amsterdamer calvinistischen Kirchenversammlung organisiert. Überhaupt besaßen die Calvinisten im Kreise der religiösen Dissidenten des Landes einen besonderen Vorzug – sie waren am besten organisiert. Die einzelnen calvinistischen Gemeinden, die seit Anfang der 60er Jahre beträchtlich anwuchsen, standen unter der Verwaltung eines Kirchenrates oder Konsistoriums, und die Vertreter der Konsistorien trafen einander regelmäßig bei den Versammlungen der sogenannten Classes oder Synoden.

Die Prediger dieser religiösen Richtung waren sorgfältig ausgebildet, eine Reihe von ihnen noch von Calvin oder dessen Nachfolgern in Genf, und sie zogen als echte Proselyten-Macher durch das Land. Sie sahen sich selbst als die großen Missionare. Sie verstanden die Obrigkeit als die Dienerin Gottes, daher mußte auch diese Obrigkeit zum Calvinismus bekehrt werden. Und eben solcher Glaube gab dem Calvinismus seinen revolutionären Charakter. Die Konsistorialvertreter, die am 15. Juli in Saint Truiden auf neutralem Gebiet des Fürstbistums Lüttich mit Vertretern des Adels zusammengekommen waren, haben möglicherweise schon über einen organisierten und bewaffneten Widerstand gesprochen. Tatsächlich nahm die im Grunde spontane Bewegung, die am 10. August in Steenvoorde begann und sich in Flandern rasch ausbreitete, ab September etwa eine eher organisierte Form an, erfaßte freilich nicht alle Teile der spanischen Niederlande. In den meisten Fällen standen Prediger an der Spitze der Bewegung. Sie scharten kleine bewaffnete Trupps oder Kompanien um sich, aus deren Zusammensetzung erkennbar war, daß nicht alle Mitglieder der Haufen stets mit den ursprünglich religiösen Absichten des Bildersturms übereinstimmten. Neben den Predigern übernahmen auch Vertreter des Großbürgertums die Organisation der bewaffneten Trupps. In einer Stadt wie Doornik stand den Bilderstürmern schon ein calvinistischer Magistrat zur Seite, in anderen Orten gelang es den Aufständischen, das Stadtregiment ganz zu übernehmen und sich dort kürzere oder längere Zeit zu halten. Valenciennes wurde sogar zur Festung der Calvinisten ausgebaut.

Daß die Calvinisten eine so breite Basis errichten konnten, lag nicht zuletzt an der Wirtschaftskrise, die vor allem die Region Westflandern erfaßt hatte. Hier war eine Verschlechterung der Lage der Textilarbeiter eingetreten, die auch in Zeiten der Wirtschaftsblüte kaum über dem Existenzminimum lebten. Die Krise traf vor allem die Bevölkerung der kleinen ländlichen Gemeinden. Als durch einen Handelskonflikt mit England die Wolleinfuhr ausblieb, führte das sofort zu massiver Arbeitslosigkeit. Zugleich kam die Getreideeinfuhr zum Erliegen, als zwischen Schweden und Dänemark ein Konflikt ausbrach, der den Schiffsverkehr durch den Sund behinderte. Diese beiden Faktoren hatten zusammen mit einer Mißernte in den Niederlanden selbst und dem außergewöhnlich strengen Winter 1566 eine regelrechte Hungersnot herbeigeführt. Das war bis dahin in den Niederlanden unbekannt. Demgegenüber stand der Reichtum der römisch-katholischen Kirche, der zunehmend als Ärgernis empfunden wurde. Diese sozialrevolutionären Unterströmungen im Lande ließen den Calvinismus vermehrt Gehör und Zulauf finden. Der Marquis von Bergen hatte nicht ganz unrecht, wenn er die Schuld an den religiösen Wirren den Tausenden von Lohnarbeitern in Valenciennes zuschrieb.[7] Doornik, das ebenfalls rasch in die Hände der Calvinisten geriet, hatte so viele Arme in seinen Mauern, daß man von den «ganz Nackten» sprach, weil sie kein Stück Textil am Körper trugen. Nicht ein neues religiöses Dogma stand für diese Schicht auf der Tagesordnung, sondern schlicht und einfach die Beendigung des Elends: Viglius von Aytta schrieb einem Freund in Spanien, daß durch die Stagnation in Handel und Gewerbe mehr als 8000 Menschen arbeitslos geworden seien.[8]

Aber insgesamt war die Bilderstürmerei nicht allein eine Angelegenheit der armen Bevölkerungsschicht, vielmehr war die soziale Zusammensetzung der Bilderstürmer von Ort zu Ort sehr unterschiedlich. Sie reichte von den adligen Grundbesitzern und Amtsträgern über das gehobene und hohe Bürgertum bis hin zu Facharbeitern und angelernten Arbeitern, aber eben auch bis zu den arbeitslosen Armen und Randgruppen der Gesellschaft, die aus Invaliden, Kranken und Alten bestanden. Allein, es war so, daß das bei konjunkturellem Niedergang besonders empfindliche Proletariat und die ebenso anfälligen Handwerker in den Gewerbegebieten den Ton angaben. Im Norden fungierten dagegen eher Vertreter der bürgerlichen Oberschicht als Führer der aus allen Ständen und Klassen kommenden Aktionisten. Entsprechend dieser sozialen Gemengelage waren auch die Beweggründe unterschiedlich. Agierten die Unterschichten in erster Linie aus existenzieller Not, so standen bei den Vertretern der begüterten Schicht religiöse Motive stärker im Vordergrund, ohne daß sie sich wiederum den durchaus schon vorhandenen calvinistischen Ausschließlichkeitsanspruch zu eigen gemacht hätten. Ein Denken in den Kategorien von Rechtlichkeit und Ordnung und die Berücksichtigung wirtschaftlicher Interessen spielten dabei eine Rolle.

Ein Hochadliger wie Wilhelm von Oranien brachte solche Argumente ins Spiel. Im November 1566 verfaßte er ein umfangreiches Memorandum zur Lage in den Niederlanden. Im Vergleich zur großen Silvesterrede von 1564 war dies eben nicht so sehr ein prinzipielles Plädoyer für Gewissens- und Glaubensfreiheit, sondern sehr viel mehr ein Plädoyer der praktischen Notwendigkeit zu großzügigem Handeln. Das von ihm beschriebene Ziel einer gelungenen Innenpolitik hieß Betonung der Ehre Gottes – das gehörte zum Formelschatz der Zeit –, Gehorsam gegenüber dem Landesherrn, Respekt des Volkes vor der Gerichtsbarkeit und den Behörden und – nicht zuletzt – Förderung von Wohlstand und Prosperität des Landes. Der Oranier zeigte sich als äußerst praktischer, zugleich die internationale Entwicklung überschauender Kopf, wenn er darauf hinwies, daß die spanischen Niederlande von einer Reihe von Staaten umringt seien, die schon eine andere als die katholische Religion angenommen hätten. Und er nannte die damit verbundenen Gefahren. Man könne schließlich den Umgang mit den aus solchen Ländern kommenden Fremden nicht vermeiden, liege einem die Blüte des eigenen Landes am Herzen.

Er brachte die Blüte des Landes, Prosperität und damit die Wirtschaft neuerlich ins Spiel, und das entsprach nicht nur seinem Sinn für politische Praxis, sondern griff auch die vornehmlich in Flugschriften zum Ausdruck gelangenden zeitgenössischen Ansichten auf. Darin nämlich war zu lesen, daß die ungestörte und prosperierende Entwicklung der Wirtschaft die Aufhebung oder zumindest Milderung der Ketzerverordnungen verlange. So hatten sich noch kurz zuvor die reformierten Bürger Antwerpens an die Generalstatthalterin Margarethe gewandt und ihr Ersuchen um Religionsfreiheit damit begründet, wie bedeutend solche Freiheit für die Wirtschaft der Stadt sei. Der Hinweis Wilhelms, daß auch das Repressionsmittel der Verbannung schädlich sei, weil es das Land entvölkere und Handel und Gewerbe schade, zielte in dieselbe Richtung. Seine Schlußfolgerung war, daß die Zulassung der Religionsfreiheit den Staat und damit auch die katholische Kirche vor dem Untergang bewahre.

Gegen Ende des Jahres 1566 war es noch lange keine ausgemachte Sache, ob sich der Calvinismus gewaltsam durchsetzen oder sich zumindest eine befreite Position schaffen könne. Der Radikalität der die Bilderstürmerhaufen anführenden Prediger, die im übrigen vor allem aus England, aus Sandwich, herübergekommen waren, stand die eher konservative Einstellung von potentiellen Mitstreitern wie Wilhelm von Oranien gegenüber. Noch im August 1566 hatte der Oranier in Antwerpen eine Reihe von Bilderstürmern hinrichten lassen, da er sich jeder Form von Gewaltanwendung widersetzen wollte. Solche Gewaltanwendung war für ihn auch dann von Übel, wenn sie von der für Glaubens- und Gewissensfreiheit kämpfenden Seite kam. In erster Linie war dieser Prinz von Oranien ein Mann der Ordnung und des Kompromisses. Die Bilderstürmer blieben darüber hinaus ohnehin eine Minderheit, und die Aktion allein hat viele der ursprünglich auf Gewissensfreiheit drängenden Adligen wieder auf die Seite der Regierung getrieben. Es schien sogar noch Möglichkeiten zu geben, auf dem Wege der politischen Entscheidung und nicht auf dem der Gewalt zu einer Regelung zu kommen. Der Adelsverbund löste sich selbst auf, und im Gegenzug stimmte Margarethe dem Vorschlag zu, Predigten auch weiterhin dort zuzulassen, wo sie bislang gehalten worden waren.

Freilich, auch der Oranier erwog andere, weiterreichende Aktionen. Zusammen mit Egmont, Hoorn und Ludwig von Nassau beriet er in Dendermonde über die Voraussetzungen eines bewaffneten Widerstands. Aber Egmont, auf dessen militärische Qualitäten man setzte, zog sich zurück, so daß der Gedanke nicht weiterverfolgt wurde. Lediglich Hendrik van Brederode, Führungsfigur des niederen Adels, wollte es auf eine bewaffnete Auseinandersetzung ankommen lassen und befestigte seine Stadt Vianen. Die calvinistischen Städte Valenciennes und Doornik im Süden des Landes weigerten sich, die Brüsseler Garnisonssoldaten einrücken zu lassen, was zu ersten militärischen Auseinandersetzungen führte. Beide Städte fielen nach einigem Widerstand in die Hand von Regierungstruppen. In dieser Zeit verlangte der Adlige Wilhelm Blois van Treslong neuerlich Freiheit des Gottesdienstes, wurde aber von der Generalstatthalterin abgewiesen. Vor den Toren Antwerpens wurde ein kleines calvinistisches Heer unter der Führung von Jan van Toulouse am 13. März 1567 bei Oosterweel völlig zerschlagen – ein Vorgang, den die calvinistischen Parteigänger der Stadt Antwerpen von den Mauern ihrer Stadt aus beobachteten.

So entwickelte sich ganz allmählich ein erster bewaffneter Widerstand, der über die Bilderstürmerei von 1566 hinausging. Er begann nicht sonderlich erfolgreich, gleichwohl war die Statthalterin der Auffassung, dem

König nach Madrid schreiben zu müssen, daß die Truppen des Adligen van Brederode genauso stark seien wie die ihrigen. Der König reagierte. Er schickte den Herzog von Alba. Die Entsendung dieses «Eisenfressers» war die erste Stufe einer vollständigen Eskalation der Gewalt in den Niederlanden. Entscheidung und Ziel der Maßnahme lagen auf der Hand: Im Zuge königlicher Gegengewalt sollten die Ketzer «mit Stumpf und Stiel» vernichtet werden. Von diesem Auftrag wich Alba auch nicht ab, als ihn unterwegs Briefe der Generalstatthalterin erreichten, denen zufolge seine Entsendung unnötig sei, da sie wieder die Kontrolle über die Ereignisse habe. Im August erreichte er Brüssel. Vom ersten Augenblick an ließ er an seinen Absichten keinen Zweifel. Er errichtete ein Regiment, das durch Härte und Unerbittlichkeit zu «überzeugen» versuchte – wie sich herausstellen sollte, ein auf längere Sicht wenig aussichtsreiches Unterfangen.

Während zwischen 1523 und 1566 etwa zwei- bis dreitausend Protestanten hingerichtet worden waren, gelang es dem von Alba eingesetzten antirevolutionären Rat («Raad van Beroerte»), innerhalb kürzester Zeit tausend Todesurteile auszusprechen und vollstrecken zu lassen. Vermutlich sind etwa 10000 Bürger vor dem Rat angeklagt worden. Hab und Gut von etwa 9000 dieser Angeklagten verfielen in deren Abwesenheit der öffentlichen Hand. Das Regiment dieses Spaniers führte dazu, daß ein gewaltiger Strom von Auswanderern aus den Niederlanden floß. Die Zahl jener, die dem Regime entkamen, wird auf etwa 20000 geschätzt – bei einer Gesamteinwohnerzahl von nur 3 Millionen ein hoher Anteil. Ein Teil von ihnen zog in Gebiete, wo sie gänzlich fremd waren, andere fanden mancherorts bereits seßhafte Gemeinschaften niederländischer Glaubens- und Leidensgenossen.

Madrid brauchte Ruhe in den Brüsseler Landen; es brauchte Ruhe, weil nur ein gesicherter Norden die volle Konzentration der Kräfte auf die Auseinandersetzung mit den Türken und die Bekämpfung der Moriscos im eigenen Lande erlaubte. Dies war auch das Motiv des spanischen Generalstatthalters Alba, ein Steuer-Oktroi einzuführen. Dabei ging es nicht um die Steuersumme schlechthin, sondern um die Unabhängigkeit seiner Regierung von der Mitbestimmung weiter Teile der Bevölkerung in Finanzfragen. Diese Praxis wurde in Kastilien schon lange in frühabsolutistischer Form vorexerziert. Das System der für das ganze Land geltenden Steuersätze war insofern modern, als es den Landesherrn unabhängig machen sollte von den zustimmungsbedürftigen Beden – der freiwilligen, direkten Steuer im Mittelalter –, und es war modern, weil es einen weiteren Schritt auf dem Wege zur Zentralisierung darstellte, nachdem bis dahin die Gelder nach lokal und regional stark unterschiedlichen Sätzen entrichtet worden waren; schließlich war es ohne Zweifel modern, weil es zu einer gerechteren Verteilung der Lasten auf alle Einwohner führte. Aber genau hier rührte der Spanier an Grundstrukturen der niederländischen Verhältnisse.

Die Aussicht, daß Alba den ganzen Aufruhr wie einen Spuk beseitigen könnte, war bei seiner Ankunft nicht einmal schlecht. Mit Egmont und Hoorn ließ er gleich zu Anfang zwei Hauptvertreter der Opposition gegen den König verhaften und bald darauf hinrichten, wenngleich beide – bei aller Widersetzlichkeit – noch zu den loyalsten Männern des Hofes gezählt hatten. Ihr Vertrauen in die Rechtlichkeit der Monarchie wurde ihnen zum Verhängnis; andere waren da vorsichtiger gewesen. Hendrik van Brederode hielt sich im Herzogtum Kleve auf, und Wilhelm war bereits im April 1567 über Breda nach Dillenburg zurückgekehrt, zu seinem nassauischen Stammsitz. Ein berüchtigter Vertreter der Inquisition hat nach seiner Flucht gesagt: «Wenn der schlaue Wilhelm entkommen ist, wird unsere Freude nur kurz dauern.»[9] Er war entkommen und rettete damit sein Leben, teilte nicht das Schicksal von Egmont und Hoorn, nicht das des Barcons von Montigny, der in Madrid ermordet wurde, und auch nicht jenes des Sekretärs von Graf Egmont, der auf der Folterbank starb, oder das von Anton van Stralen, Bürgermeister von Antwerpen, der zuvor noch einen Aufstand in Antwerpen unterdrückt hatte, nun aber gefoltert und hingerichtet wurde. Der Sohn des Oraniers, Philipp Wilhelm, wurde als Geisel genommen und nach Spanien geschickt; dort ließen ihn die Spanier erst 1596 wieder frei.

Freilich konnte Wilhelm sein Engagement in dieser Auseinandersetzung nicht einfach durch eine Flucht beenden – bei aller Vorsicht, die geraten war. Es hätte seinem Ansehen als einem der höchsten Adligen des Landes sicher geschadet, wenn er, der sich so in Wort und Schrift für die Gegner des Königs eingesetzt hatte, nunmehr völlig geschwiegen oder sich ganz zurückgezogen hätte. So unterhielt er auch weiterhin Kontakte mit den Wassergeusen, denen er Kaperbriefe gab, und mit den calvinistischen Konsistorien, damit seine künftigen militärischen Unternehmungen finanziell abgesichert werden konnten.

Es begann die Zeit des eigentlichen Krieges. Zusammen mit seinen Brüdern Ludwig und Adolf von Nassau entwarf der Oranier einen großen strategischen Plan, um die Spanier aus den Niederlanden zu vertreiben. Er selbst wollte mit einer großen Truppenmacht im Zentrum der Niederlande Brüssel angreifen und hoffte, daß die Bewohner der Niederlande nach einem Jahr härtester Unterdrückung ihn, den Prinzen, aktiv oder passiv unterstützen würden. Die Brüder Ludwig und Adolf von Nassau sollten im Norden der Niederlande angreifen. Tatsächlich erlitten Albas Soldaten im Mai 1568 bei Heiligerlee gegen Adolf von Nassau eine Niederlage, während sie bei Jemmingen an der Ems die Truppen Ludwigs von Nassau besiegen konnten. Solche Erfolge oder Mißerfolge bedeuteten politisch ebensowenig wie der mißlungene Versuch Wilhelms, die Spanier aus dem Zentrum zu vertreiben, als er mit einem kleinen Heer von Deutschland heranrückte. Geldmangel zwang ihn, seine Truppen noch im gleichen Jahr zu entlassen.

Die Auseinandersetzung mit den Spaniern hatte noch nicht die Form eines großen militärischen Konflikts, sondern eher die eines Kleinkriegs und Guerillakampfes. Es waren die Wald- und Wassergeusen, die, von England herübersegelnd und zuweilen von der englischen Königin unterstützt, ihre Vorstöße gegen die niederländische Küste unternahmen, die Schiffs- und Handelsverbindungen beeinträchtigten oder mit «Landgängen» die Bevölkerung beunruhigten. Häufig genug gab es kaum einen Unterschied zwischen solchen Unternehmungen und einfachen Räubereien. Auf jeden Fall aber trugen sie dazu bei, die spanischen Herren fortgesetzt zu Repressionsmaßnahmen zu provozieren und deutlich zu machen, daß deren Anwesenheit nur als brutale Fremdherrschaft empfunden werden konnte. Die Geusen hielten den Gärungsprozeß, der nach der endgültigen Niederschlagung des Bildersturms unterdrückt zu sein schien, einigermaßen in Gang. Dabei waren sie nicht wählerisch in ihren Mitteln. Sie galten in spanischen Augen einfach als Briganten (Banditen), und wurden sie gefangen, dann hängten die Sieger sie am nächsten Segelmast auf – oder sie wurden nach Brüssel verschifft, um dort verhört und hingerichtet zu werden. Die Geusen, zu denen Adlige, Bürger, Händler und Fischer aus allen Provinzen der Niederlande gehörten, führten gerade zur See praktisch einen Bürgerkrieg, denn auf der Flotte Albas dienten keine Spanier, sondern Niederländer aus denselben Provinzen, aus denen ihre Gegner kamen. Bei ihren Raubzügen auf dem Festland überfielen sie ihre Landsleute und nahmen ihnen Hab und Gut. So sind eine Reihe von Dörfern bei diesen Einfällen sozusagen «kahlgefressen» worden. Neutrale Schiffe wurden ebenso angegriffen und als Beute in Emden, in La Rochelle oder in englischen Häfen verkauft.

Der Oranier, stets informiert über das Geschehen in den Niederlanden, zeigte sich wegen der eher anarchistischen Kriegsführung einigermaßen besorgt, erkannte freilich durchaus die militärischen Möglichkeiten der Wassergeusen, denn Albas wirkliche Schwachstelle war die Flotte, verfügte er doch über keine Einheiten, die die Bezeichnung Kriegsflotte verdienten. So verband sich der Prinz mit den Gegnern des Spaniers in der Weise, daß er sie als Herr des Fürstentums Orange in Dienst nahm und ihnen eine Flagge mit den drei Farben Rot, Weiß und Blau – die Farben seines Fürstentums – zuerkannte. Doch bei aller wachsenden Sympathie, die auch im Ausland der niederländischen Sache entgegengebracht wurde, blieb es sehr fraglich, wie lange die Räubermethoden Erfolg haben konnten, zumal die niederländische Bevölkerung selbst meist Leidtragender war.

Die Einnahme der seeländischen Stadt Den Briel durch die Wassergeusen am 1. April 1572 vermittelte dem Widerstand gegen die Spanier neue Impulse. Sie löste eine Volksbewegung aus, die sich im Unterschied zu den Ergebnissen im Bildersturm zunächst in Holland und Seeland durchsetzte. Den Briel wurde erster Stütz- und Ausgangspunkt, von dem aus die Geusen operieren konnten. An ihrer Spitze standen Willem van Lumey und

Wilhelm Blois von Treslong, beide Vertreter des niederen Adels. Die Strategie der Nadelstiche wandelte sich nun in einen systematischen Eroberungsfeldzug um, der jedoch nur gelingen konnte, weil unter dem Eindruck des Erfolgs in Seeland Oppositionsbewegungen in den Städten aufbrachen. Im Juni 1572 öffneten Alkmaar, Dordrecht und Leiden den Geusen die Tore der Stadt, nachdem zuvor Gouda, Oudewater und früher noch Vlissingen übergelaufen waren. Die Entscheidung, die Geusen in die Städte zu lassen, trafen die Magistrate ebenso wie die Schützengilden, und dies nicht zuletzt unter dem Druck calvinistischer Minderheiten sowie jener Fischer und Seeleute, die infolge der Aktionen der Wassergeusen und der dadurch entstandenen Störungen des Fischerei- und Schiffahrtbetriebes arbeitslos geworden waren.

Hinter der Bereitwilligkeit der Städte, die Tore zu öffnen, stand vielfach nicht nur die Pression tatkräftiger calvinistischer Kerngemeinden oder bestimmter Berufsgruppen, sondern zuweilen auch die Furcht vor Repressionen seitens der Rebellen, die für ihre schonungslose Grausamkeit bekannt waren. Spanier oder Geusen – das war unter dem Aspekt des Terrors keine wirkliche Alternative, aber die Wahl fiel zugunsten der Geusen aus, weil sie die Befreiung von den Steuern Albas brachten und weil selbst in katholischen Kreisen die spanische Herrschaft als landfremd empfunden wurde. Zum Teil scheinen niederländischer Katholizismus und spanische Inquisition kaum zu vereinbarende Faktoren gewesen zu sein. In der Calvinisierung sah eine Reihe von Katholiken weniger die Durchsetzung eines neuen Bekenntnisses, sondern eher eine Nationalisierung der niederländischen Kirche gegenüber der Inquisition. Die Geusen garantierten bei Übernahme einer Stadt in mehreren Fällen die Bekenntnisfreiheit der Katholiken, und die holländischen Stände stipulierten in einem Beschluß zusammen mit Wilhelm dem Oranier Bekenntnisfreiheit für das ganze Territorium, die freilich nicht von allzu langer Dauer sein sollte. Als grausamstes Beispiel der Katholikenverfolgung ging die Folterung und Ermordnung von 19 Gorcumer Geistlichen in die Geschichte des Aufstandes ein.

Die Frühjahrs- und Sommermonate des Jahres 1572 brachten eine Veränderung im Wesen des Aufstandes, wenngleich weder militärisch noch politisch die Dinge bereits entschieden waren. Abgesehen von der Konzentration auf einen Teil der nördlichen Provinzen war der Aufstand aus der bilderstürmerischen Phase der Spontaneität durch die Zeit der Guerillaattacken in die Phase der Organisation auf der Basis einer größeren Truppenmacht gelangt. Auf diese Weise wurde er militärisch erfolgversprechender und nahm in diesem Stadium von vorneherein auch konstitutionell gesehen einen revolutionären Charakter an.

Politisch und militärisch war der Aufstand von nun an noch enger mit dem Namen des Prinzen von Oranien verbunden. Denn er, der als einziger Vertreter des hohen Adels den einmal begonnenen Kampf weiterführte und bald nicht zu Unrecht der «Vater des Vaterlandes» genannt wurde, hat den Anstoß zur Errichtung eines «anderen Staates» gegeben – auf jeden Fall den Anstoß zum Abschied vom spanischen Landesherrn, wenn auch noch nicht zur Gründung einer Republik. Das wird auch deutlich, wenn man die Flugschriftenliteratur der Zeit studiert, die sich in der zweiten Hälfte der 6oer Jahre intensiviert hatte und in erster Linie der Rechtfertigung von Ungehorsam und Widerstand gewidmet war. Erst später wandelte sich ihre Zielsetzung dahingehend, die Einführung der republikanischen Staatsform zu begründen. In den zunächst nur gegen die Fremdherrschaft gerichteten Flugschriften wurde der Verlust von Eigenständigkeit und Selbstbestimmung befürchtet. Die Argumentation in diesen Texten zielte in der Anfangsphase auf die Sicherstellung der verbrieften, traditionellen Freiheitsrechte, ohne schon gleich in einer Republik die Lösung aller Probleme zu suchen. Die «Blijde Incomste» des Herzogtums Brabant aus dem 14. Jahrhundert wurde als erste grundlegende Urkunde niederländischer Freiheit dargestellt und nach 1564 innerhalb von zwei Jahren dreimal neu publiziert.

Ferner galt naturgemäß der Frage des Widerstandsrechts besonderes Interesse – so etwa dem Punkt, ob denn nun nur die niederen Behörden ein solches Recht gegen den inthronisierten Landesherrn geltend machen konnten oder ob es auch dem einzelnen Untertan erlaubt war, Widerstand zu leisten. Letztlich ging es in diesen Schriften ab 1566 um politische und religiöse Freiheit als die beiden Seiten ein und derselben Medaille. Gillis de Clerq, der bürgerliche Antwerpener Verbindungsmann zum Adelsverbund, hatte dies in einer frühen Phase der Auseinandersetzung in seiner an den König gerichteten Darlegung deutlich gemacht, als er in seinem Angriff auf die Ketzerverordnungen jene unter Hinweis auf die «Blijde Incomste» einen Verstoß gegen die Privilegien des Landes nannte. Aber de Clerq verordnete den Prädikanten des neuen Glaubens lediglich Trauer, nicht aber den Griff zu den Waffen – befand man sich doch noch in der Zeit vor dem Bildersturm. Dieser Hinweis auf die alte Brabanter Akte gehörte offensichtlich zum allgemeinen Rüstzeug der Autoren jener Zeit, wobei einige von ihnen nicht trauernde Demut, sondern aktiven Widerstand predigten. Zu ihnen zählte Marnix von St. Aldegonde, einer der beredteren Mitstreiter des Oraniers. Seine Äußerungen näherten sich in ihrer Heftigkeit dem wohl in den Freiheitskämpfen entstandenen Slogan «Lieber tot als Sklave» – schrieb er doch, die Bevölkerung würde lieber einen raschen Tod sterben in der Gewißheit, ihren Kindern die althergebrachten Freiheiten gesichert zu haben, als in Sklaverei zu leben, die elender sei als tausend Tode.

Neben Marnix von St. Aldegonde war Jacob van Wezembeecke einer der fruchtbarsten und entschiedensten Pamphletisten der Jahre vor, während und nach dem Bildersturm. Er wurde schließlich Sekretär des Oraniers. Die Freiheit der Niederlande stand bei ihm ganz im Vordergrund, während die religiöse Seite ganz zurücktrat. Freiheit bedeutete ihm wie anderen die umfassende Privilegienwelt, aber wo andere bloß auf deren Bedrohung durch frühabsolutistische Machtgier hinwiesen, wußte er ein nachgerade frühliberales Bild von Staat und Gesellschaft zu entwerfen, indem er die wirtschaftliche Prosperität des Landes auf die Bewahrung dieser Freiheit zurückführte. In jener frühliberalen Verbindung von Freiheit und Prosperität verwandelte sich die ursprüngliche Bindung an Privilegien und Sonderrechte und wurde zu dem einen abstrakten Gut, das zu beanspruchen der einzelne ein natürliches Recht hatte. Durch diese Begründung waren Ungehorsam und Widerstand nicht länger ein Vorrecht der niederen Behörden; vielmehr entstand ein Widerstandsrecht jedes einzelnen Bürgers.

Offenbar hat sich Wilhelm von Oranien in Gedankenführung und Argumentationsweise van Wezembeecke angeschlossen, und zwar sowohl in seiner «Verantwoor-dinghe» als auch in seinen weiteren Schriften oder Manifesten von 1568. Aber er ging noch ein Stück weiter als der Antwerpener Stadtsyndikus. Nicht nur, daß er expressis verbis vom natürlichen und göttlichen Recht sprach, er sah bei einem Verstoß gegen solches Recht über den Protest hinaus auch den bewaffneten Widerstand erlaubt, wie er zugleich – konsequenterweise – Hilfegesuche an Fürsten des Auslandes für berechtigt hielt. Daß beide die Stände als Vertragspartner des Landesherrn neuerlich ins Spiel brachten, mag an sich nichts Besonderes heißen, aber in einer Zeit, in der der Landesherr es gerade unternahm, sich von den Ständen unabhängiger zu machen, war die Erinnerung an die Stände als integralem Bestandteil der niederländischen Konstitution und der Freiheit der Landschaft durchaus eine Form des Protestes.

Die aufständischen Provinzen haben sich 1579 zur Utrechter Union zusammengeschlossen. Die Union stand am Ende einer rund anderthalb Jahrzehnte dauernden Opposition gegen religiöse Unterdrückung, aber auch gegen unzuträgliche innenpolitische Maßnahmen, die über die Köpfe der eigentlichen Vertreter der Landschaft – der Adligen – hinweg getroffen wurden. Dazu hat eine Wirtschaftskrise die Unzuträglichkeit religiöser Repression nachhaltig unterstrichen, ja, eigentlich die Massenbasis der Opposition erst geschaffen. Gleichzeitig waren jene, die als Führer oppositioneller Bewegung in den Vordergrund traten, allzu unterschiedlicher Meinung, als daß eine Verschwörung im Sinne eines engsten Zusammenhalts hätte zustande kommen können. Der Aufstand kündigte sich mit dem Bildersturm an, ebbte dann ab, um schließlich in der Eskalation von Gewalt und Gegengewalt immer größeren Umfang anzunehmen. Daß dieser Aufstand schließlich Erfolg haben sollte, mag durchaus an der nicht zu unterschätzenden Kampfkraft der aufständischen Truppen gelegen haben, wird aber auf jeden Fall auch als eine Folge der spanischen militärischen Schwäche zu werten sein. Daß sich die Aufständischen schließlich für die Republik entschieden, lag nicht zuletzt an der einfachen Tatsache, daß sie nach dem Abfall vom spanischen König nicht in der Lage waren, einen Landesherrn zu finden, der sich an die Grundlagen einer ständischen Ordnung, das heißt an die enge Begrenzung landesherrlicher Gewalt, gewöhnen wollte.

Die «Pulververschwörung» gegen Parlament und König. 1605 scheitert der katholische Aufstand in England

Alexander Gauland

«Remember, remember, the 5th of November», singen die englischen Schulkinder seit über dreihundert Jahren, verbrennen Strohpuppen mit der Maske von Guy Fawkes oder auch von Lady Thatcher und John Major und feiern zusammen mit ihren Eltern die Errettung des Landes aus der Gefahr der «Pulververschwörung». Und jedes Mal vor der feierlichen Parlamentseröffnung durch die Königin durchsuchen die «Yeomen of the Guard» den Palast von Westminster nach Pulver und Blei. Doch nur einmal, in der Nacht zum 5. November 1605, sind sie fündig geworden.

Es ist schon merkwürdig: Obwohl viele Briten nicht mehr genau wissen, was sie da feiern, ist kein anderes Ereignis so tief in die englische Volksseele eingedrungen, hat kein anderer Feiertag die Stürme der Jahrhunderte überdauert. Selbst als die Revolution im Jahre 1647 alle Feiertage abschaffte, machte sie eine Ausnahme – Guy Fawkes day.

Und dies alles zum höheren Ruhme eines Ereignisses, von dem die Historiker nicht sicher sind, ob es überhaupt stattgefunden hat[1] oder nicht vielmehr nur die Erfindung einer tückischen Regierung war – eines Ereignisses, von dem wir wissen, daß es nicht stattfinden konnte, da das Pulver, das König und Parlament in die Luft sprengen sollte, längst in seine Bestandteile zerfallen war,[2] unfähig, auch nur eine Maus zu töten. Vom Erhabenen zum Lächerlichen ist oft nur ein Schritt, hat Napoleon einmal gesagt. Hier gilt das Gegenteil – das Ereignis war lächerlich, Auswirkungen und Nachwirkungen hingegen gewaltig.

Es ist schwer, sich in das England des Jahres 1605, das England Jakobs I., zu versetzen. Doch beginnt diese Geschichte noch früher – während der englischen Reformation in der Regierungszeit Heinrichs VIII. Die anglikanische Kirche hat ihr Entstehen aus dem Scheidungswunsch eines Königs immer als Makel betrachtet. Nie konnte sie sich zwischen ihrer katholischen Herkunft und ihren protestantischen Wurzeln entscheiden. Ob es dem König letztlich um einen männlichen Erben oder nur um eine schöne neue Bettgenossin ging, ist in diesem Zusammenhang gleichgültig – es bleibt die Tatsache, daß der König eine katholische Kirche mit sich selbst als Oberhaupt schuf, was für gläubige Katholiken eine besonders anstößige Konstruktion war und durch die Jahrhunderte blieb. Das Dilemma dieser Kirche hat der spätere Kardinal Newman in den fünfziger Jahren des 19. Jahrhunderts einmal wie folgt formuliert: «Ich habe mir stets vor Augen gehalten, daß es etwas Größeres gebe als die Staatskirche, und das war die katholische und apostolische Kirche, die von Anbeginn entstanden war und von welcher jene nur eine örtlich beschränkte Gestalt und ein ebensolches Organ war.»[3]

Im Norden des Landes wehrte sich die Bevölkerung gegen die Zerstörung der Klöster wie gegen die Vernichtung einer alten Kultur, doch die als *Pilgrimage of Grace* – als Gnadenwallfahrt – in die Geschichte eingegangene Rebellion des Nordens konnte das Schicksal der Klöster wie der päpstlich-katholischen Kirche nicht wenden. Mit ihrem Ende und der Errichtung sechs neuer Bistümer wurde das letzte Refugium des Papismus in England zerstört. Im Herzen waren viele Engländer allerdings Katholiken geblieben und hofften auf eine Restauration.

Erst die Scheiterhaufen, die Heinrichs katholische Tochter Maria aus dessen Ehe mit Katharina von Aragon, die «blutige Maria», entzündet hatte, gaben dem neuen Protestantismus Märtyrer und der anglikanischen Staatskirche Kraft. Zu Beginn von Marias Regierungszeit hing die Mehrheit ihrer Untertanen noch am alten Glauben, und eine kluge Politik hätte das Land für Rom zurückgewinnen können. Als sie 1558 starb, war die Flamme des katholischen Glaubens in England fast völlig erloschen. Sie wollte zurück zum Alten, zum Hergebrachten, und fand doch den rechten Weg nicht zu den Herzen ihrer Untertanen. Was mit Glockenklang begann, endete auf dem Scheiterhaufen von Smithfield, und statt einer geglückten Restauration erlebte das Land eine stumpfsinnige Reaktion. Maria gelang, was Heinrich versagt geblieben war – die Vollendung der protestantischen Revolution.

Unter ihrer Nachfolgerin Elisabeth war das nationale Gefühl bereits protestantisch, und die Katholiken waren eine Minderheit am Rande der Legalität, halb im Untergrund. Katholiken durften keine öffentlichen Gottesdienste abhalten, nicht katholisch heiraten und ihre Kinder nicht katholisch taufen lassen. Wenn sie Strafgelder vermeiden wollten, mußten sie regelmäßig den protestantischen Gottesdienst besuchen und ihre Kinder protestantisch erziehen lassen. 1563 erließ das Parlament den *Act of Supremacy*, wonach Geistliche und Beamte einen Eid auf den Monarchen als weltliches und geistliches Oberhaupt der Kirche von England ablegen mußten. Damit waren Katholiken praktisch vom öffentlichen Leben ausgeschlossen.[4]

Besonders grausam war die Behandlung katholischer Priester. Wurden sie ergriffen, wenn sie die Messe lasen, drohte ihnen Folter und Tod. Zuerst gehängt, danach als noch lebender Leichnam abgeschnitten, wurde ihnen das Herz herausgerissen, und ihr Körper wurde anschließend geviertelt. Fast in allen Herrenhäusern Mittel- und Nordenglands finden sich noch heute jene Priesterverstecke, die sie vor diesem Schicksal bewahren sollten. Dennoch suchte Elisabeth den Kompromiß, da sie keine Neigung verspürte, «Fenster in die Herzen der Menschen aufzustoßen». Ihr erstes Par-

lament bestimmte sie anders als ihren Vater nur zum *Supreme Governor* in
geistlichen Dingen, und die neue Uniformitätsakte von 1559 hielt im
Zeremoniell an manchem fest, was katholische Überlieferung war. Mit der
Einführung des neuen Gebetbuches war die elisabethanische Kirche immer noch katholisch, wenn auch nicht römisch, protestantisch, aber nicht
presbyterianisch, und die Katholiken im Lande hatten die Hoffnung auf
eine Wiederherstellung der alten Kirche nicht aufgegeben. Ein Teil von
ihnen hoffte auf staatliche Toleranz und Glaubensfreiheit als notwendiges
Gegengewicht der Monarchie gegen die republikanisch-theokratischen
Tendenzen in der Kirche von Calvin und John Knox, doch ein anderer
Teil beteiligte sich an den Verschwörungen zugunsten Maria Stuarts und
nach deren Tod am dilettantischen Essex-Aufstand. So schwächte sich die
katholische Minderheit weiter, statt die Möglichkeiten der elisabetha-
nischen Politik klug zu nutzen. Als Marias Sohn Jakob nach Elisabeths Tod
im Jahre 1603 unangefochten auf den englischen Thron kam, wurde er
auch von vielen katholischen Hoffnungen und Gebeten begleitet.

Der Sohn Maria Stuarts und Lord Darnleys, Jakob I., besaß eine kuriose
Mischung negativer Charaktereigenschaften. In seinem plumpen Leib
wohnten kalter Ehrgeiz und eine ängstliche Seele dicht beieinander. Jakob
I. (1566–1625) sprach stammelnd, bewegte sich ungraziös, hatte rohe Ma-
nieren, trank viel und sabberte beim Trinken. Vom sprichwörtlichen
Stuart-Charme seiner Mutter besaß er nichts. Er erhielt eine reiche hu-
manistische Bildung von einem der besten Lehrer des neuen reformierten
Glaubens, George Buchanan, der ihm zuviel Theologie und zuwenig Kultur beibrachte. Er scheute das Wasser, war abergläubisch und gelehrt, tö-
richt und schlau, glaubte an Dämonen und Hexen und schaute dennoch
auf seinen Vorteil. Inmitten der Unduldsamkeit seiner Zeit war er tolerant,
und auf seine Gelehrsamkeit war er so stolz wie auf seine göttliche Abstammung. Seine Verteidigung der absoluten Monarchie hätte ihm in jedem anderen europäischen Land des beginnenden Absolutismus Ruhm
eingetragen, in England war sie der erste Schritt auf einer abschüssigen
Bahn, an deren Ende für seinen Sohn und Nachfolger Tod und Kronverlust
standen. Schmeichler nannten ihn den Salomon des Nordens, doch rich-
tiger war wohl die Einschätzung Sullys, des Ministers Heinrich IV. von
Frankreich, der ihn als den «weisesten Narren der Christenheit» bezeichnete.[5]

Dieser Narr beging gleich zu Beginn seiner Regierungszeit einen
schweren Fehler. Ohne die englischen Verhältnisse im letzten überblicken
zu können, hatte er den englischen Katholiken noch von Edinburgh aus
Hoffnung auf Toleranz und die Abschaffung der Strafgesetze gemacht.
Die Historiker streiten, ob diese Zusicherungen nur mündlich gegeben
oder auch schriftlich fixiert wurden.[6] Jedenfalls waren viele englische
Katholiken in dem festen Glauben, die neue Regierungszeit werde ihnen
Erleichterungen bringen. Zugleich suchte er Frieden mit Spanien, der –

so hoffte er – die antikatholische Stimmung sinken lassen würde. Doch statt zu versuchen, diese Politik im Parlament umzusetzen, verfolgte der König in seinem ersten Parlament das utopische Projekt einer englisch-schottischen Union, wofür er bei den Protestanten mit der erneuten Bestätigung der antikatholischen Strafgesetze warb. Es gäbe schon zu viele Katholiken in England, und deshalb müsse deren Zunahme Einhalt geboten werden, argumentierte der König und zerstörte damit auf einen Schlag alle katholischen Hoffnungen. So neigte sich in den Jahren 1604 und 1605 die Waage auf die Seite derjenigen, die mit Gewalt erzwingen wollten, was ihnen Jakob I. versprochen, aber nicht gehalten hatte. Der König selbst hatte damit den politischen Rahmen für die Pulverver-schwörung geschaffen.

Nun treten aus dem Dunkel der Geschichte zwei Figuren, ohne die es nie eine Pulververschwörung gegeben hätte – Robert Catesby und Guy Fawkes. Doch schon beginnen die Zweifel. Denn Guy Fawkes, der dem Ganzen den Namen geliehen hat und dafür millionenfach an jedem 5. November von den englischen Schulkindern verbrannt wird, war ei-gentlich nur eine Randfigur, ein Soldat aus einer Reihe von Dienern der Krone, ein Macher, kein Beweger. Guy Fawkes beschaffte das Pulver und bewachte es, als die Häscher des Königs das Parlament durchsuchten. Sein Ruhm ist ein Nachruhm, sein Anteil an der Vorbereitung der Verschwö-rung und der Anwerbung der Verschwörer eher gering.[7] Immerhin ging Fawkes nach Spanien, um dort – vergeblich – mit einem Memorandum um Unterstützung und Geld zu bitten; Spanien aber schätzte die Lage der Katholiken in England ebenso wie ihren Willen, sich gewaltsam zu erhe-ben, völlig falsch ein, und selbst die bigott-katholischen Staatsmänner um Phillip III. taten solche Aufstandspläne als Wunschdenken ab.

Die beiden «Pulververschwörer» sind für uns heute kaum mehr als Masken. Ein berühmter Stich, gefertigt viele Jahre später, zeigt uns acht Männer mit bärtigen Gesichtern unter spitzen jakobäischen Hüten. Ihre Züge verraten uns wenig und ähneln schon lebend den auf Holzpfähle gesteckten Köpfen der Hingerichteten. Doch muß unter ihnen ein Mann von bezwingendem Charme und großer suggestiver Kraft gewesen sein, Robert Catesby, die eigentliche Seele der Verschwörung. Auch von Cates-by kennen wir nicht mehr als ein bärtiges Gesicht unter spitzem Hut. Doch wissen wir von seinen Freunden, daß er das Ideal männlicher Schönheit gewesen sein muß. Hochgewachsen, charmant, von großzügiger Gesinnung, besaß er eine tiefe philosophische und theologische Bildung, die er nutzte, die unglücklichen Glaubensgenossen davon zu überzeugen, daß die alte Kirche mit Feuer und Schwert wiederhergestellt werden müsse. Catesby war für seine Freunde und Komplizen so etwas wie ein Heilsbringer, Phoebus Apollo, der Sonnengott.[8]

Doch seine destruktive Intelligenz verdammte ihn zur Rolle des Phae-ton, der die Welt in ewige Nacht zu stürzen drohte, als er den Sonnenwagen umwarf. Catesby entstammte dem Landadel und war der einzige Verschwörer mit einem Namen in der englischen Geschichte. Denn einer seiner Vorfahren – William Catesby – hatte Richard III., dem klassischen Bösewicht am Ausgang des englischen Mittelalters, gedient und war als die «Katze» in einen Knüttelvers eingegangen, den ein aufgebrachter Untertan König Richards an die St.-Pauls-Kathedrale nageln ließ:

Die Katze, die Ratte und Lovell, unser Köter,
herrschen über England unter einem Eber.[9]

Der Verfasser dieser Zeilen sollte dafür eines grausamen Todes sterben. In Robert Catesby hatte die Verschwörung zugleich ihr Gehirn und ihre Seele. Die restlichen Namen sind uns heute fremd und sagen auch englischen Schulkindern nichts mehr. Neben Catesby und Fawkes waren es Tom Wintour, Jack Wright, Thomas Percy, Robert Keyes, Thomas Bates, ein Diener Catesbys, Robert Wintour, John Grant, Kit Wright, Ambrose Rookwood, Francis Tresham und Sir Everard Digby; von letzterem besitzen wir ein Bild,[10] das ihn als Höfling zeigt – ein wohlhabender, lebenslustiger und kluger Mann aus einer alten Familie mit vielen Pferden, die aus den Verschwörern Berittene machen sollten. Daß Catesby ausgerechnet 13 Verschworene rekrutierte, zeigt eine merkwürdige Gelassenheit gegenüber dem bösen Omen, denn die Zahl 13 galt schon damals als unheilverheißend, und in Catesbys Nachlässigkeit in diesen Dingen sahen schon die Zeitgenossen *eine* Ursache des Scheiterns.

Neben den vielen unbekannten Namen der Pulververschwörung muß noch ein sehr bekannter genannt werden, den man in diesem Umkreis nicht vermutet – William Shakespeare. Der Dichter war zwar kein Rebell, hatte aber Verbindung zu diesem Kreis, dessen Mitglieder fast alle aus den Herrenhäusern Mittelenglands kamen, die sich wie ein Reif um Stratford-upon-Avon legen. In London verkehrten Catesby und seine Freunde in derselben Mermaid Tavern, in der Shakespeare und sein Freund William Johnson residierten. Und die Literaturhistoriker weisen darauf hin, daß die Pulververschwörung auf eine hier nicht näher zu untersuchende komplizierte Weise den «Macbeth» inspiriert hat.[11]

Die Idee der Pulververschwörer, den König mitsamt seinen Lords in die Luft zu sprengen, hat etwas zutiefst Anarchisch-Destruktives. Zu Recht hat die jüngste Protokollantin der Verschwörung, die schottische Historikerin Antonia Fraser, Vergleiche zum modernen Terrorismus gezogen.[12] Denn was außer befriedigter Rache hätte ein gelungener Anschlag bringen sollen? Die Regierung hätte sich nach einem Moment der Verwirrung schnell gefangen, und sie wäre mit unbarmherziger Grausamkeit über die Katholiken hergefallen. Schlimmer noch: die angstgeschüttelte protestantische Mehrheit hätte jeden Katholiken erschlagen, dessen sie habhaft geworden wäre. Ein grauenhaftes Massaker und nicht die Wiederherstellung des alten Glaubens wäre die Folge eines gelungenen «Tyrannenmords» gewesen. Der Gedanke stammte von Catesby, der ihn mit dem Satz rechtfertigte: «In diesem Palast» – dem Palast von Westminster – «haben sie uns all das Elend angetan, vielleicht hat Gott diesen Palast für ihre Bestrafung gebaut.»[13]

Der Anfang der Verschwörung läßt sich genau datieren: Am 20. Mai 1604 trafen sich Catesby, Wintour, Wright, Percy und Fawkes im *Duck and Drake-Inn,* einem Gasthof am Strand, und beschlossen, «eine scharfe Medizin gegen die vorhandene Krankheit anzuwenden.»[14] Die Zeit des Redens, Verhandelns und Parlamentierens sei vorbei. Anschließend legten sie einen Eid, Verschwiegenheit zu wahren, auf ein katholisches Gebetbuch ab. Danach – es war ein Sonntag – zelebrierte ein Priester und Angehöriger des Jesuitenordens, Pater Gerard, die Messe, und die fünf Verschwörer gingen zur heiligen Kommunion.

Obwohl dieser Priester von dem, was vorausgegangen war, nichts wußte und die Beteiligten ihn auch später unter dem Druck der Folter nicht belasteten, hatten die Pulververschwörer mit dieser Koinzidenz der Regierung ein Mittel in die Hand gegeben, den englischen Katholizismus insgesamt in moralische Beugehaft zu nehmen. Es waren Soldaten und Aristokraten, die für den Umsturz nicht erzogen waren und die deshalb die einfachsten Regeln der Konspiration mißachteten. Wie es nach der Sprengung des Parlaments weitergehen sollte, blieb vage. Ein Aufstand im Lande und die Entführung von Jakobs jüngeren Kindern Karl, dem späteren König, und Elisabeth, der späteren «Winterkönigin» von Böhmen, waren geplant, aber nicht im einzelnen durchdacht. Auch die Durchführung der Sprengung selbst blieb im Dunkeln. Das für die Tat völlig ungeeignete Pulver fanden die königlichen Häscher in einem Raum unter dem Versammlungssaal des Palastes von Westminster. Doch in manchen zeitgenössischen Berichten ist von einem unterirdischen Stollen die Rede, den die Verschwörer gegraben haben sollen und den die Regierung später propagandistisch nutzte, um die Gefahr dramatisch zu überhöhen.[15] Den Stollen hat man nie gefunden, und es ist auch kaum vorstellbar, daß das Graben an einem der belebtesten Plätze Londons zur damaligen Zeit unbemerkt geblieben wäre.

Aber noch ehe dies alles auch nur in die Nähe eines möglichen Erfolgs gelangte, hatte der Verrat schon die Verschwörung zersetzt. Und dieser Verrat war so merkwürdig wie die ganze Verschwörung selbst. Am 26. Oktober des Jahres 1605, also zehn Tage vor dem geplanten Pulverdampf, brachte ein Bote einem der führenden katholischen Lords und Schwager eines der Verschwörer, Lord Monteagle, einen anonymen, schwer leserlichen Brief, der sich noch heute im Public Record Office befindet. Das Schreiben lautete:

«My Lord, aus Zuneigung zu einigen Ihrer Freunde möchte ich Sie vor Unheil bewahren. Deshalb möchte ich Ihnen raten – wenn Ihnen Ihr

Leben lieb ist –, sich eine Ausrede auszudenken und dem Parlament fernzubleiben, denn Gott und Mensch haben beschlossen, die Bosheit dieser Zeit zu bestrafen. Nehmen Sie diese Warnung nicht leicht, und ziehen Sie sich in Ihre Grafschaft zurück, wo Sie das Ereignis in Sicherheit abwarten können. Denn obwohl es keine Anzeichen irgendeiner Unruhe gibt, wird dieses Parlament einen fürchterlichen Schlag erhalten und dennoch nicht sehen, wer ihn führt. Dieser Rat sollte nicht mißachtet werden, da er gut für Sie ist und Ihnen keinen Schaden zufügen wird, denn die Gefahr ist vorbei, sobald Sie diesen Brief verbrannt haben. Und ich hoffe, Gott, dessen Schutz ich Sie anvertraue, wird Ihnen gnädig sein, damit Sie diesen Rat nutzen können.»[16]

Monteagle, so die offizielle Darstellung des Königs im Parlament, entschloß sich, den Brief dem allmächtigen Minister des Königs, Salisbury, zu übergeben. Salisbury informierte daraufhin den Geheimen Staatsrat, auch dessen katholische Lords, aber nicht sofort den König. Die Verschwörung war damit verraten. Catesby erfuhr noch am selben Tag von einem Diener Lord Monteagles, daß es in den Reihen der Verschwörer einen Verräter gab. Zeitgenossen und Historiker hat natürlich die Frage beschäftigt, wer dieser Verräter war und warum er diesen seltsamen Umweg über einen katholischen Lord genommen hat, von dem er keineswegs sicher sein konnte, daß er die Regierung informieren würde. Es ist hier nicht möglich, Gründe und Gegengründe für und wider jeden der Mitverschworenen zu wägen, doch schon die Zeitgenossen wiesen auf den zwölften Mann, Francis Tresham, den Schwager Monteagles.[17] Aber weshalb sollte er, der am Ende elend umkam, den Verrat begangen haben? Stellt man die klassische kriminalistische Motiv-Frage des *Cui bono,* dann bleibt nur einer, dem der Brief genützt hat – der Empfänger selbst.

Catesby wie auch die anderen adligen Verschwörer hatten die Grundregeln aller Konspiration mißachtet und verschiedene katholische Lords gewarnt oder sogar in das Geheimnis eingeweiht. Monteagle war einer von ihnen, und was Catesby ihm nicht erzählt hat, dürfte sein Schwager Tresham ergänzt haben. Mit diesem Wissen fabrizierte er den ominösen Brief, von dem Salisbury wußte, daß er gefälscht war.[18] Trotzdem erhielt der halb oder auch ganz Eingeweihte als «Retter des Vaterlandes», wie ihn Ben Jonson nannte, Land und Einkommen im Werte von 700 Pfund pro Jahr, eine gewaltige Summe für die damalige Zeit. Es ist bei dieser Sachlage kein Wunder, daß es immer wieder Historiker gegeben hat, die der ganzen Verschwörung mißtrauen und sie für ein Produkt Salisburys zur Vernichtung der Jesuiten ausgeben,[19] in der allein Fawkes, der Volksbösewicht des Nachruhms, ein ehrlicher Verschwörer war. Doch ist aristokratischer Dilettantismus noch kein doppelter Verrat und das Schicksal der Pulververschwörer ein zu furchtbares, als daß man so recht an den «agent provocateur» glauben könnte. Das Ganze kam der Regierung gelegen, aber die Idee der Pulververschwörung ist nicht im Kopfe Salisburys entstanden.

Das Verhalten Salisburys, nachdem er Kenntnis von der Verschwörung erhalten hatte, liefert einen weiteren Grund für das Mißtrauen mancher gegenüber der ganzen Pulververschwörung. Die normale Reaktion wäre gewesen, alle verfügbaren Ordnungskräfte für eine sofortige Durchsuchung des Palastes von Westminster zu nutzen. Doch Salisbury tat nichts dergleichen. Am 1. November, also vier Tage nach Erhalt der Nachricht, legte er den Brief dem von der Jagd zurückkehrenden König vor, wiederum, ohne daß etwas geschah. Am 2. November wurde der Geheime Staatsrat offiziell informiert, und man beschloß, am Montag, also vier Tage später, das Parlament durchsuchen zu lassen. Wenn Salisbury keine Kenntnis von den Einzelheiten der Verschwörung gehabt hat, bleibt dieses Verhalten verantwortungslos und unverständlich.[20]

Neun Tage vergingen, ehe am Montag der Lord Kämmerer Lord Suffolk und einige Lords eine oberflächliche Inspektion vornahmen, bei der sie Unmengen von Feuerholz in einem Keller entdeckten. Nun erst in den frühen Morgenstunden des 5. November leitete der Friedensrichter von Westminster, Sir Thomas Knevett, die erste offizielle Untersuchung ein, die zur Entdeckung des Pulvers und zur Verhaftung des nachlässig dabeistehenden Guy Fawkes führte. Die Gefahr war vorüber – die Pulververschwörung entdeckt. Der Eintrag im Parlaments-Journal vom 5. November lautet: «In der letzten Nacht wurde das Oberhaus von Sir Thomas Knevett durchsucht; ein Johnson, Diener von Thomas Percy, wurde dabei ergriffen; er hatte 36 Barrel Schießpulver in dem Keller unter dem Haus zu dem Zweck deponiert, den König und seine Gesellschaft, wenn sie sich dort versammeln, in die Luft zu sprengen.»[21]

48 Stunden gelang es Guy Fawkes, seine falsche Identität zu wahren. In den Straßen Londons wurden Freudenfeuer entzündet, die der Staatsrat genehmigt hatte, wenn es «ohne Gefahr für Leib und Leben oder Unordnung» vor sich gehe.[22] *Guy Fawkes day* war geboren. Als die in London anwesenden Verschwörer von der Entdeckung des Pulvers und der Verhaftung von Guy Fawkes erfuhren, versuchten sie, ihre Mitverschworenen in den Midlands zu erreichen, die unter der Führung Catesbys den Aufstand trotz der Entdeckung auslösen und die jüngere Tochter des Königs, Elisabeth – die vorgesehene neue Königin –, entführen wollten. Doch die Kraft dazu reichte nicht mehr.

Bei einem Überfall auf Warwick Castle konnten sich die Rebellen zwar Pferde und Munition verschaffen, zugleich ereilte sie aber ein Mißgeschick, das tragikomische Züge trägt. Während das Pulver in London längst unbrauchbar geworden war, entzündete sich das von den Verschwörern in den Midlands mitgeführte Pulver am Lagerfeuer, wo es zum Trocknen ausgebreitet lag, und verletzte vier der Männer schwer, einer verlor sein Augenlicht.[23] So bekam Robert Catesby am Ende doch noch seine Pulverexplosion. Sie traf aber nur gute Katholiken und nicht einen der Feinde, für die das Pulver bestimmt war. Sie beendete auch die Verschwörung, denn die Verschworenen hatten nun keinerlei Energie mehr. Sie zogen sich in das Haus eines Verschwörers – Holbeach – zurück und wurden dort vom Sheriff von Worcestershire, Sir Richard Walsh, und 200 Mann eingeschlossen. Catesby, Percy und die Wright-Brüder fielen, vier andere Verschwörer wurden schwer verwundet nach London gebracht.[24]

Robert Catesby, der Mann, der seine katholischen Glaubensgenossen von Unterdrückung und Intoleranz befreien wollte, starb, in den Händen ein Bildnis der Jungfrau Maria, während die Helfer der Sheriffs den Sterbenden die wertvollen Kleider vom Leibe rissen. Immerhin blieben ihm der Tower und ein Prozeß erspart. Nur sein Kopf wanderte nach London, nachdem man den Verscharrten wieder ausgegraben und ihm den Kopf abgeschlagen hatte. Guy Fawkes aber wurde auf Befehl des Königs gefoltert und brach nach zwei Tagen zusammen. Auf dem Streckbrett zerbrachen Seele und Körper. Danach kannte die Regierung die handelnden Personen und das Ausmaß der Verschwörung.[25] Wir kennen die Unterschriften von Fawkes vor und nach der Folter. Aus der kräftigen Handschrift eines mutigen Soldaten war innerhalb von zwei Tagen das zittrige Geschreibsel eines alten Mannes geworden, dessen Vorname noch kenntlich, dessen Nachname aber nur noch ein Strich ist. Diese zweite Unterschrift befindet sich auf seinem mit der Folter erpreßten Geständnis, dessen Wert damit zweifelhaft bleibt.[26]

Das Verhalten der Regierung nach der Entdeckung der Verschwörung hat schon die Zeitgenossen, aber mehr noch die Historiker, an der Verschwörung selbst zweifeln lassen. Zu deutlich tritt das Bemühen zutage, den gegenreformatorischen Katholizismus ein für allemal auszurotten und besonders den Priestern des Jesuitenordens eine Seelsorge unmöglich zu machen. Der Regierung kommt das Ereignis so gelegen, daß man ihr Vorbereitung und Anstiftung, ja sogar die Durchführung selbst, zutraut.

Die erste Reaktion des Königs war eher zurückhaltend. In einer Rede vor dem Parlament am 9. November unterschied er klar zwischen seinen loyalen katholischen Untertanen und einer Handvoll päpstlicher Fanatiker, deren Ziel der Umsturz gewesen sei.[27] Doch schon kurze Zeit später beginnt dieser Unterschied zu verschwimmen, und Jakob spricht gegenüber dem venezianischen Botschafter davon, daß er gezwungen sei, seine Hände in Blut zu tauchen. Das nicht eingelöste Versprechen von mehr Toleranz und Glaubensfreiheit lastete auf der Seele des Königs, und er nannte seine katholischen Untertanen undankbar und vom Gift der «verräterischen und verfluchten römischen Doktrin» angekränkelt, die es ihnen erlaube, «ihrem rechtmäßigen Fürsten nach Thron und Leben zu trachten».[28]

Was die loyalen Katholiken immer befürchtet und wovor manche Jesuiten die Verschwörer gewarnt hatten, trat nun ein: Die Priesterverstecke wurden systematisch durchsucht und selbst adlige katholische Frauen unbarmherzig ins Gefängnis geworfen. Katholiken durften nicht mehr Anwälte sein, nicht als Offiziere in Armee und Flotte dienen, sie durften weder Testamentsvollstrecker noch Vormund sein und keine Waffen tragen. Katholiken durften keine akademischen Titel erwerben und bei Wahlen nicht wählen. Dieses Verbot fiel erst im Jahre 1829. Im Jahre 1613 wurde sogar erwogen, Katholiken per Gesetz zu zwingen, rote Hüte zu tragen – wie in Rom die Juden.[29] Daß es dazu nicht kam, kennzeichnet einen der wenigen Fälle in der englischen Geschichte, da sich der seit der Pulververschwörung herrschende extreme Antipapismus nicht durchsetzen konnte.

Die antikatholische Wendung wurde durch die Prozesse gegen die noch lebenden Verschwörer eingeleitet, die als unauslöschlicher Makel an der englischen Rechtsgeschichte haften. In diesem Verfahren unternahm die Regierung alles, die Tat nicht nur den dreizehn Verschworenen, sondern darüber hinaus auch den Jesuiten anzulasten. Daß Priester, die dem Jesuitenorden angehörten, von der Verschwörung Kenntnis hatten, ist nicht zu bestreiten. Robert Catesby hatte seine Absichten in der Beichte kundgetan und damit besonders zwei Priester, die Jesuitenpater Tesimond und Garnet, in eine schwierige Situation gebracht. Beide lehnten die Verschwörung ab und fürchteten die Folgen für die Katholiken Englands. Allerdings fühlten sich auch beide trotz der Schwere des Verbrechens an das Beichtgeheimnis gebunden. So ergriffen sie alle ihnen offenstehenden Möglichkeiten unterhalb der Schwelle eines Bruches des Beichtgeheimnisses, das Unheil abzuwenden.

Garnet schrieb an den Jesuitengeneral Aquaviva in Rom und den Vertreter der englischen Katholiken am päpstlichen Stuhl, Baynham.[30] Sein Ziel war eine öffentliche Erklärung des neuen Papstes, Paul V., gegen den Gebrauch von Gewalt. Doch der englischen Regierung ging es um mehr als die unterlassene Anzeige. Die Jesuiten hatten für ihre bedrängten englischen Glaubensgenossen Regeln der Täuschung und Verstellung entwickelt, die es ihnen erlaubten zu lügen, ohne mit den Geboten ihres Glaubens in Konflikt zu kommen. Der oberste Jesuit Englands, Pater Garnet, war der Autor einer *Abhandlung über die Zweideutigkeit*[31] mit genauen Hinweisen darauf, was dem Verfolgten erlaubt ist. Diese Neudefinition der göttlichen Gebote im Hinblick auf eine veränderte Mittel-Zweck-Relation war Salisbury ein Dorn im Auge, und er hoffte, den «Jesuitismus» radikal auszurotten. Zu diesem Zweck war ihm jedes Mittel recht.

Der Prozeß gegen die noch lebenden acht Verschwörer begann mit «Befragungen» im Tower unter Androhung der Folter. Zwei der auf diese Weise erpreßten Geständnisse wurden im sogenannten *Buch des Königs,* einer Propagandaschrift der Regierung über die Pulververschwörung, schon Ende November veröffentlicht. Es waren das Geständnis von Fawkes und des Mitverschworenen Tom Wintour.[32] Dessen Bericht bildet die Grundlage fast aller Feststellungen über die Pulververschwörung und enthält auch die für die Regierung wertvollen Hinweise auf die Verbindung zu den Priestern. Doch schon den Zeitgenossen ist aufgefallen, daß Wintour für seine Unterschrift eine Schreibweise benutzte, die er sonst nie verwandte;[33] auch waren seine kräftigen und klaren Schriftzüge – anders als bei Fawkes – nur schlecht damit in Übereinstimmung zu bringen, daß er vierzehn Tage zuvor den Gebrauch des rechten Arms durch eine Kugel verloren hatte.

So bleiben auch in diesem Fall erhebliche Zweifel. Das Bemühen Salisburys, möglichst viele politische Ziele zu erreichen, hat die gesamte Verschwörung in ein kaum noch zu durchdringendes Zwielicht getaucht – changierend zwischen terroristischem Akt und Erfindung der Regierung. So erscheint auch nur in diesen beiden Geständnissen der berühmte unterirdische Gang, von dem nie jemand eine Spur fand. Das dritte Geständnis, das der Regierung endlich den Schlüssel zur jesuitischen Verschwörung lieferte, war das von Catesbys Diener Bates.[34] Er war von Catesby mit der Nachricht von der Flucht der Verschwörer zu den beiden Priestern geschickt worden – was, so der Schluß der Regierung, auf ein tiefes Einverständnis schließen ließ. Zusammen mit einem Brief, in dem der im Tower sein Leben aushauchende Verschwörer Tresham die Priester beschuldigt hatte, Unterstützung für die englischen Katholiken in Spanien gesucht zu haben, genügten diese Hinweise, um einen Prozeß gegen die aus ihren Verstecken gezerrten Jesuiten zu beginnen.

Der eigentliche Prozeß gegen die acht Verschwörer begann am 27. Januar 1606 in Westminster Hall, wo eine Generation später auch der Prozeß gegen Jakobs Sohn und Nachfolger Karl stattfinden sollte. Rechtsstaatlichen Grundsätzen gehorchte das Verfahren nicht. Die Tatsache, daß sie wegen Hochverrats vor Gericht standen, bedeutete schon ihre Vorverurteilung, und diese war wiederum mit der Todesstrafe gleichzusetzen. Verteidiger gab es nicht, und die Richter waren weder unvoreingenommen noch unabhängig. Es waren Beamte des Königs mit dem Auftrag, diesen zu schützen und die Verschwörer zu vernichten. Der berühmte Historiker Macaulay hat den Prozeß einen Mord genannt, dem die Äußerung von Schwachsinn und die Aufführung eines Mummenschanzes vorausgegangen sei.[35] Sieben der Verschwörer plädierten auf «Nicht schuldig».

Jakobs Generalstaatsanwalt und Englands bedeutendster Jurist, Sir Edward Coke, hielt eine lange Anklagerede, in der er über die Ursachen der Verschwörung zwei Feststellungen traf: Der König habe niemals Toleranz und Glaubensfreiheit versprochen, und schon die hochverräterische Verbindung zu Spanien reiche aus, die Verschwörer dem Henker zu überantworten. Mit einer Fülle klassischer und biblischer Zitate schob er alle Schuld auf die Jesuiten als die eigentlichen Urheber der Verschwörung. Alles, was auch heute noch in manchen Geschichtsbüchern als «Macht und Geheimnis der Jesuiten» aufschimmert, findet sich in Cokes Anklage: Die Jesuiten spielen mit Kronen, erheben und entthronen Könige und ordnen die weltliche Gewalt ihren Interessen unter.[36] Es war ein Zerrbild, das Coke entwarf, aber ein Zerrbild, das bis auf den heutigen Tag nicht ganz aus dem englischen Bewußtsein geschwunden ist und das in Nordirland in Pfarrer Paisley noch immer einen wortmächtigen Propandisten besitzt. Daß danach alle Verschwörer schuldig gesprochen und zum Tode verurteilt wurden, versteht sich von selbst.

Der Prozeß gegen Pater Garnet fand am 28. März 1606 in der Londoner Guild Hall statt.[37] Auch hier hatte das Entscheidende bereits im Vorfeld stattgefunden: Auf der Folter war dem Priester ein Geständnis abgepreßt worden, in dem er einräumte, durch Catesby von der Verschwörung gewußt, davon König und Staatsrat aber keine Mitteilung gemacht zu haben. Auch Garnet plädierte auf «Nicht schuldig». Der Generalstaatsanwalt, Sir Edward Coke, machte in seiner Anklage deutlich, daß er Garnet als den eigentlich Schuldigen, das Herz der Verschwörung, ansah. «Ich werde diese Verschwörung die Verschwörung der Jesuiten nennen»,[38] formulierte Coke für die Geschichtsbücher und stellte sie in eine Linie mit den vielen spanisch-katholischen Versuchen, die letzte Königin, die der Papst 1570 exkommuniziert hatte, vom Thron zu stoßen. Coke nahm einen biblischen Vergleich aus dem Buch der Genesis zu Hilfe. Dort heißt es, daß die Schlange drei Strafen erhielt, da sie der eigentliche und ursprüngliche Verschwörer gewesen sei, Eva zwei, da sie nur die mittelnde gewesen sei, und Adam schließlich nur eine Strafe, da er der verführte Teil gewesen sei. Und Coke schloß: «Garnet ist die Schlange».[39] Da die Ausübung des katholischen Glaubens in England ungesetzlich war, wurde Garnet auch die Berufung auf das Beichtgeheimnis verwehrt. Er hatte von allem gewußt und nichts offenbart – das genügte!

Das große Sterben begann am 30. Januar 1606. Everard Digby, Robert Wintour, John Grant und Thomas Bates wurden am westlichen Ende des alten Friedhofs von St. Pauls zu Tode gebracht. Zuerst wurden sie an Pferdeschweifen auf einer Faschine vom Tower nach St. Pauls geschleift, danach gehenkt und «noch lebend» abgeschnitten. Anschließend wurden ihnen die Eingeweide herausgerissen und der Kopf abgeschnitten. Als der Scharfrichter das Herz Sir Digbys in der Hand hielt, es der Menge zeigte und ausrief: «Hier ist das Herz eines Verräters», soll Digby, nach katholischer Legende, ausgerufen haben: «Du lügst».[40] Die vier übrigen Verschwörer wurden einen Tag später im alten Palasthof von Westminster auf die gleiche Weise hingerichtet. Fawkes und Tom Wintour, die Hauptverschworenen, sollten an dem Ort sterben, den sie in die Luft hatten sprengen wollen. Als Ambrose Rookwood unter den Zuschauern seine Frau bemerkte, rief sie ihm zu: «Gib dich ganz Gott anheim. Ich für meinen Teil werde dich ihm so freudig zurückgeben, wie ich dich von ihm empfangen habe.»[41] Pater Garnet starb am 03. Mai 1606. Als der Scharfrichter ihn vorzeitig abschneiden wollte, um ihm die Eingeweide bei lebendem Leibe zu entreißen, griff die Menge ein und verhinderte weitere Qualen. Garnet war tot, als der Scharfrichter einer feindselig schweigenden Menge das «Herz eines Verräters» entgegenhielt.[42]

Das Ende der Pulververschwörung wurde von ihren Wirkungen überdauert. Ihre politischen Folgen spürt das Vereinigte Königreich bis auf den heutigen Tag, und dabei geht es nicht um brennende Strohpuppen, Kinderreime und Suchrituale, sondern um den Punkt, an dem auch die englische Geschichte aus dem Gleis geriet. Diese Entwicklung beginnt mit Heinrich VIII., dem Vater der ersten Elisabeth, und reicht bis in die Anfänge der Regierungszeit Elisabeth II. In diesen drei Jahrhunderten bildet England freiheitliche Institutionen aus und gewinnt sich ein überseeisches Reich. Doch diese trotz Revolution und Bürgerkrieg zu Wohlstand und Freiheit fortschreitende Epoche weist von Beginn an eine Bruchstelle auf – den Antipapismus. Denn immer, wenn der nationale Aufschwung mächtig und glückhaft scheint, verhindert das Erbe der Pulververschwörung den letzten Erfolg. Die Chance einer glücklichen Verbindung zwischen England und Irland wird 1647 in Drogheda von Cromwell zerstört, der beglückt an das Parlament schreibt, wie viele katholische Iren ihn Gott hat töten lassen. 1678 zerstört eine erfundene katholische Verschwörung das Einvernehmen zwischen Volk und restaurierter Stuart-Dynastie und bildet so die Basis für das irische und schottische Elend in Folge der jakobitischen Aufstände. Im Jahre 1800 verhindert der Antipapismus der Pulververschwörung die endgültige Vereinigung der drei Länder, und Gladstones ebenso mutiger wie moralischer Versuch, durch *Home Rule* für Irland das Land vom Erbe der Pulververschwörung zu befreien, endet mit der Zerstörung der ruhmreichen Whig-Partei.

Immer wieder wird es zum Elend Englands, daß der in der Pulververschwörung manifest gewordene Haß und die in die Tiefenschichten des Volkes eingedrungene antikatholische Intoleranz sich plötzlich Bahn brechen und das Land mit Irrationalität überschwemmen. Nur in ihrem Antikatholizismus sind die kühlen und pragmatischen Engländer leidenschaftlich und unvernünftig gewesen, nur die damals erzeugte irrationale Angst hat sie im Laufe ihrer Geschichte immer wieder in Sackgassen geführt. Und noch der antieuropäische Furor der traditionsreichen Tory-Partei speist sich aus zwei Quellen – Furcht vor Rom und Furcht vor Deutschland. So hat am Ende eine leichtfertig begonnene und dilettantisch ausgeführte Verschwörung von dreizehn Männern mehr Spuren hinterlassen als ein Dutzend Kriege und manche große Reform. Daher ist es auch nur gerechtfertigt, daß die englischen Schulkinder nicht Cromwell, nicht Churchill, weder Nelson noch Wellington, nicht Pitt noch Disraeli feiern, sondern einen unbedeutenden Soldaten und Verschwörer, der staunen würde, könnte er seinen Nachruhm erleben.

Die Vollendung des Absolutismus.
Der Frondeaufstand in Frankreich (1648–1653)

Karl Otmar von Aretin

Der Frondeaufstand, der Frankreich fünf Jahre lang von 1648 bis 1653 in eine tiefe Krise stürzte, war ein Ereignis, das in seinen Auswirkungen lange die französische und die europäische Geschichte bestimmte. Zunächst schien es, als würde Frankreich den Weg zu einer eingeschränkten Monarchie wählen, wie ihn England 1648 in der englischen Revolution unter Cromwell beschritt. Im selben Jahr war in Deutschland im Westfälischen Frieden die Entscheidung gefallen, die den Kaiser an die Beschlüsse des Reichstags band. Auch im Reich war der Versuch des Kaisers gescheitert, sich eine von den Reichsständen unabhängige Stellung zu verschaffen.

Am Ende des Frondeaufstandes stand jedoch der unbeschränkte Absolutismus, wurde der Hof des Sonnenkönigs, wie Ludwig XIV. genannt wurde, zum Vorbild aller Fürstenhöfe, deren Herren sich als absolute Herrscher fühlten. Der Absolutismus, wie ihn die französischen Könige seit dem Ende des 15. Jahrhunderts entwickelt hatten, stand in Frankreich fünf Jahre lang auf dem Prüfstand. Ausgangspunkt der Ereignisse war die tiefe Krise, in die die französische Monarchie durch den Tod zweier führender Persönlichkeiten in der Mitte des 17. Jahrhunderts gestürzt wurde. Der leitende Minister, Kardinal Richelieu, der Frankreich mit harter Hand in einen Krieg mit Spanien und dem Kaiser geführt hatte, war am 4. Dezember 1642 gestorben. Sein König, Ludwig XIII., war ihm ein halbes Jahr später, am 14. Mai 1643, in den Tod gefolgt. Dessen Nachfolger, Ludwig XIV., war damals fünf Jahre alt.

Die Vormundschaft für den jungen König führten seine Mutter Königin Anna, eine spanische Habsburgerin, und Richelieus Nachfolger, der noch von Ludwig XIII. eingesetzte Kardinal Jules Mazarin, ein Italiener. Frankreich befand sich zu dieser Zeit im Krieg mit dem Kaiser und Spanien. Beide Reiche waren in den Händen von Habsburgern, die als Könige von Spanien und römische Kaiser zwei Linien des Hauses Habsburg repräsentierten. Richelieu hatte die habsburgische Umklammerung, wie er es nannte, in einer gewaltigen Anstrengung sprengen wollen. Spanien verfügte in Italien, in der Franche-Comté, der Gegend um Besançon und im Norden in den Niederlanden, die damals tief nach Nordfrankreich hineinreichten, über Länder, die Frankreich im Osten umfaßten. Die habsburgischen Kaiser ergänzten diese Einkreisung durch Besitzungen im Elsaß und in Vorderösterreich, der Gegend um Freiburg im Breisgau.

Richelieu hatte 1635 in einem Augenblick in den Dreißigjährigen
Krieg eingegriffen, als sich Schweden nach der Niederlage von Nördlin-
gen 1634 aus dem Krieg zurückziehen wollte. Seither finanzierte Frankreich nicht nur seine eigenen gegen Spanien und den Kaiser gerichteten
Armeen, sondern es zahlte auch Schweden Subsidien, um dieses Königreich im Krieg gegen den Kaiser zu halten. Diese Zahlungen überforder-
ten Frankreich. Richelieu, dessen despotischer Regierungsstil Alexandre
Dumas in seinem Roman *Die drei Musketiere* bildhaft dargestellt hat, hinterließ die französischen Finanzen in einem chaotischen Zustand.

Auch sein Nachfolger, Kardinal Mazarin, war nicht in der Lage, die
Finanzen zu konsolidieren. Seinem Finanzminister Michel Particelly d'E-
mery blieb nichts anderes übrig, als dem unter einer gewaltigen Steuerlast
niedergedrückten Land immer neue Steuern abzupressen. Mazarin hielt
trotz aller Not, die er dem Land aufzwang, an dem außenpolitischen
Konzept Richelieus fest, das Land aus der habsburgischen Umklammerung
zu befreien. Noch war dieser Kampf nicht entschieden. Mazarin wußte,
daß Frankreich im Falle einer Niederlage im Chaos versinken würde. Im
Frondeaufstand geriet Frankreich hart an den Rand dieses Zustands.

Armand-Jean du Plessis, Herzog von Richelieu, Bischof von Luçon,
Kardinal, entstammte einer der großen französischen Adelsfamilien. Giulio
Mazarini war der Sohn eines sizilianischen Edelmannes. Er war 1634 als
päpstlicher Nuntius nach Paris gekommen. Fünf Jahre später trat er in
französische Dienste. 1641 hatte Richelieu seine Aufnahme in das Kardi-
nalskolleg bewirkt und Mazarin, wie er sich nun nannte, Ludwig XIII. als
seinen Nachfolger vorgeschlagen.

War Richelieu eine imponierende Erscheinung gewesen, mit der niemand leichtfertig einen Streit begann, so war der kleine, bewegliche Italiener äußerlich das genaue Gegenteil. Liebenswürdig und verbindlich,
aber ebenso zäh wie intrigant, verfolgte er mit aller Energie Richelieus
Vision eines von Frankreich beherrschten Europa – unabhängig davon,
daß keine der französischen Gesellschaftsschichten dafür Verständnis auf-
brachte. Von sich selber meinte Mazarin: «Ich verstelle mich, ich mache
Umwege, ich beschwichtige und gleiche aus, soweit es nur möglich ist;
aber wenn die Notwendigkeit mich zwingt, werde ich zeigen, wozu ich
fähig bin.»[1]

Erschwerend wirkte, daß Italiener in Frankreich ausgesprochen verhaßt
waren. Zwei Königinnen aus dem italienischen Geschlecht der Medici
hatten in langen Vormundschaftsregierungen Italienern einen allzu großen
Einfluß eingeräumt. Nach dem Tode Heinrichs II. 1559 hatte dessen Gemahlin, Katharina Medici, und nach dem Tod von Heinrich IV. 1610
dessen Gemahlin, Maria Medici, mit Hilfe von Italienern das Land mehr
schlecht als recht regiert. Daß nun in einer dritten Vormundschaftsregierung die Witwe Ludwigs XIII., die spanische Habsburgerin Anna, an einem Italiener als ersten Minister festhielt, weckte schlechte Erinnerungen.

Ludwig XIII. hatte seine ungeliebte Gemahlin Anna nie anders als «die Spanierin» genannt. Erst nach 23 Jahren Ehe hatte er mit ihr einen Sohn, Ludwig XIV. Für ihn führte sie die Vormundschaft, die ihr sowohl vom Pariser Parlament wie vom französischen Hochadel im Frondeaufstand streitig gemacht wurde.

Königin Anna lebte mit Mazarin in einem eheähnlichen Verhältnis. Man sprach sogar von einer heimlichen Heirat. Ihren Feinden gab sie damit Anlaß zu höhnischen, bösartigen Kommentaren, die während des Frondeaufstandes jedes Maß überschritten. Selbst ohne staatsmännische Begabung, deckte sie die gegen das Haus Habsburg, also gegen ihre eigene Familie, gerichtete Politik Mazarins. Das änderte allerdings nichts an dem ungehemmten Haß, der ihr und ihrem Geliebten Mazarin im Frondeaufstand entgegenschlug.

Es waren drei gesellschaftliche Gruppierungen, die sich im Frondeaufstand gegen den Hof, das heißt gegen die von Mazarin gelenkte Königin und ihren 1648 zehnjährigen Sohn Ludwig XIV., den späteren Sonnenkönig, zusammenfanden. Da war zunächst das Parlament von Paris. Das Parlament war ursprünglich der oberste königliche Gerichtshof. Gesetze, die vom König beschlossen wurden, mußten vom Pariser Parlament eingetragen werden, um Gesetzeskraft zu erlangen. Weigerte sich das Parlament, eine Verordnung oder ein Gesetz einzutragen, so konnte der König diesen Akt durch seine persönliche Anwesenheit erzwingen.

Mit der Zeit hatte sich das Parlament eine Mitarbeit bei der Gesetzgebung erstritten. Richelieu hatte 1640 diesen Anspruch auf ein Mitspracherecht bei der Gesetzgebung und in der Politik zurückgewiesen, aber es war klar, daß das Parlament diesen Anspruch gegenüber der Vormundschaftsregierung wieder durchzusetzen versuchte. Insbesondere wollte das Pariser Parlament dieses Mitspracherecht in der immer chaotischer werdenden Steuergesetzgebung erkämpfen. Es wußte sich in diesem Anspruch mit der Bevölkerung einig, die unter einer unerträglichen Steuerlast stöhnte. Das Pariser Parlament erhob darüber hinaus den Anspruch, an Stelle der Königin die Vormundschaft über den jungen König zu führen.

Seit dem Ende des 15. Jahrhunderts entstanden neben dem Parlament in Paris auch Parlamente in den verschiedenen Provinzen. In Toulouse, Grenoble, Bordeaux, Dijon, Rouen, Aix-en-Provence, Rennes, Pau und Metz gab es solche Parlamente, die als Gerichtshöfe fungierten. Die Parlamente von Bordeaux, Aix-en-Provence, Rouen und Toulouse solidarisierten sich während des Frondeaufstands mit dem Pariser Parlament. Sie vertraten regionale Sonderinteressen und waren so ein zweites gegen das zentralistisch-absolutistische Regiment der französischen Könige gerichtetes Element. Nicht zuletzt ging es diesen Kammern um ein starkes Mitspracherecht in der Politik. Die von Richelieu und Mazarin verfolgte Außenpolitik war dem Pariser und den sich mit ihm solidarisierenden Parlamenten fremd und unverständlich. Sie sahen nur die für das Land verheerenden Folgen und erstrebten einen Status, wie er während der 1648 ausgebrochenen englischen Revolution unter Cromwell errungen worden war. In England siegte nämlich zur selben Zeit das englische Parlament über den Absolutismus des Stuartkönigs Karl I. Dessen Hinrichtung am 30. Januar 1649 machte in Frankreich großen Eindruck. Vom Pariser Parlament gingen im Frondeaufstand daher Tendenzen aus, die absolute Macht des Königs zu beschränken und wie in England eine eingeschränkte Monarchie einzuführen.

Die dritte Tendenz, die im Frondeaufstand wirksam wurde, ging vom französischen Hochadel aus. Während sich in den Parlamenten der niedere Amtsadel eine starke Stellung erkämpft hatte, war der Hochadel in seinem Einfluß von den französischen Königen und insbesondere von Richelieu ausgeschaltet worden. Im Frondeaufstand kämpfte er um seinen Einfluß und seine Macht. Auch er und insbesondere der Bruder Ludwigs XIII., der Herzog Gaston von Orléans, erstrebten die Vormundschaft über den jungen König. An einer Stärkung des politischen Einflusses des Parlamentes hatte der Hochadel kein Interesse. Einig waren sich Parlament und Hochadel nur in ihrer sich bis zum blanken Haß steigernden Ablehnung Mazarins, des allzu freundlichen und intriganten Italieners, den sie für alle Mißstände verantwortlich machten. Mit einer gewissen Befriedigung nahm der französische Hochadel die in der Bevölkerung wachsende Unzufriedenheit wahr. Er wollte diese Stimmung für die eigenen Ziele nutzen. Gaston von Orléans brachte diese Stimmung unter seinen Standesgenossen auf die Formel: «Es wird ein Fest sein, die Ausländer aus dem Land zu jagen und aus dem jungen König einen Franzosen zu machen.»[2]

Es war insbesondere der hohe französische Adel, der in diesen Jahren in unzählige Verschwörungen und Konspirationen verwickelt war, die sich in erster Linie gegen Mazarin richteten. Diese Verschwörungen hatten einen vier Jahre währenden Bürgerkrieg zur Folge. Die Person, von der die meisten Konspirationen ausgingen, war Ludwig II. von Bourbon, Prinz von Condé. Er stand zunächst auf der Seite der Königin, wechselte aber auf die Seite ihrer Gegner, als sie an Mazarin als leitendem Minister festhielt. Condé hatte lange geglaubt, er werde an die Stelle Mazarins treten können. Er ließ sich in Verschwörungen mit dem Parlament von Paris ein und zettelte mit den Parlamenten von Bordeaux und Rouen Konspirationen an, obwohl er mit deren Zielvorstellungen nicht übereinstimmte. Dabei suchte er auch Verbindung mit England und Spanien, die für den Erhalt der Einheit Frankreichs nicht ungefährlich waren. Es war jedoch keinesfalls nur Condé, der sich solcher Winkelzüge bediente. Eine ganze Reihe von hohen Adeligen beteiligte sich an solchen Aktionen. Das Intrigieren blieb auch nicht auf den französischen Adel beschränkt; so galt etwa auch der spätere Kardinal Retz als ein Meister der Intrige.

Die innere Krise spitzte sich Anfang 1648 gefährlich zu. Als durch königliches Dekret Anfang Januar eine neue Steuer eingeführt wurde, rumorte es bedrohlich in Paris. Der Sohn des Finanzministers wurde auf offener Straße verprügelt. Die Zeitung eines Pariser Bürgers beschrieb die allgemeine Stimmung: «Die Geister waren verbittert und voller Wut und Empörung, nicht allein wegen dieser neuen Steuer, sondern noch viel mehr wegen einer Reihe vorhergegangener, die nicht bezahlt werden konnten, weshalb eine große Zahl von Personen gefangengesetzt wurde.»[3]

Das Parlament weigerte sich, die neue königliche Order einzutragen. Um ihrer Forderung Nachdruck zu verleihen, begab sich die Königin mit ihrem Hofstaat, dem Kardinal und dem jungen König in das Parlament. Dort erwartete sie eine unangenehme Überraschung. Omer Talon, der Vertreter des Generalprokurators, hielt der Königin eine leidenschaftliche Strafpredigt, die alle Anwesenden mit versteinerten Mienen entgegennahmen.

«Seit zehn Jahren, Majestät,» hieß es in dem zentralen Teil seiner Rede, «sind die Felder verwüstet, die Bauern gezwungen, auf Stroh zu schlafen, ihre Möbel verkauft, um die Steuern zu zahlen, für die sie nicht aufkommen können. Seit zehn Jahren müssen Millionen von Unschuldigen von Kleie und Haferbrot leben, damit in Paris Aufwand getrieben werden kann, der von den Franzosen als Affront betrachtet wird. Ihren Untertanen, Majestät, ist nichts mehr geblieben als ihre Seelen, und auch die hätte man längst versteigert, wenn Seelen verkäufliche Waren wären! Einst war es in diesem Parlament erlaubt, den Königen zu widersprechen und frei heraus zu sagen: Majestät, das ist ungerecht, aber heute, in der moralischen Unordnung und bei der trügerischen Politik, bringt man die Gesetze fix und fertig her, denn man ist ganz sicher, daß sie angenommen werden.»[4]

Schließlich wandte sich Talon mit einem Appell direkt an die Königin: «Ich bitte Sie, Madame, denken Sie in der Stille Ihres Herzens über das allgemeine Elend nach. Ermessen Sie heute Abend in der Einsamkeit Ihres Oratoriums, wie groß der Schmerz, die Bitterkeit und die Bestürzung aller Beamten des Königreiches sein muß, die heute darauf gefaßt sein müssen, alle ihre Habe beschlagnahmt zu sehen, ohne daß sie sich eines Vergehens schuldig gemacht hätten. Und denken Sie, Madame, weiter an das Elend der Provinzen, in welchen weder die Hoffnung auf den Frieden noch auch der Ruhm neuerworbener Gebiete denen Brot geben können, die nichts mehr zu beißen haben und für die weder die Palme noch den Lorbeer zu den gewöhnlichen Früchten der Erde zählen.»

Talons mutige Rede machte insbesondere auf den jungen König einen tiefen Eindruck. Noch am folgenden Tag gedruckt, wurde sie im ganzen Land verteilt. Vielen, die unter der unerträglichen Steuerlast litten, war sie aus dem Herzen gesprochen. Eine allgemeine Stimmung des Aufbegehrens ergriff das Land. Der Unterhalt der Armeen, die an der spanisch-französischen Grenze, in Nordfrankreich, im Elsaß und in Deutschland in heftige Kämpfe verwickelt waren, ließ Mazarin keine Wahl: Er konnte die Steuern nicht zurücknehmen, wenn er nicht die allgemeine Niederlage Frankreichs riskieren wollte.

Ein paar Monate geschah nichts. Mazarin, der in endlosen Verhandlungen die Parlamentarier mürbe zu machen versuchte, nahm zu zwei Maßnahmen Zuflucht, die das Faß zum Überlaufen brachten. Er verfügte in zwei Geheimbefehlen, sogenannten *lettres de cachet,* daß die Parlamente künftig einen Teil der ihnen zustehenden Gerichtskosten, die sogenannten *crues,* an den Staat abzuliefern hätten. Ebenso verfügte er im April, daß die Gehälter der Beamten nicht mehr ausgezahlt werden sollten. Mit beiden Maßnahmen wollte er das Parlament zur Bewilligung der Steuer zwingen.

Das Pariser Parlament antwortete mit einem revolutionären Schritt. Gegen den Protest des Hofes berief es auf den 13. Mai ein Gremium ein, das aus Mitgliedern des Parlamentes, der Rechnungskammer und dem Großen Rat bestand und das schon bald wie eine verfassungsgebende Versammlung auftrat. Nach eingehenden Beratungen im Saal des Heiligen Ludwig im Justizpalast beschloß dieses selbsternannte Gremium ein Manifest in 27 Artikeln, deren Durchführung nicht nur der französischen, sondern auch der europäischen Geschichte eine andere Richtung gegeben hätte. Frankreich wäre, wie England, in eine eingeschränkte Monarchie verwandelt worden. Die wichtigsten Bestimmungen sahen folgendes vor: Eintreibung und Festlegung der Höhe der Steuern sollte künftig durch die Parlamente erfolgen, denen auch die Aufsicht über ihre Verwendung übertragen werden sollte. Die Verwaltung der direkten Steuern sollte ebenfalls in der Hand der Parlamente liegen.

Die königlichen Intendanten, die bisher die Steuern eintrieben, wurden damit überflüssig. Auf sie hatte sich der Haß der Untertanen konzentriert. Sie sollten abgeschafft werden. Die Steuern sollten um ein Viertel gesenkt werden. Ein verhafteter Untertan mußte innerhalb eines Tages dem zuständigen Richter vorgeführt werden.

Diese Bestimmung nahm um dreißig Jahre die 1679 vom englischen Parlament beschlossene Habeas-Corpus-Akte vorweg, auf deren Einhaltung noch heute das englische Recht beruht. Der Grund für diese sensationelle Forderung lag in der Praxis der königlichen Intendanten, die gnadenlos Personen verhaftet hatten, die mit ihren Steuern im Rückstand waren.

Obwohl zunächst völlig offen war, wie sich der Hof zu den Forderungen verhalten würde, die in diesem Manifest niedergelegt waren, ergriff das ganze Land ein Taumel der Begeisterung. Eine neue Zeit eines gänzlich veränderten Regierungsstiles schien angebrochen. In Paris, aber auch in Bordeaux, in Aix-en-Provence oder Rouen erschienen täglich Tausende von Pamphleten.

«Redigiert von Tag zu Tag», schreibt Lucien Bely in seinem Dictionnaire de l'Ancien Regime, «gedruckt in einer Nacht, verkauft am folgenden Tag, erschienen bis zu 5000 Texte pro Tag in ganz Frankreich. Grotesk und gelehrt, vernünftig und irreführend, begabt und sich in Schmähungen gegen Mazarin wiederholend, sind diese Schriften Zeugen eines Freudentaumels, wie er Frankreich erst 1789 wieder ergreifen sollte.»[5]

In dieser politischen Erregung ging unter, daß Mazarin in äußerst zähen Verhandlungen nur Schritt für Schritt zurückwich. Für ihn und die Königin waren die Forderungen des Manifests Ausdruck politischer Tollheit. Während die Königin alles zurückweisen wollte, war sich Mazarin der Gefährlichkeit der Situation bewußt. Er wollte Zeit gewinnen.

Schon am 8. Juli hatte er der Entlassung des Finanzministers d'Emery zugestimmt. Drei Tage später wurden die Intendanten ihrer Dienste entbunden. Damit kam die Eintreibung der Steuern in die Hände der Parlamentarier. Am 31. Juli schließlich erfolgte die königliche Bestätigung der meisten Forderungen des Manifestes, einschließlich der Bestimmung, daß jeder Verhaftete innerhalb von 24 Stunden einem Richter vorgeführt werden mußte. Die über diese Zugeständnisse tief beunruhigte Königin nannte die Art der Auseinandersetzung mit dem Parlament ein «Rosen an die Köpfe werfen».

Angesichts der allgemeinen Bedrohung der Lage des Hofes im Innern, aber auch nicht weniger wegen der auf französisches Gebiet vorgedrungenen Spanier, blieb Mazarin nichts anderes übrig, als abzuwarten. Er gab sich gegenüber den Vertretern des Pariser Parlaments, Omer Talon, Louis Charton und Pierre Broussel, entgegenkommend. In den Schmähschriften gegen seine Person, den sogenannten *Mazarinades,* sah er ein notwendiges Ventil für die Bevölkerung, ihrer Unzufriedenheit über die momentane Situation Ausdruck verleihen zu können.

Mazarin wartete ab. Als am 20. August Louis de Bourbon, Herzog von Condé, den Spaniern bei Lens eine vernichtende Niederlage beibrachte, schien ihm der langersehnte Moment gekommen, um gegen die unverschämten Forderungen des Pariser Parlaments vorzugehen. Mazarin triumphierte beim Eintreffen der Nachricht über den Sieg. «Durch die Gnade Gottes wurde soeben der entscheidende Schlag geführt», so schrieb er Marschall Plessis Praslin. «In einer großen Schlacht gewann der Herr Prinz gegen die gesammelten Kräfte des Erzherzogs einen vollständigen Sieg.»[6]

Dieser Triumph machte Mazarin leichtsinnig. Am 26. August, während der Sieg von Lens mit einem feierlichen Te Deum in Notre Dame gefeiert wurde, erging von Mazarin der Befehl, den Präsidenten des Pariser Parlaments, Louis Charton, und einen der zähesten Verhandlungspartner, den mehr als siebzigjährigen Pierre Broussel, verhaften zu lassen. Charton konnte flüchten, aber Broussel, der am Te Deum nicht teilgenommen hatte, wurde in seiner Wohnung verhaftet.

Diesmal hatte sich Mazarin verrechnet. Wie ein Lauffeuer verbreitete sich in Paris die Nachricht, und es kam zu Zusammenrottungen. Die Truppe, die die Verhaftung Broussels vorgenommen hatte, versuchte im

Galopp, mit verhängten Zügeln, die Stadt zu verlassen. Bei der rasenden
Fahrt gingen zweimal die Wagenachsen zu Bruch, so daß das Gefährt
gewechselt werden mußte. Im allerletzten Moment, bevor ihnen Barrikaden den Weg versperrten, gelang es ihnen, das Tor Saint-Honoré zu passieren und den Gefangenen nach Saint Germain zu bringen. In Paris
schwirrten Gerüchte, Broussel solle hingerichtet werden. Die Stadt war in
wildem Aufruhr. Überall wurden Barrikaden errichtet. Nachts brannten
allerorts Fackeln.

Der 26. August 1648 wird allgemein als der Beginn des Frondeaufstandes betrachtet. In Aix-en-Provence, in Bordeaux und Rouen brachen beim
Eintreffen der Nachricht von der Verhaftung Broussels Unruhen aus. Insbesondere Bordeaux war die Stadt, in der am deutlichsten Einflüsse der
englischen Revolution erkennbar wurden.

Es gelang Mazarin nicht, die Unruhen in der Stadt zu besänftigen. So
war er gezwungen, um dem Gerücht von der Ermordung Broussels ent-
gegenzutreten, diesen freizulassen. Am 28. August, zwei Tage nach seiner
Verhaftung, war der Parlamentarier wieder in Paris. Aber die Illusion, daß
sich die Regierung mit den Forderungen des Manifestes abfinden würde,
war verflogen. Es war klar, daß Mazarin nur zum Schein darauf eingegangen war und daß der aalglatte, undurchsichtige Italiener jede Möglichkeit
ergreifen würde, um alles wieder rückgängig zu machen.

Die Situation war äußerst schwierig. Der Kanzler Séguier war bei dem
Versuch, das Haus zu verlassen, von der Menge fast gelyncht worden.
Überall herrschte Mißtrauen gegen eine Regierung, der man jede
Schandtat zutraute. Mit Ingrimm beobachtete Mazarin, wie die Prinzen
von Geblüt und der französische Hochadel sich mit den Parlamentariern
solidarisierten. Gemeinsam schimpfte man auf den Italiener, der für alles
Unheil verantwortlich gemacht wurde. Mazarin gab seine Sicht der Er-
eignisse wie folgt wieder:

«Das Parlament hat die Geschäfte des Königs ausgeübt, und das Volk
hat es ruhig gewähren lassen; es hat dem König Broussel als Genossen
beigegeben; es hat die Waffen ergriffen, um ihn zurückzubringen und hat
sie erst nach seiner Rückkehr niedergelegt, auf Anordnung eben dieses
Parlaments; es hat Barrikaden gegen den königlichen Palast errichtet, hat
schamlos über die Königin und mich gesprochen; es hat viele Tage hindurch unverschämte und unerhörte Vorschläge gemacht, sei es, um sich
des Königs zu bemächtigen, sei es, um mich davonjagen zu lassen und die
Königin ins Kloster zu schicken.»[7]

Mazarin war sich im klaren, daß der Hof, solange er sich in Paris
aufhielt, praktisch ein Gefangener des Parlaments war, das jederzeit das
Volk aufwiegeln konnte. Er faßte daher den Entschluß, so bald wie möglich Paris mit der Königin und dem jungen König zu verlassen. «Der
König wird außerhalb viel stärker sein als in Paris», schrieb er in seinen
geheimen Aufzeichnungen. «Ich würde mich sehr täuschen, wenn das

Parlament und das Volk nicht anfingen, unruhig zu werden, wenn sie den König außerhalb wissen.»[8]

Am 13. September verließ die Königin mit dem König und Mazarin sowie einem kleinen Hofstaat Paris unter dem Vorwand, die Gesundheit Ludwigs XIV. mache eine Luftveränderung notwendig. Mazarin setzte auf den Sieger von Lens, den Herzog Condé. Er hoffte, mit seiner Hilfe Paris einschließen und dem Parlament seinen Willen aufzwingen zu können. Er hatte sich zwar in der Annahme getäuscht, in Condé einen zuverlässigen Verbündeten gewonnen zu haben. In einem hatte Mazarin jedoch recht: Mit dem Manifest der 27 Artikel war auch Condé nicht einverstanden – aber er verachtete den Italiener mit der ganzen Arroganz eines französischen Herzogs. Hinter dessen Rücken nannte er den Kardinal nur den «kleinen Schuft aus Sizilien».

Wieder begannen Verhandlungen mit den Vertretern des Parlaments. Mazarin erwies sich erneut als ebenso zäher wie verschlagener Verhandlungspartner. Am Ende aber mußte er nachgeben. Sein Plan, das Parlament von Paris durch eine Belagerung zur Aufgabe seiner Forderungen zwingen zu können, ging nicht auf. Am 22. Oktober mußte er die königliche Deklaration vom 31. Juli, das heißt das Manifest der 27 Artikel, erneut bestätigen. Diese königliche Deklaration wurde zwei Tage später im Parlament registriert und damit zum Gesetz. Am 31. Oktober kehrte der Hof nach Paris zurück.

Es sah nach einem Sieg der Parlamente aus. Mazarin hatte sich in den Verhandlungen als ihr eindeutiger Gegner erwiesen. Wieder richtete sich die ganze Wut seiner Opponenten gegen ihn. Der Arzt Gùy Patin, ein angesehener Bürger, der zu den engagiertesten Kritikern des Kardinals gehörte, schrieb damals: »Ein Italiener, den man fortjagen müßte. Man sagt, daß er, wenn er gezwungen wird, Frankreich zu verlassen, was, wie ich hoffe, in Kürze geschehen wird, weder nach Rom noch nach Venedig gehen kann. Diejenigen, die diesen Schuft kennen, sagen, daß er nach reiflicher Überlegung lieber in die Türkei gehen und sich dort beschneiden lassen wird, um dort ein ebenso schlechter Türke zu werden, wie er hier ein schlechter Christ und unglückseliger Politiker war. Und wenn er nicht dahin oder dorthin geht, so soll er wenigstens zu allen Teufeln gehen!»[9]

Die Schmähschriften schonten nun auch die Königin nicht mehr, die ganz offen als Mätresse des Kardinals verspottet wurde. Die Verhältnisse in Paris wurden für den Hof bald unerträglich. Von Verrätern umgeben, von Prinzen verachtet, war Mazarin den ständigen Ansprüchen des Parlaments ausgesetzt. Jeder Verstoß gegen die Bestimmungen der Oktobererklärung wurde als Versuch angeprangert, die Verfassung brechen zu wollen. Die Situation wurde so unerträglich, daß Mazarin beschloß, mit dem Hof Paris erneut zu verlassen. Die Vorbereitungen wurden unter größter Geheimhaltung getroffen. Das Heilige-Drei-Königfest am 6. Januar wurde mit großem Pomp bis Mitternacht gefeiert. Zwei Stunden später rollte eine Wagenkolonne durch das nächtliche Paris. Die Tore wurden passiert, und im Morgengrauen traf man am Schloß Saint Germain ein.

Diese Flucht und ihre Begleitumstände gruben sich tief in das Bewußt-sein Ludwigs XIV. ein. In St. Germain waren keine Vorbereitungen getroffen. Da stets erst vor einem Besuch der königlichen Familie die Möbel herbeigeschafft wurden, stand das unbeheizte kalte Schloß leer. Es gab weder Betten noch Sitzgelegenheiten. Erst nach einigen Stunden wurden einige Strohsäcke gebracht. Es dauerte zehn Tage, bis das Schloß einiger-maßen möbliert war. Bis dahin mußte der Hof in Kälte und Chaos leben, hatte weder Leibwäsche zum Wechseln noch Bettwäsche zum Schlafen. Um die Flucht nicht vorzeitig zu verraten, war nur das Allernötigste gepackt worden.

Doch hatte Mazarin richtig gehandelt. In Paris war man wie vor den Kopf geschlagen. Man fühlte, daß nun eine Entscheidung heranreifte, mit der man nicht gerechnet hatte. Noch war man nicht bereit nachzugeben. Am 8. Januar veröffentlichte das Parlament eine Erklärung, in der Mazarin der Zerstörer der öffentlichen Ruhe und ein Feind Frankreichs genannt wurde.

Mazarin ließ sich auf keine Verhandlungen ein. Mit Hilfe der Condé-schen Armee schnitt er Paris von der Außenwelt ab und begann eine gnadenlose Belagerung. Die Hetzschriften gegen ihn wurden immer ni-veauloser und spiegelten nur noch blanken Haß. Neue Drohungen gegen die Königin wurden laut, als am 19. Februar in Paris die Nachricht von der Hinrichtung Karls I. von England eintraf.

Aber während sich in England die Revolution gegen einen sittenlosen, arroganten König richtete, wähnte man in Frankreich den jungen König nur in den Händen falscher Ratgeber. Die Person des Königs wurde vom Parlament während des Frondeaufstandes niemals in Frage gestellt oder angegriffen.

Mazarin war sich bewußt, daß er am längeren Hebel saß, obwohl es ihn beunruhigte, daß der Aufstand auch auf die Normandie, auf Guyenne mit Bordeaux und auf Aix-en-Provence übergriff. Schließlich kam es nach neun Wochen Anfang März 1649 in Rueil zu ersten Verhandlungen mit den Abgesandten des Pariser Parlaments. Ihre als Vorbedingung gestellte Forderung nach der Entlassung Mazarins mußten sie jedoch gleich zu Beginn fallen lassen, und im weiteren sah sich das Parlament gezwungen, wichtige Ansprüche des Manifestes aufzugeben. Insbesondere mußte es sich verpflichten, die Steuern mit allem Nachdruck einzutreiben. Als diese Bedingungen in Paris bekannt wurden, brachen erneut Unruhen aus. Trotzdem wurde der Friede am 15. März 1649 in Rueil unterzeichnet. Der Hof begab sich Ende April nach Compiègne und kehrte schließlich am 18. August unter dem Jubel der Bevölkerung nach Paris zurück. Con-dé fühlte sich als Retter der Monarchie und war tief enttäuscht, als die

Königin an Mazarin festhielt und nicht ihn zum leitenden Minister ernannte. Seine Abneigung, ja sein Haß gegen Mazarin nahm noch zu. Unversöhnt und unversöhnlich arbeitete er weiter am Sturz des verhaßten Italieners.

In dieser Zeit wendete sich auch in den Provinzen das Glück der Frondeure. In der Provence wurde Anfang Juni das Heer des Parlaments von Aix vom Gouverneur der Provinz geschlagen. Auch die Revolte in Bordeaux konnte zunächst Ende Mai niedergeworfen werden. Ende Juli kam es dort aber erneut zu einem Volksaufstand und zu der Vertreibung des Gouverneurs. Die Pöbelherrschaft der Ormèe, wie die Bordelaiser Revolutionäre nach dem Ort ihrer Versammlung genannt wurden, schadete dem Ansehen des Parlaments von Bordeaux. Der Aufstand nahm gefährliche Formen an, weil er sowohl von England wie von Spanien Unterstützung erhielt. Mazarin begann daher mit einer Belagerung von Bordeaux. Die Machtmittel der Stadt waren bald erschöpft. In dem Augenblick, als sich die Kapitulation abzeichnete, schaltete sich Condé ein, der sich in Guyenne eine Machtbasis gegen den Minister schaffen wollte. Er erzwang am 5. Oktober einen für die Stadt überaus ehrenvollen Frieden.

Für Mazarin, der mit steigender Ungeduld das immer enger werdende Zusammenspiel beobachtete, das zwischen den aufständischen Parlamenten, ja ganzen Landschaften wie der Normandie mit Condé und einer Reihe von Angehörigen des hohen Adels bestand, wurde die Situation immer unerträglicher. Er erkannte die davon ausgehende Gefahr. Als er die Prinzen für den 18. Januar 1650 zu einer Sitzung des obersten Rates einberief, ließ er Condé, dessen Bruder Conti und dessen Schwager verhaften und nach Vincennes bringen. Der Herzog von Orléans, jüngerer Bruder Ludwigs XIII. und somit Onkel des jungen Königs, der eigentlich ein Gegner Mazarins war, aber aus nicht bekannten Gründen Condé haßte, triumphierte: «Ein schöner Fang! Man hat einen Löwen, einen Affen und einen Fuchs gefangen!»[10]

Erschrocken über das harte Vorgehen Mazarins, verließen die Anhänger Condés Paris. Mazarin aber besaß in Condé und seinem breiten Anhang im französischen Hochadel unversöhnliche Feinde. Fest entschlossen, die Aufstände in den Provinzen zu beenden, begab er sich Anfang Februar mit dem jungen König und dem ganzen Hof in die Normandie. Wo immer der König erschien, wurde er mit Begeisterung empfangen. Mazarin, der sich selbst zur Truppe begab und sie befehligte, gelang es, die Normandie zu befrieden. Am 24. Februar war der Hof wieder in Paris. Eine zweite Operation galt der Bourgogne. Wieder war es der junge König, dessen Auftreten die Chancen der Frondeure sinken ließ. Eine weitere Unternehmung richtete sich gegen die noch immer unruhige Guyenne. Anfang Juli begab sich der Hof dorthin, um eine zweite Belagerung von Bordeaux durchzuführen. Am 20. September begannen die

Verhandlungen mit den Vertretern des Stadtparlaments. Sie konnten am 2. Oktober abgeschlossen werden. Das Parlament von Bordeaux mußte seinen separatistischen Neigungen abschwören. Mitte Oktober kehrten Mazarin und der Hof zurück nach Paris. Mazarin hoffte, damit die separatistischen Strömungen überwunden zu haben, die in den Parlamenten von Rouen und Aix-en-Provence, insbesondere aber in Bordeaux, einen für die Sicherheit und Einheit Frankreichs nicht ungefährlichen Rückhalt besaßen.

Nach Paris zurückgekehrt, sah er sich jedoch einer stärker werdenden Opposition gegenüber, die sich jetzt der verhafteten Prinzen annahm. Um eventuellen Befreiungsversuchen zuvorzukommen, wurden die Arrestanten erst von Vincennes nach Marcoussis und von dort Mitte Oktober nach Le Havre gebracht. Da Mazarin es nicht wagte, sie vor Gericht zu stellen, wurde ihre Gefangenschaft ein Problem. Noch fühlte er sich sicher, wie sein Resümee für das Jahr 1650 in einem Brief an einen italienischen Freund zeigt, in dem er nur von seinen Siegen sprach. Es hätte nahegelegen, nun auch gegen das aufsässige Parlament von Paris vorzugehen. Ein solches Vorgehen war jedoch nur von außerhalb von Paris denkbar. Im Dezember 1650 erkrankte die Königin schwer, so daß eine Flucht nach Saint Germain, wie im Jahr zuvor, nicht möglich erschien. So geriet Mazarin immer mehr unter Druck.

Anfang Dezember wandte sich die Herzogin von Condé an das Pariser Parlament, um die Freilassung ihres Mannes zu erwirken. Ende Februar richtete das Parlament einen Appell an den König, der ohne Antwort blieb. Daraufhin kam es zu einer geheimen Verbindung zwischen dem Herzog von Orléans, dem Parlament und den Anhängern der Gefangenen mit dem Ziel, diese zu befreien und den Sturz des verhaßten Ministers herbeizuführen. Als Mazarin von diesem Abkommen erfuhr, stellte er den Herzog in einer erregten Auseinandersetzung zur Rede, in deren Verlauf er sich zu der Äußerung hinreißen ließ, die Frondeure des Pariser Parlaments hätten kein anderes Ziel, als nach englischem Vorbild die Monarchie in Frankreich abzuschaffen.

Der Bruch mit dem wankelmütigen Herzog von Orléans war damit perfekt. Die Gegner Mazarins besaßen nun im Onkel des Königs einen wichtigen Verbündeten, der sich auch gegen den jungen Ludwig XIV. einsetzen ließ, wenn es nicht gelang, ihn der Vormundschaft seiner Mutter zu entreißen. Das Pariser Parlament, vom Herzog über die Vorwürfe Mazarins unterrichtet, verlangte daraufhin ultimativ die Entlassung des Kardinals. Die Tore der Hauptstadt wurden besetzt. In der Nacht vom 6. auf den 7. Februar floh Mazarin aus Paris nach Saint Germain. Fünf Männer von ähnlichem Wuchs und gleicher Verkleidung ritten durch die Stadt, um die Häscher irrezuführen. Der allmächtige Minister war zu einem Flüchtling geworden, der allerorten um sein Leben bangen mußte. In einem dramatischen Versuch, seine Stellung zu retten, begab er sich nach Le Havre, um den Gefangenen die inzwischen von der Königin verfügte Befreiung zu verkünden. Wenn er gehofft hatte, mit diesem Schritt Condé wieder für sich gewinnen zu können, hatte er sich getäuscht. Mazarin stieß bei dem Herzog auf eisige Verachtung. Condé, der sich mit Recht als Sieger fühlte, ging nach Paris. Mazarin aber floh nach Deutschland, wo ihn der Kurfürst Maximilian von Köln, ein bayerischer Prinz, mit allen Ehren empfing und ihm das Schloß Brühl bei Bonn zur Verfügung stellte.

Condé trat in Paris als Sieger auf. Für die Ziele des Parlaments hatte er kein Verständnis. Durch seine Arroganz und seine Unduldsamkeit untergrub er seine Stellung. Dafür meldeten sich jetzt jene Kräfte, die bisher in der Auseinandersetzung passiv geblieben waren. In Versammlungen in Paris verlangten Vertreter des Adels und der Geistlichkeit von der Königin die Einberufung der Generalstände mit dem Ziel, der Königin die Vormundschaft über den jungen König abzuerkennen und sie einem Ausschuß der Generalstände zu übertragen. In der Versammlung des Adels im Februar 1651 wurden auch Forderungen nach Beschränkung der Monarchie laut, auch wenn sie nicht wo weit gingen wie die Beschlüsse des Manifestes vom Juli 1648. Die Generalstände als das zuständige Gremium sollten die neue Verfassung Frankreichs verkünden und das Königreich in eine beschränkte Monarchie umwandeln.

Mazarin, der von Brühl aus in Briefen die Königin lenkte, riet ihr zur Einberufung der Generalstände, um damit die Macht der Parlamente einzuschränken. Die Königin befolgte seinen Rat und berief die Generalstände auf den 8. September 1651 nach Tours ein.

Ein zweiter Rat Mazarins erwies sich als überaus geschickter Schachzug. Er betraf den Coadjutor des Erzbischofs von Paris, den ehrgeizigen, klugen, aber intriganten Jean-François-Paul de Gondi. Mazarin wußte, daß Gondi Kardinal und wenn möglich leitender Minister werden wollte. Bisher stand er auf der Seite Condés, der ihn aber mit seinem hochfahrenden und arroganten Wesen mehr und mehr verärgerte.

«Machen Sie Gondi zum Kardinal», riet Mazarin der Königin. «Geben Sie ihm meine Stellung, setzen Sie ihn in meine Wohnung und tun Sie so, als schenkten Sie ihm Vertrauen.»[11] Gondi, der die Absicht der Königin durchschaute, aber endlich Kardinal werden wollte, versprach ihr, Condé in Kürze aus Paris zu vertreiben. Er hielt Wort. Eine Flut von Flugschriften machte den höchst bestürzten Herzog verantwortlich für alles Unheil. Es gab Morddrohungen, die Condé so ernst nahm, daß er in der Nacht vom 5. auf den 6. Juli aus Paris zu seiner Truppe flüchtete.

Das war allerdings mehr, als Mazarin beabsichtigt hatte. Auch Omer Talon fürchtete nun den Ausbruch eines allgemeinen Bürgerkrieges, der bisher hatte verhindert werden können. Um dieses Unglück auch künftig auszuschließen, bot die Königin Condé die Hand zur Versöhnung. Tatsächlich ließ sich der Herzog besänftigen, der noch nicht über die Mittel verfügte, einen Kampf um die Macht wagen zu können. Condé kehrte nach zwei Wochen zurück. Er verlangte nun die Entlassung von drei Ministern, die er im Verdacht hatte, mit Mazarin in Verbindung zu stehen. Die Königin entsprach dieser Forderung. Condé war so unvorsichtig, auch der Königin zu drohen, er werde sie zur Rechenschaft ziehen, wenn sie weiterhin Verbindung zu Mazarin hielte.

Wieder hatte sich Condé überschätzt. Gondi, der einen großen Einfluß im Parlament besaß, stellte sich erneut hinter die Königin. Er beherrschte fast vollständig Paris. Um den unbeherrschten Condé zu entfernen, ernannte Anna ihn zum Gouverneur der unruhigen Provinz Guyenne. Am 6. September verließ Condé Paris. Er hatte nicht die Absicht, die Provinz zu befrieden, sondern er wollte sich das aufständische Bordeaux als Basis für den Kampf um die Macht in Frankreich gewinnen. Er war zum Bürgerkrieg entschlossen.

Zur gleichen Zeit, als in Tours die Generalstände eröffnet werden sollten und Condé Paris verließ, wurde in der Hauptstadt der dreizehnjährige Ludwig XIV. für volljährig erklärt. Damit entfiel das eigentliche Ziel für die Berufung der Generalstände, der Königin die Vormundschaft abzuerkennen. Die in Tours eingetroffenen Deputierten mußten feststellen, daß für die Versammlung keinerlei Vorbereitungen getroffen worden waren. Auf die Nachricht von der Volljährigkeitserklärung des Königs zerstreuten sich die nicht sehr zahlreichen Deputierten. Die Idee, Frankreich in eine eingeschränkte Monarchie umzuwandeln, geriet weiter in den Hintergrund.

Wenig später wurde Gondi durch Papst Innozenz X. in das Kardinalskollegium aufgenommen. Als Kardinal Retz ging er in die Geschichte ein. Mit dieser Ernennung wurde für den in Brühl residierenden Mazarin die Frage der Zuverlässigkeit Gondis aktuell. Unter den Persönlichkeiten, die damals in Paris an allen möglichen Komplotten und Verschwörungen beteiligt waren, galt der kleingewachsene, überaus kurzsichtige Kardinal Retz als der unbestrittene Meister der Intrige. Im Umgang mit ihm stand nur das eine fest, daß man sich auf ihn nicht verlassen konnte. Um die Königin aus seiner unmittelbaren Umgebung zu entfernen, gab ihr Mazarin den Rat, Paris zu verlassen. Fast ein Jahr lang zog der Hof durch Frankreich. Er überließ Paris weitgehend Kardinal Retz und dessen Gefolgschaft. Das Land versank in den Wirren eines blutigen Bürgerkrieges mit allen schrecklichen Folgen für die Bevölkerung. Von den 27 Artikeln des Manifestes war kaum noch die Rede. Es war ein Kampf um die Macht, wobei Condé und seine Anhänger nicht nur den Fehler begingen, offen gegen den König zu rebellieren. Sie riefen auch zu ihrer Unterstützung die verhaßten Spanier und deutsche Söldner ins Land. Das Parlament von Paris bestätigte Anfang Dezember eine königliche Erklärung gegen die hochverräterische Politik der sogenannten Prinzenpartei um Condé. Diese Übereinstimmung von König und Parlament endete jedoch, als Ludwig XIV. sich wieder Mazarin zuwandte. Er rief den Kardinal am 13. Dezember 1651 zurück. Vierzehn Tage später überschritt Mazarin die Grenze nach Frankreich und traf Ende Januar am Hof in Poitiers ein.

Dieser Schritt erwies sich als Fehler. Er einte die Parlamente und die Prinzenpartei. Das Pariser Parlament protestierte in scharfen Worten beim König. Steckbriefe, die zum Mord an dem verhaßten Italiener aufriefen, zirkulierten im ganzen Land. Der Bürgerkrieg wogte hin und her. In Paris und Bordeaux übernahm für kurze Zeit der Pöbel die Herrschaft. Condé und seine Freunde erwiesen sich als unfähig, Reformen durchzuführen oder das Land zu befrieden. Zusammen mit der Verbindung, die Condé mit den Spaniern aufnahm, wurden die Vorgänge in Bordeaux und Aix-en-Provence zu einer ernsten Bedrohung der Einheit Frankreichs.

Es war dann Mazarin, der einsah, daß er mit seiner Person die Gegner der Monarchie zusammenbrachte, auch wenn diese in ihren Zielvorstellungen völlig zerstritten waren. So entschloß er sich, um dem Krieg ein Ende zu bereiten, Mitte August 1652 den König um seine Entlassung zu bitten.

Ludwig XIV. gewährte sie ihm in Formulierungen, die wie eine Beförderung klangen. Er könne nicht weiter dulden, ließ der König verlauten, daß ein Unschuldiger weiter verfolgt würde. «Er, der König,» hieß es in der Erklärung, «hat sich entschlossen, dem genannten Kardinal, den er von seinem Vater übernommen hat und der ihm von jenem empfohlen wurde, der sein Taufpate und sein erster Minister ist, das Recht widerfahren zu lassen, daß er dem geringsten seiner Untertanen nicht verweigern kann.»[12]

Mazarin begab sich am 19. August zum zweitenmal in die Verbannung. Er war fest davon überzeugt, daß dieser Schritt die Einigkeit seiner Gegner beenden und der König dann rasch über sie triumphieren würde. Auch war er sich sicher, daß dann seiner Rückkehr nichts mehr im Wege stünde.

Mazarin behielt recht. Condé brachte sich schließlich selbst um alle Sympathien, als er im November 1652 den Oberbefehl über eine aus den Niederlanden operierende spanische Armee übernahm. Schon vorher zerfiel die Einheit der Frondeure. Bereits im August gelang es dem Hof, das Pariser Parlament an seinen Aufenthaltsort nach Pontoise zu berufen. Nur ganz wenige Mitglieder entzogen sich diesem Appell. Ende September war fast das ganze Parlament in Pontoise versammelt. Am 21. Oktober hielt Ludwig XIV. feierlichen Einzug in seine Hauptstadt, und ein unbeschreiblicher Jubel empfing den jungen König. In ihn setzten die Bürger die Hoffnung, daß wieder Frieden und Ordnung in das Land einkehren würde. Bereits am folgenden Tag annullierte ein *Lit de justice* die Deklaration vom Oktober 1648, in der die Königin die 27 Artikel des Manifests bestätigt hatte. Der vollständige Sieg absolutistischer Herrschaft zeichnete sich ab. Gegen diese Verfügung des Königs erhob sich kein Widerstand. Im Bündnis mit den Prinzen hatte das Parlament von Paris die Möglichkeit verspielt, das hohe Ziel einer eingeschränkten Monarchie durchzusetzen. Die Rechnung von Mazarin war aufgegangen und der von Mazarin gelenkte König zum Retter der Einheit Frankreichs geworden. Die Rückkehr des Kardinals war nur noch eine Frage der Zeit.

Am 3. Februar 1653 war es so weit: Der wieder in sein Amt als erster Minister berufene Mazarin hielt triumphalen Einzug in Paris. Ein Spötter dichtete damals die Verse:

«Wer früher schrie: Erschlagt den Hund, nennt jetzt ihn einen Tugendbund. Und wer da schreit: Das Schelmgesicht, der Mazarin der Bösewicht, katzbuckelt jetzt voll Referenz devot vor seiner Eminenz.»[13]

Es war der vollständige Zusammenbruch aller gegen den Absolutismus gerichteten Strömungen. Auf den Rat Mazarins hin verzichtete Ludwig XIV. auf Rache. Auch Condé wurde später von Ludwig XIV. nach dem Pyrenäenfrieden 1659 wieder aufgenommen. 1675 erhielt er vom König sogar den Oberbefehl über die französische, in Deutschland operierende Armee. In den folgenden Jahren verloren die Städte ihre Privilegien, wurden die Parlamente zu reinen Gerichtshöfen und wurde der Adel eingebunden in ein höfisches System, das ihm kaum noch Freiheiten ließ. In seinen Kriegen, mit denen Ludwig XIV. zum Schrecken Europas wurde, beschäftigte er seinen Adel und nahm ihm die Lust, gegen den König zu agitieren. Erst die Niederlage aller gegen die absolutistische Herrschaftsform gerichteten Kräfte gab Ludwig die Chance, sein Ideal eines unbeschränkten Absolutismus zu verwirklichen. Darin liegt die Bedeutung des Frondeaufstandes für Frankreich.

Seine Bedeutung für ganz Europa ist keineswegs geringer. Sie erscheint nicht nur darin, daß der Hof von Versailles Vorbild für alle europäischen Höfe wurde, vielmehr erhielt mit dem vollständigen Sieg des französischen Absolutismus die europäische Geschichte eine ganz neue Richtung.

Richelieu hatte Frankreich zum Garanten eines allgemeinen europäischen Friedens machen wollen. Der ganz in seinem Geist abgeschlossene Westfälische Friede von 1648, der Frankreich und Schweden zu Garanten einer europäischen Friedensordnung machte, war in diesem Sinne abgefaßt. Eine solche Ordnung hätte allerdings zur Voraussetzung gehabt, daß Frankreich den Frieden auch wirklich garantierte, doch mit dem Westfälischen und dem Pyrenäenfrieden von 1659 sprengte Frankreich die habsburgische Umklammerung. Die Rolle als Garantiemacht für den Frieden hätte Frankreich nur übernehmen können, wenn es im Sinne der 27 Artikel des Manifestes zur Form einer eingeschränkten Monarchie gefunden hätte. In der Konzentration der Macht unter dem absolutistischen Regime Ludwigs XIV. wurde Frankreich nun zur Bedrohung des europäischen Friedens. Erst hundert Jahre später, in der Französischen Revolution, fand Frankreich zum Ideal der politischen Freiheit des einzelnen und wurde zum Vorbild für ein modernes Europa.

«Morgen muß zugeschlagen werden».
Der Sturz Robespierres und der Kampf um Mehrheiten und Macht in der Französischen Revolution

Jochen Köhler

Man stelle sich folgende Szene vor: ein Parlamentssaal, in dem eine summende Unruhe herrscht, weil die Abgeordneten noch nicht Platz genommen haben. Sie stehen in Gruppen gestikulierend zusammen oder gehen in den Wandelgängen tuschelnd auf und ab. Als ein Deputierter die Rednertribüne besteigt, begeben sich die Kollegen auf ihre Plätze. Der Redner, ein Mitglied der Regierung, hat jedoch kaum drei Absätze verlesen, schon wird er durch einen «Antrag zur Tagesordnung» rüde unterbrochen. Dem Entzug des Wortes folgt ein weiterer, und der Präsident der Versammlung erteilt daraufhin mehreren Abgeordneten das Wort, den protestierenden Redner ruft er hingegen zur Ordnung. Der Tumult erreicht seinen ersten Höhepunkt, als ein Deputierter einen langen Dolch schwingt und dabei zu einer flammenden Anklagerede ansetzt. Bevor der Beschuldigte, ein führendes Mitglied der Regierung und ein Parteifreund des düpierten Redners, sich verbal verteidigen kann, schwingt der Parlamentspräsident die Glocke. Alle läßt er zu Wort kommen, nur den Beschuldigten nicht. Will dieser etwas sagen, wird er von zahlreichen Stimmen unterbrochen. Immer mehr Abgeordnete rufen: «Nieder mit dem Tyrannen!» Der Chor schwillt an. Zwei Abgeordnete beantragen die Verhaftung des Beschuldigten. Der Präsident läßt abstimmen. Fast einstimmig wird der Antrag angenommen. Ohne zu zögern, befiehlt der Präsident die Verhaftung von zwei Regierungsmitgliedern. Am kommenden Tag werden sie zum Tode verurteilt und hingerichtet. Was sich innerhalb von knapp zwei Stunden im Parlamentssaal zutrug, war eine vorbereitete und von mehreren Einzelpersonen in Szene gesetzte Aktion, genauer gesagt: eine brutale Obstruktion. Sie war das Ergebnis einer Verschwörung, die ihr Ziel auch hätte verfehlen können.

Unter welchen Bedingungen eine Verschwörung gegen die Machthabenden im Staate zustande kommt, aus welchen Gruppierungen sich Verschwörer rekrutieren, welches Vorgehen sie planen und welche Risiken sie eingehen – alle diese Elemente waren am 9. Thermidor des Jahres II der Französischen Republik wirksam. An diesem Tag, nach dem Gregorianischen Kalender am 27. Juli 1794, entmachtete der Konvent – die dritte Nationalversammlung der Franzosen seit 1789 – den der «Tyrannei» beschuldigten Maximilien Robespierre, zwei weitere Mitglieder des mit un-

umschränkter Exekutivgewalt ausgestatteten «Wohlfahrtsausschusses» sowie ihre engsten Gefolgsleute. Bereits am nächsten Tag wurden sie zum
Tode verurteilt und hingerichtet. Es handelte sich also um einen Gewaltstreich der gewählten Volksvertreter gegen einen Teil der aus der eigenen
Mitte heraus bestimmten Regierung, allerdings gegen einen äußerst wichtigen Teil, der über Leben und Tod der Abgeordneten zu entscheiden
schien. Die staatlichen Institutionen blieben nach dem 9. Thermidor
unangetastet, auch wenn der «Wohlfahrtsausschuß» seine Allmacht einbüß-
te. In der Hauptsache fand also nur ein Personalwechsel statt. Gleichwohl
markiert der 9. Thermidor eine Zäsur in der Gesamtentwicklung der
Großen Französischen Revolution von 1789 bis 1799. Er beendete ihre
beschleunigte Radikalisierung, ihre Eskalationsdynamik und den «Großen
Terror», der binnen eines Jahres die wichtigsten Protagonisten der Revolution verschlungen hat.

Der Vorwurf der Verschwörung gegen die Nation und ihre «revolutionäre Regierung» wurde während der Französischen Revolution nicht nur
gegen Royalisten und «Agenten des Auslands», sondern auch gegen die
meisten ihrer mächtigsten Akteure erhoben, die im Verlauf der Revolution
nach und nach von radikaleren Kräften überholt worden waren. Im blutigen Kampf der Fraktionen, Flügel und Cliquen[1] gehörte die Vokabel der
«Verschwörung» (conjuration, conspiration, complot) zu den meistge-
brauchten, aber auch am meisten mißbrauchten Mitteln der öffentlichen
Anklage und Verleumdung. Ihr fielen von 1793 bis 1795 der König und
die Königin, die konstitutionellen Monarchisten, die Girondisten, die
Dantonisten, die Hébertisten, die «Enragés», die Anhänger Robespierres
und der größte Teil der jakobinisch dominierten «Bergpartei» (montagne)
zum Opfer. Am 7. Mai 1794, zweieinhalb Monate vor seinem eigenen
Untergang, erklärte Robespierre vor dem Nationalkonvent:

> «Die Führer der Parteien, die in den beiden ersten gesetzgebenden
> Versammlungen[2] saßen, waren zu lasch, um an die Republik zu glauben,
> und zu verderbt, um sie zu wollen. Sie hörten niemals auf zu konspi-
> rieren, weil sie in den Herzen der Menschen jene ewigen Grundsätze
> auslöschen wollten, die ihre eigene Politik sie zunächst zu proklamieren
> gezwungen hatte. Damals verbarg sich die Verschwörung unter der
> Maske jener tückischen Gemäßigtheit, die das Verbrechen schützte, die
> Tugend tötete und uns so auf sicherem Umweg zur Tyrannei zurück-
> führte.»[3]

In derselben Rede behauptete Robespierre, Danton, «der gefährlichste
aller Feinde des Vaterlandes», habe «mit allen Verschwörungen in Verbindung» gestanden. So betrachtet, wird der Vorwurf der «Verschwörung» zum
allgemeinsten, abstraktesten und zugleich gefährlichsten Punkt einer um-
fassenden und tödlichen Anklage. Um eine solche zu erheben, ist es nicht

mehr nötig, von einem Mitbürger Negatives über die Revolution ver-
nommen zu haben. Es genügt, daß er sie nicht laut genug gepriesen hat.
Somit wird schon das Schweigen zum Beweis für eine «Verschwörung».
Die Verdächtigen kommen vor das «Revolutionstribunal», dessen Einrich-
tung Danton dem Konvent vorgeschlagen hat und das im März 1793 seine
Arbeit aufnahm. Nach dem «Gesetz vom 22. Prairial» (10. Juni 1794) bleibt
den Richtern und Geschworenen nur noch die Alternative Tod oder Freispruch, auf langwierige Voruntersuchungen und umständliche Beweisauf-
nahmen wird ganz verzichtet, ebenso auf Zeugen der Verteidigung. Artikel 16 lautet: «Die Verschwörer erhalten keine Verteidiger.» All dies leistet
der Denunziation Vorschub:

> «Artikel 9. Jeder Bürger hat das Recht, Verschwörer und Gegenrevolu-
> tionäre festzunehmen und vor die Behörden zu bringen; er ist zur
> Anzeige verpflichtet, sobald er von ihrer Tätigkeit erfährt.»[4]

Häufig genügten «moralische Beweise» für die Schuld des Angeklagten,
gegen die reinen Grundsätze und Sitten der Revolution verstoßen zu
haben. Als Wegweiser für die Urteilsfindung sollte «das von der Vaterlands-
liebe erleuchtete Gewissen der Richter» dienen. Berufung gegen das Todesurteil konnte nicht eingelegt werden. Vom 10. Juni bis zum 27. Juli 1794
rollten in Paris 1376 vom Fallbeil abgehackte Köpfe in den Korb. Am
22. Prairial bestieg Robespierre, der an diesem Sitzungstag der Nationalversammlung präsidierte, die Rednertribüne, um die Kritiker der revolutionären Justiz einzuschüchtern:

> «Wir treten den perfiden Andeutungen entgegen, durch die man die
> Maßnahmen, die das öffentliche Interesse vorschreibt, als übertriebene
> Strenge einzustufen sucht. Diese Strenge muß jedoch nur von den
> Verschwörern, nur von den Feinden der Freiheit gefürchtet werden.»[5]

Wieder und wieder: der «Verschwörer» als schlimmster Feind der Freiheit,
einer durch die Revolution erkämpften Freiheit. Trotzdem gehört die
Verschwörung gegen die Tyrannei – wie auch der Tyrannenmord des
Brutus und seiner Mitverschwörer – zu den beliebtesten Sujets der revo-
lutionären Rhetorik und Künste. Bereits aus dem Jahre 1784 stammt «Der
Schwur der Horatier», ein großformatiges Gemälde von Jacques-Louis
David, das, im Pariser Salon ausgestellt, sofort enormes Aufsehen erregte
und das moralisch-tugendsame Pathos der Revolution vorwegnahm.
Streng komponiert, stellt es den Schwur dreier Brüder dar, die damit ihren
unerschütterlichen Willen besiegeln, für die Vorherrschaft Roms zu kämpfen und zu sterben. Es ist eine Ironie der Geschichte, daß das Bild von
Ludwig XVI. in Auftrag gegeben worden war. David stimmte als Konventsabgeordneter für die Hinrichtung des Königs. Zur Zeit des 9. Ther-

midor war der Künstler ein Mitglied des gefürchteten «Allgemeinen Sicherheitsausschusses», der die Polizei und Justiz unter sich hatte und neben dem «Wohlfahrtsausschuß» die Todesurteile des Revolutionstribunals präjudizierte. David, ein glühender Anhänger Robespierres, versorgte die Revolution mit ihren populärsten Ikonen.

Als Robespierre dem Abgrund entgegentaumelt, den er selbst bereitet hat, ist der Zenit seiner Macht schon seit mehreren Wochen überschritten. Nach dem von ihm angeregten und von David pompös arrangierten «Fest des Höchsten Wesens» am 8. Juni 1794, bei dem Robespierre den langen Zug der Deputierten und Bürger anführt, spürt er wie nie zuvor die eisige Einsamkeit seiner Macht. In den kommenden Wochen nimmt er immer seltener an den Sitzungen des Konvents teil, läßt seine Kollegen im Wohlfahrtsausschuß allein und betritt kaum noch den Jakobinerklub, obwohl sich dort seine stärkste Unterstützung findet. Ist er resigniert? Sieht er sich mit seiner Politik der sorgsam austarierten Kompromisse endgültig gescheitert? Er sitzt zu Hause und feilt an einer Rede. Mit ihr will er die letzte Abrechnung in die Wege leiten, eine letzte, ihm notwendig erscheinende Säuberung unter den Konventsabgeordneten begründen. Doch diese ahnen, was einem Teil von ihnen bevorsteht. Robespierre hat es an Andeutungen nicht fehlen lassen, auch wenn er es vermied und vermeidet, Namen zu nennen. Noch lähmt die Bedrohten die Furcht und verhindert, daß sie sich gemeinsam gegen den «Unbestechlichen» stellen.

Nur zögernd finden diejenigen zusammen, die ihr Leben bedroht wähnen, und nur, weil Robespierre sich so stur und lange bedeckt hält. Erst allmählich erfüllen die im Flüsterton gehaltenen Gespräche in den Wandelgängen des Konvents, die Verabredungen zu gemeinsamen Mahlzeiten und die heimlichen Treffen in verschiedenen Wohnungen die Kriterien einer regelrechten Verschwörung. Drei Hauptgruppen sind an ihr beteiligt: Zum einen die ehemaligen «Abgeordneten in Mission», die der Konvent in die Provinz entsandt hat, wo nicht wenige von ihnen drakonisch durchgriffen und wie Henker wüteten, zum anderen einige Mitglieder des Wohlfahrtsausschusses und des mit ihm rivalisierenden Sicherheitsausschusses und schließlich die am Leben gebliebenen Girondisten oder Freunde Dantons, Héberts und anderer Opfer der Guillotine. Keiner weiß genau, wie viele Köpfe Robespierre verlangen wird. Und keiner kann ahnen, daß es zusammengenommen nur etwa ein Dutzend Abgeordnete und Ausschußmitglieder treffen soll. Robespierre, alles andere als ein charakterlich prädestinierter «Blutsäufer», ist des pausenlosen Schlachtens inzwischen müde. Eine Liste, die die mit ihm verbündete Pariser Kommune am 9. Thermidor in letzter Minute hastig erstellt, enthält jedenfalls nur dreizehn Namen. Einer darf dabei nicht fehlen: der des Abgeordneten Joseph Fouché.

Um ihn ranken sich im nachhinein viele Legenden. Der Ruf des meisterhaften und skrupellosen Intriganten stellt ihn ins Zentrum der Verschwörung gegen Robespierre. Nicht nur das: sein Name taucht auch im

Zusammenhang mit François Noël Babeuf und seiner «Verschwörung der Gleichen» in den Jahren 1795 und 1796 auf. Mutmaßungen und üble Verdächtigungen? Tatsächlich ist Fouché aber vier Jahre später wieder zur Stelle, als der Revolutionsgeneral Napoléon Bonaparte seinen Staatsstreich vom 18. Brumaire verschwörerisch plant und durchführt – mit der, wenn nicht unerläßlichen, so doch hilfreichen Unterstützung Fouchés. Nicht von ungefähr gilt der kühle Drahtzieher und Schöpfer des modernen Polizei- und Spitzelwesens auch als Ahnherr eines neuen Typus der Verschwörung gegen ein herrschendes Regime, auf das politisch kein Verlaß mehr ist.

Weshalb mußte sich Fouché von Robespierre bedroht fühlen? Die beiden hatten am Vorabend der Französischen Revolution in Arras, der Geburtsstadt Robespierres, freundschaftlichen Umgang miteinander gepflegt, und Fouché hatte Charlotte, der Schwester des Advokaten, sogar einen Heiratsantrag gemacht. So grundverschieden sie charakterlich auch waren, so sehr verband sie nach 1792 als Abgeordnete des neugewählten Konvents die revolutionäre und republikanische Gesinnung. Beide waren Patrioten und Jakobiner und zählten zum «linken» Flügel der «Bergpartei», die den Konvent – wie ihr Name schon sagt – von oben herab dominierte und dirigierte, obwohl sie rein quantitativ nur eine Minderheit darstellte. Das zahlenmäßig überlegene Zentrum im Parlament, auch «Ebene» oder verächtlich «Sumpf» genannt, hielt sich aus den mörderischen Flügelkämpfen heraus und votierte pragmatisch, während sich die Rechte, ihrer besten Köpfe beraubt, fast völlig zurückhielt. Die entscheidenden Auseinandersetzungen fanden zwischen den gemäßigten und den exzessiven Vertretern der Bergpartei statt, während Robespierre bestrebt war, die widerstreitenden Flügel zu kappen, um den Fortgang der Revolution zu sichern.

Fouché gehörte mit Herz und Seele der Linken an. Als «Abgeordneter in Mission» schröpfte er die Reichen und bestrafte die Schmarotzer, vernichtete die christlichen Symbole und tat sich in den ihm unterstellten Départements und Städten wie kein anderer als «Entchristianisierer» hervor. Besonders radikal verfuhr er in Lyon, das gegen den Konvent rebelliert hatte: Er ließ die zweitgrößte französische Stadt systematisch zerstören und innerhalb von drei Monaten nahezu zweitausend «Verdächtige» grausam hinrichten – ein Blutbad ohnegleichen. Paradoxerweise, vielleicht aber auch aufgrund einer ausgesucht heimtückischen List, beschuldigte Robespierre Fouché später des «Moderantismus», das heißt der falschen Nachsicht und gefährlichen Mäßigung. Immerhin trug dieser Vorwurf ein Körnchen Wahrheit in sich. Denn Fouché hatte im Februar 1794 blitzschnell erkannt, daß die Ultraradikalen in Paris ausgespielt hatten, und schwenkte schnell hinüber zu den Gemäßigten um Danton. Daß Robespierre mit diesem bloß ein Zweckbündnis auf Zeit – auf sehr kurze Zeit – eingegangen war, blieb nicht nur Fouché verborgen. Kaum hatte er die Seite gewechselt, war er wieder auf der falschen Seite – eine für ihn

unerträgliche Position. Dabei waren es nicht fundamentale und unüber-
brückbare ideologische Gegensätze, die die Bergpartei entzweiten, sondern
vielmehr unterschiedliche Schachzüge im Kampf um die Macht und damit um Leben und Tod.

Nichtdestoweniger betrachtet Louis Madelin, der einfühlsamste und
dennoch objektivste Biograph Fouchés, den 9. Thermidor als «das folgenschwere Ergebnis … eines Konflikts zweier Sekten», nämlich der Gläubigen der «Vernunft» und der Deisten, der Lobpreiser eines «Höchsten Wesens».[6] Für diesen Gott der Humanität, Freiheit und Tugend machte sich
der Rousseauist Robespierre stark, der den Atheismus zutiefst verabscheu-
te, weil er ihn als gekünstelte Philosophie des Nichts und der Nichtigkeit
mißverstand. In einem am 7. Mai 1794 vor dem Konvent gehaltenen Re-
ferat geißelt er die fanatischen «Apostel des Nichts» als verschwörerische
Missionare und hat dabei, ohne seinen Namen zu nennen, vor allem einen
im Auge: Joseph Fouché.

«Wer hat dir denn den Auftrag gegeben, dem Volke zu verkünden, es
gäbe keinen Gott, dir, der du dich für diese blutlose Doktrin niemals,
wohl aber für das Vaterland begeistert zeigst? Was hast du davon, dem
Menschen einzureden, daß eine blinde Macht sein Schicksal bestimmt
und blindlings sowohl das Verbrechen als auch die Tugend verfolgt, daß
die Seele des Menschen nur ein leichter Hauch ist, der an der Schwelle
des Grabes verlischt?»[7]

Wer soll sich durch diese Fragen angesprochen fühlen, wenn nicht Fouché,
der am 9. Oktober des Vorjahres einen Erlaß herausgab, in dem verfügt
wurde, daß auf dem Tor eines jeden Friedhofes statt des Kreuzes die
Inschrift «Der Tod ist ein ewiger Schlaf» anzubringen sei? Die Situation
spitzt sich zu. Es gilt zu handeln. Am 6. Juni, einen Monat nach Robespierres Rede, wählen die Jakobiner Fouché zu ihrem Vorsitzenden. Nun
folgt Schlag auf Schlag. Robespierre greift Fouché an seiner empfindlich-
sten Stelle an und fordert Rechenschaft für dessen Exzesse in Lyon. Er
bietet Zeugen auf, doch der Vorsitzende Fouché vertagt die Debatte –
nicht allzu souverän. Robespierre verlangt, daß sich der ehemalige Pro-
konsul vor den Jakobinern rechtfertige, doch dieser bittet um Aufschub,
bis der Wohlfahrts- und der Sicherheitsausschuß sein Vorgehen in Lyon
beurteilt hätten. Diese Taktik der Ausflucht, um Zeit zu gewinnen, kommt
Robespierre gerade recht. Am 11. Juli geht er zur, wie er wohl annimmt,
todverheißenden Offensive über:

«Ich war früher vielleicht mit ihm in gewissen Bindungen, weil ich ihn
für einen Patrioten hielt, und wenn ich ihn hier anklage, so ist es
weniger seiner Verbrechen wegen, sondern weil er sich verbirgt, um
noch andere zu begehen, und weil ich ihn als den Chef der Verschwö-

rung betrachte, die wir zu vernichten haben. Ich prüfe den Brief, der soeben vorgelesen wurde, und sage, daß er von einem Mann geschrieben ist, der, angeklagt, sich weigert, sich vor seinen Mitbürgern zu rechtfertigen. (...) Fürchtet er, daß seine Sprache die Verwirrung, den Widerspruch eines Schuldigen enthülle? (...) Fouché hat sich selbst genug charakterisiert, ich habe diese Bemerkungen nur gemacht, damit die Verschwörer ein für allemal wissen, daß sie der Wachsamkeit des Volkes nicht entkommen werden.»[8]

Am 14. Juli – ein Datum mit Symbolkraft – setzt Robespierre durch, daß der Klub Fouché von seiner Mitgliederliste streicht. Spätestens zu diesem Zeitpunkt weiß dieser, daß entweder er oder Robespierre fallen wird. Folgerichtig kommt es zu einem Zweikampf, den der Romancier und Fouché-Biograph Stefan Zweig zu einer der «spannendsten ... (und) erregendsten Episoden der Revolutionsgeschichte» stilisiert. Wie Robespierre zu ihm stand, hätte Fouché gleich nach seiner Rückberufung aus Lyon abschätzen können. Denn am Abend des 7. April[9] hatte er Robespierre in dessen Wohnung in der Rue Saint-Honoré aufgesucht, in der Hoffnung, der alte Freund werde ihm seine Unterstützung anbieten. Welch ein Irrtum! Der Apostel der Tugend ließ ihn unhöflich lange im Vorzimmer warten, um ihn dann stehend abzukanzeln. Auch wenn der Wortwechsel nicht überliefert ist, kann man sich anhand der Memoiren von Paul de Barras, dem «Thermidorianer» und späteren Mitglied des regierenden Direktoriums, ein ungefähres Bild machen. Barras berichtet von seiner Unterredung mit Robespierre und betont dabei, daß sie ebenso fruchtlos war wie die Versuche von Fouché und Jean Lambert Tallien und daß er wie sie auf eine Mauer eisigen Schweigens gestoßen sei:

«Robespierre antwortete nur mit einem hartnäckigen Schweigen, ohne einen Ausdruck im Gesicht, ohne jede Geste und ohne ein Wort.»[10]

Auch nach dieser demütigenden Erfahrung bleibt Fouché kaltblütig. Bereits am nächsten Tag tritt er im Jakobinerklub auf und erklärt in Anwesenheit Robespierres, es entspreche seiner Wesensart, «den stets sich ändernden Bewegungen der (öffentlichen) Meinung gehorchen» zu können. Auf diese zynische Arroganz wird Fouché sich künftig verlassen, ebenso wie auf seine Rolle im Hintergrund. Laut Barras, der Fouché als «abscheulichen Schurken» charakterisiert, verstreicht bis Mitte Mai ein ganzer Monat mit «hinterlistigen Intrigen». Vieles von dem, was Fouché betreibt, bleibt im Dunkeln. Eines aber ist klar: Er muß Bündnispartner gewinnen. Wie er das tut, beschreibt Stefan Zweig:

«Vom frühen Morgen bis zum späten Abend schleicht er vom einen zum andern Abgeordneten, munkelt von den geheimnisvollen neuen

Konskriptionslisten, die Robespierre vorbereite. Und jedem einzelnen
flüstert er zu: ‹Du bist auf der Liste› oder ‹Du kommst zum nächsten
Schub›. Und wirklich, so verbreitet sich allmählich unterirdisch eine
panische Angst, denn einem solchen Cato, einer derart restlosen Unbestechlichkeit gegenüber haben die wenigsten Deputierten ein vollkommen reines Gewissen. Der eine hat vielleicht in der Geldgebarung etwas
zu fahrlässig gehandelt, der zweite einmal Robespierre widersprochen,
der dritte sich zuviel mit Frauen abgegeben (alles Verbrechen in den
Augen dieses republikanischen Puritaners), der vierte hat vielleicht einmal mit Danton oder einem anderen der hundertfünfzig Verurteilten
Freundschaft gepflogen, der fünfte einen Verurteilten bei sich aufgenommen, der sechste einen Brief eines Emigranten empfangen. Kurz-
um, jeder zittert, jeder hält einen Angriff gegen sich für möglich, keiner
fühlt sich rein genug, um dem überstrengen Anspruch, den Robespierre
an die Bürgertugend stellt, völlig gerecht zu werden. Und immer wieder
schießt, wie die Spule am Webstuhl, Fouché vom einen zum andern,
immer neue Fäden ziehend, immer neue Maschen knüpfend, immer
mehr einfangend in dieses Spinnennetz von Mißtrauen und Verdacht.
Aber es ist ein gefährliches Spiel, das er treibt, denn nur ein Spinnennetz
flicht er, und eine einzige brüske Bewegung Robespierres, ein Wort des
Verrats kann sein Gewebe zerreißen.»[11]

Robespierre läßt die Spinne von seinem fähigsten Spion bespitzeln.
Dieser meldet seinem Herrn heimliche Zusammenkünfte mit Barras,
Tallien, Fréron – alles ehemalige «Abgeordnete in Mission», die als «Mis-
sionare des Terrors» verschrien sind und nun fürchten, sich für ihre Taten
verantworten zu müssen. Emsig berichtet der Agent von weiteren Treffen
Fouchés mit Jacques Thuriot, Laurent Lecointre und Edme Bonaventure
Courtois – das sind Freunde Dantons, die seinen Tod nicht verschmerzen
können –, mit Jean Jacques de Bréard-Duplessys und François Louis
Bourdon de l'Oise, der Robespierre haßt. Alle werden sie eine Rolle
spielen beim Sturz des Unbestechlichen – Thuriot mit der lärmenden
Glocke des Konventsvorsitzenden und Bourdon, indem er sich am
8. Thermidor gegen die Drucklegung von Robespierres Rede aus-
spricht –, die erste Gruppe aber wird nach dem 9. Thermidor das Sagen
haben und als «Thermodorianer» in die Geschichte eingehen. Robespierre ist durch die Spitzelberichte gewarnt. Am 3. Thermidor wird ihm
sogar ein unmißverständlicher Brief überbracht. In seinen Memoiren hält
Barras fest:

«Trotz aller Vorsicht von Fouché wurde ein von ihm verfaßter und an
einen Kollegen im Konvent adressierter Brief abgefangen, der vor allem
diese Zeile enthielt: ‹Innerhalb von vierzehn Tagen wird entweder Maximilien aufgehört haben zu existieren oder wir.›»[12]

Es sollte keine vierzehn Tage mehr dauern. Das Netz um Maximilien wurde immer engmaschiger, während dieser sich mehr und mehr zurückzog, um an seiner Rede, seinem politischen Testament, zu arbeiten. Sogar dem allmächtigen Wohlfahrtsausschuß kehrte er den Rücken. In diesem Ausschuß, der als Haupt und Zentrale der Exekutive die politischen Geschicke der Nation leitete, war Robespierre nur ein Mitglied unter zwölfen, aber doch so etwas wie ein inoffizieller Primus inter pares. Zusammen mit Antoine Saint-Just und Georges Couthon bildete er – wie seine Gegner dies sahen – eine Art «Triumvirat», das fest zusammenhielt. Mit Jacques Nicolas Billaud-Varenne und Jean Marie Collot d'Herbois hatte der Wohlfahrtsausschuß im September 1793 zwei Wortführer der Radikalen aufgenommen und sie dadurch in die politische Pflicht genommen, was sich auf sie durchaus mäßigend auswirkte. Inzwischen fühlten sich diese beiden aber durch Robespierre bedroht. Nicht nur ihnen ging es so, sondern zudem einigen anderen Mitgliedern der Ausschüsse: dem Kriegsorganisator Lazare Carnot, den Mitgliedern des Sicherheitsausschusses Jean Baptiste Amar und Marc Guillaume Vadier, beide überzeugte Atheisten, und Joseph Cambon, Herr über Frankreichs Staatsfinanzen. Die Regierung war also gespalten, und Robespierre konnte nicht sicher sein, eine Mehrheit ihrer Mitglieder auf seiner Seite zu haben.

Fouché, den Robespierre selbst als «chef de la conspiration», als Haupt der Verschwörung, bezeichnete, hat sicher nicht alle wichtigen Kontrahenten Robespierres umgarnt.[13] Doch er war genauestens darüber informiert, was in den entscheidenden Tagen vor dem 9. Thermidor im Wohlfahrtsausschuß vor sich ging, und hat seine Kenntnisse gezielt weitergegeben. Tallien räumte ein Jahr später ein, daß Fouché ihm und Barras am Vorabend des 9. Thermidor mitgeteilt habe:

«Die Division ist vollständig. Morgen muß zugeschlagen werden.»

Was war geschehen? Am 8. Thermidor des Jahres II der Republik, also am Samstag, dem 26. Juli 1794, war die Sitzung des Konvents um elf Uhr eröffnet worden. Die Präsidentschaft hatte seit dem 19. Juli Collot d'Herbois inne, sofern er sich nicht vertreten ließ. Der Abgeordnete Fouché war an diesem wie auch am folgenden Tag abwesend. Mit Collot verband ihn ein Verhältnis der persönlichen und politischen Sympathie, denn Collot hatte wie andere Freunde Fouchés seine prägenden Erfahrungen in der linken Pariser Kommune gesammelt. Anfangs zog sich die Konventssitzung quälend hin, da – wie üblich – zuerst die Korrespondenz verlesen wurde: Die Volksgesellschaft von Lescar schreibt, die Volksgesellschaft von Labastide-Beauvoir schreibt, die Volksgesellschaft von Villiers-le-Bel schreibt usw. Nach einer Stunde betrat Robespierre den Saal, wurde mit Applaus begrüßt und bestieg die Rednertribüne. Sein wochenlang vorbereiteter Diskurs ist durchdacht, aber umständlich und ermüdend. Erst nach langen

Erörterungen zu diesem und jenem Thema ließ er die Anwesenden auf-
horchen:

«Ich habe vor einiger Zeit versprochen, ein für die Unterdrücker des
Volkes furchtbares Testament zu hinterlassen. Ich werde es in diesem
Augenblick veröffentlichen, und zwar mit der ganzen Freizügigkeit, die
meiner Situation zukommt: ich hinterlasse ihnen die furchtbare Wahrheit und den Tod. (…) Ich fühle mich berufen, das Verbrechen zu
bekämpfen, nicht aber, über das Verbrechen zu herrschen.»[14]

Und dann läßt Robespierre seine Ziele unverhüllt sichtbar werden. Der
Revolutionshistoriker Jules Michelet faßt zusammen:

«Der allgemeine Schluß der Rede: Es besteht eine Verschwörung. Diese
verdankt ihre Stärke einem Bunde, der im Innern des Konvents Ränke
spinnt. Sie beherrscht den Sicherheitsausschuß. Man hat diesen Ausschuß mit dem Wohlfahrtsausschuß in Gegensatz gebracht und auf solche Weise zwei Regierungen aufgestellt. Mitglieder des Wohlfahrtsausschusses sind in die Verschwörung eingetreten. Man muß den ersteren
säubern und unterwerfen, muß auch den zweiten säubern und die
Einheit der Regierung unter dem Konvent, der ihr Mittelpunkt und
Richter ist, wiederherstellen.»[15]

Ein Tumult bricht los. Einer der Hauptangegriffenen, Cambon, der Chef
der Finanzen, fühlt sich entehrt, rechtfertigt sich wütend und brüllt:

«Es ist Zeit, die ganze Wahrheit zu sagen: Ein einzelner Mann lähmt
den Willen des Konvents. Dieser Mann ist … Robespierre. Also richtet
ihn!»[16]

Dafür gibt es Applaus. Robespierre hat gerade einen Fehler begangen, weil
es der Zufall so wollte. Denn er griff neben Cambon auch Mitglieder des
Wohlfahrtsausschusses wie Carnot an, der für die Kriegsführung zuständig
ist. In der gleichen Sitzung aber gibt der Wohlfahrtsausschuß bekannt, daß
die Truppen der Französischen Republik Antwerpen eingenommen haben. Das ist ein lange herbeigesehnter Triumph! Nichtahnend hat sich
Robespierre verrechnet. In Zeiten des militärischen Sieges sind Säuberun-
gen nicht gefragt. Er hat mit seiner Litanei nur erreicht, daß die Abgeordneten sich entsetzt an die Gurgel greifen. Jeder will wissen, ob er auf der
«Liste» steht. Oder der abwesende Fouché. Robespierre redet sich heraus:

«Man spricht mich auf Fouché an. Ich möchte mich jetzt nicht damit
beschäftigen. Ich stelle mich abseits von alldem. Ich gehorche nur meiner Pflicht.»[17]

Solche Worte taugen kaum zur Besänftigung der Gemüter. Kein Wunder, daß die Versammlung beschließt, die Rede nicht drucken und erst recht nicht an alle Gemeinden versenden zu lassen. Abends eilt der angeklagte Ankläger in den Jakobinerklub, wo seine Rede, die er erneut vorträgt, frenetisch bejubelt wird. Collot d'Herbois und Billaud-Varenne sind zugegen. Bevor sie ihre Sicht der Dinge vorbringen können, werden sie umringt, beschimpft und angerempelt. Sie sind klug genug, die Flucht zu ergreifen und in das Büro des Wohlfahrtsausschusses zurückzukehren. Dort sitzt Saint-Just und arbeitet an seiner Rede, die er am nächsten Tag vor dem Konvent halten will. Noch sind die Fronten nicht restlos geklärt. Collot will wissen, ob Saint-Just beabsichtigt, gegen ihn Anklage zu erheben. Der «eiskalte Engel» bejaht die Frage[18], behauptet im Gegenzug aber zu wissen, daß Mitglieder beider Ausschüsse Fouché mit einer Anklageschrift gegen Robespierre beauftragt hätten. Fouché wird mitten in der Nacht geholt und vom ältesten Mitglied des Sicherheitsausschusses verhört. Nachdem der Beschuldigte die Verdächtigung bestritten hat, gibt sich Saint-Just nach außen hin zufrieden und verspricht sogar, seine Rede zuerst den Kollegen im Wohlfahrtsausschuß zur Prüfung vorzulegen. Er wird sich nicht an dieses Versprechen halten.

Damit macht er am nächsten Tag alle – bis dahin berechtigten – Hoffnungen der Anhänger Robespierres zunichte. Denn Saint-Just wird, kaum daß er mit seiner Rede begonnen hat, brüsk unterbrochen und niedergeschrien. Das Programm der «Thermidorianer» läuft ab, chaotisch zwar und zum Teil auch melodramatisch und unfreiwillig lächerlich, doch im Endeffekt erfolgreich. Auf seine unvergleichliche Art hat Jules Michelet, der nachgeborene Revolutionshistoriker, aus dem Geschehen ein Drama gemacht und seinen Kommentar gleich mitgeliefert:

> «Billaud und Tallien, Tallien und Billaud lösten sich ab auf der Tribüne, und sonst stieg niemand hinauf. Als Robespierre entgegnen wollte, schrie ihn die große Masse immer wieder mit demselben Ruf nieder: ‹Fort mit dem Tyrannen!› Die Verbündeten waren übereingekommen, so seinen Untergang herbeizuführen. Der Tod ohne Redensarten … konnte allein eine so ungleichartige Masse zusammenbringen, die ein solches Interesse daran hatte, die Verschiedenheit der Beweggründe zu verbergen, aus denen sie gegen jenen auftraten.»[19]

In der Tat waren die Motive verschieden, und nichts als die nackte Angst vor dem «Rasiermesser der Nation» einte die wenigen Verschwörer und die vielen Schreihälse. Prinzipiell gab es zwischen den der Bergpartei angehörenden Deputierten keine gravierenden ideologischen Differenzen: Sie waren alle «Königsmörder» und daher auf den Sieg der Revolution angewiesen, aufrechte Republikaner, Patrioten, Freunde des Volkes und Verteidiger des Eigentums und der allgemeinen Sicherheit. Die Strenge

der politischen Maßnahmen, die sie befürworteten, hing in erster Linie
von der momentanen Lage Frankreichs ab. Frankreich aber hatte gerade
gegen seine äußeren Feinde militärisch zu siegen gelernt. Folglich konnte
der Henker eine Atempause einlegen. Hätte Robespierre den Vormarsch
der Revolutionsarmeen vorausgeahnt und daraus die richtigen Schlüsse
gezogen, wäre er zumindest verschont geblieben. So aber stand er dem
glücklichen Aufatmen im Weg. Den mittäglichen Höhepunkt des 9. Thermidor schildert Michelet so:

> «Mitten aus der Bergpartei tönten zwei Stimmen, die man noch niemals
> gehört hatte: ‹Verhaftung!› – ‹Anklage!› – Man fragte nach den Namen.
> Es waren Louchet und Loseau, unbekannte Leute, treue Jakobiner,
> durchaus keine Thermidorianer; sie waren Gegner aller Reaktion. Die
> ganze Versammlung unterstützte sie. (...) Eine Menge von Stimmen
> rief: ‹Verhaftung! Verhaftung!› Thuriot ließ abstimmen. Die Verhaftung
> wurde einstimmig beschlossen. Die ganze Versammlung erhob sich: ‹Es
> lebe die Freiheit! Es lebe die Republik!› – ‹Die Republik,› sagte Ro-
> bespierre, ‹ist verloren! Die Räuber triumphieren.›»[20]

Die Verschwörung ist zu Ende. Sie hat erreicht, was sie erreichen konnte.
Noch aber können Robespierre und seine Mitstreiter eine – wenn auch
unwahrscheinliche – Wende herbeiführen. Sie werden verhaftet und befreit. Von ihnen treu ergebenen Beamten der Pariser Kommune. Deren
Kräfte reichen jedoch nicht aus. Paris bleibt erstaunlich ruhig. Die Volksmassen lassen ihren einstigen Fürsprecher, Helden und Ersatzgott im Stich.
Sie verzeihen ihm nicht, daß er Höchstlöhne festsetzen und Hungerrevol-
ten niederschießen ließ. Und sie bleiben, was nicht unbedingt zu erwarten
war, gesetzestreu, nachdem der Konvent den Angeklagten als «außer Gesetzes» erklärt hat. Während sich die Konventsabgeordneten in der Nacht
darauf einstellen, «auf ihren Posten zu sterben», sieht sich Robespierre
außerstande, einen Aufstandsbefehl gegen den Konvent zu unterzeichnen.
In wessen Namen, fragt er und legt die Feder nieder. Am nächsten Tag
fällt sein Haupt und das von 21 seiner engsten Anhänger. Zur historischen
Bedeutung dieser verlorenen Schlacht meint der kommunistisch orientierte Robespierre-Biograph Jean Massin:

> «Wenn auch Robespierre die Bergpartei in seiner Rede am 8. Ther-
> midor für aufgelöst erklärt hatte, war die Sitzung an diesem Tage den-
> noch eine Schlacht zwischen den Mitgliedern der Bergpartei. Die Sit-
> zung am 9. Thermidor war im Gegensatz dazu ein Sieg der Rechten
> und des Zentrums, obwohl diese dabei nur eine passive Rolle spielten.
> Fouché, der das ganze Manöver leitete, zögerte nicht, die Tat zu bege-
> hen, vor der die Mitglieder der Ausschüsse zurückschreckten: der Re-
> aktion die Tore zu öffnen. Die Männer des ‹Sumpfes› und die Reste

der Gironde brauchten sich von denjenigen Mitgliedern der Bergpartei, die Gegner Robespierres waren, nur noch die Kastanien aus dem Feuer holen zu lassen. (...) Im Alter erklärten Billaud, Barère und Cambon, sie betrachteten ihre Teilnahme am 9. Thermidor als den größten Fehler ihres Lebens. Doch zu spät!»[21]

Nach dem «Sturz des Tyrannen» verfiel ganz Paris in einen Freudentaumel. Der «Große Terror» gehörte der Vergangenheit an, die Gefängnisse öffneten ihre Tore, und die allgemeine Erleichterung machte sich in Tänzen, Festen und Pamphleten Luft. Gemeinhin wird die Thermidorperiode, die bis zum Ende des Konvents und dem Regierungsantritt des Direktoriums am 3. November 1795 dauerte, mit der politischen «Reaktion»[22] identifiziert. Dies entspricht nur begrenzt der komplexen Realität. Da der Konvent an der Macht blieb, der revolutionäre Krieg weitergeführt wurde und die Republik sich mehr und mehr konsolidierte, trat die Kontinuität des revolutionären Systems deutlich und für alle sichtbar hervor. Allerdings prägten nicht mehr die radikalisierten kleinbürgerlichen «Sansculotten» mit ihren roten Mützen das Pariser Straßenbild, sondern die «Jeunesse dorée», reiche Bürgersöhne und eitle Gecken, die mit Vorliebe Jagd auf «Terroristen» machten.

Ganz gegen seine Gewohnheit wechselt Joseph Fouché, Abgeordneter von Nantes, nicht opportunistisch zu den Siegern, den Gemäßigten und Rechten, hinüber. Als wolle er seine Prinzipientreue demonstrieren, kehrt er am 10. Thermidor in die Reihen der Radikalen zurück und nimmt seinen alten Platz auf dem «Berge» ein. Aus welchem Grund? Aus weitblickender Klugheit, meint Stefan Zweig. Der «Königsmörder» – er hat mit 366 Abgeordneten für den Tod Ludwigs XVI. gestimmt – und «Mitrailleur von Lyon»[23] weiß, daß sein eigenes Überleben an das Überleben der Republik gekettet ist. Also tut er alles für deren Rettung, aber im Hintergrund. Ohne selbst groß in Erscheinung zu treten, bekämpft er die Thermidorianer, die sich für seinen Einsatz im Kampf gegen Robespierre nicht im geringsten erkenntlich zeigen. Für seine Offensive hinter den Kulissen sucht er sich einen neuen, unverbrauchten Mann und findet ihn: François Noël Babeuf, der sich selbst «Gracchus» Babeuf nennt.

In der realen Geschichte der Französischen Revolution spielt Babeuf keine herausragende Rolle. Erst im nachhinein haben ihn die kommunistische Bewegung und die ihr anhängenden Historiker zu einem ihrer Propheten aufgewertet und aus seinem Leben und Werk eine Legende gesponnen. Erhärten läßt sich immerhin: mit seinem Programm einer neuen Gesellschaftsordnung, nämlich eines Agrar-Kommunismus ohne Privateigentum, und seinem putschistischen Aktionsplan einer «Verschwörung der Gleichen» nahm Babeuf die Ideen einer Vergesellschaftung der Produktionsmittel und einer «Diktatur» im Namen des Volkes sowie das avantgardistische Selbstverständnis der kommunistischen Parteien in gro-

ben Grundzügen vorweg. In vielem aber verfolgte Babeuf eine neojakobinische Politik, mit der auch Fouché sympathisierte. Als dieser von Taillien
im Konvent beschuldigt wurde, Babeufs Hintermann und Auftraggeber zu
sein, ja sogar ein Exemplar von Babeufs Zeitung «Le Tribun du Peuple»
(Der Volkstribun) «eigenhändig korrigiert» zu haben, gab Fouché seine
Beziehungen zum «Tribun du Peuple» ganz offen zu.[24] Doch bereits am
12. April 1795, elf Tage nach dem niedergeschlagenen «Germinal-Auf-
stand» der hungerleidenden Pariser Volksmassen, verleugnete er diese Beziehungen wieder. Unter den aufmerksamen Augen der Öffentlichkeit
begann der Konvent die jüngste Vergangenheit aufzuarbeiten. Wegen seiner
Exzesse in Lyon mußte Fouché auf der Hut sein. Es kam dennoch zur
Anklage, und nur mit Geschick und Protektion entging er der Verhaftung.
    Auch ohne die Hilfe Fouchés arbeitete Babeuf weiter auf eine Revo-
lution hin, die «die letzte» sein sollte. Nummer für Nummer des «Tribun
du Peuple» bereitete die «Plebejer» auf die zukünftige Gleichheit aller
Menschen vor. Bis März 1796 konnte die Zeitung ungehindert erscheinen,
dann fiel sie der Zensur zum Opfer, die das Direktorium über «aufrührerische» Schriften verhängte. Babeuf ließ sich dadurch keineswegs entmu-
tigen. Am 24. April 1796 schrieb er in der 43. und letzten Nummer seiner
Zeitung:

«Jetzt ist es soweit. Der Terror gegen das Volk ist an der Tagesordnung.
Es ist nicht mehr erlaubt, miteinander zu reden; es ist nicht mehr erlaubt
zu lesen; es ist nicht mehr erlaubt, zu denken. – Es ist nicht mehr erlaubt
zu sagen, daß wir leiden; es ist nicht mehr erlaubt, immer wieder zu
sagen, daß wir unter der Herrschaft der abscheulichsten Tyrannen leben.
(…) Es wurde angeordnet, daß die Regierung das Volk ungehindert
aushungern, ausplündern, erniedrigen, in Ketten legen, quälen und in
den Untergang treiben kann. Es wurde angeordnet, diese Unterdrük-
kung zu loben, zu bewundern und zu segnen und deutlich zu sagen,
daß es auf der Welt nichts Schöneres, nichts Anbetungswürdigeres gebe.
(…) Sind wir dieser ruchlosen Kränkungen bald müde? (…) Wir werden alle Ketten brechen …»[25]

Zu diesem Zweck bildet sich im März 1796 ein «Geheimes Wohlfahrts-
direktorium», dem sieben Mitglieder angehören: Jakobiner, Robespierre-
Nostalgiker, Veteranen der Terrorperiode und ein Publizist. Dieser innere
Zirkel kann mit der Unterstützung einiger Konventsabgeordneter der ehemaligen Bergpartei rechnen, die sich nach Verhältnissen wie im Jahr 1793
zurücksehnen. In jedem Pariser Arrondissement und in jeder Armee-Ein-
heit verfügen die Verschwörer über einen Agenten. Alle Fäden des konspirativen Netzes laufen im kleinen Kreis um Babeuf zusammen. Nur
dieser Kreis ist in alle Einzelheiten der Verschwörung und in den zu
verwirklichenden Gesellschaftsentwurf eingeweiht. Da die Zeit drängt,

wird der 22. Floréal des Jahres IV der Republik (11. Mai 1796) als Tag X fixiert, an dem loszuschlagen sei. Während die Verschwörer ein letztes Mal ihre Proklamation an das befreite Volk überarbeiten und alle Agenten auf das verabredete Zeichen warten, kommt das Direktorium, durch einen Verräter wohlunterrichtet, dem Umsturz zuvor. Der Direktor Barras berichtet in seinen Memoiren, seit mehreren Monaten durch drei verschiedene Zuträger über alles informiert gewesen zu sein, was Babeuf versucht und unternommen habe, «sowohl in den Vorstädten als auch in den Versammlungen».[26] Am 10. Mai schwärmt die Polizei aus und verhaftet die Verschwörer. Die Machthaber nutzen die Gunst der Stunde, um einige prominente Altterroristen loszuwerden. Babeuf wird erst ein Jahr nach seiner Verhaftung verurteilt und hingerichtet. Davon bekommt das Volk so wenig mit wie vom geplanten Aufstand der Babouvisten.

In den Jahren 1797 bis 1799 jagt in Frankreich ein Staatsstreich den anderen. Den Anfang macht das Direktorium, die Exekutive, die sich plötzlich einer royalistischen Mehrheit in den neuen Räten, in den legislativen Organen, gegenübersieht, die Armee zu Hilfe ruft und die Wahlen systematisch annulliert. Auch der zweite Staatsstreich geht vom Direktorium aus, diesmal gegen eine neojakobinische Mehrheit in den Räten, die korrigiert werden muß. Die Jakobiner rächen sich im darauffolgenden Jahr und erzwingen eine neue personelle Zusammensetzung des fünfköpfigen Direktoriums. Der eigentliche Sieger aber ist die Armee, die immer häufiger die Rolle eines Schiedsrichters übernehmen muß. In ihrem Schatten kommt auch der Mann voran, der Jahre des Rückzugs und der Misere hinter sich hat, der ehemalige Jakobiner, der am 27. Thermidor des Jahres VII (14. August 1799) etwas Ungeheuerliches wagt: Er geht in den Jakobinerklub, der mittlerweile «Club du Manège» heißt, erklärt die Versammlung für aufgelöst, nimmt den Schlüssel an sich und sperrt die Tür zu. Es ist Joseph Fouché, der neue Polizeiminister. «Mit dieser Schlüsseldrehung ist eigentlich die Französische Revolution zu Ende», suggeriert Stefan Zweig.[27]

Noch nicht ganz. Knapp drei Monate wird sie noch dauern, bis einer kommt und wortwörtlich verkündet, sie sei zu Ende. Es ist der General Napoléon Bonaparte, und es geschieht am berühmten 18. Brumaire (9. November 1799). Am Ende mit seiner politischen Weisheit ist auch das Direktorium. Das ganze System, die so kompliziert erdachte Verfassung, steht zur Disposition. Und wieder hat Fouché, der König der Verschwörer, seine Hand im Spiel. Er ist es, der dem aus Ägypten herbeigeeilten General in knappen und präzisen Sätzen die Situation des Direktoriums und der Nation klarmacht. Er ist jedoch wieder klug genug, an der Verschwörung gegen das amtierende Direktorium nicht persönlich teilzunehmen. Er hält sich heraus, bis die Sache völlig entschieden ist. Mit den Direktoren, von denen zwei selbst als Verschwörer agieren, kann Bonaparte kurzen Prozeß machen. Barras unterzeichnet unverzüglich seinen Rücktritt und verschwindet von der politischen Bühne. Damit ist der erste Teil der «legalen» Machtergreifung erledigt. Nachdem Napoléon am Morgen des 19. Brumaire, eskortiert von seiner Kavallerie, nach Saint-Cloud aufgebrochen ist, wo die Räte tagen, befiehlt der Polizeiminister, Paris hermetisch abzuriegeln. Nur seine eigenen Boten dürfen die Schlagbäume passieren. Er wird sich, so oder so, auf der Seite des Siegers befinden.

Beinahe wäre Napoléons Staatsstreich kläglich, peinlich und schimpflich gescheitert. Vor der einen Kammer des Parlaments – dem Rat der Alten – erscheint der General mitten in der Debatte, fängt erregt zu poltern an, haspelt eine konfuse Rede herunter, die nichts als Phrasen enthält, und läßt sich nicht zu Argumenten und Antworten herab, die einer solchen Versammlung ziemen. Vereinzelt sind Rufe gegen den «Tyrannen» zu hören. Von besonnener Hand wird er hinausgeleitet. Eine schwerere Bewährungsprobe steht noch bevor: die Konfrontation mit dem Rat der Fünfhundert, in dem die Neo-Jakobiner selbstbewußt den Ton angeben. Dort kommt der General gar nicht erst zum Reden. Man umzingelt ihn, schlägt auf ihn ein und fordert lautstark, ihn «außerhalb des Gesetzes» zu stellen wie einst Robespierre. In dieser Notlage mobilisiert Napoléons Bruder Lucien, der glücklicherweise Präsident des Rates der Fünfhundert ist, die draußen wartenden Grenadiere, die einfach den Saal räumen. Um sieben Uhr abends ist Napoléon Bonaparte Erster Konsul und de facto Alleinherrscher Frankreichs. Und Joseph Fouché ist sein Polizeiminister, der am nächsten Tag den Bürgern Frankreichs mitteilt, was sie zu erwarten haben.

Nun ist die Revolution tatsächlich beendet. Sie begann mit einem «Komplott» der Aristokraten gegen die absolute Monarchie und endete mit einer Verschwörung der Armee gegen die gewählte Legislative und Exekutive.

Der gescheiterte Staatsstreich des aufgeklärten Adels.
Der Dekabristenaufstand von 1825 in Rußland

Nikolaus Katzer

Am Morgen des 14. Dezember 1825, einem Montag, begann auf dem Senatsplatz von St. Petersburg ein ebenso beispielloses wie merkwürdiges Schauspiel: Im Schatten des mächtigen Reiterstandbilds Peters des Großen nahmen etwa 3000 Soldaten in Form eines Karrees Aufstellung. Wie gerüchteweise verlautete, wollten sie auf Geheiß ihrer Offiziere bei der auf diesen Tag festgesetzten Vereidigung dem neuen Zaren Nikolaus I. den Treueschwur verweigern. Dessen Vorgänger und ältester Bruder, Alexander I., war überraschend am 19. November während einer Reise in der entfernten Hafenstadt Taganrog am Asowschen Meer gestorben. Vom Thronverzicht des in Warschau in morganatischer Ehe mit einer katholischen polnischen Gräfin lebenden nächstjüngeren Bruders Konstantin wußten nur wenige eingeweihte Personen. Zu allem Überfluß hatte Nikolaus selbst nach dem Eintreffen der Todesnachricht aus Taganrog den Eid auf Konstantin geschworen. Dieser «Großmutstreit» unter den Brüdern schuf ein kurioses Interregnum: Es gab zwar einen Zaren – der weigerte sich aber, als solcher aufzutreten. Zu einem offiziellen Verzicht auf den Thron konnte er sich ebenfalls nicht durchringen. Aus den Reihen der Soldaten auf dem Senatsplatz ertönte in der Annahme, dem rechtmäßigen Thronfolger demonstrativ gegen einen Usurpator die Treue zu bekunden, immer wieder der Ruf: «Es lebe Konstantin!»

Trotz der verbreiteten Ungewißheit deutete zunächst wenig auf einen dramatischen Verlauf. Nach Tagesanbruch hatten Kommandeure und Generalstab der Garde, der Kaiserliche Senat und der Heilige Synod Nikolaus ihre Loyalität erklärt. Erst gegen Mittag trafen beim Kaiser Nachrichten von einem «Aufstand» des Moskowskij-Regiments und von «Rebellen» auf dem Weg zum Senat ein. Dort säumten unterdessen städtische Schaulustige die Szenerie. Sie beobachteten, wie weit überlegene, Nikolaus ergebene Gardetruppen anrückten und den unbotmäßigen Einheiten den Rückweg versperrten. Über die Ziele der tatenlos bei klirrender Kälte ausharrenden «Aufständischen» gab es aber weiterhin nur Mutmaßungen. Vermittlungsversuche des Großfürsten Michail und des Metropoliten von Petersburg, Serafim, scheiterten. Ein Soldat soll dem Kirchenführer das Kreuz entrissen und damit auf ihn eingeschlagen haben. Erst als der verhaßte Generalgouverneur von Petersburg, Graf Michail A. Miloradowitsch, durch die Kugel des Leutnants Pjotr G. Kachowskij tödlich verletzt worden war, spitzte sich die Lage zu. Nun wurden auch Rufe «Es lebe die Verfassung!» in dem Stimmengewirr hörbar.

Bei Einbruch der Dämmerung befahl Nikolaus nach Stunden zähen Wartens widerstrebend den Einsatz der Artillerie. Aus den Ecken des Senatsplatzes feuerten Kanonen und trieben die Aufständischen rasch auseinander. Das folgende Blutbad forderte nach amtlichen Angaben 50 bzw. – nach Schätzungen von Augenzeugen – etwa 250 Todesopfer.

Die lähmende Atmosphäre auf dem Senatsplatz, die offensichtliche Unentschlossenheit der Anführer und die schließlich erfolgende Initiative der Nikolaus ergebenen Truppen lassen es kaum zu, das Geschehen des 14. Dezember 1825 als «Aufstand» zu beschreiben. Einerseits sprach vieles dafür, daß die Abtrünnigen durch das Interregnum und durch Gerüchte über unmittelbar bevorstehende Verhaftungen zu überhastetem Handeln verleitet worden waren. Andererseits enthüllten die folgende eingehende gerichtliche Untersuchung der Hintergründe und der vom Zaren persönlich und energisch vorangetriebene Prozeß gegen 121 Hauptangeklagte ein dichtes Netz verschworener Vereinigungen, deren Fäden bis in höchste Hofkreise gesponnen waren. Es lag aber keineswegs auf der Hand, daß die Aktion der «Dekabristen», wie die Akteure nach der russischen Monatsbezeichnung für «Dezember» *(dekabr)* genannt wurden, in unmittelbarem Zusammenhang mit den Zielen der enttarnten Geheimorganisationen, Bünde und Komitees standen, deren Spuren nun minutiös bis in das Jahr 1816 zurückverfolgt wurden.

Der neue Zar hingegen betrachtete die Vorgänge auf dem Senatsplatz und die Debatten in den Adelszirkeln über eine Umgestaltung Rußlands von Beginn an als untrennbare Einheit. Darin bestärkte ihn, daß Ende Dezember das Tschernigow-Regiment im Süden ebenfalls rebellierte und erst nach drei Tagen überwältigt werden konnte. Er verlangte strengste Bestrafung. Dabei wirkte die Furcht nach, die ihm Informationen über eine «schreckliche Verschwörung» wenige Tage vor dem 14. Dezember 1825 eingeflößt hatten.[1] Gegenüber seinem Adjutanten, General Alexander Ch. Benkendorf, ließ er am Morgen des Vereidigungstages verlauten: «Vielleicht wird heute abend niemand von uns mehr unter den Lebenden weilen. Aber wir werden zumindest in Erfüllung unserer Pflicht sterben.»[2] Ebenso düster schilderte er rückblickend die Bedrohung der Zarenfamilie durch anrückende lose Haufen von Grenadieren der Leibgarde: «Hätte sich das [loyale] Pionierbataillon nur um wenige Minuten verspätet, der Winterpalast und unsere ganze Familie wären in die Hände der Rebellen gefallen.»[3]

Noch in der Nacht auf den 15. Dezember setzte eine Verhaftungswelle ein. Nikolaus ließ die Rädelsführer zu einem ersten persönlichen Verhör vorführen. Seinem Bruder Konstantin teilte er die ersten Eindrücke brieflich mit: «Je weiter unsere Ermittlungen vorankommen, desto mehr schreckliche Dinge kommen ans Tageslicht. Man muß die Monstren selbst hören und sehen, um all die Schrecken glauben zu können. [...] Man kann Gott gar nicht genug danken für seine Hilfe, die uns vor all den Schrecken, die sie für uns geplant hatten, bewahrt hat.»[4] Von Offizieren durfte er unbedingten Gehorsam gegenüber dem Oberbefehlshaber erwarten. Auf der Armee beruhte Rußlands Stellung in Europa. Nachsicht konnte es daher aus der Sicht des Kaisers nicht geben.

Eine Untersuchungskommission wurde eingesetzt. Nach Abschluß ihrer Tätigkeit am 30. Mai 1826 lagen Dossiers von 240 Häftlingen und Aussagen von etwa 3000 Zeugen vor. Ein Außerordentliches Gericht aus höchsten Würdenträgern des Staatsrats, des Senats und des Heiligen Synods verhängte insgesamt 289 Strafurteile. Unter den Angeklagten befanden sich Fürsten, Grafen, Barone, Generäle und höhere Offiziere. Die Mehrzahl der Akteure entstammte angesehenen Familien und hatte höhere Bildung, nicht wenige ein Universitätsstudium genossen.[5] Sie wurden nun des Aufruhrs und der Meuterei sowie der Vorbereitung eines Attentats auf den Zaren für schuldig befunden.

Fünf der Angeklagten – der Dichter Kondratij F. Rylejew, der Gardeoberst Pawel I. Pestel, der Diplomatensohn und Oberstleutnant Sergej I. Murawjow-Apostol, der Leutnant Michail P. Bestuschew-Rjumin sowie der Oberleutnant und Attentäter Miloradowitschs, Kachowskij – wurden zum Tode durch Vierteilung verurteilt. Gegen weitere 31 Schuldige verhängte das Gericht die Todesstrafe durch Enthauptung. 33 Delinquenten sollten lebenslänglich Zwangsarbeit leisten. Zu den milderen Strafen gegen die übrigen Angeklagten gehörten Deportation nach Sibirien, befristete Zwangsarbeit, Verlust des Adelstitels, Einzug des Vermögens, Strafversetzung und Degradierung. Durch einen Ukas milderte der Zar am 10. Juli 1826 die Urteile ab. Die fünf Hauptschuldigen wurden am 13. Juli 1826 durch den Strang hingerichtet, die übrigen Todesurteile in lebenslange Zwangsarbeit umgewandelt. Für die anderen Verurteilten brachte der Gnadenerlaß eine Verkürzung des Strafmaßes oder eine mildere Art der Strafe.

Nikolaus I. verfehlte mit diesem noch immer drakonischen Exempel die beabsichtigte einschüchternde Wirkung auf die russische Adelsgesellschaft nicht – ein Schock demoralisierte die höheren Kreise, deren Neigung, sich der Vielfalt europäischen Denkens im Gefolge der Befreiungskriege zu öffnen, fürs erste einen empfindlichen Rückschlag erhalten hatte. Mehr noch: der Zar schien die autokratische Ordnung in Rußland nach der Schwächephase des Interregnums dauerhaft wiederhergestellt zu haben. Selbstbewußt präsentierte er sich Europa als Garant des Legitimitätsprinzips und das Zarenreich als Bollwerk gegen die Revolution. Dies trug ihm den Ruf eines «Gendarmen Europas» ein. Gegenüber dem französischen Gesandten posierte er als unerbittlicher Autokrat: «Mit den Führern und Anstiftern der Verschwörung wird ohne Gnade und Barmherzigkeit verfahren werden. Das Gesetz fordert Vergeltung, und in ihrem Falle werde

ich von meinem Begnadigungsrecht keinen Gebrauch machen. Ich werde
unbeugsam sein. Es ist meine Pflicht, Rußland und Europa diese Lektion
zu erteilen.»[6]

Nikolaus wollte Stärke demonstrieren und sichergehen, daß die europäischen Mächte Vertrauen in die Wirksamkeit des von ihm an den «ver-
rückten russischen Liberalen» statuierten Strafgerichts setzten. Er fügte
hinzu: «Sie können [Ihren Vorgesetzten] garantieren, daß es sehr lange
dauern wird, ehe sie [die Verschwörer] überhaupt wieder in der Lage sein
werden, einen derartigen Versuch zu wiederholen.»[7]

Was der in engen militärischen Kategorien befangene Kaiser aber nicht
vorhersehen konnte, war die Langzeitwirkung seines auf Abschreckung
zielenden Strafaktes. Da die Prozeßmaterialien unter strengem Verschluß
blieben, fand innerhalb Rußlands über Jahrzehnte hinweg lediglich die
offizielle Version der Ereignisse Verbreitung. Selbst der nach achtzig Jahren
veröffentlichte Bericht der Untersuchungskommission zeichnete ein sehr
fragmentarisches Bild der Geheimgesellschaften und schwieg sich über die
«freche Gewalttat einiger weniger» nahezu vollkommen aus.[8] Immerhin
hielten die Inquisitoren den «Leuten, die den russischen Namen zu ver-
mehren gedachten», zugute, sie hätten dem «Vaterland» dienen wollen –
wenngleich aus «falsch verstandener Liebe».[9]

Schärfer noch verurteilte der Hofhistoriograph Modest A. Korf das Vorgehen einer «Handvoll junger Toren», eines «Haufens von Böswilligen oder
Verblendeten, von Betrügern oder Betrogenen», die weder um «die Le-
bensbedingungen des Staates» noch «die wahren Bedürfnisse des Volkes»
wissen würden. Die Verschwörer hätten sich als «unserem heiligen Rußland fremd» erwiesen und sich von dem «immer so pflicht- und eidge-
treuen russischen Soldaten» abgesondert.[10] Im Manifest vom 13. Juli 1826,
dem Tag der Hinrichtung der Hauptangeklagten, unterstrich der Zar vor
allem das Außenseitertum der Dekabristen: «Weder im Charakter noch in
den Sitten der Russen lag diese Verschwörung. [...] Das Herz Rußlands
war ihr unzugänglich und wird es immer sein.»[11]

Gegen dieses Verdikt schrieb der Publizist Alexander I. Herzen in der
Londoner Emigration vehement an. Im «Tauwetter» nach der Niederlage
Rußlands im Krimkrieg und nach dem Amtsantritt des Reformzaren
Alexander II. legte er mit den Zeitschriften «Polarstern», deren Deckblatt
die Porträts der fünf hingerichteten Dekabristen zierten, und «Die Glocke»
den Grundstein für die «revolutionäre Dekabristen-Legende».[12] An sie
knüpfte Lenin an, als er die ebenso schematisch wie einprägsame Formel
von den drei Etappen der russischen «Befreiungsbewegung» entwarf, denen die jeweilige «Hauptklasse» der russischen Gesellschaft «ihren Stempel»
aufgedrückt habe: «Wir sehen deutlich drei Generationen, drei Klassen, die
an der russischen Revolution wirksam waren. Zunächst – die Adligen und
Gutsbesitzer, die Dekabristen und Herzen. Eng ist der Kreis dieser Revolutionäre. Furchtbar fern sind sie dem Volk. Aber ihre Sache ist nicht

verlorengegangen. Die Dekabristen weckten Herzen. Herzen entfaltete die revolutionäre Agitation.»[13]

Auf der Suche nach strafrechtlich relevanten Tatbeständen hatte die kaiserliche Untersuchungskommission Schicht um Schicht der Hintergründe des Geschehens vom 14. Dezember 1825 freigelegt. Es fiel den keineswegs unabhängigen, zu Richtern erhobenen Honoratioren, Beamten und Generälen nicht schwer, in den aufgefundenen Papieren, aus den tagelangen Verhören und aus den Vernehmungen von Zeugen die Umrisse einer vollendeten Verschwörung und jede Art von «Staatsverbrechen» zu konstruieren. Um den Realitätsgehalt der Zukunftsentwürfe sorgten sich die Richter wenig. Ebenso vernachlässigten sie den Umstand, daß kurzfristig geworbene Mitglieder die Mehrzahl der Aufständischen bildeten, nicht aber die Beteiligten an den maßgeblichen Zirkeln vor 1825.

Tatsächlich boten die Akten aber aufschlußreiches Anschauungsmaterial über die innere Misere des Zarenreiches am Ende einer glanzvollen Epoche militärischer Siege über Napoleon, mit denen der Großmachtstatus hatte weiter gefestigt werden können. Viele Angeklagte scheuten sich nicht, die Mißstände in Gesellschaft, Wirtschaft und Armee, die Korruption, den Amtsmißbrauch und die Gesetzlosigkeit anzuprangern. Immer wieder klangen die von Kaiser Alexander I. anfangs genährten Hoffnungen auf eine Verfassung für Rußland an, zumal er dem in Personalunion verwalteten Königreich Polen eine solche zugestanden hatte. Im letzten Jahrzehnt seiner Amtszeit enttäuschte er aber nicht nur diese Erwartungen, sondern belastete das hauptstädtische Leben auch mit Anleihen beim schwärmerischen Mystizismus europäischer Erweckungsbewegungen. Besonders verhaßt waren in der gebildeten Gesellschaft und unter den Rekruten jedoch die von dem despotischen Bürokraten Alexej A. Araktschejew eingerichteten Militärkolonien, mit denen ein demütigendes Regime Einzug in die Armee hielt.[14]

Gegen diesen restaurativen Rückfall und inspiriert von den liberalen Ideen Westeuropas sowie den von dort mitgebrachten persönlich gefärbten Gegenbildern gesellschaftlicher Organisation, fanden sich junge Adlige und Offiziere zu Gesprächskreisen zusammen. Russische Soldaten waren in jener Zeit mehr in der Welt herumgekommen als andere Zeitgenossen. Neunzig Mitglieder von Geheimgesellschaften, die mit dem Aufstand vom Dezember 1825 in Verbindung gebracht wurden, kämpften in den Kriegen von 1805 bis 1807 und 1812 bis 1814. Iwan D. Jakuschkin notierte: «Es mußte die Ansichten junger Russen, die auch nur einen Hauch von Denkvermögen hatten, verändern, wenn sie ein ganzes Jahr in Deutschland und danach mehrere Monate in Paris verbrachten.»[15] Manche kehrten mit dem sehnlichen Wunsch in die Heimat zurück, «Frankreich auf Rußland zu übertragen».[16] Als «wahre und treue Söhne des Vaterlandes», wie sich eine Gruppe von ihnen titulierte, wollten sie dem funktionslosen Adel die Rolle eines Staatskorrektivs und eines Motors des Fortschritts verleihen.

Wenngleich sie keine breite Öffentlichkeit schaffen konnten und auch in der Hofgesellschaft von St. Petersburg nur ein verhaltenes Echo fanden, wirkten die Offizierszirkel zunächst nicht völlig im Verborgenen. Die Grenzen zu den Freimaurerlogen, literarischen Vereinigungen und zu den Salons der Adelsgesellschaft waren fließend. Die kultivierte Gesellschaft am Beginn des 19. Jahrhunderts war vollends von Literatur durchdrungen.[17] Schriftstellern und Poeten vom Range eines Alexander S. Puschkin oder Alexander S. Gribojedow fiel es zu, einer unkonkreten Sympathie für Wandel und Freiheit in Rußland symbolhaften Ausdruck zu verleihen. Rylejew gehörte zu den wenigen, die früh die unsichtbare Grenze zum politischen Bekenntnis überschritten. Er schrieb: «Ich bin nicht Dichter, sondern Bürger.»[18]

Offenbar hegte der Zar keine allzu große Sorge, daß sich hier eine ernsthafte Gefährdung der Autokratie ergeben könnte. Tatsächlich war kaum auszumachen, was den letzten Schritt von der westeuropäischen Bildung zur «russischen Tat» auslösen würde. Auf die Frage der Untersuchungskommission, wann und woher er sich «liberale Ideen» angeeignet habe, antwortete M. Bestuschew-Rjumin, nachdem er die Lektüre von Voltaires Tragödien, Studien zum Natur-, Zivil- und Römischen Recht sowie zur politischen Ökonomie aufgezählt hatte: «Zur selben Zeit hörte ich überall die Verse Puschkins, die mit Begeisterung gelesen wurden. All dies stärkte mehr und mehr meine liberalen Ansichten.»[19] Im Jahr 1820 berichtete der französische Botschafter in Petersburg, nahezu alle russischen Gardeoffiziere läsen die Werke von Benjamin Constant.

Nicht minder schwierig war es, die frühen «dekabristischen» Neigungen von der Wiederbelebung religiöser Überzeugungen zu trennen. Während in Westeuropa die Renaissance der Bekenntnisse als Anwachsen nachrevolutionärer, konservativer Strömungen verstanden wurde, zeitigte Alexanders I. Versuch, mit der Bildung auch den Glauben zu fördern, durchaus widersprüchliche Folgen. Führende Dekabristen wie der Lutheraner Pestel, der Orthodoxe Murawjow-Apostol oder der Katholik Michail S. Lunin bezogen ihren Enthusiasmus zu einem Gutteil aus der religiösen Aufbruchstimmung der Zeit. Einige gehörten zudem Freimaurerlogen an, die sowohl das Verlangen nach Spiritualität als auch das nach verdeckter Organisation erfüllten. Als der Kaiser 1822 die Geheimgesellschaften verbot, hatte sich ein Teil von ihnen bereits von den religiösen Vorbildern gelöst und eigene Regeln gegeben.

Zwei Jahre nach dem Sieg über Napoleon und nach dem Wiener Kongreß bzw. dem Abschluß der Heiligen Allianz hatten die Offiziere A. und N. M. Murawjow sowie S. P. Trubezkoj im Februar 1817 einen «Bund der Rettung» ins Leben gerufen, der zeitweise bis zu 30 Mitglieder umfaßte. Er hob sich von den bestehenden lockeren Offizierszirkeln durch das Bestreben ab, sich organisatorisch fester zu binden und programmatisch eindeutiger auf eine Umgestaltung des Landes auszurichten. Allzu politisch

verstand der inhomogene Bund seine Aufgabe einer «schrittweisen Beeinflussung der öffentlichen Meinung» zunächst nicht und stellte sein ganzes
Trachten in den Dienst des Allgemeinwohls: «Jedes Mitglied war gehalten,
ein tugendhaftes Leben zu führen, allem Übel im Staat zu widerstehen,
Verfehlungen der Behörden bekanntzumachen, neue geeignete Mitglieder
zu finden und das Verhalten der übrigen Mitglieder zu beobachten.»[20]
   Wenn der schwankende Alexander I. seine Reformideen vernachläs-
sigte, erschien er den Wortführern als Haupthindernis für eine konstitutionelle Monarchie in Rußland. Wenn er sich anders zu besinnen schien,
war ihm die Zuneigung der idealistischen Geheimbündler erneut gewiß.
Anfang 1818 kam die Führung des Bundes der Rettung zu der Überzeugung, nur eine neue Struktur könne die Debatten aus der Unver-
bindlichkeit befreien. Ein «Wohlfahrtsbund» konstituierte sich aus nahezu
demselben Personenkreis und orientierte sich lose an dem 1808 von
Mitgliedern der Königsberger Freimaurerloge gegründeten kurzlebigen
«Tugendbund», dem reformfreudige preußische Offiziere nahegestanden
hatten. Es gelang, die Mitgliederzahl auf etwa 200 zu erhöhen und ein
kleines Netz von Filialen neben den beiden Zentren in Petersburg und
im ukrainischen Tultschin, dem Hauptquartier der Zweiten Armee, auf-
zubauen. Wenngleich nach außen der konspirative Charakter gewahrt
blieb, zielte das neue Unternehmen erkennbar auf die legale Schaffung
einer gesellschaftlichen Basis. In der Satzung des Bundes, dem «Grünen
Buch», hieß es: «Der Eintritt in solche Gesellschaften, die von der Regierung mißbilligt werden, ist den Bundesmitgliedern [...] untersagt. Da
sich der Bund für Rußlands Wohl einsetzt, müssen seine Mitglieder vermeiden, ihn verdächtig zu machen.»[21]
   Die Vordenker verstanden ihr noch embryonales Aufklärungswerk als
«Staat im Staate», das sich allmählich zur bestimmenden Kraft einer Reformbewegung aufschwingen sollte. Dazu bedurfte es vorrangig des leuch-
tenden persönlichen Beispiels der Mitglieder sowie eines sorgsamen Umgangs mit Wort und Schrift. Doch galt es ebenso, eine «öffentliche Meinung», die über bloße Kommentare der Verlautbarungen des Hofes
hinausgingen, unter den Bedingungen der Zensur erst noch zu schaffen:
«Der Bund befaßt sich sorgfältig mit der Verbreitung der wahren Prinzipien der Tugend in allen Schichten des Volkes, mahnt an und erklärt allen
ihre Verpflichtungen gegenüber dem Glauben, dem Nächsten, dem Vaterland und den bestehenden Behörden.»[22]
   Im Wirken für das Gemeinwohl waren den Mitgliedern keine Grenzen
gesetzt. Sie sollten sich um Kranken- und Waisenhäuser sowie andere
philanthropische Einrichtungen kümmern und überall anzutreffen sein,
«wo die Menschheit leidet» – in Kerkern, Zuchthäusern und Invaliden-
heimen. Alle Unzulänglichkeiten und Mißstände wollte man der Regierung zur Kenntnis bringen. Die wenigen Bildungsanstalten mußten ziel-
strebig ausgebaut und verbessert werden, um unter der Jugend «die Liebe

zu allem Tugendhaften, Nützlichen und Schönen» zu wecken. Ihr Augenmerk richteten die Verfasser mit unverkennbar fremdenfeindlichem Beiklang nicht zuletzt auf die Fürsorgepflicht der Eltern bei der Auswahl von Privatlehrern: «Der Bund achtet besonders auf die Ausländer, die in den Häusern Zwietracht und Laster säen und obendrein den Kindern Geringschätzung gegenüber dem Vaterländischen und Ergebenheit gegenüber dem Fremdländischen einflößen. Der Bund ist des weiteren bestrebt, Eltern von der Erziehung der Kinder im Ausland abzuhalten.»[23]

Innerhalb von zwanzig Jahren, so glaubten die Mitglieder des Wohlfahrtsbundes, werde der Boden für eine friedliche Machtübernahme durch eine Repräsentativregierung bereitet sein. Dann würde man auch die Gleichheit der Bürger vor dem Gesetz und ein durchschaubares Rechtswesen erzielt haben. Bis dahin würde der Bund beharrlich der allgegenwärtigen «Herrschsucht» der Behörden entgegentreten: «Er [der Bund] achtet auf die Ausführung der staatlichen Verordnungen, sporrt die zivilen und geistlichen Beamten zur Pflichterfüllung an, macht sich über alle zur Entscheidung anstehenden Fälle kundig und ist bestrebt, alle auf die Seite der Gerechtigkeit zu neigen.»[24] Die Bauern wären in dieser Frist von der Leibeigenschaft befreit und durch Elementarbildung in das erneuerte Staatswesen integriert. Auf diese Weise ließe sich die gefürchtete bäuerliche Rebellion vermeiden.

Solche Prognosen gingen konform mit der liberalen Atmosphäre in Rußland nach dem Vaterländischen Krieg von 1812 und den nachfolgenden Freiheitskriegen und erklären, warum der Wohlfahrtsbund mehr Zuspruch erfuhr als alle Vorläufer- und Nachfolgeorganisationen. Davon zeugten auch die Kontakte zu nicht-konspirativen Vereinigungen wie der «Freien Gesellschaft der Liebhaber der russischen Literatur». Hier wie dort teilte man den Wunsch, beim «Volk» patriotische Gefühle hervorzurufen. Im Vorwort zu seiner Dichtung *Gedanken,* einem Zyklus heldenhafter historischer Poeme, die zwischen 1821 und 1823 erschienen, bekannte Rylejew: «Seit einiger Zeit gibt es Leute, die behaupten, daß die Volksbildung für das Staatswohl verderblich sei. [...] Indessen halte ich es für nützlich zu betonen, daß nur der Despotismus die Aufklärung fürchtet, daß seine beste Stütze die Unwissenheit ist. [...] Vermittels dieser Gedanken möchte ich dem einfachen russischen Volk einige Kenntnisse über die berühmten Taten seiner Vorfahren vermitteln, in ihm den Stolz auf seine ruhmreiche Herkunft wecken und die Liebe zum Vaterland verstärken. Ich würde mich glücklich schätzen, [...] wenn wohlgesinnte Menschen meine Absicht, wenigstens ein paar Tropfen Aufklärung in unser Volk zu träufeln, gutheißen würden.»[25]

Bei diesen Zukunftserwartungen blieb aber die gewaltige Kluft zwischen der adligen, hauptstädtisch geprägten Oberschicht des Reiches und der vielgestaltigen Masse des ethnisch und sozial differenzierten Bauerntums unberücksichtigt. Zudem war nach einem Jahrhundert verschärfter

Leibeigenschaft, die in kaum überbietbarer Weise das glanzvolle höfische Leben des aufgeklärten Petersburg kontrastierte, vom gutsbesitzenden Adel schwerlich ein freiwilliger Verzicht auf Privilegien, Land und bäuerliche «Seelen» zu erwarten.

Deshalb schlug im Wohlfahrtsbund die Stunde der Radikalen. Pestel, der Sohn des reaktionären Gouverneurs von Sibirien und einer der herausragenden Köpfe der Verschworenen, verschaffte sich zunehmend Gehör für Umsturzpläne, die nicht für ein neues Realitätsbewußtsein, wohl aber für einen fundamentalen atmosphärischen Wandel im inneren Kreis der Geheimbünde sprachen. Nach dem Zeugnis Jakuschkins kannte Pestels Ergebenheit für die gemeinsame Sache keine Grenzen.[26] Für den Fall des Scheiterns beabsichtigte er, die Namen von Mitgliedern bereitwillig preiszugeben, um dadurch die Zahl der Märtyrer zu erhöhen. Die Hinrichtung von fünfhundert erschien ihm eindrucksvoller als die von fünf. Die gesetzten Worte des Grünen Buches widerstrebten Pestels Temperament. Seit einem Treffen der Führung des Wohlfahrtsbundes in Petersburg Anfang 1820 gehörte eine militärische Verschwörung, die die Selbstherrschaft stürzen und durch eine Republik ersetzen sollte, zu den erklärten Zielen. Dafür erschien die bisherige Organisationsform unzureichend. Der Wohlfahrtsbund löste sich auf einem gemeinsamen Treffen mit Vertretern aus dem Süden im Januar 1821 in Moskau auf. Lediglich vier seiner Mitglieder waren schließlich an der Vorbereitung des Coup auf dem Senatsplatz beteiligt.

In der Folgezeit entwarfen mehrere Vereinigungen Konzepte für eine grundlegende Veränderung des Zarenreiches. Unter den bedeutsamsten waren die besonders aktive «Südgesellschaft» um Pestel, S. I. Murawjow-Apostol und M. P. Bestuschew-Rjumin in der Ukraine, mit dem Zentrum in Tultschin und Ablegern in Wassilkow und Kamenka, die «Nordgesellschaft» um N. M. Murawjow, S. P. Trubezkoj und Rylejew in Petersburg sowie die «Gesellschaft der vereinigten Slaven» unter der Führung der Brüder Andrej und Pjotr I. Borissow in Kiew. Konsens unter den sehr verschiedenen Persönlichkeiten herrschte lediglich über die Beseitigung der Selbstherrschaft durch einen Militärputsch, über die Einführung konstitutioneller Organe und über die Notwendigkeit einer Regelung der Bauernfrage. Hinsichtlich der konkreten nachrevolutionären Ordnung wichen die Programmentwürfe jedoch erheblich voneinander ab.

Pestel, den mancher spätere Autor zum Jakobiner und Ahnherrn Lenins stilisierte, trat in seinem Verfassungswerk *Russisches Recht,* das im Titel auf ein altrussisches Gesetzbuch anspielte, für ein zentralistisches diktatorisches Regime ein, das nach einem konspirativ geplanten Staatsstreich die politischen und sozialen Pläne der Organisation durchzusetzen fähig wäre. Von den Nationalitäten wurden lediglich den Polen gewisse Eigenrechte zugebilligt, weshalb die Mitglieder einer polnischen Geheimorganisation Hilfe bei der geplanten Rebellion versprachen. Ansonsten verbanden sich in dem Entwurf nationalistische und antisemitische Elemente zu einem dezidierten Russifizierungsplan, der Assimilation und Umsiedlung einschloß. Für den Staatsaufbau fand Pestel eine analog bündige Formel: «Rußland ist ein einiger und unteilbarer Staat.» Seine Bewohner schied er in drei Kategorien – das russische Volk, die nichtslawischen Stämme und die Ausländer – und postulierte: «Der Staat besteht aus dem Volk und der Regierung. Das gesamte rußländische Volk bildet einen Stand – den des Bürgers. Alle heute bestehenden Stände werden beseitigt [...]. Die verschiedenen Stämme, die den Rußländischen Staat bilden, gelten als russische und stellen, nachdem sie ihre unterschiedlichen Bezeichnungen abgelegt haben, das eine russische Volk dar.»[27]

In einer Fassung des Entwurfs wurde Nischnij Nowgorod als neue Hauptstadt vorgeschlagen, weil es «in der Mitte» liege und das neuzeitliche Rußland seit der Zeit der Wirren zu Beginn des 17. Jahrhunderts am besten repräsentiere. Moskau verkörpere lediglich die Alte Rus und erinnere an die Vorherrschaft der Mongolen. Petersburg wiederum gemahne zu stark an das vom Ausland entlehnte Petrinische Regime.[28] Beim Übergang zu einer demokratischen Republik durfte es nach Ansicht Pestels kein Machtvakuum geben. Eine Geheimpolizei würde als «Abteilung der Hohen Ordnung des Guten» über das Wohl des Staates wachen.

An den verschiedenen Fassungen des Programmentwurfs läßt sich Pestels wachsende Radikalisierung erkennen. Als neues Element kam auch das politische Attentat, der durch die revolutionäre Sache geheiligte Tyrannenmord, hinzu. Dichter besangen einen «russischen Brutus», der analog der Caesar-Mörder zum Vorkämpfer der Republik werden sollte. Offenbar wirkten auf diesen Wandel die Nachrichten von der Ermordung August von Kotzebues im Jahre 1819, von der Revolte in Spanien 1820 und vom griechischen Aufstand von 1821 stimulierend.

Befürworter einer individuellen Gewalttat mochten hier ebenso ein Vorbild entdecken wie diejenigen, die in der Armee eine geeignete Kraft für den Umsturz erblickten. Gemäß der Aussage N. M. Murawjows im Verhör verlangte Pestel: «Die Prinzipien der Verfassung sollten das Geheimnis der Führer der Gesellschaft bleiben, und es sollte, um Streit zu vermeiden, nicht bekanntgegeben werden, daß die Leitung der Gesellschaft als erstes die Mitglieder der Kaiserlichen Familie umbringen und den Heiligsten Synod und den Senat zwingen werde, sie als *Provisorische Regierung* mit unbeschränkten Vollmachten auszurufen. Die provisorische Regierung würde, [...] nachdem sie zuerst die Ministerposten, Armeen, Korps und die weiteren Dienststellen an Mitglieder der Gesellschaft verteilt hätte, allmählich und schrittweise, über einen Zeitraum von mehreren Jahren, die neue Ordnung einführen.»[29]

Im Verhör gab Pestel 1826 zu Protokoll, er habe nie daran gezweifelt, daß eine Revolution nicht in der Provinz, sondern in Petersburg ausbrechen und von Garde und Flotte angeführt werden würde. Über die Behandlung der Kaiserlichen Familie behauptete er nun, sie hätte ins Ausland verbracht werden sollen.[30] Gemäßigt erschien im Vergleich zum *Russischen Recht* der Entwurf einer *Konstitution* aus der Feder N. M. Murawjows. Danach war der Kaiser an eine Verfassung gebunden und wurde durch ein «Volkswetsche», ein Zweikammer-Parlament aus Oberster Duma und Repräsentantenhaus, kontrolliert: «Der Kaiser ist der oberste Beamte der rußländischen Regierung. [...] Er vereinigt in sich alle exekutive Macht. Er hat das Recht, die Tätigkeit der Legislative zu unterbrechen und sie zur wiederholten Prüfung eines Gesetzes zu zwingen. Er ist oberster Befehlshaber der Land- und Seestreitkräfte. [...] Er führt die Verhandlungen mit ausländischen Mächten und schließt Friedensverträge gemäß dem Rat und Einverständnis der Obersten Duma.»[31]

In der Landfrage war Murawjow eher bereit, die Besitzrechte der adeligen Gutsbesitzer und der Kirche zu schützen. Die Militärkolonien sollten unverzüglich beseitigt werden. Für die Völker des Reiches schlug Murawjow weit vorausschauend eine föderalistische Lösung in Form von dreizehn Staaten mit jeweils eigenen Hauptstädten vor, die Abgeordnete in das Repräsentantenhaus entsenden sollten. Über die allgemeinen Prinzipien war in dem Verfassungsentwurf zu lesen: «Die Erfahrung aller Völker und aller Zeiten hat bewiesen, daß eine autokratische Macht für die Regierenden wie für die Gesellschaft gleichermaßen verderblich ist. [...] Quelle der obersten Gewalt ist das Volk, dem das ausschließliche Recht gebührt, Grundgesetze für sich zu erlassen. [...] Alle Russen sind vor dem Gesetz gleich. [...] Der Zustand der Leibeigenschaft und die Sklaverei werden abgeschafft; ein Sklave, der russischen Boden betritt, wird frei. [...] Jedermann hat das Recht, seine Gedanken und Gefühle ungehindert zu äußern [...]. Niemand darf bestraft werden, außer aufgrund eines Gesetzes, das schon *vor dem Verbrechen* erlassen worden und rechtmäßig und auf gesetzliche Weise in Kraft getreten ist.»[32]

Nördliche und Südliche Gesellschaft standen somit trotz programmatischer Überschneidungen für unvereinbare Ziele: Zentralismus oder Föderalismus, gewaltsamer Umsturz oder schrittweise Reform, Republik oder Monarchie, Diktatur oder repräsentative Regierung. Insofern mußten alle Vereinigungsbestrebungen auf programmatischer Ebene scheitern.

Nikolaus I. maß die Verläßlichkeit seiner Untertanen an militärischen Tugenden. Insofern konnte er in den Ereignissen um den 14. Dezember 1825 nichts anderes sehen als eine Meuterei, als Treuebruch und Gehorsamsverweigerung. Umgekehrt mußten die Traditionspfleger der Legende – ungeachtet der stetig wachsenden Fülle widersprechender Zeugnisse – ein Interesse daran haben, den roten Faden einer russischen Revolutionsepoche nicht zu verlieren. Jedoch waren Bewegung, Gedankengut, Tat und Verhaltensmuster der Dekabristen nicht ausschließlich das Ergebnis zielloser Verblendung oder selbstloser Aufopferung für eine hehre Sache. Das

Aufbegehren von Adeligen und jungen, hochgebildeten Offizieren gegen ein Regime, das sie so außerordentlich privilegierte und ihnen glänzende Karrieren versprach, entzieht sich einfacher Deutung. Dies unterstreicht die Beliebigkeit, mit der das Geschehen beim Thronwechsel typologisch zu bestimmen versucht worden ist – als «Revolte» oder «Rebellion», als «Aufstand» oder «Umsturzversuch», als «Verschwörung» oder «Aufruhr». Offenkundig kreuzen sich in dem epochalen Ereignis von 1825 tiefgründige Entwicklungen, die folgenreicher waren als das faktische Scheitern auf dem Senatsplatz, als der taktische Dilettantismus in der Stunde der Entscheidung und als die mangelnde gedankliche Präzision mancher Zukunftsentwürfe glauben machen.

Hundert Jahre nach dem Tod des großen Reformers und nicht minder großen Despoten Peter I. hatte sich der ferne Nachfahre auf dem Zarenthron, Alexander I., als zu unentschlossen erwiesen, die unter seinen Beratern längst für unaufschiebbar gehaltenen sozialen und politischen Reformen einzuleiten. Im Adel regten sich seit geraumer Zeit bei einer wachsenden Minderheit Zweifel daran, ob die 1762 verfügte Befreiung vom Staatsdienst unter Beibehaltung des Leibeigenschaftssystems nicht obsolet sei. Stets neu verbriefte Rechte und Freiheiten (etwa die Reisefreiheit ins Ausland) erlaubten dem russischen Adel einen im Vergleich mit seinen europäischen Standesgenossen wenigstens ebenbürtigen Lebensstil. Dagegen fristete die Mehrheit der Leibeigenen, auf deren Schultern die Kosten des Luxus lasteten, ein beispiellos elendes Dasein. Sie waren nicht den Gesetzen des aufgeklärten Staates, sondern der Willkür der Gutsbesitzer unterworfen.

Kritiker, wie der Autor der berühmten *Reise von Petersburg nach Moskau*, Alexander N. Radischtschew, der die Lage der Bauern ebenso feinsinnig wie scharfsichtig beschrieben hatte, konnten unter Katharina II. Ende des 18. Jahrhunderts öffentlich noch geächtet und gesellschaftlich isoliert werden. Indem er Zuflucht zu ähnlichen Methoden nahm, glaubte Nikolaus I. nach 1825, eine gewaltsam befriedete Gesellschaft, in der eine politische Polizei, die berüchtigte III. Abteilung der Kanzlei Seiner Kaiserlichen Majestät, jede unliebsame geistige Regung im Keim erstickte, biete die beste Gewähr dafür, mögliche Reformen in staatlichen Geheimkomitees und unbeeinflußt von öffentlichem Druck erörtern und behutsam vorbereiten zu können. Im Krönungsmanifest vom 13. Juli 1826 ließ er verlautbaren: «Nicht von frechen Träumen her, die immer zerstörende Wirkung haben, sondern von oben werden die vaterländischen Einrichtungen allmählich vervollkommnet, werden Mängel beseitigt und Mißbräuche abgeschafft.»[33]

Hätte Nikolaus I. bzw. sein Vorgänger die obrigkeitliche Perspektive weniger mit der eigenen Person und mehr mit einem Verfassungsstaat verknüpft, wäre er bei vielen Dekabristen durchaus auf Zustimmung gestoßen. Unter dem Eindruck der patriotischen Mobilisierung des Jahres 1812 und des Enthusiasmus der Befreiungskriege reiften einerseits die

Hoffnung auf politische Reformen nach dem Sieg und andererseits die Zweifel am Gottesgnadentum des Selbstherrschers. Ein Dekabrist meinte: «Wir begannen damals über den Zaren wie über einen Menschen zu sprechen.»[34]

Die Anhänger des radikalen Flügels stellten alsbald – dies ist die eigentlich revolutionäre Spitze – die Monarchie insgesamt in Frage. Herrscher und Staat fielen demnach auseinander. So konnte Pestel zum Republikaner werden und zugleich die Reform von oben postulieren. Ihr Gelingen hing nicht mehr von der Allmacht eines Autokraten ab, sondern von der Effektivität eines zentralistisch-diktatorischen Übergangsregimes. Im übrigen sind gerade auch die Gedanken der gemäßigten Programmatiker nur im Kontext von Reformideen der kaiserlichen Verwaltung verständlich. Die Dekabristen spannen fort, was beratende Kommissionen bei Hofe hinter verschlossenen Türen erörtert hatten. Insofern zielte der Aufstand vom 14. Dezember 1825 nicht zuletzt auf die Einlösung halbherziger offizieller Versprechungen.

Es gehörte zum Wesen dieser Aktion, daß nur eine Minderheit, strenggenommen nur die führenden Offiziere auf dem Senatsplatz, von der politischen Perspektive wußte. Auf den Kenntnisstand der Mannschaften warf die kolportierte Anekdote ein bezeichnendes Licht, daß mancher Gardesoldat mit der Parole «Konstantin und Konstituzija» den rechtmäßigen Thronerben und seine Gemahlin verband. Die mangelnde Aufklärung der blindlings in ein Abenteuer mit ungewissem Ausgang geführten Soldaten resultierte nicht bloß aus der kurzen Frist, die zur Vorbereitung des Aufstandes reichen mußte. Geheimhaltung gehörte zum Selbstverständnis der adeligen Anführer, die an eine politische Revolution dachten, während ihre Untergebenen bloß den Treueeid auf Nikolaus verweigern wollten. Das Täuschungsmanöver ging zurück – wie die Bauernrebellionen der vergangenen Jahrhunderte – auf den lebendigen Mythos vom «wahren» Zaren, den es gegen einen «falschen» zu verteidigen galt. Ein reicher Schatz russischer Legenden kündete davon. Mit der Forderung nach einer Republik war dies schlechterdings unvereinbar. Nicht zufällig wurden auch Reminiszenzen an die Aufstände der Strelitzen (Schützenregimenter) vor und nach der Inthronisation Peters I. wachgerufen. Doch hatten die Strelitzen lediglich militärische Vorrechte gegen die regulären Truppen verteidigen wollen.

Im Unterschied wiederum zur reichen Tradition des «Aufruhrs» in Rußland und zu den Rebellionen des 17. und 18. Jahrhunderts, als die ebenso gewalttätigen wie charismatischen Aufrührer Stepan Rasin oder Jemeljan Pugatschow eine bunte Gefolgschaft aus entflohenen Bauern, Kosaken und Entwurzelten hinter sich scharten und ganze Regionen des Reiches unter sozialrevolutionären Kampfrufen mit Gewalt überzogen, besaßen die Dekabristen keine nennenswerte Basis. Weder nutzten sie die Unzufriedenheit in der Armee mit dem drakonischen Regiment Araktschejews, um daraus ein Aufstandspotential zu schaffen. Noch vermochten sie bei einem nennenswerten Teil des gutsbesitzenden Adels Rückhalt für eine «Adelsrevolution» gegen die russische Form des Absolutismus, die Autokratie, zu gewinnen. Das libertäre Denken manchen Salons war nicht gleichbedeutend mit der Bereitschaft zu tätiger Opposition. Der herausragende Reformer der Epoche, Michail M. Speranskij, der mal in hohen Ämtern am Hof diente, mal in Ungnade fiel, soll über das Angebot, nach einem Aufstand einen verantwortlichen Posten in der Regierung zu übernehmen, zu einem Anführer gesagt haben: «Ihr seid wohl von Sinnen. Macht man vorzeitig solche Vorschläge? Siegt erst, dann wird alles zu Euch stehen.»[35]

Dabei teilten die Dekabristen mit der höfischen Gesellschaft die Furcht vor der anarchischen Gewalt des «Volkes». Pestel bekannte in seinem *Russischen Recht,* vordringliche Aufgabe einer Übergangsregierung müsse es sein, eine Revolution zu verhindern: «Es ist unmöglich, die geplante neue Ordnung wegen der Weiträumigkeit des Staates und der großen Zahl von Artikeln und Sachgebieten, die einer Umwandlung unterliegen, mit einem Male einzuführen. Dazu ist eine Vielzahl von Vorbereitungs- und Übergangsmaßnahmen notwendig, die schrittweise in Gang gebracht und in die Tat umgesetzt werden sollen, damit der Staat keine Unruhen, Erhebungen und Verwandlungen erlebt, die die Sache nur ins Verderben anstatt zu einer Verbesserung führen würden. Alle Ereignisse des letzten halben Jahrhunderts in Europa beweisen, daß die Völker, die von der Möglichkeit plötzlicher Taten träumten und die Bedächtigkeit bei der Umwandlung des Staates ablehnten, in schreckliche Nöte gerieten und erneut unter das Joch von Selbstherrschaft und Gesetzlosigkeit gezwungen wurden.»[36]

Sehr skeptisch beurteilte jedoch beispielsweise Nikolaj I. Turgenjew, ein hochrangiger Beamter unter Alexander I., der ebenso Mitglied der kaiserlichen Gesetzeskommission wie der vordekabristischen Geheimorganisation «Orden der russischen Ritter», des Wohlfahrtsbundes und der Nordgesellschaft gewesen war, die Möglichkeiten einer Revolutionsregierung. Seiner Meinung nach wären ihre Chancen, nach einem erfolgreichen Aufstand Reformen durchzuführen, eher schlechter als unter dem selbstherrlichen Kaiser.[37]

Der Despotismus bildete demnach nicht einfach nur ein Hindernis für den Wandel in Rußland, sondern garantierte zugleich die innere Stabilität des Riesenreiches, die wiederum die Voraussetzung für einen kalkulierbaren Erneuerungskurs war. Folgerichtig mußten die Republikaner unter den Dekabristen nach einem erfolgreichen Coup d'État einen Zarenersatz präsentieren. Es sollte ein Diktator sein – eine für Rußland völlig neue Funktion. Der dafür auserwählte Trubezkoj ließ sich auf dem Senatsplatz aber nicht einmal blicken, suchte Unterschlupf beim österreichischen Gesandten und flehte noch in der Nacht nach dem Geschehen auf dem Senatsplatz beim Kaiser kniend und unter Tränen um sein Leben.

Im russischen Adel hatte die europäische Aufklärung deutliche Spuren hinterlassen. Von den Folgerungen der Französischen Revolution blieb er allerdings verschont. Einen dritten Stand, der die individuellen Freiheiten für alle Bürger und gegen die Adelsprivilegien verfochten hätte, gab es in Rußland nicht. So fiel den Dekabristen eine Stellvertreterrolle zu. Zwar zweifelten sie als verschwindende Minderheit nicht an der Legitimität ihres Tuns, doch fehlte ihnen das Selbstbewußtsein einer sozialen Aufsteigerklasse. General Fjodor W. Rostoptschin, berühmt geworden, weil er Moskau in Brand steckte, als Napoleons Truppen anrückten, faßte die paradoxe Situation in die denkwürdigen Worte: «Bis dahin wurden Revolutionen von Schustern gemacht, die Herren sein wollten. Jetzt sind es die Herren, die Schuster sein wollen.»[38]

«Reuige» Adelige wollten nicht länger Angehörige einer «überflüssigen» Klasse sein und appellierten an das soziale Gewissen ihrer Standesgenossen. In einer Skizze *Über die Sklaverei der Bauern* schrieb Wladimir F. Rajewskij Anfang der zwanziger Jahre des 19. Jahrhunderts: «Mich leitet der *Patriotismus,* diese Leuchte des zivilen Lebens, diese *geheimnisvolle Kraft.* Kann ich die Versklavung des Volkes, meiner Mitbürger, die beklagenswerten Gewänder der Söhne des Vaterlandes, das allgemeine Murren und die Tränen der Schwachen, die stürmische Empörung und Verbitterung der Starken sehen und nicht mit ihnen fühlen?»[39] Das politische Programm der Dekabristen entsprang vollständig einem idealistischen Gesellschaftsmodell, das unverkennbar Anleihen in den Verfassungen Amerikas und Frankreichs nahm. Auf Rußland war es nicht übertragbar.

Ungeachtet dieses Scheiterns auf der ganzen Linie zeitigte der 14. Dezember 1825 langfristige, einschneidende Folgen: Ein kleiner Teil des Adels setzte nach dem mißlungenen Brückenschlag zu den Reformern am Hof seine Suche nach politischen Alternativen für Rußland unbeirrt fort und zog – angeregt nicht zuletzt durch die mannigfaltige Forschungs-, Entdeckungs- und Bildungstätigkeit der verbannten Dekabristen in Sibirien – zunehmend Angehörige nichtadliger Stände in ihren Bann. Entscheidend dabei war, daß Teile dieser neuen «Intelligenzija» die Entfremdung vom autokratischen Staat zum konstitutiven Prinzip einer «Befreiungsbewegung» erklärten. Das von den Dekabristen erstmals aufgekündigte Einvernehmen zwischen Monarch und aufgeklärter Elite wich nun dauerhafter Zerrüttung. Dies war die Kehrseite des Mißtrauens, das Nikolaus I. nahezu unterschiedslos gegen den gesamten Adel und die Intelligenzija hegte. Ein letztes Mal seit Peter I. erlebte Rußland einen «Höhepunkt der Selbstherrschaft».[40]

Die russische «Befreiungsbewegung» erprobte im Laufe des 19. Jahrhunderts sehr verschiedene Wege, die einfache Bevölkerung durch Bildung, durch einen persönlichen «Gang ins Volk» oder durch Terror und Attentate zu politisieren. Stets wurde die Erfahrung der Dekabristen als ein aktuelles Vermächtnis reklamiert. Dies verleitete Autoren dazu, die Psychogramme der fünf Hingerichteten zu Prototypen späterer «Gattungen von Revolutionären» auszuformen.[41] Gegen solche Deduktionen sprachen die Lebensläufe wie der des Mitbegründers des Bundes der Rettung, M. N. Murawjow, der nach seiner Rehabilitierung zum Gegenrevolutionär wurde. Bei der Niederschlagung des polnischen Aufstands von 1863 erwarb er sich als Militärgouverneur den Ruf eines «Henkers».[42] Die Ungeduld der jugendlichen Rebellen von 1825 erledigte sich nicht von selbst. Die Anwendung von Zwang und Gewalt, um eine vermeintlich starre Ordnung zu brechen und eine passive Masse zu mobilisieren, hatte bis 1825 zum Privileg russischer Selbstherrscher gehört. Nun war ein Gegenzeichen gesetzt, auf das sich spätere Radikale, Liberale und Konservative gleichermaßen beriefen. Dies kann plausibel nur erklärt werden, wenn man die Dekabristen nicht eng als politische Partei oder Sekte, sondern in weiterem Verständnis als Generationsphänomen der nachnapoleonischen Ära in Rußland begreift.

Doch ist Vorsicht bei Verallgemeinerungen geboten. Das Wort M. I. Murawjow-Apostols von den «Kindern des Jahres 1812» meinte nicht nur das unmittelbare Europa-Erlebnis. Die Mehrzahl der Verurteilten hatte nicht am Feldzug teilgenommen, stand aber unter der fortwirkenden Aufbruchstimmung der Heimkehrer. In dieser Atmosphäre entstand «der Dekabrist» als neuer Typus eines aufgeklärten Russen, der sich in Charakter, Psychologie und Auftreten deutlich heraushob.[43] In die vertrauten sozialen Rollen als Adeliger, als Offizier, Aristokrat, jugendlicher Mann, Russe oder Europäer mischte sich ein spezifisches Verhalten, eine besondere Art zu reden und eine eigentümliche Handlungsweise, die vornehmlich in den Geheimgesellschaften gepflegt wurden. «Freiheit» wurde ein aktives Element des alltäglichen «prosaischen» Lebens und war nicht mehr auf den Bereich der Poesie oder die Welt der Ideen begrenzt.

Der Kontrast dieses neuen tätigen Elements zum herkömmlichen sozialen Verhalten in der Adelswelt tritt deutlich hervor, wenn einzelne Segmente – etwa enttäuschte Bürokraten, freiheitsliebende Dichter, aufgeklärte Akademiker oder Freimaurer – betrachtet werden. Unter ihnen findet sich keine Bereitschaft, das Vorpreschen ihrer Standesgenossen in Uniform mitzutragen. Am Ende obsiegte noch immer die Verankerung im bestehenden Regime über den Willen zum bewaffneten Gang auf die Straße. Hingegen veranlaßte ein Drang zur Tat die adeligen Offiziere, die Gunst des Augenblicks am 14. Dezember 1825 spontan zu nutzen, ihre unausgereiften Umsturzpläne auszuführen. Puschkin verlieh diesem sprunghaft-unernsten Aspekt des Verschwörermilieus in einer Notiz pointiert Ausdruck: «In froher Runde, zwischen Spottliedern und freundschaftlichen Debatten, bei Burgunder und Champagner, wurden diese Umsturzpläne ausgeheckt. In ihrem tiefsten Innern waren sie nicht revolutionär gesinnt. Es entsprang alles ihrer Langeweile, dem Tatenhunger ihres jungen Gemüts. Erwachsene Männer zwar, flüchteten sie sich doch in die tollkühne Abenteuerlust der Jugend.»[44]

In diesem engeren Sinne war der Dezember-Aufstand das zufällige und verzweifelte Aufbegehren einer Militärelite. Ob weitere Gardetruppen bei einem entschlossenen Vorgehen der Rebellen die Fronten gewechselt hätten, bleibt Spekulation. Von den insgesamt 289 Verurteilten des Prozesses hatten im Jahr 1825 immerhin 211 im aktiven Offiziersdienst gestanden. Die Zahl erhöht sich auf 253, wenn man die Reservisten hinzurechnet.[45] Bei einer frühzeitigen Bekanntgabe der Erbfolgeregelung wäre es zu diesem Zeitpunkt vermutlich überhaupt nicht zu dieser politisch motivierten Demonstration militärischen Ungehorsams gekommen. Dies erklärt auch, warum die sich bietenden Gelegenheiten für ein Attentat auf den Zaren nicht genutzt wurden.

Vor dem Hintergrund bewaffneter Eingriffe von Gardetruppen bei den Thronbesteigungen seit dem ausgehenden 17. Jahrhundert erscheint die Verschwörung von 1825 zunächst nicht ungewöhnlich. Etwas Einzigartiges lag jedoch darin, daß diesmal nicht im Verborgenen ein in Hofkreisen unliebsamer Zar wie Peter III. 1862 oder Paul I. 1801 im wohlverstandenen Eigeninteresse durch eine Palastrevolution beseitigt werden sollte, indem die Garde als Königsmacher auftrat. Die Dekabristen agierten offen und besaßen Entwürfe für ein grundlegend anderes Rußland. Schon gar nicht ging es ihnen um rein militärische Belange. Vielmehr lag die Explosivität des Geschehens in der Doppelidentität der Akteure als Offiziere und aufgeklärte Adelige. Was ihnen der Militärdienst an Disziplin abverlangte, kompensierten sie mit dem Studium von Literatur, Geschichte und Politik. In dieser Haltung waren sie aber in der Armee eine Ausnahme von der Regel.

Im Ideellen kann die Wirkung der Dekabristen daher kaum überschätzt werden. Sie verbreiteten schlagartig den Rahmen künftiger politischer und sozialer Debatten, wenngleich der Philosoph Pjotr A. Tschaadajew der Ansicht war, die Aktion von 1825 habe den Reformprozeß in Rußland um Jahrzehnte zurückgeworfen. Der russische Gelehrte A. N. Pypin meinte demgegenüber: «Trotz aller Ungunst der äußeren Bedingungen wuchs und kräftigte sich das sittliche Bewußtsein der Gesellschaft so, daß in den fünfziger Jahren die neue Regierung in den Geistern einen vorbereiteten Boden für die politischen Reformen fand, die von ihr in Angriff genommen wurden. Die zurückgekehrten ‹Dekabristen› sollten die Erfüllung vieler ihrer Wünsche sehen, welche sie in ihrer Jugendzeit gehegt hatten.»[46]

Mit dem Auftreten der Dekabristen erscheint aber erstmals der Militärputsch als Option für einen gewaltsamen politischen Wechsel in der russischen Geschichte. Daraus zogen die Zaren eine naheliegende Konsequenz: Unbeschadet der fortschreitenden Modernisierung der Armee nach dem Krimkrieg wurde dem Offizierskorps kontinuierlich die Möglichkeit zum eigenständigen politischen Handeln entzogen. Als sich 1917 und wenig später die Chance einer militärischen Gegenrevolution bot, trat die Schwäche des russischen Bonapartismus offen zutage.

Schließlich fand seit den sechziger Jahren des 19. Jahrhunderts auch die Idee des Attentats eine neue Generation von Anhängern. An die gewaltsame Beseitigung des Zaren oder führender Diener des Staates knüpften sie – radikaler als die Vorbilder unter den Dekabristen – nicht bloß die Hoffnung auf einen politischen Kurswechsel der Regierung, sondern vielmehr auf eine Befreiung «der Gesellschaft» durch eine dadurch ausgelöste Revolution. Nun verselbständigte sich das verhängnisvolle Wechselspiel von undurchdachten Reformversprechen wankelmütiger Monarchen, radikalem Maximalismus politisierter Untertanen und nachfolgender Reaktion. Seinen Anfang datierte der bedeutende russische Historiker, Wassilij O. Kljutschewskij, im Jahre 1906 in die Epoche Alexanders I., der Dekabristen und Nikolaus I. zurück.[47]

Kugeln für Lincoln und Kennedy.
Zwei tote Präsidenten der USA
und ungezählte Konspirationen in den Köpfen

Hans E. Tütsch

Alexis de Tocqueville hat sich getäuscht. Er meinte, in den Vereinigten Staaten gebe es keine Verschwörungen. In Wirklichkeit ist dieses Land ein wahres Treibhaus von echten und imaginären Verschwörungen, und zwar schon seit der Gründung der Republik.

Was die Herren in Philadelphia im Kontinentalen Kongreß trieben und am 4. Juli 1776 mit der Proklamation der Unabhängigkeit der dreizehn Kolonien besiegelten, war von London aus gesehen nichts anderes als eine üble Verschwörung, die mit Waffengewalt unterdrückt werden sollte. Aber fünf Jahre später zwangen Franzosen und Amerikaner den in Yorktown belagerten General Cornwallis zur Kapitulation. Das machte den Weg frei zur Schaffung des ersten Verfassungsstaates, des ersten Bundesstaates – eine geniale Erfindung – und schließlich zu der Entstehung der freiheitlich-demokratischen Supermacht von heute.

Alexis de Tocqueville, der junge Franzose, der 1831 die Vereinigten Staaten besuchte und das unübertroffene Werk *Über die Demokratie in Amerika* schrieb, war so begeistert von dem neuen Staat, daß er dessen Neigung zu Verschwörungen und Verschwörungstheorien übersah. In Wirklichkeit entstanden schon zu Beginn der Republik Verschwörungen in den Köpfen der Amerikaner, und zwar echte und unechte Komplotte. Die erste Verschwörung richtete sich 1777 gegen George Washington, den Oberkommandierenden der Streitkräfte. Sie ist unter den Namen «Conway Cabal» bekannt geworden. Mitglieder des Kontinentalen Kongresses und einige Offiziere waren unzufrieden über die mangelnden Erfolge Washingtons im Feld und wollten ihn durch General Horatio Gates, den Sieger von Saratoga, ersetzen. Es gelang ihnen, Gates zum Präsidenten des Board of War zu befördern und den Brigadegeneral Thomas Conway zum Generalinspektor der Armee zu berufen. Beide waren Washington theoretisch übergeordnet, verfügten jedoch über keine Macht, um sich zur Geltung zu bringen. 1778 wurden sie von Anhängern George Washingtons wieder abgesetzt. Die «Kabale» hatte keine weiteren Folgen.

Als Präsident sah sich George Washington mit der «Whiskey Rebellion» von 1794 konfrontiert. Manche Bauern pflegten einen Teil ihrer Maisernte zu Schnaps zu brennen, um durch den Verkauf dieses Whiskeys Bargeld zu erhalten. Sie weigerten sich, eine Steuer zu bezahlen, die ihnen die neue Bundesregierung auferlegt hatte. In Pennsylvania organisierten sie eine Erhebung. Gouverneur Thomas Mifflin, der schon an der Conway Kabale mitgewirkt hatte, weigerte sich, die Staatsmiliz gegen die Aufrührer einzusetzen. George Washington mobilisierte darauf 15 000 Mann in Nachbarstaaten, zog seine Uniform aus dem Befreiungskrieg an und machte sich bereit, gegen die Rebellen zu marschieren. Die Drohung allein genügte, um die Rebellion ohne Blutvergießen zu beenden. Hundert ihrer Anführer wurden verhaftet und vor Gericht gestellt. Das Gericht verurteilte zwei von ihnen wegen Hochverrats zum Tode; Präsident Washington begnadigte sie jedoch.

«Conway Cabal» und «Whiskey Rebellion» waren Episoden in der Entstehungsgeschichte der jungen Republik, die kaum in der Erinnerung haftenblieben. Eine wohl eher imaginäre Verschwörung spukt noch heute in den Köpfen einiger Amerikaner herum, nämlich die der «Illuminati». Um 1774/76 gründete ein junger Rechtsprofessor aus Ingolstadt eine Loge, die mit jenen der Freimaurer vergleichbar war. Der Gründer nannte sich Adam Weishaupt, was vielleicht ein erfundener Name – das weise Haupt – war. Seine Anhänger bezeichneten sich als «Illuminati». Sie fühlten sich als die Aufgeklärten im Zeitalter der Aufklärung. Die Gefolgschaft Weishaupts scheint bis auf ungefähr dreitausend Mitglieder angewachsen zu sein, die sich hauptsächlich aus den Reihen der Freimaurer rekrutierten. Die bayerischen Behörden befürchteten, die «Illuminati» planten einen Umsturz, und verhafteten einige Mitglieder. Weishaupt selber verschwand um 1780.

Nach einer Theorie soll Weishaupt in die Vereinigten Staaten geflohen sein, dort George Washington umgebracht und sich an seine Stelle gesetzt haben. In Wirklichkeit gibt es keine Anzeichen dafür, daß je einer der bayerischen «Illuminati» nach Amerika gekommen wäre, geschweige denn sich als George Washington aufgespielt hätte. Aber Gerüchte besagen, daß «Illuminati» Abraham Lincoln ermordet hätten. Sogar Charles Manson, der Massenmörder, der auch die Filmschauspielerin Sharon Tate umbrachte, sei ein «Illuminatus» gewesen. Der gleichen Bewegung soll auch Präsident Franklin Delano Roosevelt angehört haben. «Illuminati» reisen übrigens auch in UFOs (unidentified flying objects) ... und die Thule-Gesellschaft, ein Ableger der «Illuminati», soll in Antarctica unterirdische Schutzräume für flüchtige Nazis geschaffen haben.

In Amerika wurden die «Illuminati» zuerst bekannt durch ein in New York 1798 erschienenes Buch des Schotten John Robison mit dem Titel *Proofs of a Conspiracy against all the Religions and Governments of Europe, carried on in the Secret Meetings of Free Masons, Illuminati, and Reading Societies.* Lesezirkel, Freimaurer und Illuminati werden also willkürlich in Verbindung gebracht. Das Buch diente der Antifreimaurerbewegung in den Vereinigten Staaten als Grundlage, die vor allem Mitte des 19. Jahrhunderts stark verbreitet war. Festzuhalten bleibt, daß 15 Präsidenten der Vereinigten

Staaten sich als Freimaurer bekannten, angefangen mit George Washington bis hin zu Gerald Ford. Andere Vereinigungen, die sich in Logen organisieren wie die «Lions» oder die «Elks», sind übrigens bis heute Ziele der öffentlichen Kritik geblieben.

Aus diesem Sumpf erdachter und realer Bedrohungen der öffentlichen Ordnung durch zum Teil recht bizarre Geheimbünde ragt als tragisches Ereignis die Ermordung des sechzehnten Präsidenten der Vereinigten Staaten, Abraham Lincolns (1861–1865), heraus. Präsident Lincoln wurde ermordet, als der Sieg des Nordens über die abtrünnigen Südstaaten feststand, deren Hauptarmee bei Appomattox kapituliert hatte. Der unbeschäftigte Schauspieler John Wilkes Booth schoß ihm aus kurzer Distanz eine Kugel in den Hinterkopf, als Lincoln im Ford Theater die englische Komödie *Our American Cousin* anschaute. Booth, der Mörder, war Haupt einer echten Verschwörung. Nach dem Tod des Präsidenten wucherten zahlreiche Verschwörungstheorien, die wenig oder gar nichts mit der wirklichen Konspiration zu tun hatten.

Lincoln wird heute noch geachtet. Nach Umfragen gilt er als der größte oder – nach George Washington – der zweitgrößte aller Präsidenten. Aber zu seinen Lebzeiten war er mehr gehaßt als alle seine Vorgänger. Er war 1860 mit nur vierzig Prozent der Stimmen, aber mit 187 gegen 123 der Wahlmänner, gegen drei Gegner gewählt worden. Vor seiner Inauguration, die damals noch am 4. März stattfand, hatten sieben Südstaaten ihre Sezession proklamiert; vier weitere folgten. Vier Staaten, in denen die Sklaverei erlaubt war, Maryland, Delaware, Kentucky und Missouri, blieben vereint mit den Nordstaaten. Nachdem Sezessionisten auf Fort Sumter bei Charleston in South Carolina das Feuer eröffnet und seine Besatzung zur Kapitulation gezwungen hatten, schien ein Bürgerkrieg unvermeidlich. Aber James Buchanan, Lincolns Amtsvorgänger, und General Winfield Scott, der ranghöchste Offizier und Sieger im Krieg gegen Mexiko, warnten vor militärischen Auseinandersetzungen. Zahlreiche Gegner der Gewaltanwendung fanden sich auch im Norden, vor allem unter den Demokraten.

Nicht wenige der Zeitgenossen nahmen an, es gebe ein Recht auf Revolution oder Sezession. 1776 hatten die dreizehn Kolonien das Recht auf Abtrennung von England für sich beansprucht und militärisch durchgesetzt. Der Dichter Walt Whitman schätzte, daß im Norden ebenso viele Bürger ein «Sezessionsrecht» anerkannten wie im Süden. In der Bundeshauptstadt selber, die 1860 nur 61 000 Einwohner zählte, einschließlich der Sklaven und der freien Afro-Amerikaner, scheint es mehr Befürworter des Sezessionsrechts gegeben zu haben als Anhänger der Union.

Lincoln mußte sich während des Bürgerkriegs des Vorwurfs erwehren, daß er Bürger von Militärgerichten aburteilen ließ, und vor allem, daß er das in der Verfassung verankerte Habeas-corpus-Recht, das die Bürger vor Willkür schützt, suspendierte. Der *Chief Justice* der Vereinigten Staaten,

Robert B. Taney aus Maryland, warnte den Präsidenten nachdrücklich vor dieser Verfassungsverletzung, konnte sie jedoch nicht verhindern. Lincoln, sein Staatssekretär, William H. Seward, und sein Kriegsminister, Edwin M. Stanton, zensurierten Post und Telegrafenwesen. Sie setzten Bundesbeamte, Staats- und Ortspolizei, vor allem aber auch Pinkerton-Detektive und gewöhnliche Informanten ein, um Komplotten zuvorzukommen und jeden Widerstand zu unterdrücken.

Von 1861 bis 1865 entwickelte sich der blutigste Krieg des Jahrhunderts. Er wurde mit großer Grausamkeit geführt und kostete die Südstaaten 260 000 und die Nordstaaten 360 000 Tote. Die Gesamtbevölkerung bestand 1860 nur aus 31 Millionen Einwohnern, davon 22 Millionen im Norden und neun Millionen im Süden, davon ein Drittel Sklaven. Daß die Schlächterei nicht ohne Widerstand hingenommen wurde, ist offenkundig. Demokraten im Norden suchten sich zu organisieren, um dem Krieg ein Ende zu bereiten. Sie wurden von Lincolns Parteigängern als «Copperheads», das heißt Giftschlangen, diffamiert. Vermeintliche und versuchte Verschwörungen wurden samt und sonders unterdrückt – außer jener von John Wilkes Booth.

Es empörte viele, daß Lincoln jeden Friedensschluß ablehnte, der nicht die Wiederherstellung der Union und die Abschaffung der Sklaverei als Ergebnis vorsah. Kompromisse wollte er nicht eingehen. In dieser Situation sprachen oder schrieben viele Amerikaner darüber, daß man Lincoln töten solle. Aber all das blieb Gerede – bis zum Anschlag von Booth. Eine südstaatliche Zeitung soll sogar eine Prämie von hunderttausend Dollar auf den Kopf Lincolns ausgesetzt haben.

Nach heutiger Lesart hat Lincoln den Bürgerkrieg mit der Zielsetzung geführt, die Sklaverei abzuschaffen. Lincoln hatte zwar die Sklaverei stets abgelehnt, aber den Krieg führte er, wie er immer wieder betonte, zur Wiederherstellung der Union. Er hatte sich gegen die Ausbreitung der Sklaverei in den von Mexiko eroberten südwestlichen Gebieten und im Nordwesten ausgesprochen. «Ich hasse die Ausbreitung der Sklaverei. Ich hasse sie wegen der monströsen Ungerechtigkeit der Sklaverei selber.» So erklärte er in einer Debatte mit Senator Stephan A. Douglas. Aber in seiner ersten Ansprache anläßlich der Amtseinführung hob er hervor: «Ich habe nicht die Absicht, mich direkt oder indirekt einzumischen in die Institution der Sklaverei in den Staaten, wo sie existiert. Ich glaube, ich habe kein gesetzliches Recht, das zu tun, und ich habe keine Neigung, das zu tun.»[1]

Dem Verleger der *New York Tribune*, Horace Greeley, erklärte Lincoln: «Mein höchstes Ziel in diesem Kampf ist es, die Union zu retten, und nicht etwa die Sklaverei zu retten oder sie zu vernichten. Wenn ich die Union retten könnte, ohne einen einzigen Sklaven zu befreien, würde ich es tun, und wenn ich sie durch die Befreiung aller Sklaven retten könnte, würde ich es tun; und wenn ich die Union retten könnte, indem ich einige

Sklaven befreien könnte und andere allein lassen, dann würde ich es ebenfalls tun. Was ich hinsichtlich der Sklaverei und der farbigen Rasse unter-
nehme, das tue ich, weil ich glaube, daß es die Union retten hilft.»[2]

Im September 1862 erließ Lincoln die Emanzipationserklärung, die am
1. Januar 1863 in Kraft trat. Darin wurde den Sklaven die Freilassung
zugesichert, aber nur in den Gebieten, die der Union noch bewaffneten
Widerstand entgegensetzten. Nicht befreit wurden die Sklaven in Maryland, Delaware, Kentucky, Missouri und Tennessee sowie Teilen von Virginia und Louisiana, die von den Unionstruppen besetzt waren.

Die Sklaverei wurde auf dem ganzen Gebiet der Vereinigten Staaten
nach dem Bürgerkrieg durch das dreizehnte Amendment zu der Bundes-
verfassung aufgehoben. Dieses trat am 18. Dezember 1865 in Kraft. Das
Repräsentantenhaus hatte erst im zweiten Anlauf die notwendige Zwei-
drittelmehrheit für das Amendment zusammengebracht. Bei der offiziellen
Proklamation, daß die Ratifikation des Amendments durch die Zustimmung von drei Vierteln aller Staaten zustande gekommen sei, wurden die
Erklärungen von acht besetzten Südstaaten mit provisorischen Regierungen mitgezählt. Damit war eine radikale Entscheidung getroffen. Lincoln
hatte vor dem Bürgerkrieg eine schrittweise Abschaffung der Sklaverei
befürwortet, wenn möglich unter Entschädigung der Eigentümer. Die
befreiten Sklaven wollte er zur Auswanderung ermutigen. In die populäre
Geschichte ging er als «der große Emanzipator» ein. Aber diese Erhöhung
erfolgte erst nach seinem Tod.

Zu Lincolns Lebzeiten erschien er vielen Bürgern in einem düsteren
Licht. Er war der Präsident, der Not und Tod über große Teile des Volkes
brachte, der die Freiheit der Person, der Meinungsäußerung und der Presse
beschränkte, Zensur über die Post ausübte, 14 000 Zivilisten verhaften ließ,
alles unter der Devise «necessity knows no law» – politische Notwendigkeit kennt kein Gesetz. Manchen Kritikern erschien er ungehobelt, un-
geeignet für das hohe Amt. Einer seiner Amtsvorgänger, Franklin Pierce,
ein Demokrat, warf ihm «eine beschränkte Fähigkeit und enge Intelligenz»
vor und machte ihn für den Bürgerkrieg verantwortlich.

Alle diese negativen Urteile und fragwürdigen Maßnahmen sind im
Zuge der Entstehung der Lincoln-Legende im Bewußtsein der Öffentlichkeit getilgt worden, aber sie beherrschten das Umfeld, in dem der
Mordanschlag stattfand. Vergessen ist auch, daß der Kongreß alle Maßnahmen Lincolns gutgeheißen hatte und daß die Wahlen 1864 in erstaunli-
chem Maße frei waren.

Lincolns Kräfte waren ganz auf die Kriegsführung konzentriert. Er
regte wenige Gesetze an, die Bestand hatten. Das wichtigste war die
Homestead Act, die jedem Siedler nach fünf Jahren das volle Eigentum
auf 160 Acres Land (64 Hektar) zugestand. Dieses Gesetz förderte die
rasche Besiedlung der weiten Ebenen des Mittleren Westens. Es war ein
politisches Ziel von Andrew Johnson gewesen, der im Kongreß 16 Jahre

dafür gekämpft hatte. Lincoln wählte Johnson, einen Demokraten aus dem Süden, im Jahre 1864 zu seinem Vizepräsidenten, und dieser sollte sein Nachfolger werden.

Ein anderes Gesetz mit beträchtlichen Folgewirkungen sah die Vergabe von Land an Hochschulen für Landwirtschaft und Technik vor, denen eine sichere finanzielle Grundlage gegeben werden sollte. In diesen Gesetzen und in manchen Äußerungen Lincolns zeigt sich eine egalitäre Tendenz. Er lehnte die Pflanzerklasse mit ihrer Sklavenwirtschaft ab. Im Bürgerkrieg wurde sie praktisch entmachtet und zum Teil vernichtet. Aus ihr waren aber immerhin die Präsidenten Washington, Jefferson, Madison, Monroe, William Henry Harrison und John Tyler hervorgegangen.

Lincolns Bild wandelte sich nach seinem Tod. Er wurde zu einem Grenzlandhelden hochstilisiert, der sich aus tiefer Armut durch eigene Kraft emporgearbeitet habe – vom Holzhacker bis zum Präsidenten. Die Energie und Ausdauer, mit denen er unerbittlich das Ziel verfolgte, die Union wiederherzustellen, blieben beispielhaft. Später wurde ihm die Aufhebung der Sklaverei zur Ehre angerechnet. Obwohl seine Bildung ebenfalls weitgehend *selfmade* war, besaß er doch die Fähigkeit, prägnante Formulierungen zu finden, die im Gedächtnis haftenblieben. Fast jeder Amerikaner kann heute noch einen Ausspruch Lincolns zitieren, der aus der Bibel abgeleitet ist: «A House divided against itself cannot stand.»[3] In der meisterhaften kurzen Rede auf dem Schlachtfeld von Gettysburg schlug Lincoln versöhnliche Töne an: «... Vier mal zwanzig und sieben Jahre sind es her, daß unsere Väter auf diesem Kontinent eine neue Nation gegründet haben, geplant in Freiheit und geweiht der Idee, daß alle Menschen gleich geschaffen sind.» Er endete mit dem berühmten Postulat, «daß diese Nation, unter Gott, eine Wiedergeburt der Freiheit soll erleben und daß die Regierung des Volks, durch das Volk und für das Volk nicht sterben soll auf Erden».[4] Und auch in der Rede zum Antritt seiner zweiten Amtsperiode, als der Friede schon greifbar war, fand Lincoln versöhnliche Worte: «Mit Böswilligkeit gegen niemanden, mit Barmherzigkeit gegenüber allen, mit Standfestigkeit im Recht, so wie Gott uns das Recht sehen läßt, laßt uns streben, das begonnene Werk zu vollenden, die Wunden der Nation zu verbinden, für die zu sorgen, die die Bürde der Schlacht getragen haben, und für ihre Witwen und Waisen und alles zu tun, um einen rechten und dauerhaften Frieden zu erreichen und hochzuhalten.»[5] Diese Formulierungen linderten den Eindruck der harten Friedensbedingungen, denen sich die Südstaaten unterwerfen mußten. Der gewaltsame Tod machte Lincoln zum Märtyrer. Theodore Roosevelt bewunderte Lincoln, aber er meinte, wenn Lincoln im Frieden regiert hätte, würde niemand von ihm sprechen.

Der Fall von Richmond, der Hauptstadt der südstaatlichen Konföderation, und die Kapitulation der Armee in Nordvirginia, die vier Jahre lang Washington bedroht hatte, deprimierten die Sezessionisten und erfüllten einige Männer mit unversöhnlichem Haß. Darunter befand sich John Wilkes Booth, Sproß einer bekannten Schauspielerfamilie in Maryland. Sein Vater, Junius Brutus Booth, und zwei seiner Brüder, Junius Brutus Junior und Edwin, waren ebenfalls Schauspieler. John feierte im Theater Erfolge, vor allem in den Südstaaten, und erzielte ein ansehnliches Einkommen. Er wandte sich den Sezessionisten zu. Zweimal wurde er wegen aufrührerischer Reden gegen Lincoln und seine Regierung vorübergehend festgenommen. In einem Brief, der nach dem Attentat auf den Präsidenten bekannt wurde, schrieb Booth: «Das Land wurde für den weißen Mann, nicht für den schwarzen gestaltet.» Die Abolitionisten, das heißt die Befürworter der Sklavenbefreiung, bezeichnete er als Verräter. Booth schrieb weiter: «Der Süden hat keine Wahl. Es gibt entweder die Ausrottung oder die Sklaverei für ihn selber, was schlimmer ist als der Tod. Meine Liebe gilt allein dem Süden.»

Booth entwarf einen Plan, Lincoln auf einem Ausritt oder einer Ausfahrt gefangenzunehmen und ihn an den Süden auszuliefern, der darauf zuerst die Freilassung der Kriegsgefangenen, dann einen Frieden erzwingen könnte. Booth schrieb dazu: «Auch halte ich es nicht für unehrenhaft zu versuchen, diesen Mann für ihn [den Süden] gefangenzunehmen, der ihm so viel Elend verdankt.» Lincoln begab sich oft allein mit geringem Schutz zum *Soldier's Home* auf der North Capitol Street im District of Columbia, wo er die Luft reiner fand als im Weißen Haus unten nahe am Potomac. Der Entführungsplan war nicht vollkommen absurd. Booth machte Erkundungsritte im Süden Marylands, wo die Bevölkerung dieses Staates, in dem die Sklaverei üblich war, Sympathien für den Süden hegte. Auf das Gerücht über eine bevorstehende Entführung des Präsidenten sollen, so will es die Legende, einige Bewohner schon Boote bereitgemacht haben, um Lincoln über den Potomac nach Virginia zu verschleppen.

Booth konnte seinen Entführungsplan nicht allein verwirklichen. Er suchte deshalb Komplizen. Er gewann zwei Jugendfreunde für das gewagte Unternehmen, Samuel B. Arnold und Michael O'Laughlin, die beide als Soldaten der Südstaaten gedient hatten. Ferner schlossen sich ihm an Lewis Paine, der in Wirklichkeit Lewis T. Powell hieß, ebenfalls ein ehemaliger Soldat im Süden, George A. Atzerodt, ein Einwanderer aus Deutschland, David E. Herold, arbeitslos, ehemals Angestellter in einem Washingtoner Drugstore, und John Surratt, dessen Mutter eine Pension führte. Die Surratts waren von dem nach ihnen benannten Surrattsville nach Washington gezogen. Surrattsville wurde später in Clinton umgetauft; es ist ein kleiner Ort am Potomac flußabwärts von Washington. Diese Gruppe kam nur einmal zusammen. Sie vereinbarte, Lincoln am 17. Februar 1865 zu entführen, wenn der Präsident ein Militärspital besuchen würde. Lincoln erschien jedoch nicht, und damit scheiterte der Entführungsplan.

Booth entwarf weitere Projekte. Als der Sieg des Nordens feststand, glaubte er, durch Morde an Lincoln, an Vizepräsident Andrew Johnson und

Staatssekretär Seward dem Schicksal noch eine Wende geben zu können. Der Anschlag war in erster Linie als politische Aktion geplant. Booth sah sich, wie er selbst äußerte, als Brutus, der den Diktator Cäsar ermordet, oder als Wilhelm Tell, der den Tyrannen umbringt. Spätere Psychologen haben ihn als neuen Herostrat geschildert, der eine Gewalttat zu eigenem Ruhm begeht, oder als einen potentiellen Vatermörder.

Noch einmal sei auf die politische Situation vor dem Mord hingewiesen. Am 4. April 1865 hatte Lincoln die kurz zuvor gefallene Hauptstadt der Sezessionisten, Richmond, besucht. Am 9. April hatte Robert E. Lee, der Kommandant der wichtigsten Armee des Südens, bei Appomattox kapituliert. Lincoln war optimistisch gestimmt. Er erwartete die Kapitulation von General Joseph E. Johnston in North Carolina, die dann am 21. April erfolgte. Danach blieben nur noch versprengte Einheiten des Südens in Texas, die sich im Mai ebenfalls ergaben. Die Unterlegenen versanken in Depressionen, die Sieger waren erfüllt von Freude. Lincoln selber war tief beeindruckt von einem Traum, den er in einer der Nächte nach dem Besuch in Richmond hatte. Er glaubte immer, daß Träume die Zukunft voraussagten. Lincolns Traum, den er seiner Frau Mary erzählte, erschütterte ihn. Er hörte leises Schluchzen, als ob Menschen weinten. Im Traum erhob sich Lincoln und wanderte durch die Räume des Weißen Hauses. Sie waren alle erleuchtet, aber kein Mensch war zu sehen. Nur das Schluchzen war weiterhin zu hören. Lincoln – immer noch im Traum – war verwundert und beunruhigt. Er suchte weiter. Er betrat den East Room. Dort traf ihn ein Schock. Vor ihm stand ein Katafalk, darin ein Toter im Leichenhemd. Um den Toten herum standen Soldaten Wache. Lincoln fragte einen der Soldaten: «Wer ist gestorben im Weißen Haus?» Und der Soldat antwortete: «Der Präsident. Er wurde von einem Mörder getötet.» Darauf schluchzte die Menge laut, die sich um den Katafalk geschart hatte.[6] Es verwundert nicht, daß Lincoln durch diesen Traum bedrückt war – falls er ihn wirklich geträumt hat, wie seine Biographen behaupten. Am 14. April beschloß der Präsident, mit seiner Frau in das Ford Theater zu gehen, um sich zu zerstreuen. Es wurde die englische Komödie *Our American Cousin* gespielt. Lincoln lud auch Kriegsminister Stanton ein, der jedoch Arbeitsüberlastung vorschützte – in Wirklichkeit lehnte seine Frau Mary Lincoln ab, die als «schwierige Person» galt. General Ulysses S. Grant sagte ebenfalls ab, denn Grant und Frau Julia wollten noch am selben Abend mit dem Zug nach New Jersey zu ihrem Sohn reisen. Mary Lincoln hatte Julia Grant vorher öffentlich beschimpft: «Du glaubst wohl, daß Du ins Weiße Haus einziehen wirst, nicht wahr?»[7] Seinem überarbeiteten Leibwächter gab Lincoln für diesen Abend frei. Schließlich ließ er sich nur von Major Henry R. Rathbone und dessen Verlobter, Clara Harris, begleiten. Ein Stadtpolizist sollte vor der Präsidentenloge Wache stehen.

Booth erfuhr von dem bevorstehenden Theaterbesuch des Präsidenten. Er rief seine Truppe zusammen, fand aber nur drei seiner Komplizen. Mit ihnen vereinbarte er, daß er selber den Präsidenten erschießen wolle, während Atzerodt Vizepräsident Johnson und Paine Staatssekretär Seward ermorden sollten. Booth ritt darauf zum Ford Theater an der Zehnten Straße und übergab dort sein Pferd einem Angestellten, Edward Spangler, der dadurch in die Verschwörung hineingerissen wurde. Booth gelangte ohne Schwierigkeiten in das Theater, dessen Angestellte den Schauspieler kannten. Der vor der Loge postierte Stadtpolizist war verschwunden. Booth betrat die Loge und schoß Lincoln mit einer großkalibrigen Pistole in den Hinterkopf. Er sprang von der Loge auf die Bühne hinunter und rief: «Sic semper tyrannis»,[8] so soll es immer den Tyrannen ergehen (übrigens der Wahlspruch des Staates Virginia). Nach einigen Augenzeugen soll er hinzugesetzt haben: «Der Süden ist gerächt!» In der Loge schrie Mary Lincoln: «Sie haben den Präsidenten erschossen; sie haben den Präsidenten erschossen!»[9] Im Publikum herrschte zuerst Betroffenheit; denn manche Zuschauer erkannten Booth und meinten, der Schauspieler spiele im Theaterstück mit. Booth gelang es zu entkommen. Er hatte Major Rathbone mit einem Dolch am Arm schwer verletzt. Seine Komplizen hätten unterdessen Vizepräsident Johnson und Staatssekretär Seward ermorden sollen. Atzerodt hatte Angst bekommen und war nicht zum Vizepräsidenten vorgedrungen. Paine aber schlich sich in das Haus von Staatssekretär Seward ein. Er begegnete dort zuerst dem Sohn Frederick und schlug ihn mit einer Pistole auf den Kopf, bis er bewußtlos zusammenbrach. Dann drang er in Sewards Schlafzimmer vor und stach mit einem langen Messer auf den Staatssekretär ein. Dieser wurde schwer verletzt, kam aber mit dem Leben davon.

Lincoln kam nicht mehr zu Bewußtsein. Er wurde vom Theater in die nahe Pension des deutschen Schneiders William Petersen gebracht. Dort wurde am nächsten Morgen um 7 Uhr 22 der Tod des Präsidenten festgestellt. Kriegsminister Stanton rief erschüttert aus: «Jetzt gehört er der Ewigkeit an!»[10] Er unternahm sogleich alles, um den Mörder und seine Komplizen zu fassen, befragte Zeugen und setzte Geheimdienst und Militär in Bewegung. Ein Mann, der auf der Straße ausrief: «Lincoln geschieht es recht», wurde von einem Soldaten erschossen.

Die ersten Verschwörer waren bald gefaßt. Booth entwich nach Virginia. Er hatte sich bei dem Sprung von der Loge auf die Bühne ein Bein gebrochen, nachdem seine Sporen sich in einer dekorativen Fahne verheddert hatten. Er ließ sich von dem ihm bekannten Arzt Samuel Mudd behandeln. Am 26. April wurde er in einer Scheune in der Nähe von Bowling Green zusammen mit David E. Herold von Soldaten entdeckt. Herold ergab sich. Booth jedoch wurde von einem Soldaten erschossen. Er konnte nicht mehr aussagen ...

Die überlebenden Verschwörer wurden vor ein Kriegsgericht gestellt.

Diese sogenannte Military Commission setzte sich aus sieben Generälen und zwei Obersten zusammen. Einer der Richter war Lew Wallace, der später den historischen Roman *Ben Hur* schrieb. Die Anklage wurde von dem *Judge Advocate General* geführt, dem höchsten Rechtsberater der Streitkräfte, einem Zivilisten mit militärischem Rang. Die Angeklagten erhielten qualifizierte Verteidiger. Das Militärgericht verurteilte vier Angeklagte zum Tode: David E. Herold, der bis zuletzt bei Booth geblieben war, Lewis Paine, der den Mordversuch an Staatssekretär Seward unternommen hatte, George Atzerodt, der von seinem Anschlag auf Vizepräsident Johnson abgesehen hatte, und Mary Surratt, der vorgeworfen wurde, ihre Pension als Verschwörernest zur Verfügung gestellt zu haben. Alle vier wurden gehenkt. Vier weitere Verschwörer wurden zu Zuchthausstrafen verurteilt, Samuel Arnold und Michael O'Laughlin, die Jugendfreunde von Booth, Edward Spangler und Dr. Samuel Mudd. Sie wurden in Fort Jefferson auf den Dry Tortugas – 126 Kilometer südwestlich von Key West im Golf von Mexiko – eingekerkert. O'Laughlin starb dort; die anderen drei wurden 1869 von Präsident Johnson begnadigt und freigelassen.

John Surratt allein entkam, zunächst nach Kanada, dann nach Rom, von wo er nach den Vereinigten Staaten zurückgebracht wurde. Im August 1867 wurde er dort aus der Haft entlassen, nachdem ein Geschworenengericht sich nicht auf ein Urteil hatte einigen können. Acht Geschworene stimmten für Freispruch, vier für schuldig. Das politische Klima hatte sich schnell geändert.

Booth hatte eine Verschwörung angezettelt. Aber daß ein 27 Jahre alter Schauspieler für den Mord an dem Präsidenten allein die Hauptverantwortung innegehabt haben sollte, wollten viele Amerikaner nicht akzeptieren. Sie suchten nach Anstiftern und Mittätern. Als erster verdächtigt wurde der gestürzte Präsident der Südstaaten, Jefferson Davis. Er wurde zuerst von der Regierung Johnson beschuldigt. Booth hatte zwar in Kanada Kontakte mit Geheimdienstleuten aus den Südstaaten aufgenommen, aber eingehende Untersuchungen ergaben keine Mitschuld, und noch weniger galt dies für Jefferson Davis.

Die alte Grundfrage wurde aufgeworfen: Wem nützte der Tod Lincolns? Man zeigte auf Andrew Johnson, der als Präsident nachrückte und sich bald mit der republikanischen Mehrheit im Kongreß wegen der Politik gegenüber den besiegten Südstaaten überwarf. Im April 1866 initiierte die Justizkommission des Repräsentantenhauses eine große Untersuchung, um festzustellen, ob Jefferson Davis oder andere Mitglieder der südstaatlichen Regierung an einer Verschwörung zur Ermordung Lincolns beteiligt gewesen seien. Die gleiche Untersuchung wurde aber auch gegen Präsident Johnson, gegen Außenminister Seward und gegen den siegreichen Oberkommandierenden Ulysses S. Grant geführt. Gegen Johnson wurde im folgenden Jahr eine weitere Untersuchung eingeleitet. Diese Unter-

suchungen verliefen ergebnislos. Sie wurden von dem Impeachmentver-
fahren gegen den Präsidenten überschattet. Nur eine Stimme fehlte im
Senat zu einer Verurteilung Präsident Johnsons.

Die Verschwörungstheorien wucherten weiter; besonderer Beliebtheit
erfreute sich jene, daß Papst Pius IX. der Anstifter gewesen sei. Als «Beweis»
wurde angeführt, John Surratt sei auf seiner Flucht von katholischen Priestern
in Kanada versteckt worden und dann nach Rom geflüchtet. Die Surratts und
Dr. Mudd waren Katholiken, aber das Gerücht ging um, alle Verschwörer seien
Katholiken gewesen. Neueingewanderte Katholiken irischer Abstammung
hatten den Krieg und das Kriegsrecht kritisiert. Daß der Papst, d. h. ein autoritäres Regime, die Katholiken kommandiere und die freiheitliche Demokratie
unterwühle – diese Spekulation hielt sich bis zu der Wahl John F. Kennedys.
Hauptvertreter der antikatholischen Verschwörungstheorie war ein abtrünni-
ger katholischer Priester namens Charles Chiniquy. Während derartige Theorien umliefen, darunter auch jene, Bankiers unter Führung der Rothschilds
hätten den Mord an Lincoln angezettelt, traten immer wieder Männer auf,
die behaupteten, selbst der wahre John Wilkes Booth zu sein; Frauen bevorzugten die Version, sie seien dessen Witwe – er war allerdings nicht
verheiratet – oder seine Tochter. Mary Surratt wurde als Märtyrerin gefeiert.
Die Mitglieder des Militärgerichts, das sie zum Tode verurteilt hatte, wurden
als «Mörder mit Epauletten» beschimpft.

Die Verschwörungstheorien um Lincolns Tod wurden nach 1937 durch
einen Österreichisch-Amerikaner namens Otto Eisenschiml neu belebt,
der in einem Buch die Frage aufwarf: «Warum wurde Lincoln ermordet?»
Eisenschimls Vater war Amerikaner. Sein Sohn Otto wurde aber in Wien
geboren und ging dort zur Schule. Nach seiner Rückkehr in die Vereinigten Staaten machte Eisenschiml als Chemiker ein Vermögen, bevor er
mit seiner Verschwörungstheorie an die Öffentlichkeit trat. Seiner Darstellung nach war Kriegsminister Stanton der Anstifter des Mordanschlags.
Stanton war wohl der wichtigste Mitarbeiter Lincolns gewesen, der den
Präsidenten hoch achtete. Trotzdem fanden Eisenschimls Thesen weite
Beachtung. Es wurde ein Film *The Lincoln Conspiracy* gedreht, und 1972
wurde die Fernsehsendung von CBS *They've shot Lincoln* ausgestrahlt. In
Krisenzeiten wie der Wirtschaftsdepression in den dreißiger Jahren oder
in der Phase des Vietnamkrieges unter Richard Nixon wurden solche
«Geschichten» leicht geglaubt.

Hundert Jahre später ließ die Ermordung John F. Kennedys weit mehr
noch als das Attentat auf Lincoln Verschwörungstheorien aufkommen. Die
Fernsehbilder, die Geschichte machten, sind dokumentarisch: Kennedy in
Dallas in der Limousine auf der Fahrt durch die Stadt, Schüsse, Jacky
Kennedy, die ihren Mann zu schützen versucht, Männer des Sicherheits-
dienstes, die umherirren. Dann Lee Harvey Oswald, der Täter, der vor den
Fernsehkameras von dem Nachtklubinhaber Jack Ruby erschossen wird,
während er von Polizisten umgeben ist.

Weil Oswald nicht vor Gericht gestellt und über seine Hintermänner befragt werden konnte, setzte der neue Präsident Lyndon B. Johnson eine Untersuchungskommission prominenter Persönlichkeiten unter dem Vorsitz des *Chief Justice of the United States,* Earl Warren, ein. Diese Kommission legte einen ausführlichen Bericht vor. Es wurde konstatiert, daß Oswald dreimal geschossen habe und daß er der einzige Täter gewesen sei. Das wurde – bis auf den heutigen Tag – nicht allseits akzeptiert. Passanten wollten einen vierten Schuß gehört haben, der von einer grasbewachsenen Erhöhung vor dem Auto des Präsidenten abgefeuert worden sein soll. Diese Behauptung fand ihren Niederschlag in den Untersuchungsergebnissen einer Kommission des Repräsentantenhauses sechzehn Jahre nach der Tat: zwei Schützen, also eine Verschwörung.

Oswald war der Prototyp des *Manchurian Candidate.* Richard Condon hatte 1959 einen Kriminalroman verfaßt, darin ein amerikanischer Soldat im Koreakrieg von Sowjets gefangen und einer Gehirnwäsche unterzogen wird. Die Sowjets programmieren ihn so, daß er auf ein bestimmtes Zeichen hin nach seiner Rückkehr in die Vereinigten Staaten einen Mord begeht – den Präsidentschaftskandidaten am Parteikonvent (offenkundig der Demokraten) von 1960 erschießt. Oswald war in die Sowjetunion ausgewandert, hatte dort gearbeitet und eine Russin geheiratet. Seine marxistische Überzeugung war jedoch nicht so stark, daß es ihn in der Sowjetunion gehalten hätte. Die Sowjetbehörden bewilligten seine Rückkehr nach Amerika. Stets in Unruhe, reiste er nach Mexiko und knüpfte dort Kontakte zu der Botschaft Kubas, die von der CIA überwacht wurden. Aufenthalt in der Sowjetunion, Heirat mit einer Russin, Kontakte mit Fidel Castros Kuba – der perfekte *Manchurian Candidate.* Die Dreharbeiten zu *The Manchurian Candidate* mit Frank Sinatra und Janet Leigh wurden ungefähr zur Zeit des Mordes abgeschlossen, der Film dann aber zurückgehalten. Lyndon B. Johnson gehörte zu jenen, die lange glaubten, Oswald habe im Auftrag Castros gehandelt, der sich für den Angriff in der Schweinebucht, für die Schlappe in der Missile-Krise und für Mordversuche der CIA rächen wollte. Sowohl Castro wie die Sowjets beteuerten, daß Oswald auf eigene Faust gehandelt habe. Gegenbeweise, die vor Gericht standgehalten hätten, konnten nicht erbracht werden.

Der eigentliche Nutznießer des Mordes an Kennedy war Lyndon B. Johnson, der als Präsident nachrückte. Nicht wenige Anhänger Kennedys betrachteten Johnson als Usurpator. In einem Theaterstück *MacBird* von Barbara Garson wurde er dem mörderischen Macbeth Shakespeares gleichgestellt. Vertreter anderer Theorien schoben die Schuld am Tod Kennedys der Mafia zu. Die «Verschwörungsliteratur» zu diesem Attentat ist kaum mehr zu überblicken. Heute würde Alexis de Tocqueville gewiß konstatieren, daß die Vereinigten Staaten von Nordamerika geradezu als ein Paradies für Verschwörungen und Verschwörungsphantasien bezeichnet werden können.

Diffamierung aus dem Dunkel.
Die Legende von der Verschwörung des Judentums in den «Protokollen der Weisen von Zion»

Wolfgang Benz

Herrmann Ottomar Friedrich Goedsche, 1815 geboren, preußischer Postsekretär außer Diensten und 1848–1874 Redakteur der ultrakonservativen preußischen Kreuzzeitung, hat in der Literaturgeschichte nur einen wenig ehrenvollen Platz in den niederen Rängen. Viele seiner anonym und unter wechselnden Pseudonymen publizierten Werke sind verschollen und vergessen. Zwischen 1855 und 1880 erschienen, damals als Monumente der Trivialliteratur, die 35 Bände *Historisch-politische Romane aus der Gegenwart*. Goedsches Markenzeichen für diese, vom Publikum goutierte und ebenso umfangreiche wie literarisch anspruchslose Produktion lautete «Sir John Retcliffe». Die Romane waren ein wirkungsvoller Versuch, einer breiten Leserschaft antiaufklärerische, antiliberale Überzeugungen als geschlossenes Weltbild zu vermitteln. Es handelte sich dabei um die Fortsetzung reaktionärer Agitation mit gefälligerem Instrumentarium als jener platten «Frivolität und Gemeinheit», den bevorzugten Stilmitteln des Journalisten Goedsche, gegen die auch die konservativen Leser der Kreuzzeitung immer wieder aufbegehrt hatten.[1]

Goedsche alias Retcliffe, der 1878 in seiner Heimat Schlesien starb, ist später zu Recht mit seinem Werk untergegangen, aber ein Kapitel daraus hat als Plagiat überdauert. Es ist die nächtliche Szene auf dem Prager Judenfriedhof, eine Inkunabel des Konstrukts der «jüdischen Weltverschwörung».

Erstmals 1868 erschienen, faßt die Szene auf dem Prager Judenfriedhof gängige Topoi zusammen, die jedermann mit Kenntnissen aus Christenlehre und Religionsunterricht assoziativ einordnen konnte: die zwölf Stämme Israels, der Hohe Rat der Juden, die Auserwähltheit des jüdischen Volkes, die «Geheimwissenschaft der Kabbala». Im mystischen Dunkel geheimbündlerischer Umtriebe treffen sich alle hundert Jahre Vertreter der zwölf jüdischen Stämme am Grabe «des Meisters der Kabbala» Simeon bei Jehuda in Prag, um Rat zu halten und den Stand jüdischer Welteroberung zu erörtern. Die Stämme Israels sind mit den Namen moderner europäischer Metropolen verknüpft und zeigen damit die vermutete Durchdringung der Welt nach jüdischem Anspruch. Der Romanautor läßt das mitternächtliche Treffen durch zwei christliche Zuschauer beobachten und bringt das Kunststück fertig, die ganze politische und ökonomische

206   *Wolfgang Benz*

Entwicklung Mitte des 19. Jahrhunderts kausal auf organisierte Aktivitäten der jüdischen Minderheit in Europa zurückzuführen. Die Verbindung von Verschwörungsmystik und erklärungsbedürftigen aktuellen Problemen der Zeit ist so wirkungsvoll, daß die fiktive Szene Eigenleben gewinnt, als Realität genommen und in Sonderausgaben kolportiert wird.

Die Ansprache des Vorsitzenden aus dem Stamme Levi enthält als zentrale Botschaft die Begründung des Anspruchs auf jüdische Weltherrschaft: «Die weisen Männer unseres Volkes leiten den Kampf seit Jahrhunderten, und Schritt um Schritt erhebt sich das Volk Israels von seinem Sturz, und gewaltig ist die Macht geworden, die es offen und geheim ausübt, bereits über die Throne und Völker; denn unser ist der Gott der Erde, den Aaron uns tröstend gemacht in der Wüste, das goldene Kalb, vor dem sich beugen die Abtrünnigen! ... Wenn alles Gold der Erde unser ist, ist alle Macht unser. Dann ist die Verheißung, die Abraham gegeben ward, erfüllt. Das Gold ist das neue Jerusalem – es ist die Herrschaft der Welt. Es ist Macht, es ist Vergeltung, es ist Genuß – also alles, was die Menschen fürchten und wünschen. Das ist das Geheimnis der Kabbala, der Lehre von dem Geist, der die Welt regiert, von der Zukunft! Achtzehn Jahrhunderte haben unseren Feinden gehört – das neue Jahrhundert gehört Israel.»[2] Schwülstige Diktion und pompöse Phraseologie sind als Stilmittel bewußt eingesetzt, sie dienen der Suggestion, wie der Leser sich den Diskurs unter Hohepriestern vorzustellen hat. Die «Enthüllung aus der jüdischen Welt» soll glaubwürdig und authentisch wirken, sie ebnet der trivialliterarischen Fiktion den Weg zum «Dokument». 1881 erscheint die Geschichte auch in eigener Form, als *Rede eines Großrabbiners in geheimer Versammlung,* in einer französischen Zeitschrift, und Übersetzungen in viele europäische Sprachen folgen. Sie begründen eine Sonderform des Falsifikats über die jüdische Weltverschwörung.

Der Agitator Goedsche hat den Mythos von der jüdischen Weltverschwörung nicht erfunden, aber er hat erheblich dazu beigetragen, die Denkfigur populär zu machen, weil er eine literarische Schablone lieferte, die unbegrenzt genutzt werden kann. Es brauchte freilich noch weitere Ingredienzen, und es bedurfte mehrerer Hände, um das säkulare «Beweisdokument» über das vermeintliche Streben der Juden nach Weltherrschaft, die *Protokolle der Weisen von Zion,* zu fabrizieren. Zum Fonds der Verschwörungstheorie steuerte 1797 Abbé Augustin Barruel bei, der die Französische Revolution als Inszenierung von Freimaurern und Philosophen erklärte, wogegen Polizeiminister Fouché die Enthüllungen eines Hauptmanns Jean Baptiste Simonini in Auftrag gab. Zur Schärfung der judenfeindlichen Tendenz des Verschwörungs-Konstruktes tat auch der angebliche Brief der jüdischen Gemeinde von Arles an die Juden von Konstantinopel aus dem Jahr 1489 Dienste; nicht weniger trugen etliche esoterische Schriften vom Anfang des 19. Jahrhunderts über das drohende Erscheinen des Antichrist bei, aber auch Alexandre Dumas durch seinen

Roman Giuseppe Balsamo, der von einem Komplott der Illuminaten handelt, das Goedsche in die Judenverschwörung des Prager Friedhofs verwandelte.

Das infamste Plagiat, bei dem der ursprüngliche Text gar in sein Gegenteil verdreht wurde, bestand in der Verwendung eines Buches von Maurice Joly, das 1864 in Brüssel erschienen war.[3] Der Dialog zwischen Montesquieu und Machiavelli in der Unterwelt über Liberalismus und Despotie war eine Streitschrift gegen das autoritäre Regime Napoleon III. Übrigens hatte Joly das Jesuitenkomplott Sues in seiner Satire verwendet. Von der Zensur nach Erscheinen verboten, war die Schrift bald vergessen, der Autor Joly kam ins Gefängnis, er beging später Selbstmord. Die Angelegenheit wäre damit erledigt gewesen, hätte nicht sein Text unter ganz neuen Vorzeichen mit entgegengesetzter Tendenz ein Eigenleben entwikkelt.

Das Falsifikat wurde unter dem Titel *Die Protokolle der Weisen von Zion* bekannt, wobei trotz philologischer und historischer Forschung und gründlicher juristischer Beweiserhebung die Urheber des Pamphlets – im Gegensatz zu den Verbreitern – im Dunkeln blieben. Die Spuren führen nach Rußland und Paris. Der russische Finanzminister Sergej Witte war als Modernisierer, der kurz vor der Jahrhundertwende die russische Wirtschaft durch Aufhebung der tradierten Agrarordnung zu reformieren begann, Ziel heftiger Angriffe des reformbedrohten Landadels. Möglicherweise diente Jolys Satire auf Napoleon III. am Ende des Jahrhunderts Feinden Wittes als Vorlage zu einer Streitschrift. Der Historiker Norman Cohn hat einen solchen Feind in der Person des Russen Elie de Cyon, der als Journalist in Paris lebte, namhaft gemacht und eine weitere Hypothese aufgestellt, nach der ein notorischer Fälscher und politischer Abenteurer, der zeitweise das Pariser Büro der zaristischen Geheimpolizei «Ochrana» leitete, Pjotr Iwanowitsch Ratschkowski, anschließend im Auftrag Wittes den Spieß umdrehte und die antisemitische Fälschung schlechthin aus der jetzt schon mehrfach verwendeten und veränderten Vorlage fabrizierte. Die Motive bleiben so unklar, wie die Beweise für die Entstehungs-Hypothese Norman Cohns[4] fehlen. Es gibt freilich auch keine plausibleren Erklärungen.

Die Entstehungsgeschichte der Schrift ist aber, und dasselbe gilt für die besser belegte Textgeschichte, weitaus weniger relevant als die Wirkungsgeschichte der Fälschung, die noch keineswegs abgeschlossen ist. Fest steht, daß die *Protokolle der Weisen von Zion* mit etlichen Varianten sowohl des Textes wie des Titels kurz vor dem Ende des 19. Jahrhunderts – wohl 1898 – entstanden sind und rasch große Verbreitung fanden.

Den Kern der Verschwörungslegende bildet das Streben einer geheimen jüdischen Verbindung, einer Art Untergrundregierung, nach Weltherrschaft, die insbesondere mit Hilfe von Liberalismus und Demokratie durch Zersetzung überkommener (autoritärer) Strukturen herbeigeführt werden *[handwritten margin note, top right]* wem lag an diesem Unsinn?

soll. Essentiell, auch für die Wirkung des Konstrukts, ist die Vermutung, daß die jüdische Geheimgesellschaft als Exponent der Gesamtheit aller Juden agiert. Das stigmatisiert jeden einzelnen Juden als Teil einer gefährlichen Verschwörung und macht das Pamphlet zur schlimmsten Waffe des Antisemitismus.

Die Legende ist – entsprechend der propagandistischen Notwendigkeit, leicht faßliche Welterklärungen zu bieten – einfach gestrickt. Die jüdische Generalabsicht wird in Schlüsselsätzen verkündet: «In den Händen der gegenwärtigen Regierungen befindet sich eine große Macht, welche die Gedankenbewegung im Volke hervorruft – die Presse. Sie hat die Aufgabe, auf angeblich notwendige Forderungen hinzuweisen, die Klage des Volkes zum Ausdruck zu bringen, Unzufriedenheit zu äußern und zu erwecken. In der Presse verkörpert sich der Triumph des Geredes von der Freiheit. Aber die Regierungen verstanden es nicht, diese Macht zu benutzen, und so fiel sie in unsere Hände. Durch die Presse kamen wir zu Einfluß und blieben doch selbst im Schatten; dank ihr haben wir Berge von Gold in unsere Hände gebracht, ohne uns darum zu kümmern, daß wir es aus Strömen von Blut und Tränen schöpfen mußten.»[5]

[handwritten margin note, left] stimmt doch

Technik und Methode der «jüdischen Verschwörer» sollen an einem weiteren Beispiel – auch dies wie der ganze Text im Bekennerton deklamiert - deutlich werden: «Um die Machthaber zum Mißbrauche ihrer Gewalt zu veranlassen, haben wir alle Kräfte gegeneinander ausgespielt, indem wir ihr liberales Streben nach Unabhängigkeit entwickelten. Wir suchten in diesem Sinne jegliche Unternehmenslust zu beleben, wir rüsteten alle Parteien aus, wir machten die herrschende Macht zur Zielscheibe allen Ehrgeizes; aus den Staaten machten wir Kampfplätze, auf denen sich Aufstände abspielen; nur noch wenig Geduld, und die Aufstände und Zusammenbrüche werden eine allgemeine Erscheinung bilden. Unermüdliche Schwätzer haben die Sitzungen der Volksvertretungen und der Staatsverwaltung in Schauplätze für Rednerturniere verwandelt. Freche Zeitungsschreiber, gewissenlose Schmähschriftsteller fallen täglich über die Vertreter der Regierung her. Der Mißbrauch der Macht lockert schließlich die Grundstützen des Staates und bereitet ihren Zusammenbruch vor. Alles wird unter den Schlägen einer aufgepeitschten Masse zertrümmert werden.»[6] Antiegalitäre Affekte gegen «die Massen» sind mit antidemokratischen und antiliberalen Motiven (Argwohn gegen Volksvertretung und Presse) amalgamiert und bedienen verbreitete reaktionäre Vorurteile.

Die «Macht der Verschwörer» ist in Drohungen dokumentiert, die das Bild vom Staat im Staat bzw. die unbegrenzte überstaatliche Potenz einer geheimen Weltregierung projizieren: «Wir sind außerdem Meister der Kunst, die Massen und einzelne Persönlichkeiten durch geschickte Bearbeitung in Wort und Schrift, durch gewandte Umgangsformen und allerlei Mittelchen, von denen die Nichtjuden keine Ahnung haben, nach unserem Willen zu leiten. Unsere Verwaltungskunst beruht auf schärfster Beobachtung und Zergliederung, auf solchen Feinheiten der Schlußfolgerung, daß niemand mit uns in Wettbewerb treten kann. Auch in der Anlage unserer staatsmännischen Pläne und in der Geschlossenheit und Macht unserer Geheimbünde kann sich niemand mit uns messen. Nur die Jesuiten könnten allenfalls mit uns verglichen werden; doch wir verstanden es, sie in den Augen der gedankenlosen Massen herabzusetzen, weil sie eine sichtbare Körperschaft bilden, wir selbst aber mit unserer geheimen Körperschaft im Schatten blieben. Ist es übrigens für die Welt nicht gleichgültig, wer sie beherrscht: das Haupt der katholischen Kirche oder unser Gewaltkönig vom Blute Zion. Für uns, das auserwählte Volk, ist das freilich durchaus nicht gleichgültig.»[7]

Antimodernistische Affekte werden, in Verbindung mit der Unterstellung ökonomischer Penetration der Welt durch jüdisches Kapital, in Gang gesetzt mit der kuriosen Vorstellung vom letzten Machtmittel der Juden, das sie anwenden wollen, wenn ihre Pläne fehlschlagen sollten: «Sie könnten einwenden, daß die Nichtjuden mit der Waffe in der Hand über uns herfallen werden, sobald sie vor der Zeit entdecken, wie alles zusammenhängt. Für diesen Fall haben wir ein letztes, furchtbares Mittel in der Hand, vor dem selbst die tapfersten Herzen erzittern sollen. Bald werden alle Hauptstädte der Welt von Untergrundbahnen durchzogen sein. Von ihren Stollen aus werden wir im Falle der Gefahr für uns die ganzen Hauptstädte mit allen Einrichtungen und Urkunden in die Luft sprengen.»[8]

Die *Protokolle* existierten nicht im luftleeren Raum. Judenfeindschaft war ein in ganz Europa verbreitetes Phänomen, das im 19. Jahrhundert eine neue Dimension in Gestalt des rassistisch und sozialdarwinistisch argumentierenden modernen Antisemitismus erhielt, der sich als Resultat wissenschaftlicher Erkenntnis produzierte. Zu den Vätern gehörten Arthur Graf Gobineau mit seinem Essay *Die Ungleichheit der Menschenrassen* (erschienen 1853 bis 1855 in vier Bänden), der zwar nicht direkt gegen die Juden gerichtet war, aber instrumentalisiert wurde als Eckpfeiler einer Rassentheorie, die den modernen Antisemitismus scheinbar wissenschaftlich unterfütterte.

Der Übergang vom traditionellen religiösen Haß zum neuen Antisemitismus war nicht abrupt, die Traditionen des religiösen Antijudaismus mit seinen Stereotypen blieben wirkungsmächtig und verstärkten die neuen pseudo-rationalen Argumente des Rassenantisemitismus. Judenfeindschaft war am Ende des 19. Jahrhunderts ein Verständigungsmittel für sozialen Protest ebenso wie für antiliberale und reaktionäre Bestrebungen. Die Agitation gegen Juden wurde von drittrangigen Publizisten und eifernden Kleingeistern betrieben – Goedsche war einer von ihnen –, und die Privatgelehrten und Schriftsteller, die sich zur «Judenfrage» äußerten, machten das Thema gesellschaftsfähig. Im Februar 1879 war Wilhelm Marrs politisches Pamphlet *Der Sieg des Judenthums über das Germanenthum* erschienen, im Herbst 1879 wurde es schon in der 12. Auflage verkauft. Den Weg bereitet hatten Autoren wie Otto Glagau, der im weit verbreiteten Wochenblatt *Die Gartenlaube* die Juden als Verursacher der Wirtschaftskrise des Gründerkrachs von 1873 denunzierte und in polemischen Artikeln die Juden zu Sündenböcken für alles mögliche aktuelle Ungemach stempelte. Die Pressekampagnen in der konservativen Kreuzzeitung, aber auch in katholischen Blättern – gemeinsamer Feind war der politische Liberalismus – vertieften seit 1874/75, zur Zeit des Gründerkrachs, die judenfeindlichen Ressentiments.[9]

Die Geschichte des politisch organisierten Antisemitismus, die 1879 in Deutschland mit Wilhelm Marrs Antisemiten-Liga und Stoeckers Christlich-Sozialer Partei beginnt, ist die Geschichte von Sekten und Spaltungen, eine programmatische Melange konservativer, antikapitalistischer, sozialdemagogischer Ideologiefragmente, propagiert von antiliberalen und antidemokratischen, untereinander konkurrierenden Demagogen. Im September 1882 waren bei einem «Ersten Internationalen Antijüdischen Kongress» in Dresden 300–400 Antisemiten versammelt, die sich zwar auf kein gemeinsames Programm verständigen konnten, aber öffentliche Wirkung hatten. Auf dem Antisemitentag in Bochum einigten sich Anfang Juni 1889 die verschiedenen judenfeindlichen Strömungen (mit Ausnahme Adolf Stoeckers) auf gemeinsame Grundsätze und Forderungen, aber schon über der Bezeichnung des Zusammenschlusses entzweiten sich die Antisemiten wieder.

Am meisten Aufsehen erregte der Demagoge Hermann Ahlwardt, der als Parteiloser im Reichstag saß und sich als Radau-Antisemit besonders hervortat. In Pommern agitierte er mit der Losung «Gegen Junker und Juden!». Durch hemmungslosen Populismus hatte er vorübergehend Zulauf. Insgesamt hatte der organisierte Antisemitismus im Kaiserreich zwar keinen politischen Einfluß erringen können; zum kulturellen Klima der Zeit hatte die neue Strömung aber einen schwerlich zu überschätzenden Beitrag geleistet, und ihre Agitation und Publizistik, die in die öffentliche Diskussion eingeführten Schlagworte und Postulate, bildeten Keime, die schlummernd in der Erde lagen und nur auf günstige Bedingungen zu ihrer Entfaltung warteten.

Der Antisemitismus im wilhelminischen Kaiserreich war freilich keine singuläre Erscheinung und kein deutsches Charakteristikum. In Österreich entwickelte sich vor ähnlichem sozialen und ökonomischen Hintergrund der Antisemitismus als politische Bewegung in den 80er Jahren, und zwar zunächst von der gesellschaftlichen Peripherie, dem Kleinbürgertum, aus. Die erste organisatorische Basis fanden die Antisemiten in Handwerksgenossenschaften und Innungen. Einen nationalistischen Antisemitismus vertrat Ritter von Schönerer, sein Extremismus setzte sich jedoch nicht durch. Dafür wurde Karl Lueger zur charismatischen Integrationsfigur der christlich-sozialen Partei, die, ähnlich wie Stoecker in Berlin, Judenfeindschaft instrumentalisierte in einer antiliberalen und antisozialistischen Sammlungspolitik. Anders als im Deutschen Reich war die Demagogie der österreichischen antisemitischen christlich-sozialen Partei erfolgreich. Lueger wurde, nachdem seine Anhänger 1895 die Mehrheit im Wiener Gemeinderat errungen hatten, 1897 Bürgermeister. Über seinen kommunalpolitischen Meriten wurde marginalisiert, daß sie ohne den manipulativen Antisemitismus, der durch Appell an Emotionen die christlich-sozialen Anhänger zusammenkittete, nicht möglich gewesen wäre.[10]

In Frankreich, das seiner kleinen jüdischen Minderheit schon 1791 im Zuge der Französischen Revolution die vollen Bürgerrechte gewährt hatte, gab es antisemitische Strömungen aus unterschiedlichen Motiven. Während die sephardischen Juden in Südfrankreich kaum auf Integrationsprobleme stießen, waren die aschkenasischen Juden im Nordosten verschiedenen Anfeindungen ausgesetzt, die teils aus christlich-katholischen Wurzeln kamen, teils auf den Rassismus zurückgingen, wie ihn Gobineau verfocht und Drumont in seiner Schrift *La France Juive* 1886 propagierte. Der französische Antisemitismus, ungleich aggressiver als die wortradikale deutsche Ausprägung, war ein Integrationsfaktor für die nationalistische und klerikale Opposition gegen die Dritte Republik als modernem kapitalistischem, säkularisiertem Staat.[11]

Rußland galt am Ende des 19. Jahrhunderts als Synonym für virulenten und gewaltsamen Antisemitismus. Die Juden im Ansiedlungsrayon im Westen des Landes lebten, regelmäßig von Pogromen heimgesucht, in Armut und rechtlicher Unsicherheit. Nach der Ermordung des Zaren Alexander II. (1881) nahmen die Verfolgungen an Intensität zu, insgesamt lebten die russischen Juden bis zum Ersten Weltkrieg in einer Situation wie die Juden Mitteleuropas im 18. Jahrhundert als randständige, von jedem gesellschaftlichen Status und damit von Erwerbs- und Aufstiegschancen ausgeschlossene rechtlose Minderheit. Ohne die für Deutschland und Frankreich typischen rassistischen und nationalistischen Komponenten war Antisemitismus ein Instrument russischer Politik.

Orthodoxe Unaufgeklärtheit und schwärmerische Frömmigkeit bildeten in Rußland den Nährboden für einen Antisemitismus, der sich für vieles instrumentalisieren ließ und dessen traditionelle Topoi sich mit neuen Vorurteilen aus deutschen Quellen speisten. Die Schriften von Wilhelm Marr und Theodor Fritsch waren Anfang der 80er Jahre in Rußland bekannt und wurden, ebenso wie die Kongresse der Antisemiten-Liga in Deutschland, zur Kenntnis genommen. Das Pamphlet mit der *Rede des Oberrabbiners*, jene Nebenfrucht des Romans von Goedsche, war um die Jahrhundertwende in Rußland weit verbreitet.[12] Russische Rechtsextremisten ließen sich aus den Magazinen deutscher Antisemiten munitionieren, und den deutschen Reaktionären galten die Zustände des Zarenregimes als politisches Ideal. Der 1905 gegründete protofaschistische «Verband des russischen Volkes» mit seinen paramilitärischen Formationen der

«Schwarzen Hundert» kämpfte mit antisemitischen Parolen für die Autokratie von Zarenherrschaft und orthodoxer Kirche und suchte mit Aus-
fällen gegen Intellektuelle und sozialdemagogischen Forderungen breite
Volksschichten zu gewinnen. Regierung und Geheimdienst alimentierten
den Verband, weil sie sich davon Schutz vor der Revolution erhofften, und
die Schwarzhunderter erfreuten sich des Wohlwollens des Zaren. Die Agitation, die Pogrome zur Folge hatte, arbeitete mit Vorwürfen und Schuld-
zuweisungen an die Juden als Ausbeuter der Arbeiter und Bauern, als
Wucherer, Kapitalisten und Revolutionäre, ihnen wurde unterstellt, sie
strebten nach Herrschaft, und sie stünden mit den Freimaurern im Bunde.

Zum Umkreis des rechtsradikalen «Verbands des russischen Volkes» gehörte der Mann, der die Verbreitung der *Protokolle* erfolgreich ins Werk
setzte, Sergej Alexandrowitsch Nilus. 1862 in Moskau als Sohn eines Guts-
besitzers im Gouvernement Orel geboren, hatte er Jura studiert, war kurze
Zeit im Staatsdienst gewesen. Er war gebildet und sprach gut deutsch,
französisch und englisch. Um die Jahrhundertwende geriet er «in den Sog
der damals in Rußland weitverbreiteten mystisch-apokalyptischen Stim-
mungen und Strömungen»[13] und immer stärker in das Fahrwasser kultur-
pessimistischer Sektierer. Er stand unter dem Einfluß des Erzpriesters Joan
von Kronstadt, der als Antisemit, Wunderheiler, Dämonenaustreiber, Hell-
seher, Prediger weithin berühmt war.

Nilus befand sich gern auf Pilgerreisen und lebte 1901–1912 im Umfeld
des Klosters Optina, wo er sich schriftstellernd im Genre mystischer Er-
bauungs- und Erweckungsliteratur betätigte. Sein folgenreichstes Buch erschien erstmals 1903 unter dem Titel *Das Große im Kleinen,* es war eine
Kompilation aus okkulten Traumgeschichten, Skizzen aus dem Klosterle-
ben, Beschreibungen von Wundern. Das Buch war erfolgreich und bald
vergriffen. Im Dezember 1905 erschien eine stark veränderte Neuausgabe,
die als Anhang erstmals den Text der *Protokolle der Weisen von Zion* enthielt.

Inzwischen war der Verfasser anscheinend auch Akteur einer Hofintrige
geworden. Um den Einfluß fremder Scharlatane bei Hof zu brechen, sollte
Nilus als Konkurrent des französischen Martinisten Philippe aufgebaut
werden, dazu gehörte auch ein Heiratsprojekt mit der ehemaligen Hofdame Elena Alexandrowa Oserowa, einer Vertrauten der Zarin. Nilus bereitete sich auf den Priesterstand vor, eine Karriere als geistlicher Berater
und Beichtvater des Zaren vor Augen. Die Verweigerung der Priesterweihe
durch den Kazaner Erzbischof nach Enthüllungen über das Vorleben Nilus'
beendete den Traum, nicht aber die schriftstellerische Wirksamkeit, die
neben Heiligenviten und anderer frommer Prosa 1911 eine dritte Auflage
des Buches *Das Große im Kleinen* zeitigte, in der die apokalyptische Tendenz und der antisemitische Charakter durch die erhebliche Erweiterung
des Teiles, der die Protokolle enthielt, zum Ausdruck kam.

Nilus' Schreiben und Treiben nahm immer wahnhaftere Züge an, ist
aber weiter nicht mehr von Belang, da sich inzwischen sein Werk, genauer

der antisemitische Teil desselben, verselbständigt und auch den Weg in den Westen gefunden hatte. Nilus' Sohn Sergej konnte am Ende des Ersten Weltkrieges nach Deutschland gelangen und fand dort Verbindungen zur deutschen Rechten. Der Vater starb im Januar 1929 an einem Herzanfall. Revolution, Bürgerkrieg und Terror hatte Nilus trotz mehrmaliger Verhaftung und einiger Gefängnisaufenthalte einigermaßen überstanden. Wann und unter welchen Umständen Nilus in den Besitz der Protokolle gelangte, steht ebensowenig fest, wie die genauen Umstände ihrer Entstehung bekannt sind. Die obskure Herkunft des Textes und die trüben Quellen haben zahlreiche Autoren zu Spekulationen verführt, die wenig Licht in das Dunkel brachten, aber eine ständig wachsende Literatur hervorbringen, und nicht wenige Autoren sind dabei der Faszination des obskuren Sujets erlegen, das seine Wirkung aus der Verwischung der Grenzen von Fiktion und Realität bezieht.[14]

Im deutschen Sprachraum sind die Protokolle im Juli 1919 aufgetaucht, publiziert im völkischen Verlag «Auf Vorposten», herausgegeben (im Auftrag des «Verbands gegen Überhebung des Judentums e. V.») von Gottfried zur Beek, der mit richtigem Namen Ludwig Müller von Hausen hieß und gleichzeitig der Verleger war. Das Buch erreichte bis 1923 acht Auflagen, die neunte erschien 1929 im Parteiverlag der NSDAP, der die Rechte erworben hatte. Im Vorwort von 1929 hieß es: «Das kommende nationalsozialistische Großdeutschland wird dem Judentum die Rechnung präsentieren, die dann nicht mehr mit Gold zu bezahlen ist».[15]

Beek/Müller ging in seiner Einführung ausführlich auf die Fälschungsvorwürfe ein, erklärte das Buch von Joly als Vorläufer im gleichen Geist, es sei «tatsächlich ein Vorgänger der Geheimnisse der Weisen von Zion und gestattet uns einen ausgezeichneten Einblick in die jüdische Verschwörerkunst».[16] Im übrigen sei Joly selbst Jude, und die Anklänge an Goedsche alias Retcliffe wurden abgetan, da nicht wörtlich zu belegen. Beek/Müller führte aber zum Beweis der Echtheit einen Zeugen ein, der die Protokolle «schon vor 25 Jahren in hebräischer Sprache in Odessa gelesen» habe, und brachte, als Beleg der Seriosität, die Sache in Verbindung mit Theodor Herzl und dem Baseler Zionistenkongreß von 1897, zu allem Überfluß aber auch noch mit den Bestrebungen der Ernsten Bibelforscher (Zeugen Jehovas).

Parallel zu dieser Ausgabe erschien 1924 im antisemitischen Hammer-Verlag eine von Theodor Fritsch besorgte Ausgabe, in deren Vorrede der Herausgeber voll Biedersinn zur Frage der Echtheit erklärte, «der arglose, naive und vertrauensselige Deutsche wird es bezweifeln. In der Geradheit seiner Seele kann er sich nicht vorstellen, daß soviel List, Tücke und Bosheit in Menschenhirnen wohnen könnte».[17] Als abschließenden Echtheitsbeweis führte Fritsch schließlich an, er könne sich nicht vorstellen, daß ein «arischer Kopf» ein solches «System spitzbübischer Niedertracht» überhaupt ersinnen könne. Und im Fettdruck beschloß Fritsch mit der

Nutzanwendung die Edition: «Das Endergebnis aus den zionistischen Protokollen aber ist dies: Wenn es eine Tatsache ist, daß – wie die Protokolle
rühmend verkünden – die jüdische Internationale heute die Völker beherrscht – seit Jahrzehnten beherrscht, – wenn sie mit allen Mitteln der
List, des Truges, der Massenbetörung und der Finanz-Machenschaften die
Schicksale der Völker lenkt – wenn die Fürsten und Staatsmänner nur
Drahtpuppen in ihren Händen waren: so ist es auch unabweisbare Tatsache,
daß alle großen politischen Geschehnisse der letzten Jahrzehnte ein Werk
der Juden sind und nur mit deren Willen und Einverständnis sich vollzogen haben – auch das furchtbare Verbrechen des Weltkrieges! – Sie allein
sind die Verantwortlichen für die furchtbare Notlage der Völker! Und für
alles aus der heute geschaffenen politischen und wirtschaftlichen Lage
entspringende weitere Elend müssen wir die wirklichen Machthaber als
die allein Schuldigen zur Verantwortung ziehen: den geschworenen Feind
der ehrenhaften Menschheit – das verbrecherische, international verbündete Judentum.»[18]
  Im Deutschen Volksverlag Dr. Ernst Boepple (eine antisemitisch-völkische Filiale des Münchener J. F. Lehmanns Verlags) veröffentlichte Alfred
Rosenberg 1923 einen Traktat über die Protokolle, deren «Original» er
mit Basel 1897 datierte. Auch Rosenbergs Schrift erfuhr rasch viele Auflagen, im Herbst 1933 war das 25.000 Exemplar erreicht.[19]
  Keine andere Fälschung hatte größere Wirkung als das Machwerk über
die jüdische Weltverschwörung, weil das Publikum an die griffige Welterklärung glauben wollte. Die Mörder des deutschen Außenministers Walter
Rathenau kannten die Geschichte und glaubten, ihr Opfer sei einer «der
300 Weisen von Zion»; das war 1922. Als die Nationalsozialisten an die
Macht gekommen waren, wurden die *Protokolle* offizieller Lehrstoff in den
deutschen Schulen, ein Erlaß des Reichsministers für Wissenschaft, Erziehung und Volksbildung vom 13. Oktober 1934 ordnete dies an.[20] Ob echt
oder falsch, kümmerte die Antisemiten nicht, diese Frage war ihnen angesichts der propagandistischen Wirkung zweitrangig. Die Argumente und
Beweise gegen das Pamphlet waren nämlich längst Bestandteil seiner Verbreitung geworden. Mit den Methoden, die später auch die Leugner von
Auschwitz anwenden sollten – paranoide Phantasie und Realitätsverweigerung –, wurde die Verschwörungstheorie der Protokolle mit immer
neuen Verschwörungstheorien bekräftigt.
  Widerlegungen nutzten von Anfang an nichts, ja sie trugen zum öffentlichen Erfolg der Fälschung bei, durch Publizität und die Bekräftigung der
Vermutung, «irgend etwas müsse an der Geschichte ja wohl dran sein».
Das zeigte sich erstmals anläßlich der Verbreitung der Protokolle in Großbritannien. Im Juli 1920 waren sie von der konservativen Zeitung *Morning
Post* publiziert worden, eine Buchausgabe folgte noch im gleichen Jahr.[21]
Nachdem auch die seriöse *Times* sich des Falles angenommen und eine
Untersuchung der Herkunft der Protokolle verlangt hatte, fiel ihrem Istan-

buler Korrespondenten Gravis ein Exemplar der Vorlage, des Buches von
Joly aus dem Jahr 1864, in die Hand, und Gravis schrieb im August 1921
eine Artikelserie, in der die Protokolle als Fälschung entlarvt wurden.[22]

Zu diesem Zeitpunkt waren bereits Hunderttausende Exemplare auf
dem Markt. In den USA stellte der Automobilfabrikant Henry Ford nicht
nur seine Überzeugungen, sondern auch seine finanziellen und publizistischen Möglichkeiten in den Dienst antisemitischer Propaganda und half,
die Protokolle zu verbreiten. Als er sich 1927 – unter öffentlichem Druck –
davon distanzierte, waren sie längst weltweit in vielen Sprachen publiziert.[23]

Zu aufklärerisch hatte Binjamin Segel seiner Studie über die Protokolle
den Untertitel *Eine Erledigung* gegeben. Das gründlich recherchierte Buch
erschien 1924 in Berlin, es hatte freilich schon deshalb wenig Wirkung,
weil es in einem jüdischen Verlag publiziert wurde und von den Antisemiten als eine Art Schadensbegrenzung im jüdischen Interesse betrachtet
wurde. Der Verfasser hatte allerdings ahnungsvoll im Vorwort geschrieben:
«Wir sagten uns, es ist überflüssig, gegen dieses dumme Zeug anzukämpfen, das wird über kurz oder lang unter dem Hohnlachen der ganzen Welt
zusammenbrechen. Wir haben uns getäuscht. Wir haben die Dummheit
und Leichtgläubigkeit der Welt sehr erheblich unterschätzt. Mit diesen
Protokollen hat gleichsam die Geschichte das Experiment gemacht, was
man alles in einem aufgeklärten Zeitalter den Massen zumuten darf, die
sich rühmen, die Vertreter von ‹Bildung und Besitz› zu sein.»[24]

1933 wollte es ein Schweizer Gericht, auf Antrag der israelitischen Kul-
tusgemeinde Bern und des schweizerischen israelitischen Gemeindebun-
des, genau wissen. Juristische Grundlage war ein Gesetz des Kantons Bern
gegen Schundliteratur, und Anlaß der Klage war eine Kundgebung
Schweizer Nationalsozialisten am 13. Juni 1933, bei der antisemitisches
Propagandamaterial verkauft worden war, darunter die *Protokolle* in der
Ausgabe von Theodor Fritsch.

Der Prozeß begann im November 1933 in Bern. Angeklagt waren Mitglieder der Schweizer Nationalen Front und des Bundes nationalsoziali-
stischer Eidgenossen. Im Mittelpunkt standen die Protokolle. Die Kläger
hatten insbesondere auf den volksverhetzenden Kommentar des Heraus-
gebers Fritsch und dessen Schlußfolgerungen abgehoben: «Eines aber ergibt sich als unabweisbare Forderung aus diesen ‹Protokollen›: Das Judentum darf nicht länger unter uns geduldet werden! Es ist eine Ehrenpflicht
der gesitteten Nationen, dieses räudige Geschlecht auszuscheiden, da es
schon durch seine Anwesenheit alles verpestet, die Völker geistig und see-
lisch krank macht, gleichsam die geistige Luft vergiftet, in der wir at-
men.»[25] Die Vertreter der Kläger, Rechtsanwalt Georges Brunschvig und
Professor H. Matti, stellten Antrag auf Prüfung der Echtheit der Protokolle.[26] Sachverständige wurden beauftragt, Zeugen geladen, Expertisen an-
gefertigt, Beweise erhoben. Das nationalsozialistische Deutschland steuerte

zur Unterstützung der Angeklagten als Experten den Oberstleutnant a. D. Ulrich Fleischhauer bei, der «in dankbarer Erinnerung den verstorbenen Vorkämpfern Theodor Fritsch und Dietrich Eckhart» ein ebenso umfangreiches wie neue Fälschungen und Verdrehungen enthaltendes «Sachverständigengutachten» vorlegte. Fleischhauer war ein Funktionär des offiziösen antisemitischen «Welt-Dienstes» in Erfurt und konnte daher zur Wahrheitsfindung nichts beitragen.[27]

Unvoreingenommene Gutachter und zeitgenössische Zeugen wie der französische Graf Alexandre du Chayla, der zwölf Jahre in Rußland gelebt und Sergej Nilus gekannt hatte, trugen zur Überlieferungs- und Entstehungsgeschichte die Fakten bei, die bis heute unsere Kenntnis der Geschichte der *Protokolle* im wesentlichen bestimmen. Das Gericht kam in erster Instanz 1935 zu dem Ergebnis, daß die *Protokolle* als Fälschung dem Genre der «Schundliteratur» zuzurechnen seien, verurteilte die angeklagten Schweizer Nationalsozialisten zu einer Geldstrafe, und die Vernunft hatte gesiegt.

Freilich nicht auf Dauer, denn 1937 hob das Berner Obergericht das Urteil teilweise wieder auf, weil die Berufungsinstanz zum Schluß gekommen war, der Schuldvorwurf sei nicht aufrechtzuerhalten, weil die Komponente der «Unzucht» fehle, um die Protokolle als Schundliteratur zu klassifizieren. Die Antisemiten feierten diese formaljuristische Erkenntnis als Sieg, an der Frage der Echtheit waren sie ja ohnedies nie interessiert gewesen.

Der Siegeszug der Protokolle war längst nicht mehr aufzuhalten, und er vollzog sich auch ideologieübergreifend. Das Konstrukt der jüdischen Weltverschwörung diente schließlich sogar in der Sowjetunion als Propagandavorwurf,[28] es taugt der arabisch-islamischen Welt als Waffe gegen Israel, die Protokolle werden in Japan gelesen: Sie befriedigen offenbar zeitlose Bedürfnisse nach Welterklärung jenseits von Aufklärung und Vernunft.

Arnold Zweig hat die *Protokolle der Weisen von Zion* das «Kernstück der völkischen Verfolgungspsychose» genannt.[29] Die Rezeption auf der Rechten mit den sich selbst bestätigenden Vermutungen und der jeden Fälschungsvorwurf einbeziehenden Gewißheit einer quasi höheren Echtheit des Textes bestätigt den Befund paranoider und psychotischer antisemitischer Demagogie und Selbsteinschätzung. «Was viele Juden unbewußt tun mögen, ist hier bewußt klar gelegt», schreibt der Verfasser von *Mein Kampf* und preist die Protokolle als das Beweisstück schlechthin für die konstitutionelle Schlechtigkeit der Juden und ihr Streben nach Weltherrschaft: Mit «geradezu grauenerregender Sicherheit» sei das Wesen und die Tätigkeit des Judenvolkes aufgedeckt, meint Hitler, der in demagogischer Umkehr der Realität den immer wieder erbrachten Nachweis der Fälschung als Beweis für die tatsächliche Authentizität des Dokuments konstatiert.[30]

Das geheimnisvolle Dunkel der Entstehung der *Protokolle* hat über den rationalen Forscherdrang der Historiker und Sozialwissenschaftler hinaus Autoren animiert. Danilo Kiš, serbisch-jüdischer Schriftsteller, läßt im *Buch der Könige und Narren* Sergej Nilus als frommen und verehrungswürdigen Eremiten auftreten[31], und Umberto Eco schildert im *Foucaultschen Pendel* Nilus und die Motive seiner Hintermänner: «Nilus war ein wandernder Mönch, der in talarähnlichen Gewändern durch die Wälder zog, ausgerüstet mit einem langen Prophetenbart, zwei Frauen, einer kleinen Tochter und einer Assistentin oder Geliebten oder was auch immer, die alle an seinen Lippen hingen. Halb Guru, einer von denen, die dann mit der Kasse durchbrennen, halb Eremit, einer von denen, die andauernd schreien, das Ende sei nah. Und tatsächlich war seine fixe Idee die Verschwörung des Antichrist. Der Plan seiner Förderer war, ihn zum Popen ordinieren zu lassen, auf daß er dann durch Heirat (eine Frau mehr, eine weniger) mit Elena Alexandrowna Oserowa, einer Hofdame der Zarin, zum Beichtiger des Herrscherpaars würde.»[32]

Eco hat sich darüber hinaus erkenntnistheoretisch und literaturwissenschaftlich mit dem Phänomen der *Protokolle* auseinandergesetzt. In seinen Vorlesungen an der Universität Harvard über Erzähltheorie betrachtet Eco die literarischen Wurzeln der Fälschung (wobei er im wesentlichen dem Standardwerk von Norman Cohn folgt); die Entdeckung der Verwendung zweier trivialliterarischer Produktionen reklamiert er dabei für sich, nämlich das Buch des Abbé Barruel und den Romanautor Eugène Sue, dessen Genre jesuitische Weltverschwörungen waren und dessen *Die Geheimnisse des Volkes* wiederum in Jolys Satire plagiiert worden sind.[33]

Wichtiger als die tatsächliche oder vermeintliche Entdeckung weiterer Bausteine des Falsifikats ist allerdings Ecos Frage: «Wie begegnen wir solchen Einbrüchen des Romans ins Leben, nachdem wir gesehen haben, welche historische Tragweite das Phänomen haben kann?»[34] Es gibt natürlich keine Antwort darauf, allenfalls die Mahnung zu aufklärerischer Wachsamkeit, wenn bösartige Mythen in den Köpfen von Fanatikern zur Realität werden, wenn Versatzstücke des Schundromans zu Elementen politischer Indoktrination werden und schließlich zum Bestandteil von Welterklärungsmodellen, die wirksam sind, nicht trotz, sondern wegen ihrer Abstrusität.

[handschriftliche Notiz:] leider nirgendwo ein Vergleich Fakten - Behauptungen der „Protokolle"

Die Idee von einem anderen Deutschland. Das Attentat auf Hitler am 20. Juli 1944

Hans-Ulrich Thamer

Noch in der Nacht des 20. Juli 1944 wandte sich Adolf Hitler über den Großdeutschen Rundfunk an das deutsche Volk: «Eine ganz kleine Clique ehrgeiziger, gewissenloser und zugleich verbrecherischer, dummer Offiziere hat ein Komplott geschmiedet, um mich zu beseitigen und zugleich mit mir den Stab praktisch der deutschen Wehrmachtsführung auszurotten.»

Der Diktator wollte mit seiner Ansprache beweisen, daß er das Attentat überlebt hatte und daß sein Regime unerschütterlich sei. Mehr noch, er deutete sein Überleben als Zeichen der Vorsehung und als Verpflichtung, sein Lebensziel weiterzuverfolgen. Das Attentat, von den Verschwörern als Beginn eines Umsturzversuches geplant, festigte vorübergehend noch einmal die Führerdiktatur. Der Chef der Sicherheitspolizei und des SD, SS-Obergruppenführer Kaltenbrunner, meldete in einem ersten Lagebericht am Tag danach, «daß die Meldung von dem Attentat im gesamten Volk schockartig stärkste Bestürzung, Erschütterung, tiefe Empörung und Wut ausgelöst habe ... Überall werden die Folgen, die sich ergeben haben würden, wenn der Anschlag gelungen wäre, als unausdenkbar bezeichnet. Die Volksgenossen stellten z. T. düstere Betrachtungen darüber an, welches unausdenkbare Unheil über unser Volk gekommen wäre. Der Tod des Führers würde nach der Meinung vieler Volksgenossen in der jetzigen Situation den Verlust des Reiches bedeutet haben».[1]

Wie schon so oft in der Geschichte seiner Herrschaft nutzte Hitler noch einmal eine Krisensituation, um nicht nur wie ein Bandenchef Rache zu üben, sondern um zugleich den totalen Machtanspruch des Nationalsozialismus auszudehnen und die letzten Bastionen möglicher Opposition zu zerstören.

Bereits am Ende seiner Rundfunkansprache hatte er gedroht: «Diesmal wird nun so abgerechnet, wie wir das als Nationalsozialisten gewohnt sind.» Joseph Goebbels, der sich nun als «Kandidat für die innere Kriegsdiktatur» betrachten durfte, tat es seinem Führer gleich und drohte mit einem Strafgericht, «das geschichtliche Ausmaße haben» müsse.[2] Zugleich erinnerte er daran, «daß sowohl die verschiedenen Strasser- und Stennes-Krisen als auch der Röhm-Putsch am Ende zu einer ungeheuren Stärkung des nationalsozialistischen Regimes geführt haben. Das wird auch hier der Fall sein».

Mit ihrer großangelegten Verfolgungsaktion, intern als Aktion «Gitter», dann in der zweiten Phase als «Gewitter» bezeichnet, versuchte die Gestapo, eine anti-nationalsozialistische Gegenelite zu beseitigen. Etwa 5000 vermutete Regimegegner, zunächst aus dem Umfeld der Verschwörung des 20. Juli, bald darauf aus den Reihen der Weimarer Parteien und Verbände, wurden verhaftet. Durch Beschwörung des Führer-Mythos, verbunden mit brutalem politischen Terror, hatte das Regime seine Macht noch einmal stabilisieren können. Damit war jeder weitere Ansatz einer militärischen und zivilen Opposition ausgeschaltet und auch der letzte Versuch gescheitert, den weiteren Gang der Ereignisse zu beeinflussen, um vielleicht doch noch eine bedingungslose Kapitulation der Wehrmacht und des Deutschen Reiches zu vermeiden.

Was bedeutete also der mißlungene Anschlag, den Claus Graf Schenk von Stauffenberg am 20. Juli 1944 auf Hitler verübt hatte? Nur einen weiteren Schritt auf dem Weg in die unaufhaltsame Katastrophe? Einen weiteren Beleg dafür, daß jeder Widerstand gegen die totalitäre Diktatur sinnlos war? War der Anschlag, wie man in der Nachkriegszeit lange an deutschen Stammtischen hören konnte, letztlich dilettantisch vorbereitet und stellte nur den Versuch einiger verräterischer Offiziere dar, kurz vor der sich bereits deutlich abzeichnenden Kapitulation die eigene Haut zu retten, während der einfache Soldat bis zum bitteren Ende seine Pflicht erfüllt habe? Oder war es der verzweifelte Versuch, doch noch den entscheidenden Schlag zu wagen und damit vor der Geschichte die Existenz eines «anderen Deutschlands» zu beweisen? Ein spontaner Aufstand des Gewissens, der dem deutschen Volk eine moralische Entlastung bringen sollte, oder die gut vorbereitete Aktion einer Bewegung, die die Interessen der verschiedenen Widerstandsgruppen vereint und auf eine Ermordung des «Führers» gerichtet hatte?

Seit den späten fünfziger Jahren, als der deutsche Widerstand gegen Hitler mehr und mehr mit der Verschwörung des 20. Juli 1944 identifiziert wurde, nahm das Attentat trotz seines Scheiterns einen zentralen Platz in der Geschichtspolitik der Bundesrepublik Deutschland ein. Der Verdrängung und Verächtlichmachung in der privaten Erinnerung stand eine Heroisierung in der öffentlichen Geschichtserinnerung gegenüber. Das Attentat von 1944 als ein Aufstand des Gewissens diente der Identifikation und wurde so zu einem Gründungsmythos der Bundesrepublik, während in der DDR der antifaschistische Widerstand der kommunistischen Arbeiterbewegung zur Rechtfertigung der SED-Herrschaft genutzt wurde. Aber auch in der DDR suchte man unter dem Eindruck der zentralen Rolle, die die Tat Stauffenbergs und die Erinnerung an den 20. Juli in der westdeutschen Geschichtserinnerung spielten, schließlich zu einer Würdigung Stauffenbergs zu kommen. Die Verschwörung des 20. Juli war somit in der Nachkriegszeit besonders eng mit der Erinnerung und den damals gültigen geschichtspolitischen Vorstellungen verbunden.

Die Debatte um den 20. Juli und den deutschen Widerstand gegen den Nationalsozialismus erhielt neue Akzente, als die Zeitgeschichtsforschung in der Bundesrepublik in den sechziger Jahren zunehmend feststellte, daß die Aussagen und Zielvorstellungen der Bewegung des 20. Juli und anderer Regimegegner nicht immer den parlamentarisch-demokratischen Prinzipien des Grundgesetzes entsprachen, sondern vielmehr mitunter einen vorkonstitutionellen Geist atmeten und von einem so deutlichen Vorbehalt gegen einen demokratischen Parteienstaat bestimmt waren, daß nicht wenige der Aktivisten, bevor sie sich zum Widerstand bekannten, in die Politik und den ideologischen Dunstkreis des NS-Regimes teilweise verstrickt waren. Aber sind das nicht Maßstäbe unserer Zeit, die der Wahrnehmung und dem Werdegang eines Regimegegners, zumal mit konservativem Denk- und Lebenshintergrund, nur bedingt gerecht werden? Will man die Erfahrungen und Einsichten, das Denken und Handeln der Widerstandsbewegung des 20. Juli 1944 begreifen und dies auch denjenigen verständlich machen, die in einer ganz anderen, nämlich freiheitlich-demokratischen politischen Kultur aufgewachsen sind, dann ist nicht Glorifizierung, sondern Historisierung des Widerstandes angesagt. Dann müssen die politischen Horizonte und Wahrnehmungen der einzelnen Widerstandsgruppen, die Bedingungen und Formen ihres Handelns, ihre Zukunftsvorstellungen im Zusammenhang mit der deutschen Politik und Kultur ihrer Zeit erkennbar werden, um vor diesem Hintergrund ihre Motive, ihren politischen Neuordnungswillen und auch ihren persönlichen Mut würdigen zu können.

Die Männer des 20. Juli 1944 wurden nicht als Widerständler geboren, und der Weg, den mancher von ihnen von einer Führungsposition in Staat und Verwaltung, in Militär und Diplomatie des Dritten Reiches zum aktiven Widerstand gegen das nationalsozialistische Regime und damit auch zu einem Bündnis mit Angehörigen einst entgegengesetzter politischer Lager zurücklegen mußte, war weit und erforderte den Abschied von mancher Einstellung, die sich vor dem Hintergrund der totalitären Herausforderung durch den Nationalsozialismus als Vorurteil oder Illusion herausstellte. Die Herausbildung des Widerstandes vom 20. Juli war darum von einem doppelten Prozeß bestimmt: Er war abhängig von der schrittweisen Expansion und Radikalisierung des Herrschaftsanspruches des NS-Regimes und setzte einen intellektuellen und politisch-moralischen Lernprozeß bei den Trägern des Widerstandes voraus. Die Kraft dazu und zur Integration unterschiedlicher Gruppen und Ziele hatten nur wenige der traditionellen Macht- und Funktionsträger.

Man hat die Bewegung des 20. Juli oder zumindest zentrale Gruppen davon in der neueren Forschung immer wieder als national-konservativen Widerstand oder als Widerstand der Honoratioren bezeichnet. Dies ist sicherlich zutreffend, wenn man sich Rekrutierung und auch Selbstverständnis dieser Gruppen vergegenwärtigt. Es waren in der Regel Angehö-

rige der oberen Mittel- und der Oberschicht, und es handelte sich fast
ausschließlich um Personen, «die im weitesten Sinne zur Gruppe der
Staatsdiener zu rechnen waren und hohe Positionen in der öffentlichen
und kommunalen Verwaltung, im Justizbereich und nicht zuletzt im di-
plomatischen Dienst ausfüllten oder ausgefüllt hatten».[3] Eine große Gruppe innerhalb der Staatsdiener bildeten die Offiziere; aber auch ehemalige
Gewerkschafts- und Verbandsfunktionäre wie Leuschner, Kaiser oder Ha-
bermann hatten in der Weimarer Republik über ähnliche Positionen und
Erfahrungen, aber auch über ein starkes politisches und soziales Verantwortungsbewußtsein verfügt.

Die Tatsache, daß sich im militärischen und zivilen Widerstand, der in
der Bewegung des 20. Juli mündete, viele Vertreter der Aristokratie oder
ihnen nahestehende Angehörige ehemaliger Funktionseliten befanden, hat
viele Gründe und Konsequenzen. Die Widerständler entstammten jenen
sozialen Gruppen, die vom nationalsozialistischen Gleichschaltungsdruck
noch nicht erfaßt waren oder sich in eine Nische hatten retten können;
sie hatten sich ihre soziale Autonomie bewahrt, teilweise freilich unter dem
hohen Preis der Anpassung. Sie waren außerdem Teil eines vorpolitischen
Netzwerks, in dem Herkunft, Verwandtschaft, Konvention und Korpsgeist
ein hohes Gefühl der Zusammengehörigkeit vermittelten, das wichtiger
und verläßlicher war als eine konspirative Organisation, wie sie von der
KPD aufrechterhalten wurde. Denn diese war ungleich leichter zu unter-
wandern als das Old-Boys-Network der Aristokratie und der ihr durch
Beruf und Bildung nahestehenden Honoratioren. Schließlich waren es die
Verbindungen, Kontakte und auch Machtpositionen dieser Gruppen innerhalb des NS-Regimes, die allein die Chance eröffneten, das Regime
von innen heraus umzustürzen, nachdem alle anderen Formen der Opposition gescheitert waren.

Daß außerdem überkommene Wert- und Denkmuster der höheren sozialen Schichten die politische Zielsetzung und Programmdiskussion innerhalb der Widerstandsgruppen prägten, ist nicht verwunderlich und läßt
auch die Schwierigkeiten erkennen, die bei einer Verständigung mit anderen
Gruppen und bei dem Versuch einer Zukunftsplanung entstanden. Auf der
einen Seite war die Existenz eines eigenen politischen und sozialen Wert-
gefüges und eines eigenständigen Nationalbewußtseins, das sich nicht vom
Nationalsozialismus hatte korrumpieren und verbiegen lassen, Voraussetzung dafür, daß sich angesichts der weitgehenden Zerstörung von Politik
und Moral überhaupt noch eine Alternative zum Nationalsozialismus denken ließ. Zum Widerstand fähig waren nur solche Gruppen, die über die
Kraft zum abweichenden Denken und über eine Idee von einem anderen
Deutschland verfügten und zugleich auch die Möglichkeiten hatten, sich
im Schatten des Systems zu treffen und miteinander zu diskutieren.

Diese soziale Rekrutierung und die besondere Lebenswelt der Mehrheit der Mitglieder der Verschwörung hatten umgekehrt auch ihren Preis.

Die Tatsache, daß es sich um einen Widerstand ohne Volk handelte, wurde von den Männern des 20. Juli zunehmend als Gefährdung ihrer Umsturz- und Neuordnungspläne verstanden. Die Tatsache, daß Repräsentanten des parlamentarischen Systems, vor allem der liberalen Mitte aus der Weimarer Republik, fast vollständig fehlten, hatte Konsequenzen für die Politikvorstellungen und auch für die Verfassungs- und Gesellschaftskonzeptionen, die innerhalb der verschiedenen Zirkel diskutiert wurden. In ihren Reihen gab es keine erfahrenen Parlamentarier, die einen Sinn für die Dynamik des Politischen, für die Notwendigkeit politischer Pluralität und für Kompromisse mitgebracht hätten. Die Männer des 20. Juli mußten sich erst noch freimachen von statischen und bürokratischen Politikvorstellungen und von dem Gedanken, eine Art Revolution von oben zu planen. Niemand wollte zurück zu dem Parteienstaat der Weimarer Verfassung, den alle als gescheitert erlebt hatten. Der Nationalsozialismus galt für die meisten gerade als Beleg für einen zerstörerischen Sieg der Massendemokratie und für die Gefährdungen, die einer nivellierten Massengesellschaft inhärent seien. Daß nach einem erfolgreichen Putsch aber nicht eine Militärdiktatur stehen könne und dürfe, davon waren umgekehrt alle überzeugt, Zivilisten wie Militärs. Auch im militärischen Widerstand galt der Primat der Politik. Die Neuordnungspläne, die intensiv diskutiert wurden, zielten in der Regel auf Verfassungsmodelle, die einer starken Exekutive und Verwaltung ein deutliches Übergewicht gaben und in denen politische Mitsprache nur in Form berufsständischer Vertretungsorgane oder eines indirekten Wahlsystems vorgesehen waren; sie schienen allesamt geeignet, der Gefahr eines erneuten Machtmißbrauchs und totalitärer Verführung entgegenzuwirken. Die besondere Sympathie galt darum dem Konzept kleiner überschaubarer Einheiten, die einen föderalistischen Staatsaufbau von unten nach oben garantieren sollten oder einer ausgeprägten kommunalen Selbstverwaltung, die als Gegengewicht gegen eine autoritäre Staatsspitze die Bürgerfreiheit sichern sollte.

Wichtiger als die vielen Differenzen über eine politische und wirtschaftliche Neuordnung war der gemeinsame Wille, Recht und Moral wiederherzustellen und damit auch das Politische zu retten, was neben der Achtung des Rechts die Fähigkeit zur Vielfalt und zum Kompromiß bedeutete. Diese Grundüberzeugung erlaubte eine zunehmende Kooperation zwischen politisch-sozialen Gruppen, die in ihren Anschauungen vorher weit voneinander getrennt waren. Denn es waren mindestens drei Gruppierungen, die sich während des Krieges in ihrem Widerstandswillen trafen und einsahen, daß sie aufeinander angewiesen waren: die Gruppe national-konservativer Honoratioren um Beck und Goerdeler, die schon sehr früh die Bedrohung des deutschen Nationalstaates und der Rechtsordnung durch die nationalsozialistische Kriegs- und Vernichtungspolitik erkannte. Der Kreisauer Kreis, der in seiner heterogenen Zusammensetzung aus jüngeren preußischen Adligen, katholischen und protestantischen

Geistlichen und Dozenten, katholischen und sozialdemokratischen Gewerkschaftsführern bzw. Politikern, hohen Beamten und Diplomaten eine Vorreiterrolle beim politisch-sozialen Brückenschlag wie bei der Diskussion der Neuordnungspläne übernahm. Schließlich die dritte Gruppe, jüngere Offiziere wie Stauffenberg, Tresckow oder Olbricht, die auf rasches Handeln drängten und die ihre Kraft auf die vordringlichsten Ziele konzentrierten: die Beseitigung des Hitler-Regimes, die Beendigung des Krieges und die Wiederherstellung von Recht und Freiheit.

Es war gerade Stauffenberg, der nicht nur die Methoden konservativen Widerstands entscheidend weitergetrieben und mit fast revolutionärer Entschlossenheit den Hochverrat geplant hatte. Er hatte ebenso das breite Bündnis unterschiedlicher politischer Kräfte gesucht, vor allem die Verbindung zur politischen Linken. Die enge Zusammenarbeit zwischen dem Sozialdemokraten Leber und dem adligen Offizier, die für andere nicht so selbstverständlich war, stellte einen solchen Brückenschlag dar und war für die Entwicklung der Umsturzplanungen überaus wichtig. Auf der anderen Seite beruhte die Annäherung ehemaliger sozialdemokratischer Funktionäre wie Haubach, Reichwein, Leuschner, Mierendorff und besonders Leber an die bürgerlich-aristokratischen Widerstandsgruppen auf der Einsicht, daß der Nationalsozialismus an seinen offenkundigen inneren Widersprüchen nicht zerbrechen würde und auch mit den Mitteln eines Arbeiterwiderstands kaum zu erschüttern sei.

Die gemeinsame Sorge um Recht und Moral machte es auch möglich, daß sich – auch unter dem Eindruck der militärisch-politischen Entwicklung – schließlich die Schnittmenge an Gemeinsamkeiten und Annäherungen vergrößerte und sich umgekehrt Vorstellungen abbauten, die noch Jahre zuvor zum festen politisch-ideologischen Haushalt gerade der hochkonservativen Gruppen gehört hatten. Das galt innen- und sozialpolitisch für die wachsende Akzeptanz von Gewerkschaften, das galt aber in noch auffälligerer Weise für die Abkehr vom Nationalstaat und die Orientierung an europäisch-föderalistischen Konzepten. Diese Lernfähigkeit zeigt auch, wie fragwürdig die Ordnungsbegriffe werden konnten, die wir zur politisch-ideologischen Einordnung der Verschwörergruppen benutzen und die ihrer Veränderungsbereitschaft in einer stürmischen Entwicklung nicht ganz gerecht werden.

Attentat und Staatsstreich vom 20. Juli waren keine Einzelaktion unter dem Eindruck der bevorstehenden militärischen Niederlage, sondern End- und Höhepunkt einer seit 1943 andauernden Folge von Attentatsvorbereitungen und Putschplänen, die alle scheiterten, sei es durch technisches Versagen, sei es durch Zufälle oder durch Hitlers instinktive Vorsicht, die ihn plötzlich einen Besuch abbrechen oder eine geplante Reise verschieben ließ. Auch die Versuche, einen prominenten Frontgeneral zum Abfall von Hitler zu bewegen, schlugen fehl. «Preußische Feldmarschalle meutern nicht», hatte der Generalfeldmarschall Erich von Manstein, Oberbefehlshaber der Heeresgruppe Süd, noch im Sommer 1943 abweisend erklärt.

Nachdem die Suche nach zuverlässigen Truppen, die für einen Umsturzversuch hätten herangezogen werden können, ergebnislos verlaufen war, hatten sich alle Überlegungen und Planungen nun auf die militärische Zentrale in Berlin und das Ersatzheer in Deutschland konzentriert. Die Möglichkeit, auf das Ersatzheer zurückzugreifen, hatte sich seit dem Jahreswechsel 1941/42 abgezeichnet, als es zu intensiven Kontakten zwischen der ersten «Generation» der Militäropposition um Generaloberst a. D. Beck, Generalstabschef Halder und Generalmajor Oster einerseits und Generalleutnant Friedrich Olbricht, dem neuen Chef des Allgemeinen Heeresamtes unter dem Befehlshaber des Ersatzheeres, andererseits gekommen war. Während die Bereitschaft Halders zu einem Putsch mittlerweile erheblich gesunken war, rückte Olbricht nun in die Rolle eines «Stabschefs» der Militäropposition. Nach der Katastrophe von Stalingrad bemühten sich die verschiedenen Zirkel des militärischen Widerstandes im Oberkommando des Heeres (OKH), beim Befehlshaber des Ersatzheeres und im Allgemeinen Heeresamt in Berlin, im Stab der Heeresgruppe Mitte an der Ostfront um Oberst i. G. Henning von Tresckow und in den Pariser Kommandostäben des Militärbefehlshabers Frankreich bzw. des Oberbefehlshabers West um eine engere Zusammenarbeit. Sie wurden zum Handeln angetrieben durch Carl Goerdeler, den «Motor» des zivilen, konservativen Widerstandes, der Olbricht in einem Brief vom 17. Mai 1943 ermahnte, daß «das Nahen des psychologisch richtigen Zeitpunktes (für einen Staatsstreich) nicht abgewartet werden (dürfe), er muß herbeigeführt werden».[4] Denn die Verbrechen der Führung seien ungeheuerlich, die auf Befehl umgebrachten Zivilisten überstiegen weit eine Million. Unbegreiflich sei die Geduld des Volkes, man könne sie nur durch Terror und Schutz für Lüge und Verbrechen erklären. Das werde sich sofort ändern, «wenn das Volk sieht, daß dem Terror zu Leibe gerückt, der Korruption Vernichtung angesagt und an Stelle des Geheimnisses und der Lüge Offenheit und Wahrheit gesetzt werden». Den Gedanken Goerdelers freilich, Hitler in einem persönlichen Gespräch zum Rücktritt aufzufordern, hielt Olbricht für völlig illusorisch. Er setzte auf einen Staatsstreich und eine gewaltsame Beseitigung Hitlers, um damit die Mehrheit der Offiziere von ihrer Bindung an den Eid auf Hitler zu befreien.

Die generalstabsmäßige Vorbereitung des Staatsstreiches begann, als Henning von Tresckow, Erster Generalstabsoffizier bei der Heeresgruppe Mitte und schon seit Jahren einer der entschiedensten Gegner Hitlers innerhalb des Heeres, im Juli 1943 für längere Zeit nach Berlin kam, und als der an der Afrikafront schwer verwundete Claus Graf Schenck von Stauffenberg zum Stab im Allgemeinen Heeresamt nach Berlin versetzt wurde. Damit verdichteten sich nicht nur die Fäden zwischen den einzelnen Widerstandsgruppen, es fiel auch die Entscheidung, Planung und

Durchführung des Staatsstreichs durch die Verhängung des Belagerungszustandes abzusichern. Das Regime sollte von innen und gleichsam mit seinen eigenen Waffen geschlagen werden. Denn die Furcht vor inneren Unruhen, durch die erzwungene Anwesenheit von mehr als sieben Millionen Kriegsgefangenen, Fremd- und Zwangsarbeitern in der Kriegswirtschaft noch verstärkt, trieb die braunen Machthaber ständig um und sollte die Willkür ihres Maßnahmestaates rechtfertigen. Der ursprünglich für den Fall von Unruhen und Aufständen erarbeitete Operationsplan «Walküre» bot dem Militär die Chance zu politischem Handeln, wenn nur der Nachweis eines von «parteifremden» Elementen durchgeführten Umsturzversuches erbracht werden konnte. Für diesen Fall sah der überarbeitete Operationsplan die Besetzung von Regierungsgebäuden, Rundfunksendern, Konzentrationslagern und Verkehrsknotenpunkten durch Heereseinheiten sowie die Entwaffnung von SS-Einheiten und Verhaftung von SS-Führern vor. Alles hing davon ab, unter dem Vorwand, innere Unruhen niederschlagen zu müssen, die nationalsozialistischen Machtzentralen zu isolieren, die Rundfunkstationen und Nachrichtenwege zu kontrollieren und sich auch die Befehlsgewalt über die gesamte Wehrmacht zu sichern, um damit die Machtverhältnisse im Reich unter die Kontrolle der Verschwörer zu bringen und zu stabilisieren. Dieser Plan, der zwar einige Risiken in sich trug, aber alles andere als dilettantisch war, konnte nicht nur der Tarnung des Unternehmens dienen und den Kreis der Mitwisser zunächst sehr klein halten, sondern er suchte das Grundmuster militärischen Verhaltens, nämlich Befehl und Gehorsam, für den Zweck eines Umsturzes zu nutzen und konnte sich in der Vorbereitung als Ausdruck verantwortungsvollen Handelns zur Verhinderung einer innerpolitischen Krise rechtfertigen lassen.

Ebenso entscheidend für den Erfolg des Staatsstreichs war die Durchführung des Attentats, das den Zugang zum Diktator und damit zum Führerhauptquartier voraussetzte. Auch das war unter den Bedingungen des Krieges und dem mißtrauischen Sicherheitsbedürfnis Hitlers immer schwieriger geworden und grenzte den Kreis möglicher Attentäter dramatisch ein, bis eigentlich nur noch Stauffenberg als Chef des Stabes beim Befehlshaber des Ersatzheeres übrigblieb. Er hatte Zugang zu den Lagebesprechungen im Führerhauptquartier und galt auch den Sicherheitskräften mittlerweile als vertrauenswürdig, so daß er keine scharfen Sicherheitskontrollen mehr über sich ergehen lassen mußte. Das aber machte Stauffenberg aus doppeltem Grunde zur Schlüsselfigur und zwang ihn, an zwei voneinander getrennten Orten fast gleichzeitig zu agieren: als Attentäter im Führerhauptquartier im ostpreußischen Rastenburg und als strategischer Kopf der Umsturzmaßnahmen im Bendlerblock in Berlin, dem Sitz des Befehlshabers des Ersatzheeres. Denn Stauffenberg hatte zunächst noch als Stabschef beim Chef des Allgemeinen Heeresamtes, wo die Planungen zur Operation «Walküre» unter Befehl des Mitverschwörers General

Friedrich Olbricht ausgearbeitet worden waren, deren Veränderungen und Anpassungen an die Umsturzplanungen selbst vorgenommen; beim Befehlshaber des Ersatzheeres hatte er nun die Möglichkeit des raschen Zugriffs auf die aktiven Heeresverbände im Reichsgebiet; mehr noch, er war vor allem der Motor der Staatsstreichsplanungen. Er hielt nicht nur die organisatorischen Fäden in seinen Händen, sondern brachte auch die notwendige Entschlossenheit zu Aufstand und Attentat mit und ermöglichte damit erst politisches Handeln.

Zwei Dinge waren unter den Verschwörern nicht unumstritten: die Notwendigkeit des Tyrannenmordes und die Einheitlichkeit des politischen Handelns für die Zeit nach der Stunde X. Zwar waren sie sich darin einig, daß ein Umsturz nur auf dem Wege des militärischen Staatsstreichs erfolgen konnte, doch was mit Hitler und seiner Führungsclique passieren sollte, darüber gingen die Meinungen auseinander. Eine bloße Regierungsumbildung schied aus, denn dazu war der Normen- und Verwaltungsstaat schon viel zu sehr von führerunmittelbaren Sondergewalten wie NSDAP und SS zersetzt. Auch hatte die schleichende Auflösung überkommener bürokratischer Herrschaftsausübung alle Institutionen, derer sich ein Umsturz hätte bedienen können, außer Kraft gesetzt. Es gab keine Monarchie oder keinen unabhängigen Staatspräsidenten mehr, es gab auch keinen faschistischen Großrat, wie er 1943 in Italien über Mussolinis Ablösung entschieden hatte. Es gab nur den Diktator, der sich auf einen nach wie vor weitverbreiteten und scheinbar unerschütterlichen Führer-Mythos stützen konnte. Sollte man Hitler verhaften, ihm einen Prozeß machen und alle Verbrechen des Regimes aufdecken? Wenn bisher alle Kritik und Unzufriedenheit an Hitler dank seines Mythos abgeprallt war, warum sollte das im Falle eines Umsturzes und eines Prozesses gegen ihn anders sein, zumal doch die Massen alle Zweifel an ihrem Idol mit dem Satz abtaten: «Wenn das der Führer wüßte!» Nein, es gab nur einen Ausweg, um die integrative Kraft des Hitler-Mythos zu beseitigen: den revolutionären Akt der Verschwörung und der Beseitigung des Staatsoberhauptes.

Aber ein Mord, auch ein Tyrannenmord, stellte gerade die älteren, in der preußischen Tradition des Eides und des Gehorsams aufgewachsenen Offiziere und Staatsdiener vor schwere Gewissensprobleme; ebenso diejenigen, die sich stark von christlichen Werten leiten ließen. Goerdeler gehörte zu den Gegnern des Attentats, auch noch nach dem Entschluß Stauffenbergs, es zu wagen. Neben ethischen Bedenken war es ein politisches Argument, das Goerdeler immer wieder im Kreis der Verschwörer geltend machte: Man müsse eine neue Dolchstoßlegende vermeiden und Hitler vor Gericht stellen, um ihm dort öffentlich seine Verbrechen nachzuweisen. Im Kreisauer Kreis gingen die Meinungen auseinander. Helmuth James Graf von Moltke, auf dessen Gut Kreisau man sich mehrmals getroffen hatte, war anfangs ganz gegen das Attentat und auch gegen einen Umsturz. Das änderte sich im Laufe des Jahres 1943. «Trotz aller Bedenken bleibt uns keine andere Wahl übrig, als Hitler physisch zu eliminieren», erklärte er schließlich im Herbst 1943.[5] Auch Stauffenberg hatte sich erst nach heftigem Zweifeln dafür entschieden, als ihm klargeworden war, daß ein Attentat Vorbedingung für alle anderen Umsturzplanungen war. Ein solcher Entschluß bedeutete für ihn dann auch die Bereitschaft, nicht nur andere zu Attentätern zu machen, sondern gegebenenfalls selbst dazu bereit zu sein. Mit dieser konsequenten politisch-moralischen Argumentation haben Tresckow und Stauffenberg vielen Selbstzweifeln und Skrupeln zumindest soweit ein Ende gemacht, als der Attentatsgedanke nicht länger verworfen wurde, auch wenn viele ihn nach wie vor ablehnten. «Ihr wollt ihn wohl totschlagen», fragte erschrocken Feldmarschall von Manstein die Verschwörer, denen er sich darum nicht anzuschließen vermochte. Die Antwort, die er darauf erhielt, kennzeichnet die politischen Energien der Jüngeren: «Jawohl, Herr Feldmarschall, wie einen tollen Hund.»[6]

Auch das Verhältnis zwischen ziviler und militärischer Gewalt war im Vorfeld des Umsturzes noch nicht endgültig abgeklärt. Niemand wollte eine Militärdiktatur errichten, und die militärischen Gruppen des Widerstandes wollten die zivilen keineswegs ausschalten. Im Gegenteil, man wußte, daß mit dem Umsturz die Politik wieder in ihr Recht gesetzt werden sollte und daß alles darauf ankommen würde, durch die Einbeziehung von erfahrenen und bekannten Persönlichkeiten aus Regierung und Verwaltung bald das Vertrauen des Volkes zu gewinnen. Aber der Umsturzversuch wurde nahezu ohne die Beteiligung der zivilen Verschwörer ausgelöst; sie, die man als Helfer für die politische Konsolidierung nach dem Umsturz brauchte, waren aus Gründen der Geheimhaltung noch nie zusammengetreten, aber in den Stunden des Umsturzversuches auch nicht alarmiert. Auch hier war die Integrationskraft Stauffenbergs gefordert.

Ende September 1943 waren die Planungen abgeschlossen; der Ausbau des Kontaktnetzes der Vertrauensleute in den Wehrkreiskommandos wurde noch fortgesetzt, um möglichst in allen 18 Wehrkreisen am Tage X eingeweihte Vertrauensleute zu haben, denen man die Durchführung der «Walküre»-Befehle aus der Berliner Zentrale zutrauen konnte. Andererseits war die militärische und politische Lage Deutschlands immer hoffnungsloser geworden. Auf der Konferenz von Casablanca im Januar 1943 hatten sich die Alliierten auf ihr Kriegsziel festgelegt: die bedingungslose Kapitulation der Achsen-Mächte. Auch eine «Nach-Hitler-Regierung», das ergaben politische Sondierungen, würde keine anderen Bedingungen erhalten. Im Oktober 1943 war Feldmarschall von Kluge durch einen schweren Autounfall ausgefallen. Damit verlor der Widerstand nicht nur einen der wenigen Heeresgruppenkommandeure, der angesichts der verzweifelten militärischen Lage für eine rasche Beendigung des Krieges plädierte und auch ein Attentat auf Hitler nicht völlig ausschließen wollte; Tresckow verlor damit überdies einen Vorgesetzten, der ihm genügend Handlungsspielraum eröffnet hatte.

Die Lage wurde noch verzweifelter. Im Januar 1944 wurde Graf von Moltke verhaftet; damit war der Kreisauer Kreis gesprengt. Im Februar wurde Abwehrchef Canaris ausgeschaltet und damit ein weiteres Gegengewicht gegen den SS-Apparat zerstört. Seit dem Frühjahr 1944 mußten die Verschwörer täglich mit der Aufdeckung des Komplotts rechnen. Schließlich hatte Himmler Canaris gegenüber geäußert, er wisse, daß in Wehrmachtskreisen eine Revolte geplant sei. Als die Gestapo Ende Juni noch Leber und Reichwein verhaftete, nachdem diese Kontakte mit der von der Gestapo unterwanderten kommunistischen Widerstandsgruppe um Anton Saefkow in Berlin aufgenommen hatten, trieben die Ereignisse zur Entscheidung. Denn mittlerweile hatte am 6. Juni auch die alliierte Invasion in der Normandie begonnen und nicht nur die drohende militärische Katastrophe überdeutlich gemacht, sondern auch die Konfusion und dogmatische Erstarrung in der deutschen Führung, die nur eine Politik des Alles oder Nichts und der sinnlosen Durchhaltebefehle kannte. Damit war auch das letzte Faustpfand entfallen, das die Verschwörer nach ihrer Tat den Alliierten in Waffenstillstandsverhandlungen hätten bieten können.

Doch nicht nur solche Zweifel tauchten immer wieder auf, auch innerhalb der Opposition waren die Meinungsverschiedenheiten und Spannungen im Frühjahr 1944 immer weiter gewachsen. Sie kamen nur deshalb nicht zum Ausbruch, weil die außenpolitische Lage immer bedrohlicher wurde. Nicht nur bizarre Unternehmungen, wie der Versuch von Johannes Popitz, ausgerechnet Heinrich Himmler gegen Hitler ausspielen zu wollen und damit eine Palastrevolte anzuzetteln, offenbarten, wie sehr sich die konservativen Gegner eines Attentatsversuches in ihren illusionären Glauben, noch über Einflußmöglichkeiten zu verfügen, verrannt hatten. Einen eklatanten Mangel an «politischem Instinkt» hielt schon Gerhard Ritter Popitz vor. Popitz wurde nun auf Betreiben von Stauffenberg ganz an den Rand gedrängt. Der Kreis sei «sehr gesprengt», schrieb Ulrich von Hassell Ende Februar. «Es geht alles zum Teufel.»[7]

Auch zwischen Goerdeler und Stauffenberg kam es zu erneuten Meinungsverschiedenheiten, die nicht nur einen Gegensatz der Generationen und Temperamente spiegelten, sondern auch die unterschiedlichen Erfahrungen des «geschulten und in allen Weltverhältnissen beheimateten Verwaltungsmannes auf der einen und de(s) ungeduldigen und wohl gedanklich noch unfertigen Praktiker(s) auf der anderen Seite».[8] Die Kontroversen über die Formen und Chancen des Staatsstreiches waren nicht zuletzt Ausdruck eines gewissen Führungskampfes. Was die politische Lage betraf, so stellte sich die Frage, ob man in seinen Überlegungen von einer unvermeidbaren bedingungslosen Kapitulation ausgehen sollte, wie dies Leber ganz nüchtern tat, oder ob es selbst noch im Sommer Chancen auf einen Verhandlungsfrieden gab. An diese Hoffnung klammerte sich Goerdeler, aber auch Stauffenberg. Dennoch suchte und fand Stauffenberg, der

sich immer mehr seiner Schlüsselrolle bewußt wurde, eine immer engere
Verbindung zu Leuschner und Leber, den er für den besseren Kandidaten
für den Posten eines Reichskanzlers nach dem geglückten Umsturz hielt
als Goerdeler. Damit stieß er den älteren Goerdeler vor den Kopf. Der
klagte wiederholt: «Man sucht mich auszuschalten. Man unterrichtet mich
nicht mehr.»[9]

In dieser Situation ließ Stauffenberg bei Tresckow anfragen, ob angesichts der militärischen Lage das Attentat überhaupt noch einen Sinn habe.
Die Antwort Tresckows offenbarte den innersten Antrieb der Verschwörer:
«Das Attentat muß erfolgen, coûte que coûte. Sollte es nicht gelingen, so
muß trotzdem in Berlin gehandelt werden. Denn es kommt nicht mehr
auf den praktischen Zweck an, sondern darauf, daß die deutsche Widerstandsbewegung vor der Welt und vor der Geschichte den entscheidenden
Wurf gewagt hat. Alles andere ist daneben gleichgültig.»[10]

Mit der Beförderung und Versetzung Stauffenbergs zum Befehlshaber
des Ersatzheeres, dessen Chef des Stabes er zum 1. Juli 1944 wurde, ergab
sich eine neue und vermutlich letzte Möglichkeit zum Handeln. Denn
Stauffenberg bekam nun die Chance zum gelegentlichen Zugang zu Hitlers Lagebesprechungen auf dem Obersalzberg oder im Führerhauptquartier in Rastenburg. Zudem konnte er als Stabschef von General Fromm
an dessen Stelle die «Walküre»-Befehle auslösen. Damit entstand aber zugleich eine äußerst riskante Situation: Stauffenberg, der als Haupt der
Verschwörung in Berlin eigentlich unentbehrlich und durch seine schwere
Verwundung für die Ausführung eines Bombenanschlags denkbar unge-
eignet war, konnte als einziger in die Nähe Hitlers gelangen. Er entschloß
sich also, das Attentat eigenhändig auszuführen.

Die ersten Gelegenheiten dazu boten sich Stauffenberg am 6., am 11.
und am 15. Juli, als er bei Hitler über personelle Neuaufstellungen des
Ersatzheeres vortragen sollte. Schon am 6. Juli nahm er den Sprengstoff
mit auf den Obersalzberg. Doch der Mitverschwörer Generalmajor Stieff,
der ihn zünden sollte, vermochte dies nicht. Daraufhin entschloß sich
Stauffenberg, es beim nächsten Mal selbst zu versuchen. Da jedoch Himmler und Göring an diesem Tag nicht bei der Besprechung waren, die
Verschwörer aber möglichst die gesamte Führungsclique eliminieren wollten, unterblieb das Attentat. Am 15. Juli fand Stauffenberg in Rastenburg
keine Gelegenheit, allein in einem separaten Raum die Zündung für den
Sprengstoff einzustellen, so daß der Plan wieder scheiterte. Nur mit Mühe
gelang es dann Olbricht und Mertz von Quirnheim, dem Nachfolger
Stauffenbergs als Stabschef im Heeresamt, die bereits befohlene «Walküre»-
Alarmierung der Truppen als gewöhnliche Übung hinzustellen. Beim
nächsten Mal wollte man auf das Fehlen von Göring oder Himmler bei
den Lagebesprechungen keine Rücksicht mehr nehmen, denn die Zeit
drängte. Die Verschwörer erfuhren zudem, daß ein Haftbefehl gegen Goerdeler angeblich unmittelbar bevorstehe. Außerdem war am 17. Juli der

Oberbefehlshaber des Feldheeres in Frankreich, Generalfeldmarschall Er-
win Rommel, auf den die Verschwörer hofften setzen zu können, bei
einem Luftangriff schwer verwundet worden, womit eine wichtige Figur
für die eventuellen späteren Waffenstillstandsverhandlungen und für die
Konsolidierung der Armee ausgefallen war.

Stauffenberg war nun zu einem letzten Versuch entschlossen. In einem
Gespräch mit Beck gab er sein Wort, «daß er das nächste Mal, sei es, wie
es wolle, handeln werde».[11] Diesmal sollte freilich die Operation «Walküre»
erst nach der Meldung über das erfolgreiche Attentat anlaufen. Mit dem
Gelingen scheinen aber nicht alle Beteiligten wirklich gerechnet zu haben.
Generalquartiermeister Wagner, der Stauffenberg eine Sondermaschine für
den Rückflug von Rastenburg nach Berlin bereitstellte, fragte jedenfalls
einen Untergebenen mit entwaffnender Naivität: «Was machen wir nun,
wenn heute das Attentat passiert?»[12] Hatten die verschiedenen Fehlschläge
den Verschwörern schon die Entschlossenheit und Zuversicht genommen?
Für Stauffenberg gilt das sicher nicht, aber der Verlauf des 20. Juli sollte
zeigen, daß die Verschwörung eigentlich schon ihren Gipfelpunkt an Entschlossenheit überschritten hatte.

Für den 20. Juli 1944 war Stauffenberg wiederum zur Lagebesprechung
befohlen. Gegen zehn Uhr eines heißen Sommertages traf er zusammen
mit seinem Adjutanten Werner v. Haeften und Generalmajor v. Stieff auf
dem Flugplatz bei Rastenburg ein und gelangte schnell durch die Sperrkreise zum Kasino. Er selbst trug die Aktentasche mit den Vortragsunter-
lagen, während Haeften die zweite Tasche mit dem Sprengstoff übernahm.
Kurz vor der Lagebesprechung, die auf 11 Uhr angesetzt war, wollte man
die Aktentaschen auf dem Wege zum Führerhauptquartier austauschen. Im
OKW-Bunker (Oberkommando der Wehrmacht) erfuhr er, daß die Lagebesprechung vorverlegt sei, da am Nachmittag Mussolini zu einem Besuch
eintreffen werde. Stauffenberg bat darum, in einem separaten Raum sich
frisch machen und das Hemd wechseln zu können. Als er in dem ihm
zugewiesenen Aufenthaltsraum gerade mit Haeften dabei war, die beiden
Zünder einzusetzen und zu schärfen, ließ unglücklicherweise der Mitverschwörer General Fellgiebel anrufen und verlangte dringend Stauffenberg
zu sprechen. Ein Oberfeldwebel wurde beauftragt, Stauffenberg zu informieren und um Eile zu bitten. Als er den Raum betrat, konnte er noch
sehen, wie die beiden Offiziere etwas hastig in einer Tasche verstauten.
Vermutlich wurde Stauffenberg durch diesen Anruf daran gehindert, die
zweite Sprengladung zu zünden. In der Führerbaracke angekommen, versuchte Stauffenberg vergeblich, sich einen Platz unmittelbar beim «Führer»
zu ergattern, während ein Adjutant die Aktentasche an der äußeren Seite
des massiven Tischsockels abstellte. Kurze Zeit darauf verließ er den La-
geraum mit der Bemerkung, er habe noch etwas vergessen. Es war kurz
nach 12.40 Uhr, als mit ohrenbetäubendem Lärm die Bombe detonierte
und eine hohe gelb-blaue Stichflamme aufschoß. Während Stauffenberg

und Haeften schleunigst einen bereitstehenden Wagen bestiegen und sich aus dem Sperrbezirk mit einigen Verzögerungen entfernen konnten, wurden bereits Verwundete auf einer Bahre aus der Baracke getragen. Kein Zweifel, die Attentäter konnten daraus schließen, daß ihr Anschlag erfolgreich gewesen war.

Drinnen hatte eine gewaltige Druckwelle mit einer «infernalisch hellen Stichflamme» und einem furchtbaren Knall die 24 Personen, die sich in der Baracke befanden, zu Boden geworfen. Viele waren bewußtlos, fast allen zerriß es die Trommelfelle. Inmitten der Scherben und Trümmer war Keitel zu hören: «Wo ist der Führer?» Nach wenigen Sekunden hatte er ihn ausfindig gemacht, das Gesicht geschwärzt, den Hinterkopf angesengt, die schwarze Tuchhose zerrissen. Ganz der unterwürfige Gehilfe, stützte der Chef des Oberkommandos der Wehrmacht zusammen mit Ordonnanzen den Diktator beim Verlassen des Raumes. In großer Erregung drückte er jedem, dem er begegnete, die Hand und wiederholte immer wieder: «Der Führer lebt, nun erst recht.»[13]

Die ärztliche Untersuchung ergab, daß Hitler am rechten Ellenbogen einen Bluterguß und an der linken Hand Hautabschürfungen erlitten hatte. Er war ganz offensichtlich durch die schwere Tischplatte geschützt worden, über die er sich im Augenblick der Detonation gerade gebeugt hatte. Vier der Anwesenden wurden jedoch so schwer verletzt, daß sie noch im Laufe des Tages beziehungsweise kurze Zeit später starben. Hitler war erregt und zugleich seltsam erleichtert. Er habe längst gewußt, daß eine Verschwörung gegen ihn vorbereitet würde; nun könne er die Verräter entlarven. Ein Gefühl «wunderbarer Errettung» überkam ihn und steigerte das Gefühl, vom Schicksal auserwählt zu sein. Das jedenfalls teilte er Mussolini, der am Nachmittag zum angekündigten Besuch eintraf, mit, und dieser pflichtete ihm bei: «Das war ein Zeichen des Himmels.»[14]

Stauffenberg und Haeften war es gelungen, gerade noch vor der völligen Sperrung die beiden Sperrkreise zu verlassen und auf dem Weg zum Flughafen das zweite Päckchen mit Sprengstoff aus dem Fenster zu werfen. Es wurde später gefunden. Eine halbe Stunde später, gegen 13.15 Uhr, startete Stauffenbergs Maschine zurück nach Berlin – irgendwo unterwegs muß er einer Maschine begegnet sein, die den Chef des Reichssicherheitshauptamtes Ernst Kaltenbrunner auf Befehl Himmlers zur Aufklärung des Attentats nach Rastenburg bringen sollte, nachdem man in Berlin davon erfahren hatte, aber offenbar noch vom Tod Hitlers ausging. Gegen 15 Uhr landete Stauffenberg in Rangsdorf und meldete sich sofort bei seinen Mitverschwörern im Bendlerblock, wo er eine halbe Stunde später eintraf.

Bis zu diesem Zeitpunkt konnte man davon ausgehen, daß alles sehr gut verlaufen war. Die Bombe war detoniert. Daß Hitler überlebt hatte, war außerhalb der Wolfsschanze noch nicht bekannt. Auch der weitere Zeitablauf entsprach den Planungen und schaffte die Voraussetzung dafür, in Berlin die Operation «Walküre» in Gang zu setzen. Allerdings griff die Nachrichtensperre, die die Verschwörer über das Führerhauptquartier zu verhängen versucht hatten, nicht. Gegen 13.00 Uhr, also noch vor den Verschwörern im Bendlerblock, erhielt Goebbels auf diese Weise Informationen über die Vorgänge in Ostpreußen. Kurze Zeit später richtete sich auch schon in der Wolfsschanze der Tatverdacht gegen Stauffenberg, der vermißt worden war und gegen den nun sofort von Himmler Haftbefehl erlassen wurde. Damit begannen die Gegenaktionen des Regimes, das die Nachrichtensperre aufheben ließ, um alle Wehrkreiskommandos über den Anschlag zu informieren. Gegen 16 Uhr untersagte Keitel telefonisch dem Befehlshaber des Ersatzheeres, General Fromm, der sich in Rastenburg über das Attentat erkundigen wollte, die «Walküre»-Befehle abzusetzen. Gegen 17 Uhr entschieden Goebbels und Hitler, eine Rundfunkmeldung über das Attentat und das Überleben Hitlers herauszugeben, was dann um 17.42 Uhr zum erstenmal erfolgte und in kurzen Zeitabständen wiederholt wurde.

Spätestens zu diesem Zeitpunkt standen die Karten für den Erfolg der Verschwörung äußerst schlecht, denn die Nachricht vom Überleben des «Führers» sollte sich als die Information herausstellen, die das Verhalten derjenigen, die noch zögerten oder bloß einen Befehl ausführen sollten, entscheidend bestimmte. Die Verschwörer in der Bendlerstraße hatten den Wettlauf um die Mobilisierung der Aktion «Walküre» und damit um die Übernahme der vollziehenden Gewalt im Reich verloren. Die Operation war in Berlin ausgelöst und in Rastenburg bald darauf widerrufen worden, vor allem weil die Nachrichten- und Befehlsstränge aus dem Führerhauptquartier nur für kurze Zeit unterbrochen waren. Auf diese Weise sollten die Verschwörer in Berlin immer mehr das Gesetz des Handelns verlieren.

Im Bendlerblock hatten sich die Verschwörer schon am Vormittag endgültig auf die Umsturzaktion eingestellt, ohne daß der «Walküre»-Befehl aus Sicherheitsgründen schon ausgegeben wurde. Gegen Mittag liefen die unmittelbaren Vorbereitungen an. Man bereitete sich auf die Besetzung der Ministerien vor, der engste Kreis der Verschwörer, darunter Beck, Hoepner, York, Gerstenmaier und Stauffenbergs Bruder Berthold, trafen im Bendlerblock ein. Die Operation selbst sollte mittags ausgelöst werden, doch aus ungeklärten Gründen verzögerte sich der Befehl um eine Stunde, vielleicht um eine entscheidende Stunde. So war in Berlin, als sich Stauffenbergs Flugzeug der Stadt näherte, noch nichts passiert. Man hatte von dem mitverschworenen General Fellgiebel, der für das Nachrichtenwesen zuständig war, nur die kurze Information, zudem verschlüsselt, erhalten, in Rastenburg sei «etwas Furchtbares geschehen: der Führer lebt». Der diensthabende Offizier war von dieser Nachricht offenbar völlig irritiert worden und hatte sich, ohne General Olbricht zu informieren, für einen kurzen Spaziergang entschieden. Olbricht selber hatte offenbar gegen 14 Uhr über das Oberkommando des Heeres in Zossen rätselhafte Nachrichten aus Ostpreußen erhalten, aber auch beschlossen, erst einmal abzuwarten, bis Stauffenberg zurückkäme. Erst gegen 15.15 Uhr, als Olbricht und Mertz von Quirnheim mehr über die Vorgänge im Führerhauptquartier in Erfahrung gebracht hatten, entschlossen sie sich, im eigenen Namen die Operation «Walküre» auszulösen und damit aus der Deckung zu treten. Kurze Zeit später meldeten sich Stauffenberg und Haeften vom Flugplatz Rangsdorf und berichteten vom vermeintlich erfolgreichen Verlauf des Attentats. Nun sollten die Folgebefehle von «Walküre» ausgegeben werden.

Alles hing von Fromm ab, der sich, verunsichert, da schon zweimal Alarm ausgelöst worden war, erst bei Keitel rückversichern wollte und von diesem erfuhr, Hitler sei am Leben. Nun weigerte er sich, Olbrichts Aufforderung zu folgen, und untersagte förmlich die Weitergabe der «Walküre»-Befehle. Der Mechanismus von Befehl und Gehorsam, auf dem die gesamte Planung beruhte, war damit entscheidend unterbrochen, und dieser Vorgang sollte sich noch häufiger an dem Nachmittag und in den frühen Abendstunden des 20. Juli wiederholen.

Nun handelten die Verschwörer auf eigene Faust, immer noch in der Hoffnung, mit einem Befehl Einheiten des Ersatzheeres mobilisieren und überall im Reich den Wehrkreisen Anweisungen erteilen zu können. Noch standen die Chancen nicht völlig gegen die Verschwörer, denn der Kommandeur des Berliner Wachbataillons Großdeutschland, Major Ernst Remer, begab sich noch zum Befehlsempfang auf die Stadtkommandantur, und der mittlerweile im Bendlerblock eingetroffene Stauffenberg gab sich Fromm als Verschwörer zu erkennen, um den Befehlshaber vielleicht noch zum Mitmachen zu bewegen. Doch auch die wiederholte Behauptung Stauffenbergs, er selbst habe gesehen, wie Hitler tot aus der Baracke herausgetragen worden sei, konnte Fromm nicht umstimmen. Als Olbricht den letzten Trumpf ausspielte und Fromm darüber informierte, daß er das Stichwort «Walküre» schon eigenmächtig ausgegeben habe, geriet der außer sich: Das sei glatter Ungehorsam, das sei Revolution und Hochverrat; er erklärte daraufhin Olbricht, Stauffenberg und Mertz für verhaftet. Als Stauffenberg kühl erwiderte, daß umgekehrt Fromm verhaftet sei, kam es zu einem Handgemenge. Die beiden Ordonnanzoffiziere Haeften und Kleist eilten mit gezogener Pistole zu Hilfe. Fromm wurde im Nebenraum festgesetzt, seine Telefonleitung durchschnitten.

Unterdessen versuchte man weitere «Walküre»-Befehle abzusetzen; doch in diesem Falle sollte die strikte Einhaltung der Vorschriften zur Verzögerung beitragen, denn die Befehle wurden erst gewissenhaft verschlüsselt, was überflüssig war und den Informationsfluß behinderte. Das Schreiben begann mit der Erklärung, daß Hitler tot sei, «eine gewissenlose Clique frontfremder Parteiführer» habe in dieser Lage versucht, der schwerringenden Front in den Rücken zu fallen. Darum habe die Reichsregierung den militärischen Ausnahmezustand verhängt und dem Unterzeichnenden, Generalfeldmarschall von Witzleben, den Oberbefehl über die Wehrmacht und die Vollziehende Gewalt übertragen. Diese delegiere Witzleben auf den Befehlshaber des Ersatzheeres und auf die Wehrkreisbefehlshaber. Alle Dienststellen der Wehrmacht, der Waffen-SS, des Reichsarbeitsdienstes, der Polizei und der NSDAP seien diesen damit unterstellt. Mindestens drei Stunden benötigten die Schreibkräfte, um die Nachricht in ihren Geheimschreiber zu geben.

Immerhin bewegten sich einige Wehrmachtseinheiten, die den Befehl erhalten hatten, auf das Zentrum Berlins zu, und auch Major Remer traf gegen 17 Uhr befehlsgemäß Anstalten, das Regierungsviertel zu besetzen, bis ein zufällig in den Räumen des Wachbataillons anwesender Referent aus dem Propagandaministerium Remer bat, sich direkt in seinem Ministerium darüber zu informieren, was es mit der Operation «Walküre» auf sich habe. Als er seinen Minister über die Vorgänge informierte, beorderte dieser Remer zu sich in sein Ministerium. Offenbar hatte Goebbels den Zwiespalt Remers zwischen Eid und Befehl erkannt und diesen durch direkten Kontakt mit Hitler zu lösen versucht. Remer wurde mit dem Führerhauptquartier und mit Hitler verbunden. Dieser fragte ihn, ob er seine Stimme erkenne, und als dieser das bejahte, übertrug er ihm alle Vollmachten, um den Putsch niederzuschlagen. Der Major, noch ganz von dem Führer-Mythos und der Verantwortung, die ihm von diesem übertragen worden war, in Bann geschlagen, handelte sofort und richtete die Einschließung des Regierungsviertels nun gegen die Verschwörer. Damit hatte der Staatsstreich den entscheidenden Wendepunkt erreicht. Wenn es noch eines Beweises bedurft hätte, welche entscheidende Rolle für das Regime und damit für das Gelingen jedes Umsturzversuches, auch wenn er noch so raffiniert angelegt war, Person und Nimbus des «Führers» besaßen, dann war er jetzt erbracht. In dieser personalen Herrschaftsstruktur lag zugleich der entscheidende Stolperstein für den militärisch-rationalen und hierarchischen Mechanismus von Befehl und Gehorsam.

In dieser Stunde begann jedoch, wie Joachim Fest es formulierte, nicht nur «die Befehlskette zu reißen».[15] Die Wankelmütigen und Übervorsichtigen, die ihre Haut retten wollten, verließen das sinkende Schiff. «Das hat jetzt alles keinen Zweck mehr», stellte Fellgiebel in einem Gespräch mit Olbricht fest. Auch Witzleben, der gegen 20 Uhr in den Bendlerblock kam, reagierte auf die schlechten Nachrichten nur noch zornig und abweisend. «Schöne Schweinerei, das!» fuhr er Stauffenberg an und ging in Fromms Zimmer. Nach einem erregten Gespräch mit Beck und Stauffenberg verließ der Feldmarschall das Gebäude und erklärte, «als habe er nichts mit alledem zu tun»,[16] gegenüber General Wagner: «Wir fahren nach Hause.»[17]

Nur der harte Kern der Verschwörer wollte nicht aufgeben: Mertz, Olbricht, Beck, Stauffenberg, Haeften, Schwerin, Yorck und Gerstenmaier. Was blieb, war der verzweifelte Versuch, per Telefon doch noch Wehrkreis-

kommandos zu erreichen und auf die eigene Seite zu ziehen. Noch immer
wurde vom Bendlerblock Order gegeben, die vollziehende Gewalt zu
übernehmen, um Ruhe und Ordnung herzustellen, während vom Führerhauptquartier Weisungen ergingen, unter keinen Umtänden den ungül-
tigen Befehlen aus Berlin zu folgen. In der Stadt kam es zur selben Zeit
zu einer dramatischen Zuspitzung, als Panzergeneral Thomale die gewaltsame Niederschlagung des Putsches befahl und damit die Gefahr von
Kämpfen zwischen Wehrmachtseinheiten heraufbeschworen wurde.

Auch im Bendlerblock, den Olbricht gegen 22 Uhr durch die Bewa-
chung der Eingänge sichern wollte, kam es zu bewaffneten Auseinandersetzungen, als ein kleiner Trupp von Offizieren, die Hitler ergeben waren,
gegen 22.30 Uhr einen Gegenvorstoß unternahm. Es kam zu Schießereien,
bei denen auch Stauffenberg verletzt wurde. Trotz der Schießerei gelangte
Olbricht in das Dienstzimmer Fromms, wo er Hoepner, Mertz, Beck,
Haeften und Stauffenberg traf, die ratlos auf Befehle von Witzleben warteten, der sich auf den Weg nach Zossen begeben hatte.

Tatsächlich gelang es dem Stoßtrupp, Fromm zu befreien. Nun drehte
Fromm den Spieß um, auch in der Hoffnung, sich durch entschiedenes
Verhalten selbst von jedem Verdacht der Mitwisserschaft zu befreien. Er
erklärte gegen 22.30 Uhr die Verschwörer für verhaftet: «So, meine Herren,
jetzt mache ich es mit Ihnen so, wie Sie es heute mittag mit mir gemacht
haben.»[18] Die Herren seien auf frischer Tat bei Hochverrat ertappt worden
und daher durch ein Standgericht abzuurteilen. Er forderte die Hauptver-
schwörer auf, ihre Pistolen abzugeben. Als Beck darum bat, seine Pistole
«zum privaten Gebrauch zu behalten», entgegnete Fromm unwirsch: «Bitte
sehr, tun Sie das, aber dann sofort.» Beck erhob die Waffe und wollte
Fromm noch an frühere, gemeinsam verbrachte Zeiten erinnern, doch
dieser reagierte ungeduldig: «Jedenfalls bitte ich zu handeln». Beck drückte
ab, doch brachte er sich nur einen Streifschuß an der Schläfe bei, er schoß
noch einmal, brach zusammen, lebte jedoch noch immer. Fromm ließ den
Sterbenden liegen und drängte die anderen, wenn sie noch etwas zu
schreiben oder zu sagen hätten, dies jetzt zu tun, denn noch sei Gelegenheit dazu. Fromm hatte es eilig, wohl auch, um mögliche Belastungszeu-
gen, die gegen ihn aussagen könnten, zum Schweigen zu bringen, bevor
die SS eintraf. Dann sprach er sein Urteil: «Im Namen des Führers hat ein
von mir bestelltes Standgericht das Urteil gesprochen: Es werden der
Oberst im Generalstab v. Mertz, General Olbricht, der Oberst, den ich
mit Namen nicht nennen will, und der Oberleutnant v. Haeften zum Tode
verurteilt.»[19] Der Staatsstreich war zu Ende, auch wenn in Paris und Wien die Aktionen noch weiterliefen und planmäßig dort SS und SD ausgeschaltet
wurden. Doch Oberbefehlshaber Kluge in Paris nutzte die Gunst der
Stunde nicht. Er mochte sich nicht entschließen, das Signal für die Frank-
reicharmee zu geben. Stülpnagel und Hofacker, der unmittelbaren Kontakt

mit den Verschwörern im Bendlerblock hatte, bestürmten ihn vergeblich, durch ein Waffenstillstandsangebot an die Alliierten den aussichtslosen Kampf im Westen zu beenden, solange noch SS und SD in der Gewalt der Verschwörer seien. Als das Scheitern der Verschwörung in Berlin bekannt wurde, war auch die Sache in Paris verloren. Stülpnagel wurde nach Berlin beordert, Kluge mußte eine Ergebenheitsadresse an Hitler schicken. Im Hof des Bendlerblockes wurden gegen Mitternacht im Licht eines Autoscheinwerfers Stauffenberg, Olbricht, Haeften und Mertz von Quirnheim von einem Kommando Remers erschossen. Als das Peleton auf Stauffenberg anlegte, rief dieser laut: «Es lebe das geheime Deutschland.»

Unmittelbar nach der Hinrichtung gab Fromm Meldung per Fernschreiber: «Putschversuch von unverantwortlichen Generalen blutig niedergeschlagen. Sämtliche Anführer erschossen.» Mit einem dreifachen «Sieg Heil» verabschiedete sich Fromm dann von dem Schauplatz, erleichtert darüber, daß er am Ende doch auf der «richtigen Seite» stand, und bemüht, sich bei Goebbels seiner Taten zu rühmen. Doch während der Leichnam Becks zu dem nahen Friedhof gebracht und die übrigen Verschwörer im Bendlerblock sofort verhaftet wurden, gab es die ersten untrüglichen Zeichen für veränderte Machtverhältnisse. Im Bendlerblock erschien kurz nach Mitternacht, von Schellenberg dorthin beordert, Sturmbannführer Otto Skorzeny mit einer SS-Einheit und übernahm das Kommando. Er riß den Inhaftierten alle Orden und Ehrenzeichen ab und zwang diese anschließend, die Rundfunkrede Hitlers mitanzuhören. Als Fromm bei Goebbels eintraf, um stolz Meldung über die Geschehnisse zu machen, wurde er sofort verhaftet.

Kurz darauf begann eine Verhaftungswelle gegen alle Verdächtigen, gleich, ob sie mit dem gescheiterten Staatsstreich zu tun hatten oder nicht. Das Regime entfaltete seine ganze Brutalität, die alte Bürgerkriegsmentalität kam wieder hoch. Ein «Ehrenhof» der Wehrmacht hatte die verdächtigen Offiziere aus der Wehrmacht auszuschließen, damit sie dem Volksgerichtshof und seinem Präsidenten Freisler ausgeliefert würden. «Das ist unser Wyschinski»,[20] hatte Hitler schon am Abend des 20. Juli erklärt und damit das Vorbild der Stalinschen Schauprozesse in Anspruch genommen. Freisler erhielt den Auftrag: «Ich will, daß sie gehängt werden, aufgehängt wie Schlachtvieh.»[21] Am 8. August wurden die ersten acht Verschwörer in der Strafanstalt Plötzensee hingerichtet, so wie der Oberste Gerichtsherr befohlen hatte. Bald wurde der Rachefeldzug um eine Sippenhaft erweitert, die sich auf die Familienangehörigen der Verschwörer erstreckte.

Es war ein tödlicher Schlag gegen die Repräsentanten des alten Deutschland. «Ich hatte von Anfang gewußt, daß ihr das nicht gewesen seid», hatte Hitler noch am Abend des 20. Juli zu Bauarbeitern gesagt, als er Mussolini zum Bahnhof Rastenburg begleitete. «Es ist mein tiefer Glaube, daß meine Feinde die ‹vons› sind, die sich Aristokraten nennen.»[22]

Der gescheiterte Putsch setzte die letzten revolutionären, antikonservativen Energien des Radikalfaschismus frei. Hitler hatte eine traditionsreiche, aber zutiefst verunsicherte Schicht verführt, korrumpiert; hatte sie in ihrem Bedürfnis nach Sicherung ihres sozialen Status geködert und sie sich dienstbar gemacht. Aber mit ihrer Behauptung, es handele sich bei den Verschwörern nur um eine kleine Clique von «Monokelfritzen», verdeckten die nationalsozialistischen Propagandisten ebenso die Wirklichkeit der Bewegung des 20. Juli wie mit der Unterstellung, mit dem Putsch wollten einige Verräter und Feiglinge nur ihre Haut retten. Tatsächlich zeigte die soziale und politische Herkunft der Verschwörer, daß sich aus der gemeinsamen Gegnerschaft zum Nationalsozialismus Ansätze einer pluralistischen, demokratischen Politikkonzeption und einer milieuübergreifenden politischen Bewegung abzeichneten, die einen Rückfall in die Polarisierung der Weimarer Republik vermeiden und ein Stück zukünftiger sozialer und politischer Verfassung antizipieren konnten.

Das Scheitern der Verschwörung wog im Augenblick um so schwerer. Denn es gab nicht nur Anlaß zu einer kurzfristigen und letzten Radikalisierung des Regimes, die ihren sichtbaren Ausdruck in der neuen Machtfülle von Heinrich Himmler erhielt, der zum Befehlshaber des Ersatzheeres ernannt wurde und damit den Machtbereich des SS-Staates auch auf die Wehrmacht ausdehnte. Ein Gelingen des Umsturzes hätte möglicherweise Millionen das Leben retten und jene beispiellose Zerstörung verhindern können, die nun bevorstand. Denn in den letzten Monaten forderten die Verschleppung und Ermordung der Verfolgten und die zusammenbrechenden Fronten mehr Menschenleben als während des ganzen bisherigen Krieges. Eine Wende des Krieges hätte eine erfolgreiche Verschwörung sicherlich nicht gebracht, aber wahrscheinlich sein rascheres Ende. Auch die Gefahr, daß nach einem erfolgreichen Putsch möglicherweise in Deutschland bürgerkriegsähnliche Zustände hätten herrschen können, wenn sich etwa die SS gegen die neue Wehrmachtsführung gestellt hätte, wiegt geringer als die mögliche Aussicht auf die rasche Kriegsbeendigung.

«Seine volle Wirkung entfaltete dieser Tag erst viele Jahre später», hat der Berliner Historiker Peter Steinbach zu Recht resümiert.[23] Die Verschwörung des 20. Juli hat sich allmählich tief in das Geschichtsbewußtsein der Bundesrepublik eingegraben und der politischen Kultur der Deutschen ein Stück positiver Identität verliehen. Daß dies aber nicht zu einer unhistorischen Heroisierung des 20. Juli eingesetzt werden sollte, macht der Blick auf den langen Weg zur befreienden Tat des 20. Juli deutlich und auch die Tatsache, daß manche der Beteiligten zuvor tief in das nationalsozialistische Unrechtssystem verstrickt waren oder doch einigen der ideologischen Formeln des Regimes, auch einem traditionellen Antisemitismus, nicht fernstanden. Nicht diese Affinität und Verstrickung ist das Bemerkenswerte (denn das traf für Millionen anderer Deutscher auch zu), sondern die Tatsache, daß sie sich davon befreiten und den Weg zurück zu einem politischen Denken und Handeln fanden, das von Recht und Moral geleitet war und das die alten Gräben politischer Vorurteile und Feindgefühle überwand.

Mit der Waffe in der Hand.
Militärputsch im hispanischen Raum

Walter Haubrich

Am 23. Februar 1981 überfiel eine Einheit der militarisierten Landpolizei Guardia Civil das spanische Parlament, unterbrach die Wahl eines neuen Ministerpräsidenten, schoß über die Köpfe der Regierung und Abgeordneten hinweg und zwang die Parlamentarier, sich unter ihre Sitze zu verkriechen. Der Anführer des militärischen Überfallkommandos, Oberstleutnant Tejero, schritt zum Rednerpult des Parlaments und kündigte mit der Pistole in der Hand an, «eine hohe Autorität – natürlich eine militärische» – werde bald erscheinen, sich aussprechen – «pronunciarse» – und neue Befehle erteilen. Die hohe militärische Autorität, die dann nicht erschien, sollte einer der Generale sein, die an der Spitze der Verschwörung gegen die damals erst seit fünf Jahren existierende neue spanische Demokratie standen.

Ein Teil der spanischen Streitkräfte hatte im Februar 1981 wieder einmal – diesmal erfolglos – die klassische Form des spanischen und lateinamerikanischen Staatsstreiches erprobt: das «pronunciamiento». Das ist ein schönes und bildstarkes Wort und wurde als politischer Begriff auch in andere Sprachen übernommen. *Pronunciamiento* kommt von *pronunciarse,* sich aussprechen. Und wenn ein hispanischer General sich mal – ob nun in Spanien selbst oder in den früher spanischen Ländern Lateinamerikas – so richtig aussprechen will, dann tut er es mit dem Mittel, das er kennt und beherrscht: mit der Waffe in der Hand.

An Pronunciamientos ist die jüngere spanische Geschichte reich. Die spanischen Streitkräfte haben eine lange Tradition im Putschen. Fast dreißig Umsturzversuche lassen sich seit Beginn des vorigen Jahrhunderts ausmachen. Wenn sich die Pronunciamientos gegen reaktionäre, die Verfassung mißachtende Herrscher richteten, wie etwa gegen den König Ferdinand VII. (1814–32), dann hatten sie oft progressistische, damals vorwiegend liberale, Zielsetzungen. Neunmal versuchten unter diesem König Militärs, unterstützt von liberalen Parteien und Gruppen, den absolutistischen Kurs Ferdinands VII., der seinen auf die liberale Verfassung von Cádiz abgelegten Eid gebrochen hatte, zu ändern. Gegen Ferdinands Tochter, Isabel II. (1833–64), richteten sich sogar 14 Pronunciamientos, von denen acht das einzige Ziel hatten, der skandalumwitterten, politisch unfähigen Königin den Thron zu nehmen. Bei den allermeisten Pronunciamientos in Spanien ging es ohne größeres Blutvergießen zu. Die schlimme

Ausnahme, der zum Bürgerkrieg führende Staatsstreich Francos vom 18. Juli 1936, kostete das Land allerdings an Kriegsopfern und den vom siegreichen Franco Hingerichteten eine halbe Million Tote. Militärische Umsturzversuche waren im vorigen Jahrhundert viel häufiger als in diesem. Das hat sicher seinen Hauptgrund darin, daß im Laufe der vergangenen hundert Jahre sich andere, mit den Militärs rivalisierende Interessengruppen in der Gesellschaft bildeten, daß die Streitkräfte also nicht mehr die alleinigen Inhaber der faktischen Macht im Staate waren. Diese anderen mächtigen Gruppen in der spanischen Gesellschaft konnten Militärputsche verhindern oder von vorneherein aussichtslos werden lassen; sie konnten allerdings auch die Streitkräfte zu ihren Werkzeugen für gewaltsame politische Eingriffe machen. Im 19. Jahrhundert hatten nur die uniformierten und bewaffneten Staatsbürger die Möglichkeit, plötzliche und gewaltsame Veränderungen durchzusetzen; so suchten auch die Vertreter fortschrittlicher Ideen Unterstützung bei den Militärs, von denen manche auch selbst, von aufklärerischem Gedankengut beeinflußt, zu liberalen oder freimaurerischen Gegnern der konservativ-klerikalen Staatsideen geworden waren. In unserem Jahrhundert hatten die Pronunciamientos fast alle antiliberale und antiparlamentarische Zielsetzungen, von der Rebellion einiger weniger Militärs gegen die Monarchie und für die Republik einmal abgesehen.

Die Monarchen billigten manchmal die Pronunciamientos, waren von der vorhergehenden Verschwörung der Militärs informiert. So unterstützte Alfons XIII., Großvater des jetzigen Königs Juan Carlos I., ohne das offen zu zeigen, stillschweigend und tatkräftig den Putsch des Generals Primo de Rivera, der Spanien von 1923 bis 1930 seine erste – vergleichsweise kurze und humane – Diktatur dieses Jahrhunderts bescherte. Die Eingriffe des spanischen Heeres in die Politik werden von den Historikern auch gern als Konsequenzen von Mißerfolgen und Niederlagen in Kriegen außerhalb Spaniens gesehen. Ein Heer, das die letzten Kolonien durch Niederlagen auf dem Schlachtfeld verlor und noch in diesem Jahrhundert einen verlustreichen Krieg gegen Marokko führte (wobei der endgültige Sieg mit Hilfe ausgerechnet der Franzosen die Schmach so mancher durch die Unfähigkeit von Generalen verlorener Schlachten gegen einen unterlegenen Gegner nicht vergessen machte) – dieses in seinen eigentlichen Aufgaben so erfolglose Heer hat dann versucht, andere und leichtere Rollen zu übernehmen, so die des Schiedsrichters in politischen und dynastischen Auseinandersetzungen und später mit Primo de Rivera und Franco die des alleinigen Inhabers der gesamten staatlichen Macht.

Gleich nach dem Sieg Francos wurden die der Zweiten Republik (1931–39) loyal gebliebenen Offiziere hingerichtet oder für lange Jahre in Gefängnissen festgehalten. Über 5000 Offiziere und Unteroffiziere wurden aus dem Heer entfernt und mehr als zehntausend Freiwillige aus den Milizen der faschistischen Falange und des antidemokratischen Carlismus' als Offiziere in die Streitkräfte aufgenommen. Die Offiziersschüler erhielten in den Jahrzehnten nach dem Bürgerkrieg eine sehr einseitige Erziehung an den Militärakademien. Das siegreiche Heer Francos mußte seinen Geburtsfehler – Putsch und blutigen Bürgerkrieg – mit einem besonders militanten Ideologiebewußtsein rechtfertigen. Die Offiziere wurden auch zu ideologischen Kriegern; sie zogen – mit Rhetorik und Kontrollmaßnahmen – zu Felde gegen Marxisten und Liberale, gegen Juden und Freimaurer und gegen ein seltsames Gebilde namens «Anti-Spanien». Das ist in der ultrarechten Ideologie eine Art Monstrum, das die Nation Spanien im eigenen Leibe austrägt und das es herauszuschneiden gilt wie eine bösartige Geschwulst.

Die Streitkräfte waren unter der Diktatur verpflichtet, gegen die inneren Feinde – auch gegen die Liberalen und die Anhänger einer parlamentarischen Demokratie – anzukämpfen; sie sahen sich dann plötzlich, nur zwei Jahre nach dem Ende der Diktatur, in einer ganz anderen Rolle: als Bestandteil einer ebensolchen liberalen parlamentarischen Demokratie, die sich das spanische Volk durch freie Wahlen und mit einer neuen Verfassung als politisches System ausgesucht hatte. Diesem demokratischen Staat, den sie eigentlich hätten verhindern müssen, mußten sie nun gehorchen, ja ihn am Anfang sogar verteidigen. Für die meisten Militärs war dieser Wandel etwas zu schnell gegangen. In den ersten Jahren der neuen spanischen Demokratie sprachen die Militärs gern von zwei Gewalten im Staat: der militärischen und der zivilen, die unabhängig voneinander existierten, jede mit ihren eigenen Kompetenzen. Wenn die zivile Gewalt, also die demokratisch gewählten Institutionen, die militärische respektierte, dann würden die Militärs auch die Entscheidungen der zivilen Institutionen, etwa die der Regierung, anerkennen. So äußerten sich damals Offiziere, die sich keineswegs in der Nähe von Putschisten sahen. Doch die zivile Gewalt dürfe sich nicht in die Befugnisse der militärischen Gewalt einmischen.

Die Militärs betrachteten sich also als ein Staat im Staate und fühlten sich der Regierung nicht unterstellt; sie erkannten als Befehlshaber zunächst nur die Generalstabschefs der einzelnen Waffengattungen und über diesen den König an, der auch eine militärische Ausbildung hatte, und ebenso den Verteidigungsminister, aber nur, wenn dieser von Beruf Militär war. So zog der oberste Führer des Putsches vom Februar 1981, Generalleutnant Milans del Bosch, die Panzer aus der von ihm besetzten Region Valencia erst zurück, als der König ihm das in knappem Kommandoton befahl.

Mit den beiden angeblichen Gewalten räumte der sozialistische Ministerpräsident Felipe González dann Ende 1982 bei seiner Antrittsrede im Parlament entschlossen auf. Es gäbe nur eine Gewalt in Spanien, sagte er, und das sei die der demokratisch gewählten Regierung und des Parlamentes. Ihr allein seien Militärs wie Zivilisten unterstellt. Die Regierung González griff dann hart durch gegen Militärs, die sich politisch äußerten.

Sie wurden postwendend abgesetzt, und innerhalb von zwei Jahren waren die Streitkräfte diszipliniert. Mit dem Putsch von 1981 sollte nichts Neues entstehen; vielmehr wollten die Putschisten einen laufenden, schon fast beendeten politischen Prozeß – den Übergang von der Diktatur zur Demokratie – anhalten und wieder einen Weg zurück zum früheren politischen System einschlagen. Die Ablehnung der politischen Entwicklung seit dem Tod des Diktators liegt allen Argumenten zugrunde, mit denen versucht wurde, den bewaffneten Aufstand zu rechtfertigen. Das neue System, der demokratische Staat, sei nicht imstande, die Einheit des Landes zu bewahren, die öffentliche Ordnung und die Sicherheit der Bürger zu garantieren.

Der Verfall der öffentlichen Ordnung taucht als Begründung für Rechtsputsche immer auch in Lateinamerika auf; die starke Zunahme der Kriminalität in Ländern wie Brasilien und Peru läßt eine solche Argumentation vielen Bürgern dieser Länder glaubhaft erscheinen. Im Spanien von 1981 wurde eine solche Glaubwürdigkeit nicht erreicht. Wie so oft bei Staatsstreichen hatten die Planer und Autoren des Umsturzes den Grad der Zustimmung für ihr Tun innerhalb der Bevölkerung überschätzt. Für die große Mehrheit des spanischen Volkes waren es die neuen Freiheiten wert, eine tatsächlich angestiegene Kriminalitätsrate in Kauf zu nehmen. Millionen Spanier demonstrierten in den Tagen nach dem Putschversuch auf den Straßen der großen Städte für den demokratischen Staat und gegen eine Rückkehr zur vorherigen Diktatur.

Die Umsturzpläne wurden nach dem gescheiterten Versuch vom 23. Februar nicht ad acta gelegt. Ein Militärgericht verurteilte zwar einige Generäle und ranghöhere Offiziere zu langen Gefängnisstrafen, doch wurde der Kreis der Angeklagten bewußt klein gehalten. Nur wer an den bewaffneten Aktionen des Aufstandes teilgenommen oder sich öffentlich zu der Rebellion bekannt hatte, kam vor Gericht. Viele Mitverschwörer setzten ihre normale militärische Laufbahn fort, wurden befördert, der eine oder andere kam sogar als General zur Nato nach Brüssel. Der Regierung lag daran, den Eindruck zu erwecken, nur eine verschwindende Minderheit innerhalb der Streitkräfte sei in den Putsch eingeweiht gewesen. In Wirklichkeit hatte sich ein sehr großer Teil der Generalität und zahlreiche Obristen bereit erklärt, den Aufstand gegen die Demokratie zu unterstützen. Kleinere Offiziersgruppen, die Aktionen vorbereitet hatten, um den erwarteten sozialistischen Wahlsieg zu verhindern, wurden frühzeitig entdeckt. Ein Bombenanschlag, der 1985 bei einer Militärparade in La Coruña den König, den Ministerpräsidenten González, die halbe Regierung und die oberste Militärführung in die Luft sprengen sollte, wurde vorher von einem anonym gebliebenen Mitterroristen im Militär – vom Ausmaß des geplanten Blutvergießens offenbar in Schrecken versetzt – an den Geheimdienst verraten. Der Putsch, der gewaltsame Aufstand wurde schließlich als aussichtslos verworfen.

Doch die Verschwörung dauert an, zieht sich wie ein roter Faden durch die Geschichte der neuen spanischen Demokratie. Die Personen der Verschwörung wechseln manchmal, auch die kurzfristigen Zielsetzungen ändern sich häufig, die langfristigen selten. Die bisher letzte Konspiration nährt sich vorwiegend aus Frustrationen: Die vier aufeinanderfolgenden Siege der Spanischen Sozialistischen Arbeiterpartei (PSOE), die zu einer fast vierzehnjährigen Regierungszeit von Felipe González führten, brachten manche einflußreiche Gegner des Ministerpräsidenten zu der Überzeugung, daß dieser auf dem normalen demokratischen Weg, also über Wahlen, nicht von der Macht zu verdrängen sei. Darin bestand die große Frustration breiter Kreise der alten spanischen Rechten, von Financiers, von politischen Abenteurern, ehrgeizigen Journalisten und einigen enttäuschten Linken.[1]

Wichtiges Nahziel des Zusammenschlusses eigentlich sehr heterogener Personen und Gruppen war der Sturz der Regierung González. Gewaltsame militärische Aktionen mußten von vornherein ausgeschlossen werden, weil die große Mehrheit der Bevölkerung sie nicht akzeptiert hätte und weil ein von Putschisten regiertes Spanien aus der Europäischen Union ausgeschlossen und damit in eine sehr schwere Wirtschaftskrise geraten wäre. Militärs brauchte man so nicht; dagegen waren Mitglieder des militärischen Geheimdienstes von Nutzen, denn die Regierung sollte vorwiegend durch die Veröffentlichung von Skandalen, von illegalen Aktionen, die während ihrer Administration unternommen wurden, in Bedrängnis gebracht werden. Informationen über illegale Aktionen – etwa der Polizei im Kampf gegen den baskischen Terrorismus – lieferte ein Oberst, der kurz vor seiner Entlassung noch viel Material aus dem militärischen Geheimdienst, wo er lange Jahre beschäftigt war, entwendet hatte. Der Oberst war ein guter Freund eines inzwischen wegen Millionenbetruges verurteilten Großbankiers, der als einer der Financiers der «Verschwörung» gilt.

Chefredakteure großer Zeitungen und Programmverantwortliche einflußreicher Rundfunkanstalten taten sich zusammen und verabredeten die Veröffentlichung – mit verteilten Rollen – von tatsächlichen oder auf Grund von gestohlenen und dann manipulierten Geheimdokumenten, auch mit Hilfe gekaufter Falschaussagen erfundenen Skandalen. Einige Richter ließen den Chefredakteuren geheime Untersuchungsakten zukommen; wegen mehrfachen Mordversuches zu hohen Gefängnisstrafen verurteilte Polizisten änderten ihre früheren Aussagen und beschuldigten Politiker der damaligen Regierungspartei als Komplizen oder Auftraggeber für polizeiterroristische Aktionen, worauf sie der Untersuchungsrichter als «Mitarbeiter der Justiz» in bedingte Freiheit entließ.

Das Ende der Regierung González war für einige der «Verschwörer» das Hauptziel. Der wichtigste Geldgeber wollte spanischer Ministerpräsident werden, ohne sich den Wählern zu stellen; als das nach dem praktischen Bankrott seiner Bank nicht mehr möglich war, versuchte er, durch Erpressung mit Geheimdienstmaterial sich vor eben jenem Gefängnis zu retten, aus dem die verurteilten Polizisten verständlicherweise für immer herauswollten und in das Politiker der konservativen Partei und ein rachsüchtiger Richter den bei Wahlen unbesiegbar erscheinenden Felipe González schicken wollten. Monarchisten, denen der derzeitige König als zu frivol gilt, um die Zukunft der Monarchie zu garantieren, wollten diesen über verschiedenen Zeitungen zugespielte Abhörprotokolle zur Abdankung zugunsten seines Sohnes drängen. Andere strebten als letztes Ziel eine autoritäre Republik an und sahen sich selbst schon als deren Präsident. Verfassungsänderungen, mit denen in Spanien ein nichtparlamentarisches System eingerichtet werden sollte, wurden von Politikern und Journalisten mit eindeutig antidemokratischer Vergangenheit ausgearbeitet.

Ein Zug voller Umstürzler durchfährt Spaniens jüngste Geschichte: Die Lokomotivführer wechseln, manche Passagiere steigen nach einigen Stationen wieder aus, andere springen auf den fahrenden Zug auf. Die Reisekosten übernehmen Angehörige alter, sehr reicher Familien, häufig mit Anteilen und manchmal auch mit wichtigen Funktionen in großen Kreditinstituten und Finanzierungsgesellschaften. Der ständig – manchmal langsamer, manchmal schneller – verkehrende konspirative Zug der «Involution» ist eine moderne und in vieler Hinsicht ideale, möglicherweise nicht einmal strafbare Form der politischen Verschwörung. Mit der Waffe in der Hand läßt sich heute in Europa kein Staatsstreich mehr zu einem erfolgreichen Ende führen.

Innerhalb der neuen spanischen Verschwörung, der sich auch wichtige zivile Mitarbeiter des Militärputsches von 1981 angeschlossen haben, weiß man, wie wichtig die Meinungsmedien sind. Die Journalisten spielten zumindest in der ersten Phase eine besonders wichtige Rolle. Manche von ihnen waren schon immer engagierte Feinde der Demokratie, andere enttäuscht, weil die demokratischen Regierungen sie nicht auf die erhofften Posten gesetzt hatten; nicht wenige von ihnen verkauften gegen hohe Summen ihre Feder oder vermieteten sie für eine bestimmte Zeit. Wichtig war, daß die Journalisten innerhalb der Verschwörung, sowohl mit linken wie rechten Argumenten, gegen den jeweiligen Feind – zunächst also gegen die damalige Regierung – argumentierten, um so den Eindruck einer breiten Front von Gegnern zu erwecken. Genaue Absprachen für eine koordinierte Pressekampagne sind zunächst ja noch kein Delikt, wenn auch verwerflich nach den ethischen Normen eines seriösen Journalismus.

Die Opposition der neunziger Jahre benützte immer wieder die vor allem von ein und derselben Zeitung veröffentlichten und von anderen Medien eifrig kommentierten Enthüllungen, welche die Regierung belasteten. Der Fall des Millionendiebes Roldán, den die sozialistische Regierung an die Spitze der ebenso traditions- wie erfolgreichen Polizeieinheit Guardia Civil gestellt hatte, gab auch den erfundenen Skandalen oder den entsprechend den für den parteipolitischen Machtkampfs manipulierten Enthüllungen breite Glaubwürdigkeit in der Bevölkerung.[2] Die journalistischen Konspirateure bildeten zusammen mit einigen Schriftstellern – unter ihnen der Nobelpreisträger und frühere Angestellte der Zensur Francos, Camilo José Cela – einen Verein, der sich selbst ironisch und gleichzeitig provokativ «Syndikat des Verbrechens» *(Sindicato del crimen)* nannte – eine Bezeichnung, die dann ihre Gegner gern übernahmen und populär machten. Mitglieder des «Syndikates des Verbrechens» schrieben eine Zeitlang Reden für den damaligen Führer der konservativen Opposition und späteren Regierungschef. Auch dessen berühmt-berüchtigte, in allen Parlamentsreden bis zum Überdruß wiederholte Aufforderung «Váyase Señor González» (Verschwinden Sie, Herr González) war eine Idee der Journalisten des «Syndikates».

Der Verschwörer, *el conspirador,* war eine in der spanischen Literatur beliebte und häufig vorkommende Figur. Die Konspirateure, vor allem die des neunzehnten Jahrhunderts, umgab ein Hauch von Romantik. Es sind meistens Spanier, die ein Leben lang – oft im Exil – für ihre Ideen gegen ein repressives, die Freiheiten der Staatsbürger mißachtendes Regime kämpften: eigenwillige, manchmal verschrobene, doch fast immer sympathische, gewöhnlich zum Scheitern verurteilte Menschen. Der Spanier sei wohl ein geborener Verschwörer, meinten manche Franzosen, wenn sie selbst noch in den fünfziger und sechziger Jahren in Paris, Toulouse und anderen Städten mit Menschen aus dem Nachbarland zusammentrafen und beobachten konnten, wie diese in kleinen Gruppen, meistens ohne Kontakt miteinander, immer wieder neue Pläne ausheckten zum Sturze der Franco-Diktatur oder zum Tyrannenmord. Die meisten Verschwörer begnügten sich damit, schöne Projekte zum Machtwechsel auszuarbeiten; nur wenige leichtfertige Führer kleiner Parteien und Untergrundorganisationen schickten jüngere Leute über die Pyrenäengrenze. Die meisten der entsandten Aktivisten fielen der spanischen Polizei in die Hände, und einige von ihnen wurden mit dem «garrote vil», der «häßlichen Würgeschraube», hingerichtet, die bis zum Ende des Franco-Regimes ihren schrecklichen Dienst tat.

Das Bild vom idealistischen und sympathischen Verschwörer ist aus der Vorstellung der Spanier verschwunden, seit sich die Konspirationen und Umsturzversuche nicht mehr gegen Unrechtsregime richten, sondern eher niedrige Interessen verfolgen und den Willen einer kleinen gesellschaftlichen Minderheit der großen Mehrheit der Bevölkerung aufzwingen wollen. Die konspirativen Vorbereitungen und die Technik des Staatsstreiches sind allerdings sehr ähnlich, ob sie sich nun gegen Diktaturen oder demokratische Regierungen richten. Umsturzversuche gegen die Demokratie haben es mit ihrer Finanzierung leichter. Da sie in den meisten Fällen die wirtschaftlichen Ziele reicher gesellschaftlicher Gruppen verteidigen, zeigen diese sich auch großzügiger in ihren Geldzuwendungen. Der Unternehmer Juan March, damals wohl der reichste Mann Spaniens, übernahm einen beachtlichen Teil der Kosten für Francos Aufstand bis weit in den Bürgerkrieg hinein.

In manchen Ländern Lateinamerikas haben sich die Streitkräfte auch schon zu regelrechten Söldnerputschisten machen lassen und im Auftrage einer kleinen, sehr wohlhabenden Gesellschaftsschicht oder auch einzelner Wirtschaftsunternehmen Regierungen gestürzt. Die große Zahl von militärischen Staatsstreichen in Lateinamerika hat man auch aus der hispanischen Tradition des Pronunciamiento heraus erklärt: Diese mag eine wichtige Ursache in der ersten Periode der Unabhängigkeit gewesen sein – militärische Handstreiche hat es schließlich schon unter der spanischen Herrschaft gegen Vizekönige und Gouverneure in den Kolonien auf dem amerikanischen Kontinent gegeben –, doch seit dem letzten Viertel des 19. Jahrhunderts ist in den lateinamerikanischen Armeen der Einfluß anderer Länder – Frankreichs, des kaiserlichen Deutschlands – stark gewesen, nach dem Zweiten Weltkrieg dann jener der Vereinigten Staaten.[3] Wichtiger für die Häufigkeit der militärischen Aufstände gegen amtierende Regierungen in Lateinamerika dürfte aber die Schwäche der zivilen Gesellschaft gewesen sein. In den meisten Ländern gab es keine andere *Pressionsgruppe*, die stark genug gewesen wäre, um als Gegengewicht die Macht der Streitkräfte auszugleichen. In einem Land wie Bolivien nahmen, als es nach der Entdeckung der Zinn- und Silberminen endlich eine vergleichsweise starke Industrie gab, die reichen Zinnbarone – Patiño, Hochschild und Aramayo – die Militärs in ihren Dienst und machten sie zum bewaffneten Arm ihrer politischen Machtansprüche. Die tiefgreifende bolivianische Revolution von 1952 schaffte das Klassenheer ab und gründete eine Volksmiliz. Der Offiziersnachwuchs wurde bewußt in allen sozialen Schichten der Bevölkerung rekrutiert, mit Bevorzugung der ärmeren Klassen und der Mestizen. Doch nach einem Jahrzehnt verstand sich die neue «Revolutionäre Volksarmee» schon wieder als eine Kaste, als ein Staat im Staate, und putschte auch gegen demokratisch gewählte Regierungen.

Am Beispiel Boliviens lassen sich verschiedene Formen von Verschwörung und Pronunciamiento am besten veranschaulichen, und das nicht nur, weil dieses Land im Herzen Südamerikas die höchste Zahl von Staatsstreichen überhaupt aufweist – über 150 in 200 Jahren; sondern auch, weil in Bolivien eine ganze Reihe von politischen Entwicklungen begonnen hat, die später den ganzen Kontinent ergriffen haben: der linke Nationalismus mit seinen großen revolutionären Veränderungen (1952), der Versuch, über die Focus-Guerilla die Macht zu ergreifen (Che Guevara 1967), die Militarisierung der Regierungsmacht vor dem Hintergrund der von Washington gutgeheißenen Doktrin der Nationalen Sicherheit (ab 1970), die massive Beeinflussung der Politik durch den Drogenhandel (die bolivianische Coca-Junta 1980) und die friedliche Alternance demokratisch gewählter Regierungen (ab 1982 in La Paz). In den vergangenen sechzehn Jahren wechselte in La Paz viermal die Regierung und jeweils an eine andere Partei oder Parteienkoalition, ohne daß die Streitkräfte eingegriffen hätten. Auch in Bolivien sind die Zeiten für putschsüchtige Militärs schlechter geworden.

Die bolivianischen Militärputsche verliefen gewöhnlich ohne viel Blutvergießen und lange Zeit hindurch nach einem erprobten Muster. Eine Gruppe von Militärs mit Kommandogewalt verschwor sich gegen die amtierende Regierung, ob diese nun ein durch einen früheren Putsch an die Macht gekommenes de-facto-Regime oder aus demokratischen Wahlen hervorgegangen war. Die Verschwörer verabredeten einen Tag zum Losschlagen, zu einem «alzamiento en armas», einer Erhebung mit der Waffe in der Hand. Sich erheben bedeutete: die von den Verschwörern befohlenen Truppen formierten sich schwer bewaffnet, standen in Bereitschaft, zogen manchmal auch vor die Kasernen oder, in den seltensten Fällen, durch die Straßen der Hauptstadt in Richtung Regierungspalast. Doch meistens blieben die aufrührerischen Truppen in den Kasernen; an ihrer Statt erschienen nur die kommandierenden Generale und Obristen im Regierungspalast, informierten den Präsidenten der Republik über ihre Stärke und ließen diesen noch telefonieren, um zu erfahren, auf wie viele militärische Einheiten die Regierung überhaupt noch zählen könne. Gewöhnlich mußte sich der Präsident überzeugen, daß er militärisch den Verschwörern unterlegen war und Widerstand zwecklos gewesen wäre. Die Putschisten gaben dem Präsidenten Gelegenheit, sich in eine ausländische Botschaft zu flüchten.

Botschaften iberoamerikanischer Länder haben innerhalb Lateinamerikas das Recht, Asyl zu gewähren. Wenn es sich bei der gestürzten Regierung um ein ziviles, von Parteien getragenes Kabinett handelte, wurden auch die Parteiführer und einige wichtige Minister in die Botschaften geschickt. Die übrigen Politiker wurden zur politischen Abstinenz verpflichtet. Hin und wieder, bei Widerstand, gab es einige Tote, unter denen sich auch in den Putsch nicht eingeweihte Militärs befinden konnten. Einer der Verschwörer-Militärs proklamierte sich als neuer Präsident, versprach die angeblich vom Chaos bedrohte Ordnung wiederherzustellen und das Vaterland aus der gefährlichen Krise, in die es von der gerade abgesetzten Regierung gebracht worden wäre, herauszuführen. Die Errettung des Vaterlandes sei ja schließlich die vornehmste Aufgabe der Streitkräfte. Gar nicht selten versuchten einige der Mitverschwörer, die glaubten, bei der Verteilung der Macht zu kurz gekommen zu sein, dann gegen ihre Komplizen zu putschen. Oft ging es einfach nur um die Macht, obgleich dieses pure Machtstreben von den putschenden Militärs oder ihren zivilen Beratern in einige politische Parolen, gewöhnlich nur noch ermüdende Gemeinplätze, gekleidet wurde.

Andere militärische Erhebungen richteten sich auch in Bolivien gegen
ein von der Regierung angekündigtes oder bei ihr vermutetes politisches
Projekt. Als 1971, während der Regierung des Generals Juan José Torres,
Bolivien einen klaren Linkskurs einschlug, da fürchteten die Wohlhabenden, vor allem auch die deutschstämmigen Geschäftsleute und Grundbe-
sitzer im Osten des Landes, um ihren Besitz und scheuten keine Mühe
und keine Kosten, um Generale und Offiziere zu überreden, den von dem
damaligen Oberst Hugo Banzer vorbereiteten Putsch gegen die linke, von
den Ideen der Volksfront im Nachbarland Chile beeinflußte Regierung
Torres' zu unterstützen. Banzer mußte sich nach erfolgreichem Staatsstreich durch wirtschaftspolitische Maßnahmen seiner Regierung für die
Hilfe aus der Ostprovinz erkenntlich zeigen, auch auf Kosten anderer
Wirtschaftsgruppen. Die Ausgaben für den Staatsstreich hatten sich ge-
lohnt; die Kosten wurden den Spendern doppelt und dreifach zurücker-
stattet.

Über einen Putsch an die Macht zu kommen, gilt manchen Militärs in
Südamerika allerdings als ein Makel. Banzer ist das beste Beispiel dafür; es
ärgerte den in seiner siebenjährigen Diktatur wirtschaftlich für sein Land
durchaus erfolgreichen General, in der Welt vorwiegend als Diktator bekannt zu sein. Deshalb ruhte er nicht, bis er schließlich 1997 auf demo-
kratischem Weg zum Präsidenten Boliviens gewählt wurde. Dafür machte
er eine Reihe beachtlicher Konzessionen, unterstützte 1989 im zweiten
Wahlgang den Kandidaten Paz Zamora, der bei der ersten Runde weniger
Stimmen als er, Banzer, erhalten und der im Untergrund gegen seine
Diktatur gekämpft hatte.

Der Staatsstreich von Banzer im August 1971 kostete mehr Menschenleben, als die militärischen Verschwörer und ihre zivilen Hintermänner –
unter ihnen die Führer zweier großer politischer Parteien – erwartet hatten. Banzer konnte sich der Unterstützung oder zumindest der Passivität
der Militärs mit Kommandogewalt sicher sein. Der Präsident Torres, der
ein knappes Jahr zuvor eine dreiköpfige rechtsgerichtete Militärjunta gestürzt hatte, die ihrerseits wiederum erst am Morgen des gleichen Tages
an die Macht gekommen war – es war der denkwürdige 7. Oktober 1970,
an dem Bolivien fünf de-facto-Präsidenten hatte – dieser wohlmeinende,
vorwiegend für mehr soziale Gerechtigkeit kämpfende General Torres
konnte nicht mit der Solidarität seiner Kameraden im Militär rechnen. Sie
warfen ihm vor, die Straße den revolutionären Massen überlassen zu haben,
zu deren Zielen auch die Zerschlagung der Streitkräfte gehörte. Die Verschwörung Banzers war gut vorbereitet; man hatte nur nicht mit dem
kämpferischen Widerstand der Linken – Bergarbeiter, Mitglieder von Gewerkschaften, Studenten, Volksschullehrer – gerechnet. Diese Berufsgruppen hatten, unterstützt von linken und linksradikalen Parteien, schon mo-
natelang in der sogenannten «Asamblea del pueblo», der Volksversammlung,
getagt, dort ihre häufig utopischen Ziele verkündet und ihrem Verbünde-

ten, dem General Torres, das Regieren schwergemacht. Sie erhielten jetzt vom Innenminister Waffen und stellten sich in La Paz mutig dem putschenden Heer entgegen. Bei den Straßenkämpfen wurden zahlreiche linksgerichtete Zivilisten und einige Mitglieder der Streitkräfte getötet. Der Staatsstreich Banzers war trotz der nicht einkalkulierten Todesopfer ein klassischer südamerikanischer Militärputsch mit Unterstützung wichtiger Gruppen der zivilen Bevölkerung. Im Juli 1980 erlebte Bolivien dann einen atypischen Militärputsch. Eine Mitte-Links-Regierung sollte nach gewonnener Wahl die Regierung in La Paz übernehmen; da schlug die Führung der Streitkräfte zu. Den Putsch hatten der Oberkommandierende des Heeres, General García Meza, und der Chef des militärischen Geheimdienstes, Oberst Arze Gómez, vorbereitet, ohne Mitwirkung wichtiger Gruppen aus der zivilen Gesellschaft. Hingegen hatten sich die militärischen Verschwörer Berater aus dem Nachbarland Argentinien geholt. In Argentinien war damals eine Militärjunta an der Macht, die mehr Menschen als jede andere Militärregierung Lateinamerikas hatte ermorden lassen.[4] Die argentinischen Streitkräfte verfügten über ausgesprochene Folterexperten. Sie waren gerne bereit, auch von diesen einige ins Nachbarland zu schicken, in dem eine demokratisch gewählte Regierung amtierte und bereit war, die Macht an eine ebenfalls von der Bevölkerung gewählte, dazu noch gemäßigt linksgerichtete Regierung zu übergeben. Die Militärjunta in Buenos Aires mußte den Ausnahmefall Bolivien als einen dunklen Fleck auf der Landkarte des durchweg von Militärs beherrschten südlichen Lateinamerika empfinden.

Gleich nach dem gelungenen Putsch begann im Juli 1980 eine in Bolivien nie dagewesene Terrorwelle. García Meza und Arze Gómez ließen Politiker aus ihren Häusern und aus Versammlungen herausholen und, in einigen Fällen, an der Haustür erschießen. Andere wurden nach ihrer Festnahme mit in Bolivien bis dahin unbekannten Techniken gefoltert. Mehrere der Gefolterten sagten später aus, daß einige ihrer Peiniger Spanisch mit dem unverwechselbaren argentinischen Akzent gesprochen hätten. Bevor die Lehrmeister aus Buenos Aires nach La Paz gekommen waren, hatte man in bolivianischen Diktaturen auf eher altmodische, meist sehr handgreifliche Art die politischen Gefangenen mißhandelt. Man hatte sie geschlagen und getreten, manchmal auch die Treppen des Innenministeriums heruntergeworfen, wobei hin und wieder ein «Mißgeschick» passieren konnte und der Verhaftete die grobe Behandlung nicht überlebte. So erging es auch Banzers Mitputschisten und ehemaligem Innenminister, der sich, als er der Vorbereitung eines neuen Putsches, diesmal gegen Banzer selbst, verdächtigt wurde, bei einem solchen Treppensturz das Genick brach.

García Meza versuchte hingegen, systematisch Oppositionelle und Andersdenkende zu liquidieren. Wenige Monate nach dem Putsch überfielen Mitglieder eines für die Regierung arbeitenden paramilitärischen Kommandos eine Vorstandssitzung der sozialdemokratischen Bewegung der Revolutionären Linken (MIR) und erschossen neun der Anwesenden noch im Versammlungsraum. Sie verschonten nur die einzige weibliche Teilnehmerin, eine Abgeordnete, weil, wie sie erklärten, bolivianische Militärs Kavaliere seien und keine Frauen zu töten pflegten. García Meza blieb nur knapp zwei Jahre an der Macht. Washington akzeptierte diese Diktatur nicht: weniger aus grundsätzlichen politischen oder ethischen Motiven, sondern weil García Meza den Drogenhandel duldete, ja sogar förderte und mithalf, daß ausreichend Kokain aus Bolivien in den nordamerikanischen Kontinent gelangte. Die bolivianische Junta wurde dafür von den Drogenhändlern fürstlich belohnt und hat sich den Namen «Coca-Junta» redlich verdient.

Die Hauptverantwortlichen der grausamsten aller bolivianischen Diktaturen – García Meza und Arze Gómez – wurden in den neunziger Jahren gefaßt und ausgeliefert. Sie verbüßen lange Gefängnisstrafen, der eine in Bolivien und der andere in den Vereinigten Staaten. Hugo Banzer, 1997 in korrekten demokratischen Wahlen zum Präsidenten gewählt, leidet immer noch darunter, daß er auch jetzt noch in die Phalanx der südamerikanischen Militärdiktatoren der siebziger Jahre eingereiht wird und dort neben einem Pinochet und den Mitgliedern der grausamen argentinischen Militärjunta stehen muß. Er habe auch damals nicht die in Washington zu hörende These unterstützt, daß die Zukunft in Südamerika den Militärregimen und den de-facto-Regierungen gehöre. «Das hat wahrscheinlich Stroessner in Paraguay geglaubt, ich aber nie», sagte Banzer im Juni 1997 in einem Gespräch.[5] Schon im Dezember 1973 verbat sich der Staatssekretär im Innenministerium der Regierung Banzers, Freddy Vargas, einen Vergleich des Banzer-Regimes «mit der mörderischen Diktatur des Generals Pinochet. Das wäre eine Beleidigung für uns».[6]

Das Demokratieverständnis des Generals Banzer hat sich, wie das so vieler Militärs, langsam entwickelt. Im Dezember 1983, als zunehmend mehr Bolivianer mit der untätigen Regierung des Präsidenten Siles Zuazo unzufrieden waren, schlug er dem damaligen Vizepräsidenten Paz Zamora «einen verfassungsmäßigen Putsch» – was immer das auch sei – zum Sturz von Siles Zuazo vor.[7] Ein typisch bolivianischer «Golpe de cuartel» – ein Kasernenputsch – hatte Paz Zamora unter der Diktatur seines heutigen Verbündeten Banzer aus dem Gefängnis befreit. Als einige Offiziere sich in ihren Kasernen erhoben hatten, öffneten die Gefängnisbeamten die Zellentüren der politischen Häftlinge, damit diese fliehen konnten. Sie wollten es sich mit den möglichen Putschgewinnern und Machthabern des nächsten Tages, die ja diese Gefangenen sein konnten, nicht verderben.

Bolivien erlebte 1978 einen der nicht häufigen Militärputsche mit dem einzigen Ziel der Wiederherstellung demokratischer Verhältnisse. Der Heereschef, General Padilla, putschte gegen den autoritär regierenden General

Pereira, versprach die Ansetzung freier Wahlen, und ein halbes Jahr später konnten die Bolivianer frei ein demokratisches Parlament wählen. Eine originale Form des Putsches praktizierte der korrekt gewählte peruanische Präsident Fujimori im Frühjahr 1992. Es ist der sogenannte «autogolpe», der Selbstputsch. Mit Hilfe der Streitkräfte löste der Präsident die demokratischen Institutionen wie das Parlament auf und setzte zahlreiche Rechtsgarantien außer Kraft. Fujimori strebte nicht die Machtfülle eines Diktators an. Der pragmatische und wenig intellektuelle Peruaner japanischer Herkunft wollte nur einfacher regieren. Für ihn sind zahlreiche demokratische Grundrechte und die Kontrolle der Regierung durch das Parlament und die Justiz westlicher Unfug, der sich beim Regieren – beim, wie er das nennt, Wiederaufbau des Landes – höchst störend bemerkbar macht. Der Pragmatiker an der Spitze Perus wußte allerdings die Proteste im Ausland und die beginnende Unzufriedenheit im Innern richtig einzuschätzen, spürte die Wirtschaftssanktionen einiger Länder und schlug wieder den Weg zurück ein – zu einer zumindest formalen Demokratie. Fujimoris Selbstputsch an der Spitze der Regierung mit Hilfe des Militärs mißfiel in den demokratischen Nachbarländern Lateinamerikas und fand auch in den Vereinigten Staaten keinen Beifall. Ein gutes Jahr später versuchte der damalige Präsident von Guatemala, Serrano, ebenfalls einen Selbstputsch und scheiterte. Serrano mußte das Land verlassen; die ihn unterstützenden Militärs verloren, soweit sie sich nicht rechtzeitig von dem erfolglosen zivilen Putschisten abgesetzt hatten, ihre Kommandoposten.

Die lateinamerikanischen Streitkräfte haben sich in den vergangenen Jahrzehnten stark von außen, vor allem aus den Vereinigten Staaten, beeinflussen lassen. Diese Fremdbestimmung hat sich auch auf das politische Verhalten der Militärs nachhaltig ausgewirkt. Es ist nicht immer leicht nachzuweisen, in welchem Ausmaß die Militärs bei der gewaltsamen Eroberung der Macht von außen beeinflußt und unterstützt wurden; doch in einigen Fällen, wie in Chile 1973, wurden den Putschisten vom amerikanischen Geheimdienst CIA (Central Intelligence Agency) wichtige Weichen gestellt. Die meisten der erfolgreichen Putschmilitärs Lateinamerikas haben die *United States Army School of the Americas* in der Kanalzone von Panama besucht und dort eine Antiguerrilla-Ausbildung erhalten. Zunächst sollte diese Ausbildung auf Militärs aus Staaten mit konstitutioneller Regierung beschränkt sein, doch wurde diese Einschränkung aufgegeben, seitdem Politiker der Vereinigten Staaten eine Machtübernahme kommunistischer Guerrilleros oder weit linksstehender Parteien in einigen Ländern befürchteten.[8]

Geheimdienstler aus den Vereinigten Staaten haben in manchen Diktaturen – etwa in Uruguay und Brasilien – der dortigen Polizei und den Militärs auch moderne Verhör- und Foltermethoden beigebracht. Der Zusammenbruch der kommunistischen Regime überall auf der Welt hat den lateinamerikanischen Militärs ihre, vor allem für die Vereinigten Staaten, wichtigste Rolle genommen: Als Bollwerk gegen den Kommunismus werden sie nicht mehr gebraucht. Mit dem Kampf gegen die kommunistische Gefahr ließ sich, als in Chile, Nicaragua oder El Salvador ein Übergang zu einer kommunistisch bestimmten Regierung zumindest nicht auszuschließen war, auch mancher aus reiner Machtgier veranstaltete Militärputsch rechtfertigen.

Washington befürwortete seit Mitte der achtziger Jahre die Umwandlung von Diktaturen in demokratische Systeme. Das ist in einigen Ländern, wie in Paraguay, mit Hilfe von Verschwörungen und Militärputsch, in den meisten allerdings auf friedlichem Wege geschehen. Dabei hat in Argentinien die militärische Niederlage im Falklandkrieg, in Chile ein Irrtum im politischen Kalkül des Diktators Pinochet mitgeholfen. Im April 1996 erhob sich in Paraguay der General Lino Oviedo und jagte plötzlich vielen Menschen in lateinamerikanischen Ländern, vor allem den Politikern, einen heftigen Schrecken ein. Das Pronunciamiento von Oviedo scheiterte, obwohl es von anderen Militärs unterstützt wurde. Der General mußte aufgeben und wurde später zu zehn Jahren Gefängnis verurteilt.

Die Zeit der Pronunciamientos scheint auch im iberischen Amerika zunächst einmal vorbei zu sein, was nicht heißen will, daß die Gefahr bewaffneter militärischer Eingriffe in den politischen Prozeß endgültig überwunden sei. Die Vereinigten Staaten ziehen derzeit offensichtlich demokratische Länder den Diktaturen in Lateinamerika vor, haben sogar mit ihrem Militär und ihrer Polizei die Rückkehr zur Demokratie in Haiti garantiert. Eine Änderung der amerikanischen Interessen und der Lateinamerika-Politik Washingtons könnte die Chancen für putschlüsterne Militärs allerdings wieder verbessern. Die Europäische Union und einige europäische Länder, wie Spanien, haben ihre Verträge für wirtschaftliche Zusammenarbeit und günstige Kreditvergaben an eine sogenannte Demokratie-Klausel gebunden: Installiert sich in dem begünstigten Land ein autoritäres Regime, verlieren die Verträge und Kreditzusagen ihre Gültigkeit. Wirtschaftlich gescheitert sind zuletzt die Versuche, die zu linksgerichteten Militärregierungen führten, deren Ziel wiederum eine tiefgreifende Neuverteilung des Reichtums war, wie sie das Militärregime in Peru von 1968 bis 1980 anstrebte.

Die großen sozialen Unterschiede und die hohe Zahl der in Armut lebenden Menschen in den meisten lateinamerikanischen Staaten können aber auch in Zukunft gerade junge, idealistische Militärs veranlassen, mit nicht-demokratischen Mitteln gegen das fast überall herrschende marktwirtschaftliche System vorzugehen. Die Institutionen des demokratischen Staates dürften sich nach und nach verfestigen; ohne Umstrukturierungen der Gesellschaft und eine fortschreitende Einbindung der Menschen in ein soziales Netz wird die derzeitige politische Landschaft Lateinamerikas, in der nur das diktatorische Kuba aus der Reihe tanzt, schwerlich von

Dauer sein. Menschen, die wenig oder nichts zu verlieren haben, lassen sich leicht auf politische Abenteuer ein. Staatsstreiche, die von einem Teil der Bevölkerung mitgetragen werden, können auch in Zukunft in Lateinamerika noch Erfolg haben. Das Pronunciamiento, bei dem es vorwiegend um Machtansprüche einzelner Militärs geht, ist in Europa nicht mehr denkbar; im hispanischen Amerika dürften ebenfalls die Aussprachen mit der Waffe in der Hand und der Kasernenputsch bald der Vergangenheit angehören.

Literatur und Anmerkungen

Haremsverschwörung unter Ramses III.
Die lange Tradition der Umsturzversuche –
vom Alten Reich bis zu den Ptolemäern in Ägypten
Dietrich Wildung

Pascal Vernus, Affaires et scandales sous les Ramsès. La crise des valeurs dans l'Égypte du Nouvel Empire, Paris 1993, 141–157, 230–234.
Erik Hornung, Der ägyptische Mythos von der Himmelskuh. Eine Ätiologie des Unvollkommenen, Freiburg-Göttingen 1982.

1 Adolf Erman, Die Literatur der Ägypter, Leipzig 1923, 40–41.
2 Pyramidentexte, Sprüche 457 und 335, nach Adolf Erman, a. a. O., 26–27.
3 Nach Hellmut Brunner, Altägyptische Weisheit, Zürich-München 1988, 169–177.
4 A. a. O.
5 A. a. O.
6 A. a. O.
7 Nach James Henry Breasted, Ancient Records of Egypt I, Chicago 1906, 142, § 310.
8 Nach Hellmut Brunner, a. a. O., 141.
9 «Loyalistische Lehre», nach Hellmut Brunner, a. a. O., 180.
10 Nach Hellmut Brunner, a. a. O., 191.
11 Nach Siegfried Schott, Altägyptische Liebeslieder, Zürich 1950, 126, Nr. 77; 127, Nr. 81; 129, Nr. 86.
12 Nach Pascal Vernus, Affaires et scandales sous les Ramsès, Paris 1993, 142–157.
13 Nach Pascal Vernus, a. a. O., 142–157.
14 Nach Günther Roeder, Urkunden zur Religion des alten Ägypten, Jena 1923, 143.
15 Nach Günther Roeder, a. a. O., 122.

Alkibiades und der Sturz der athenischen Demokratie.
Die dramatischen Ereignisse des Jahres 411 v. Chr.
Klaus Bringmann

1. Quellen
Thukydides, Geschichte des Peloponnesischen Krieges, hrsg. u. übers. von G. P. Landmann, Zürich-München 1960 (dtv 6019–6020).
Plutarch, Große Griechen und Römer, übers. u. erläut. von K. Ziegler, Zürich-München 1955 (dtv 2069).
E. Kalinka, Die pseudoxenophontische Ἀθηναίων Πολιτεία, Leipzig-Berlin 1913.
Aristoteles, Der Staat der Athener (Kap. 29–33), übers. und hrsg. von M. Dreher (Reclam 3010).

2. Moderne Darstellungen
Ed. Meyer, Geschichte des Altertums IV 2, Stuttgart 1956[4], Darmstadt 1975[6].
W. Dahlheim, Die griechisch-römische Antike, Bd. I Herrschaft und Freiheit. Die Ge-

schichte der griechischen Stadtstaaten, Paderborn 1992 (UTB 1646) = ders., Die Antike.

Griechenland und Rom von den Anfängen bis zur Expansion des Islam, Paderborn 1994 (im Teil Griechenland weitgehend identisch mit dem erstgenannten Werk).

J. Hatzfeld, Alcibiade. Étude sur l'histoire d'Athènes à la fin du Ve siècle, Paris 1951[2].

E. F. Bloedow, Alcibiades Reexamined, Historia Einzelschriften 21, 1973.

W. M. Ellis, Alcibiades, London 1989.

J. Bleicken, Die athenische Demokratie, Paderborn 1994[2]; Taschenbuchausgabe der 1. Auflage ohne Forschungsteil, Paderborn 1991[3] (UTB 1330).

D. Flach, Der oligarchische Staatsstreich in Athen vom Jahre 411, in: Chiron 7, 1977, 9–33.

1 Plutarch, Alkibiades 11, 1 f. Diese und die übrigen Übersetzungen folgen im wesentlichen den in der Bibliographie genannten.

2 Plutarch, Alkibiades 11, 3 = Euripides, Frg. 3 (Diehl).

3 Thukydides II 65, 9.

4 Thukydides II 65, 3.

5 Thukydides II 65, 4.

6 Die Feste fanden im Februar/März und Januar/Februar statt.

7 Näheres bei J. Bleicken, Die athenische Demokratie (1994[2]), 138 f.

8 Ps.-Xenophon, Der Staat der Athener I 13.

9 Ps.-Xenophon, Der Staat der Athener II 20.

10 Thukydides VI 18, 3 f.

11 Thukydides VI 27, 3.

12 Thukydides VI 28, 2.

13 Thukydides VI 15, 2–4.

14 Plutarch, Alkibiades 22, 8.

15 Plutarch, Alkibiades 23, 1 f.

16 Thukydides VIII 46, 4.

17 Plutarch, Alkibiades 24, 5 f.

18 Thukydides VIII 47, 1.

19 Thukydides VI 89, 6.

20 Lysias XIX 45 ff.; 59; XXVI 22.

21 Thukydides VIII 47, 2.

22 Thukydides VIII 48, 2 f.

23 Thukydides VIII 52, 5–53, 3.

24 Thukydides VIII 56, 5.

25 Thukydides VIII 63, 4.

26 Thukydides VIII 65, 2 f.

27 Thukydides VIII 66, 1.

28 Thukydides VIII 66, 2–5.

29 Thukydides VIII 67, 3.

30 Thukydides VIII 69, 2–70, 1.

31 Thukydides VIII 68, 4.

Die Ermordung des Dictators Caesar und das Ende der römischen Republik
Martin Jehne

A. Alföldi, Caesar in 44 v. Chr., I: Studien zu Caesars Monarchie und ihren Wurzeln, aus dem Nachlaß hg. v. H. Wolff/E. Alföldi-Rosenbaum/G. Stumpf, Antiquitas III 16, Bonn 1985.

J. P. V. D. Balsdon, Die Iden des März, in: R. Klein (Hg.), Das Staatsdenken der Römer, Wege der Forschung 46, Darmstadt 1966, 597–622 [engl. 1958].

K. Christ, Caesar. Annäherungen an einen Diktator, München 1994.

M. L. Clarke, The Noblest Roman. Marcus Brutus and His Reputation, London 1981.

W. Dahlheim, Julius Cäsar. Die Ehre des Kriegers und der Untergang der Römischen Republik, München 1987.

Ders., Die Iden des März 44 v. Chr., in: A. Demandt (Hg.), Das Attentat in der Geschichte, Köln u. a. 1996, 39–59.

M. H. Dettenhofer, Perdita Iuventus. Zwischen den Generationen von Caesar und Augustus, Vestigia 44, München 1992.

R. Etienne, Les Ides de Mars. L'assassinat de César ou de la dictature?, Paris 1973.

M. Gelzer, Caesar. Der Politiker und Staatsmann, 6. Aufl. Wiesbaden 1960.

H. Gesche, Caesar, Erträge der Forschung 51, Darmstadt 1976.

U. Gotter, Der Diktator ist tot! Politik in Rom zwischen des Iden des März und der Begründung des Zweiten Triumvirats, Historia Einzelschrift 110, Stuttgart 1996.

N. Horsfall, The Ides of March. Some New Problems, in: Greece and Rome 21, 1974, 191–199.

M. Jehne, Der Staat des Dictators Caesar, Passauer historische Forschungen 3, Köln u. a. 1987.

Ders., Caesar, München 1997.

Chr. Meier, Caesar, Berlin 1982.

E. Rawson, Cassius and Brutus. The memory of the Liberators, in: I. S. Moxon/J. D. Smart/A. J. Woodman (Hgg.), Past Perspectives. Studies in Greek and Roman Historical Writing, Cambridge 1986, 101–119.

W. Schmitthenner, Das Attentat auf Caesar am 15. März 44 v. Chr., in: Geschichte in Wissenschaft und Unterricht 13, 1962, 685–695.

H. Strasburger, Caesar im Urteil seiner Zeitgenossen, erweiterte Neuaufl. Darmstadt 1968 [zuerst 1953].

ders., Ciceros philosophisches Spätwerk als Aufruf gegen die Herrschaft Caesars, Spudasmata 45, Hildesheim 1990.

R. Syme, Die Römische Revolution, München 1992 [engl. 1939, 2. Aufl. 1952].

W. Will, Julius Caesar. Eine Bilanz, Stuttgart u. a. 1992.

E. Wistrand, The Policy of Brutus the Tyrannicide, Acta regiae societatis scientiarum et litterarum Gothoburgensis, Humaniora 18, Göteborg 1981.

Z. Yavetz, *Existimatio, fama,* and the Ides of March, in: Harvard Studies in Classical Philology 78, 1974, 35–65.

1 Sueton, Caesar 80, 4; Eutropius 6, 25; Orosius 6, 17, 2. Nikolaos von Damaskos, Fragmente der griechischen Historiker 90, Fragment 130, 59 spricht sogar von über 80, doch ist seine Darstellung teils aufgrund der literarisch motivierten Dramatisierung, teils aufgrund der klar gegen die Verschwörer gerichteten Tendenz stets mit besonderer Vorsicht zu behandeln.

2 Die 23 Dolchstöße sind überliefert bei Sueton, Caesar 82, 2; Livius, Inhaltsangaben 116; Florus 2, 13, 95; Plutarch, Caesar 66, 14; Appian, Bürgerkriege 2, 117 (493); nur Nikolaos v. Dam., FGrHist 90 F 130, 44 vermerkt 35. Die Attentäter hatten vereinbart, daß jeder den Dictator treffen sollte (Plutarch, Caesar 66, 11), ausgenommen Trebonius, der im Vorraum des Versammlungsgebäudes den Antonius aufhalten sollte (s. u. Anm. 62). Daraus folgert Etienne, Ides 152 f., es seien auch nur 24 Verschwörer gewesen, aber er übersieht dabei, daß es offenbar auch Angehörige des Komplotts gab, die dem Ritterstand angehörten und folglich im Senat gar nicht zugelassen waren. Immerhin dürfte die Zahl der tatsächlichen Attentäter etwa zwanzig betragen haben, doch war die Situation, wie noch berichtet werden wird, zu chaotisch, als daß man von jeder Wunde auf genau einen Attentäter als Urheber schließen könnte.

3 Cassius an Cicero, in: Cicero, Briefe an seine Freunde 15, 19, 4.

4 Cicero spricht von *viri boni*. Dies sind in Ciceros Perspektive die Männer mit der richtigen politischen Einstellung, also die Befürworter einer vom Senat aus gesteuerten traditionellen Republik.

5 Cicero, Briefe an Atticus 13, 40, 1.

6 Vgl. Ciceros Marcellus-Rede vom Herbst 46, dazu etwa G. Dobesch, Politische Bemerkungen zu Ciceros Rede Pro Marcello, in: E. Weber/G. Dobesch (Hgg.), Römische Geschichte, Altertumskunde und Epigraphik. Festschrift f. A. Betz z. Vollendung seines 80. Lebensjahres, Wien 1985, 153–231.

7 Vgl. zu Sullas Maßnahmen Th. Hantos, Res publica constituta. Die Verfassung des Dictators Sulla, Hermes Einzelschriften 50, Stuttgart 1988.

8 Zu Caesars Umgang mit den Bürgerkriegsgegnern vgl. M. Jehne, Caesars Bemühungen um die Reintegration der Pompeianer, in: Chiron 17, 1987, 313–341.

9 Sueton, Caesar 77.

10 Sueton bezog den Ausspruch nach eigenen Angaben aus einer Sammlung von Titus Ampius Balbus, der ein eingefleischter Gegner Caesars war und dessen Schrift wohl den Zweck verfolgte, seinen Feind in einem betont negativen Licht zu zeigen. Bei solchen Herabsetzungsschriften war man in Rom nicht zimperlich und nahm es mit der Wahrheit nicht genau. Hinzu kommt, daß das Werk wahrscheinlich erst nach Caesars Tod entstand, was größere Freiheit bei der ‹Bearbeitung› des Materials sicherte und zudem in den Kontext der Auseinandersetzungen über die Beurteilung von Caesars Herrschaft führt.

11 Die Datierung des sog. großen Senatsconsults ist nicht ganz klar, doch hat G. Dobesch, Nochmals zur Datierung des großen Senatskonsultes, in: Jahreshefte des Österreichischen Archäologischen Institutes 49 Beiheft 2, 1971, 50–60, den Zeitansatz an das Ende des Jahres 45 überzeugend begründet.

12 Cassius Dio 44, 8, 3; Plutarch, Caesar 60, 6–8.

13 Cassius Dio 44, 8, 1.

14 Cicero spielt darauf an, daß Q. Fabius Maximus nicht wie üblich seit Jahresbeginn Consul gewesen, sondern es erst im Herbst 45 geworden war, nachdem Caesar durch den gänzlich unüblichen freiwilligen Rücktritt vom Consulat den Platz freigemacht hatte.

15 Die römischen Volksversammlungen, in denen abgestimmt wurde, waren alle in sich nach Stimmkörperschaften gegliedert, und es gab mehrere Typen solcher Untergliederungen. Die Tributcomitien basierten auf den 35 Tribus, den ursprünglich regional geschlossenen, im Laufe der Zeit aber zunehmend zerrissenen Wohngebieten der Bürger.

16 Die Untereinheiten der Centuriatcomitien waren die 193 Centurien, in die die Bürger primär nach ihrem Vermögen eingeteilt waren.

17 Cicero, Briefe an seine Freunde 7, 30, 1 f. (an Curius).

18 Vgl. dazu A. W. J. Holleman, Pope Gelasius I and the Lupercalia, Amsterdam 1974.

19 Cicero, Philippische Reden 2, 85–87. Vgl. Sueton, Caesar 79 2; Velleius Paterculus 2, 56, 4; Plutarch, Caesar 61, 1–7; Antonius 12, 1–4; Appian, Bürgerkriege 2, 109 (456 f.); Cassius Dio 44, 11, 2 f.; Florus 2, 13, 12.

20 Im Januar 44 war Caesars Statue auf der Rednertribüne über Nacht mit einem Diadem bekränzt worden, und Caesar selbst hatte man bei der Rückkehr vom Albanerberg mit Rex-Rufen empfangen, vgl. dazu knapp Gelzer, Caesar 295 f.

21 Anders Nikolaos v. Dam., FGrHist 90 F 130, 71–73, der stärkere Zustimmung aus dem Volke beschreibt und sogar behauptet, die späteren Caesarmörder Cassius und Casca hätten sich an dem Diademangebot beteiligt – eine isolierte Version, die ganz geprägt ist von dem Bedürfnis, Caesar von jedem Tyrannenvorwurf freizusprechen und seine Gegner zu belasten.

22 Ob Caesar nun das Königtum wirklich anstrebte oder ob er es nur in ostentativer Weise

zurückweisen wollte, ist in der Forschung umstritten. Vgl. zu den verschiedenen Hypothesen Gesche, Caesar 154–161; Jehne, Staat 316–318.

23 Am 9. Februar 44 war Caesar noch designierter Dictator auf Lebenszeit (Josephus, Jüdische Altertümer 14, 10, 7 [211]), am 15. Februar hatte er das Amt angetreten (Cicero, Philippische Reden 2, 87); vgl. Gelzer, Caesar 296 f. In einer neueren Inschrift aus Sardes ist die lebenslängliche Dictatur zum ersten Mal epigraphisch belegt, und zwar für den 4. März 44, vgl. P. Herrmann, Rom und die Asylie griechischer Heiligtümer. Eine Urkunde des Dictators Caesar aus Sardeis, in: Chiron 19, 1989, 133 f. (Z. 5; 31–33), dazu 139–141.

24 Caesar hatte die Zahl der Praeturen in mehreren Schritten von 8 bis auf 16 Stellen erhöht, vgl. dazu knapp Jehne, Staat 372.

25 Plutarch, Brutus 7, 1; 4; 8, 6; Caesar 62, 4 f.; Appian, Bürgerkriege 2, 112 (466 f.).

26 Vgl. etwa K. Bringmann, Der Diktator Caesar als Richter? Zu Ciceros Reden ‹Pro Ligario› und ‹Pro rege Deiotaro›, in: Hermes 114, 1986, 72–81.

27 Cassius Dio 43, 47, 5.

28 Pontius Aquila war als Volkstribun im Herbst 45 ostentativ sitzen geblieben, als Caesar bei seinem großen Triumphzug, den er nach seinem erfolgreichen Kampf gegen die Pompeius-Söhne in Spanien feierte, an ihm und den anderen Senatoren vorbeigefahren war, und hatte so sein Mißfallen über diesen Triumph über Bürger – statt über auswärtige Feinde – bekundet; Caesar hatte daraufhin höhnisch gerufen: «Fordere doch, Tribun Aquila, von mir die Republik zurück!» (Sueton, Caesar 78, 2). Etienne, Ides 159 vermutet, Aquila sei mit Landkonfiskationen bestraft worden, doch vgl. dagegen Jehne, Staat 282 Anm. 71.

29 Bei Plutarch, Brutus 10, 1–3 wird dafür die Begründung geboten, verschiedene potentielle Mitverschwörer hätten nicht mittun wollen, wenn nicht Brutus teilnahm. Auch wenn das richtig sein sollte, wird im Verhalten des Cassius jedenfalls deutlich, daß die Rivalität bezüglich der Stadtpraetur längst unwichtig geworden war.

30 Dies gilt vor allem für Decimus Brutus und Gaius Trebonius, natürlich auch für Marcus Brutus.

31 Daß auch eigensüchtige Motive eine Rolle spielten, ist klar, doch sollte man sie nicht so hoch bewerten wie tendenziell D. F. Epstein, Caesar's Personal Enemies on the Ides of March, in: Latomus 46, 1987, 566–570, und R. H. Storch, Relative Deprivation and the Ides of March. Motive for murder, in: Ancient History Bulletin 9, 1995, 45–52, denn eine solch breite, parteiübergreifende Allianz konnte nicht nur auf ganz individuellen Enttäuschungen und Gewinnerwartungen basieren.

32 Daß er der einzige Attentäter mit hehren Motiven war, soll sogar Antonius erklärt haben (Plutarch, Brutus 29, 7). Zur Geschichte des Brutus vgl. v. a. Dettenhofer, Iuventus 99–119; 192–211; 232–247.

33 Vgl. zu Cato R. Fehrle, Cato Uticensis, Impulse der Forschung 43, Darmstadt 1983.

34 Plutarch, Cato der Jüngere 66, 2.

35 Zu den Lobschriften auf Cato und zu Caesars ‹Anticato› knapp Jehne, Staat 265–268.

36 Vgl. dazu Dettenhofer, Iuventus 208.

37 Vgl. dazu, insbesondere zu den massiv auf die Ahnen orientierten Begräbnisfeierlichkeiten, E. Flaig, Die *Pompa Funebris*. Adlige Konkurrenz und annalistische Erinnerung in der Römischen Republik, in: O. G. Oexle (Hg.), Memoria als Kultur, Göttingen 1995, 115–148.

38 Nepos, Atticus 18, 3; Cicero, Briefe an Atticus 13, 40, 1; Philippische Reden 2, 26.

39 Cassius Dio 44, 12, 3; Plutarch, Brutus 9, 6 f.; Caesar 62, 7; Sueton, Caesar 80, 3; Appian, Bürgerkriege 2, 112 (469).

40 Plutarch, Brutus 8–10; Caesar 62, 8; Appian, Bürgerkriege 2, 113 (470–472). Nach Cassius Dio 44, 14, 1 f. war Brutus der Urheber.

41 S. o. Anm. 1.

42 Plutarch, Brutus 12, 8; Appian, Bürgerkriege 2, 114 (475). Vgl. Gelzer, Caesar 301.

43 Sueton, Caesar 84, 2; 86, 1; Cassius Dio 44, 50, 1; Appian, Bürgerkriege 2, 124 (520); 145 (604).

44 Nikolaos v. Dam., FGrHist 90 F 130, 66 hält dies zu Recht für bemerkenswert, ebenso Appian, Bürgerkriege 2, 114 (475).

45 Vgl. die Zusammenstellung von Etienne, Ides 153–160.

46 Vgl. zu D. Brutus Dettenhofer, Iuventus 183–192; 256–262.

47 Vgl. Gotter, Diktator 57 f., zur Bedeutung der Bestimmungen von Caesars Testament.

48 Dies ist gesichert durch die im Herbst 46 gehaltene Rede Ciceros für Marcellus (21 f.).

49 Sueton, Caesar 75, 4.

50 Sueton, Caesar 86, 1; Appian, Bürgerkriege 2, 107 (444); 109 (455); 118 (498); Cassius Dio 44, 7, 4; Nikolaos v. Dam., FGrHist 90 F 130, 22 (80); Velleius Paterculus 2, 57, 1.

51 Cassius Dio 44, 6, 1; 7, 4. Auch Caesars Freunde sollen ihm eine Leibwache angeboten habe, die er aber ebenfalls zurückwies (Plutarch, Caesar 57, 7; vgl. Appian, Bürgerkriege 2, 109 [454 f.]; Velleius Paterculus 2, 57, 1).

52 Sueton, Caesar 87; Plutarch, Caesar 63, 7; Appian, Bürgerkriege 2, 115 (479).

53 Plutarch, Caesar 57, 7; Sueton, Caesar 86, 2; Velleius Paterculus 2, 57, 1; Appian, Bürgerkriege 2, 109 (455).

54 Vgl. dazu J. Malitz, Caesars Partherkrieg, in: Historia 33, 1984, 21–59.

55 Sueton, Caesar 80, 4; Nikolaos v. Dam., FGrHist 90 F 130, 81.

56 Vor einigen Jahren ist erwogen worden, ob nicht die Tatsache, daß an den Iden des März das Fest der Anna Perenna gefeiert wurde, an dem sich die Teilnehmer vor die Tore der Stadt begaben und unter reichlichem Alkoholkonsum einen entspannten, ausgelassenen Tag verbrachten (Ovid, Fasten 3, 522–710), für die Wahl des Termins eine Rolle spielte, vgl. Horsfall, Ides 196 f.; J. Cressey, Why the Ides of March?, in: Liverpool Classical Monthly 7, 1982, 60. Doch ist in unseren Berichten nirgendwo zu greifen, daß Rom gewissermaßen entvölkert gewesen wäre, daß also die breiteren Schichten, die möglicherweise an Caesar hingen, wegen Abwesenheit nicht reaktionsfähig gewesen seien. Insgesamt gibt es daher für die Hypothese keine hinreichenden Anhaltspunkte, vgl. J. M. Carter, The Ides of March and Anna Perenna, in: Liverpool Classical Monthly 7, 1982, 89; J. L. Moles, The Ides of March and Anna Perenna, ebenda 89 f.

57 Cassius Dio 44, 16, 2; Velleius Paterculus 2, 58, 2; Plutarch, Brutus 12, 5; Nikolaos v. Dam., FGrHist 90 F 130, 98.

58 Plutarch, Caesar 63, 8–11; Sueton, Caesar 81, 3 f.; Cassius Dio 44, 17, 1–3; Appian, Bürgerkriege 2, 115 (480); Velleius Paterculus 2, 57, 1; Obsequens 67; Nikolaos v. Dam., FGrHist 90 F 130, 83.

59 Unsere Überlieferung enthält Anekdoten dazu, wie die Verschwörer an den Iden durch zufällige Bemerkungen und belanglose Handlungen in Schrecken versetzt wurden, weil sie sie als Hinweise auf möglichen Verrat interpretierten, vgl. Plutarch, Brutus 15, 1–4; 16, 2–5; Appian, Bürgerkriege 2, 115 (482; 484); 116 (487); s. auch Cassius Dio 44, 18, 1.

60 Sueton, Caesar 82, 4; Plutarch, Caesar 64, 1–6; Appian, Bürgerkriege 2, 115 (481); Cassius Dio 44, 18, 1; Nikolaos v. Dam., FGrHist 90 F 130, 84.

61 Plutarch, Caesar 64, 6–65, 4; Cassius Dio 44, 18, 3; Nikolaos v. Dam., FGrHist 90 F 130, 66.

62 Cassius Dio 44, 19, 1; 3; Appian, Bürgerkriege 2, 117 (490); Plutarch, Brutus 17, 2; Antonius 13, 4. Plutarch, Caesar 66, 4 schreibt diese Ablenkungsaufgabe Decimus Brutus zu, doch ist dies sicher ein Irrtum.

63 Vgl. dazu A. A. Bell Jr., Fact and *Exemplum* in Accounts of the Deaths of Pompey and Caesar, in: Latomus 53, 1994, 824–827.

64 Sueton, Caesar 82, 1 f. Vgl. auch Plutarch, Caesar 66, 1–14; Brutus 17, 1–7; Appian, Bürgerkriege 2, 117 (490–493); Cassius Dio 44, 19, 1–5; Nikolaos v. Dam., FGrHist 90 F 130, 86–90.

65 Allenfalls zwei Senatoren versuchten kurz, Caesar beizustehen, so jedenfalls Nikolaos

v. Dam., FGrHist 90 F 130,96. Doch angesichts von Nikolaos' geringer Verläßlichkeit im Detail ist das gegen den einhelligen Tenor der anderen Quellen dubios, zudem ohnehin sekundär in Anbetracht der Tatsache, daß jedenfalls Hunderte von Anhängern nichts taten.

66 Plutarch, Caesar 67, 1; Brutus 18, 1; Cassius Dio 44, 20, 1 f.; Appian, Bürgerkriege 2, 118 (494).
67 Sueton, Caesar 82, 4.
68 Sueton, Caesar 82, 3; Nikolaos v. Dam., FGrHist 90 F 130, 97.
69 Brutus soll entsprechende Erwägungen im Vorfeld streng zurückgewiesen haben (Velleius Paterculus 2, 58, 2; Plutarch, Brutus 18, 3 f.; Antonius 13, 3; Appian, Bürgerkriege 2, 114 [478]; Cassius Dio 44, 19, 2).
70 Zur Haltung der Plebs vgl. etwa Z. Yavetz, *Plebs* and *Princeps,* Oxford 1969, 38–82.
71 D. Brutus an M. Brutus und Cassius, in: Cicero, Briefe an seine Freunde 11, 1.
72 Vgl. zu den Geschehnissen von Caesars Tod bis zur endgültigen Machtübernahme der Caesarianer in Rom jetzt vor allem Gotter, Diktator. Für die ganze Periode bis Philippi vgl. nach wie vor den Klassiker von Syme, Revolution 90–190.

Die «lange Machtergreifung» der Karolinger.
Der Staatsstreich gegen die Merowinger in den Jahren 747–771
Michael Richter

Neueste Literatur, aus der frühere Arbeiten erschlossen werden können:

Matthias Becher, ‹Drogo und die Königserhebung Pippins›, Frühmittelalterliche Studien 23, 1989, 131–153.
Matthias Becher, ‹Neue Überlegungen zum Geburtsdatum Karls des Großen›, Francia 19, 1992, 37–30.
Karl Brunner, Oppositionelle Gruppen im Karolingerreich, Wien-Graz-Köln 1979.
Eugen Ewig, Die Merowinger und das Frankenreich, Stuttgart 1988.
Michael J. Enright, Iona, Tara and Soissons, The origin of the royal anointing ritual (Arbeiten zur Mittelalterforschung 17), Berlin-New York 1985.
Jörg Jarnut, ‹Quierzy und Rom. Bemerkungen zu den «Promissiones donationis» Pippins und Karls›, Historische Zeitschrift 220, 1975, 265–297.
Jörg Jarnut, ‹Wer hat Pippin zum König gesalbt?›, Frühmittelalterliche Studien 16, 1982, 45–57.
Jörg Jarnut, ‹Ein Bruderkampf und seine Folgen: die Krise des Frankenreiches (768–771)›, in: Herrschaft, Kirche, Kultur. Beiträge zur Geschichte des Mittelalters (FS F. Prinz), hg. von G. Jenal u. a., Stuttgart 1993, 165–176.
Rudolf Schieffer, Die Karolinger, Stuttgart 1992.
Georgine Tangl, ‹Die Sendung des ehemaligen Hausmeiers Karlmann in das Frankenreich im Jahre 754 und der Konflikt der Brüder›, Quellen und Forschungen aus italienischen Archiven und Bibliotheken 40, 1960, 1–42.

1 Annales regni Francorum, Die Reichsannalen, Quellen zur karolingischen Reichsgeschichte, erster Teil, übers. v. Reinhold Rau, Darmstadt 1955, S. 14 f.
2 Fredegar, Continuationes, Quellen zur Geschichte des 7. und 8. Jahrhunderts, übers. v. Andreas Kusternig u. a., Darmstadt 1982, S. 298 (Übersetzung leicht modifiziert).
3 Ibid. 322 ff.
4 Monumenta Germaniae Historica, Epistolae, Bd. 3, Berlin 1957, 560 ff.
5 Monumenta Germaniae Historica, Die Urkunden der Karolinger I, Berlin 1956, 74 f.

Vater und Sohn im Konflikt.
Die Absetzung Heinrichs IV.
Theo Kölzer

Quellen

Quellen zur Geschichte Kaiser Heinrichs IV., hg. von Franz-Josef Schmale und Irene Schmale-Ott (Ausgewählte Quellen zur deutschen Geschichte des Mittelalters. Freiherr vom Stein-Gedächtnisausgabe, 12; Darmstadt ³1974); darin v. a.: Die Briefe Heinrichs IV. (S. 51–141) und die *Vita Heinrici IV. imperatoris* (S. 407–467).

[Ekkehard v. Aura:] Frutolf und Ekkehards Chroniken und die anonyme Kaiserchronik, hg. von Franz-Josef Schmale und Irene Schmale-Ott (Ausgewählte Quellen zur deutschen Geschichte des Mittelalters. Freiherr vom Stein-Gedächtnisausgabe, 15; Darmstadt 1972).

Literatur

Boshof, Egon: Heinrich IV. Herrscher an einer Zeitenwende (Persönlichkeit und Geschichte, 108/109; Göttingen-Zürich-Frankfurt 1979).

Ders.: Die Salier (Stuttgart-Berlin-Köln-Mainz 1987).

Goez, Elke: Der Thronerbe als Rivale. König Konrad, Kaiser Heinrichs IV. älterer Sohn, in: Historisches Jahrbuch 116 (1996), S. 1–49.

Huth, Volkhard: Reichsinsignien und Herrschaftsentzug. Eine vergleichende Skizze zu Heinrich IV. und Heinrich VII. im Spiegel der Vorgänge von 1105/6 und 1235, in: Frühmittelalterliche Studien 26 (1992), S. 287–330.

Meyer von Knonau, Gerold: Jahrbücher des deutschen Reiches unter Heinrich IV. und Heinrich V., Bd. 5–6 (Leipzig 1904, 1909).

Rassow, Peter: Der Kampf Kaiser Heinrichs IV. mit Heinrich V., in: Zeitschrift für Kirchengeschichte 47 (1928), S. 451–465.

Schmeidler, Bernhard: Heinrichs IV. Absetzung 1105/06. Kirchenrechtlich und quellenkritisch untersucht, in: Zeitschrift der Savigny-Stiftung für Rechtsgeschichte, Kanonistische Abteilung 43 (1922), S. 168–221.

Servatius, Carlo: Paschalis II. (1099–1118). Studien zu seiner Person und seiner Politik (Päpste und Papsttum, 14; Stuttgart 1979).

Suchan, Monika: Königsherrschaft im Streit. Konfliktaustragung in der Regierungszeit Heinrichs IV. (Monographien zur Geschichte des Mittelalters, 42; Stuttgart 1997).

Tellenbach, Gerd: Der Charakter Kaiser Heinrichs IV. Zugleich ein Versuch über die Erkennbarkeit menschlicher Individualität im hohen Mittelalter, in: Person und Gemeinschaft. Festschrift für Karl Schmid, hg. von Gerd Althoff u. a. (Sigmaringen 1988), S. 345–367.

Weinfurter, Stefan: Herrschaft und Reich der Salier. Grundlinien einer Umbruchszeit (Sigmaringen 1991).

Ders.: Reformidee und Königtum im spätsalischen Reich. Überlegungen zu einer Neubewertung Kaiser Heinrichs V., in: Reformidee und Reformpolitik im spätsalisch-frühstaufischen Reich, hg. von Stefan Weinfurter (Quellen und Abhandlungen zur mittelrheinischen Kirchengeschichte, 68; Mainz 1992), S. 1–45.

Anmerkungen

1 Die Briefe Heinrichs IV., Nr. 37 (Schmale, S. 115). Die anderen Quellen verzeichnet Meyer von Knonau, Jahrbücher, Bd. 5, S. 27 Anm. 9.

2 Tellenbach, Der Charakter, S. 365.

3 Die Briefe Heinrichs IV., Nr. 34 (Schmale, S. 108).

4 Theodor Schieffer, Die deutsche Kaiserzeit (900–1250) (Deutsche Geschichte, hg. von Walther Hubatsch, Bd. 1/1; Frankfurt-Berlin-Wien 1973), S. 60.
5 Weinfurter, Reformidee und Königtum, S. 17.
6 Ebd. S. 11.
7 Ekkehard v. Aura, ed. Schmale, S. 229/231.
8 Ekkehard v. Aura, ed. Schmale, S. 193.
9 Otto von Freising, Chronik VII.9, hg. von Walther Lammers (Freiherr vom Stein-Gedächtnisausgabe16; Darmstadt 1974) S. 515/517.
10 Die Briefe Heinrichs IV., Nr. 37 (Schmale, S. 119).
11 Ebd. S. 121.
12 Helmold von Bosau, Slawenchronik, hg. von Heinz Stoob (Ausgewählte Quellen zur deutschen Geschichte des Mittelalters. Freiherr vom Stein-Gedächtnisausgabe,19; Darmstadt ⁴1983) S. 141.
13 Ekkehard v. Aura, ed. Schmale, S. 205.
14 Huth, Reichsinsignien, S. 310. Handschrift: Berlin, Staatsbibliothek Stiftung Preuß. Kulturbesitz, Cod. lat. 295, fol.99ʳ. Abbildungen etwa in: Weinfurter, Herrschaft und Reich, vor S. 145; Die Salier und das Reich, Bd. 1, hg. von Stefan Weinfurter unter Mitarbeit von Helmuth Kluger (Sigmaringen 1991) Abb. 4 nach S. 48; Ausstellungs-Katalog «Das Reich der Salier» (Sigmaringen 1992) S. 423; Percy Ernst Schramm, Die deutschen Kaiser und Könige in Bildern ihrer Zeit 751–1190, Neuaufl. hg. von Florentine Mütherich (München 1983) Abb. 184 (mit Kommentar S. 250).Vgl.zuletzt Stefan Beulertz,Ansichten vom handelnden Herrscher. Wendepunkte der salischen Geschichte in Bild und Text, in: Helmut Altrichter (Hg.), Bilder erzählen Geschichte (Freiburg 1995), S. 105–131.
15 Annales Hildesheimenses, ed. Georg Waitz, in: Monumenta Germaniae Historica, Scriptores rerum Germanicarum in usum scholarum [8] (Hannover 1878, Ndr. 1947), S. 56 (sogen. *Libellus de rebellione*).
16 Die Briefe Heinrichs IV., Nr. 38–39 (Schmale, S. 121–131).
17 Die Briefe Heinrichs IV., Nr. 40–41 (Schmale, S. 133–139).
18 Die Briefe Heinrichs IV., Nr. 41 (Schmale, S. 137/139).
19 Die Briefe Heinrichs IV., Nr. 42 (Schmale, S. 139–141).
20 Bernd Schneidmüller, *Regni aut ecclesie turbator*. Kaiser Heinrich V. in der zeitgenössischen französischen Geschichtsschreibung, in: Franz Staab (Hg.), Auslandsbeziehungen unter den salischen Kaisern. Geistige Auseinandersetzung und Politik (Speyer 1994) S. 195–220, bes. S. 204.
21 Ekkehard v. Aura (Schmale, S. 375).

Der Hussitenkelch und die vier Prager Artikel von 1420.
Eine Revolution aus dem Glauben
Ferdinand Seibt

Es gibt keine neuere umfassende deutschsprachige Darstellung der hussitischen Revolution. Demnächst ist eine deutsche Übersetzung des neuesten tschechischen Werkes zu erwarten: František Šmahel: Husitská revoluce. Die Hussitische Revolution. 4 Bde. Prag 1993.
Eine englische Hussitengeschichte für die ersten drei Revolutionsjahre mit detaillierter Darstellung einzelner Entwicklungen publizierte Howard Kaminsky: A History of the Hussite Revolution. Princeton 1966.
Die klassische faktenreiche tschechische Darstellung in 3 Bänden im Rahmen einer vielbändigen Gesamtausgabe böhmischer Geschichte bis 1526 stammt von F. M. Bartoš: Čechy v době Husové 1378–1415. Böhmen zur Zeit des Hus. Prag 1947. Doba Žižkova 1415–1426. Die Zeit Žižkas. Prag 1965. Vláda bratrstěv a její pád 1426–1437. Die Herrschaft der Bruderschaften und ihr Sturz. Bde. Prag 1966.

Eine kurze deutsche Gesamtdarstellung habe ich im 1. Band des von Karl Bosl herausge-
gebenen Handbuchs der Geschichte der böhmischen Länder geschrieben: Böhmen zur
Zeit der Luxemburger und der hussitischen Revolution. München 1967).
Eine Übersicht der Kräfte und Ideen enthält meine Untersuchung: Hussitica. Zur Struktur
einer Revolution. München 1965. Im internationalen Vergleich habe ich die Hussitenzeit
untersucht in: Revolution in Europa. Ursprung und Wege innerer Gewalt. München
1984.
1 Šmahel II, 85
2 A. a. O.
3 Šmahel II, 315

Richard III. usurpiert den Thron.
Die Geschichte und Shakespeare bestimmen das Bild
des königlichen Schurken
Helmut Winter

R. Drewett/M. Redhead, The Trial of Richard III. Gloucester 1984.
K. M. Eising, Richard III. Die weiße Rose von York. Gernsbach 1990.
A. Hanham, Richard III and His Early Historians. Oxford 1975.
A. Kalckhoff, Richard III. Sein Leben und seine Zeit. Bergisch-Gladbach 1980.
P. M. Kendall, Richard III, König von England. Mythos und Wirklichkeit. München 1997.
C. Ross, Richard III. London 1981.
A. Sher, Year of the King. London 1985.

1 Historia Croylandensis Continuatio, in: Rerum Anglicarum Scriptores Veterum, ed.
 W. Fulman. Englische Übersetzung von H. T. Riley unter dem Titel Ingulsph's Chron-
 icles, Oxford 1893.
 Dominic Mancini, The Usurpation of Richard III, ed. and translated by C. A. Arm-
 strong, Oxford 1969.
2 Sir Thomas More, The History of Richard III, ed. R. S. Sylvester, in: Complete Works,
 Yale Edition, Bd. 2, New Haven 1963.
3 Mancini, S. Anm. 1, ebd. S. 84.
4 Polydore Vergil, Three Books of Polydore Vergil's English History, ed. H. Ellis, Camden
 Society, London 1844, S. 175.
5 Vgl. dazu Charles Ross, Richard III, London 1981, S. 75 f.
6 York Civic Records, ed. A. Raine, York 1939–41, Bd. 1, S. 73 f.
7 Weisheit Salomos 4, 3.
8 Rotuli Parliamentorum, ed. J. Strachey and others, London 1767–77, Bd. 6, S. 240 f.
9 Polydore Vergil, s. Anm. 4, ebd. S. 228.
10 Mancini, s. Anm. 1, ebd. S. 212.
11 Sir Thomas More, s. Anm. 2, ebd. Bd. 3, S. 41 f.
12 S. dazu Karl Michael Eising, Richard III, Casimir Katz Verlag 1990, S. 325 f.
13 Zitiert nach R. Koselleck u. a. edd., Geschichtliche Grundbegriffe, Bd. 6, S. 439.
14 Ebd.
15 Croyland Chronicle, s. Anm. 1, ebd. S. 168.
16 S. Anm. 1, ebd. S. 214.

Retter und Verderber der Republik.
Die Revolte des Fiesco zu Genua im Jahre 1547
Achatz von Müller

Literatur

C. Geschi, Gli Alberti di Firenze e la congiura dei Fieschi, in: Bibliotheca Lig. II, 1950.
Chr. Grawe, Friedrich Schiller. Die Verschwörung des Fiesco zu Genua. Erläuterungen und Dokumente, Stuttgart 1985.
W. Kaegi (Hrsg.), J. Burckkardt, Die Kultur der Renaissance in Italien. Ein Versuch, Berlin–Leipzig 1930.
H. Sieveking, Genueser Finanzwesen mit besonderer Berücksichtigung der Casa di S. Giorgio, Bd. II, Die Casa di S. Giorgio, Freiburg 1899.
L. v. Ranke, Über die Verschwörung in Venedig im Jahr 1618, Berlin 1831.
T. Rosina, La congiura del Catilina genovese, Rom 1962.

1 Die unterschiedlichen Fassungen, in: Chr. Grawe, Friedrich Schiller. Die Verschwörung des Fiesco zu Genua, Erläuterungen und Dokumente, Stuttgart 1985.
2 Niccoló Machiavelli, Istorie fiorentine, hrsg. v. F. Gaeta, Mailand 1962, S. 562.
3 Beste Darstellung H. Sieveking, Genueser Finanzwesen mit besonderer Berücksichtigung der Casa di S. Giorgio II, Die Casa di S. Giorgio, Freiburg 1899.
4 Machiavelli, ebenda.
5 J. Heers, Gênes au XVe siécle. Civilisation méditeranéenne, grand capitalisme et capitalisme populaire, Paris 1971, S. 351 ff.
6 C. Fusero, I Doria, Mailand 1973. L. Pelliccioni di Poli, I Doria, Rom 1976.
7 «Nova Reformatio dell' alma città di Genova», Padua 1576. E. Pandiani, Genova e Andrea Doria nel primo quarto del cinquecento, Genua 1949. G. Oreste, Genova e Andrea Doria nella fase critica del conflitto franco-absburgico, in: Achivio Storico Lig., LXXII, 1950, S. 42 ff. M. Nicora, La nobilità genovese dal 1528 al 1700, Micellanea Lig., II, 1961, S. 5 ff.
8 Vgl. Bericht des Sekretärs Gualterius im «Geheimarchiv» des Vatikan bei L. v. Pastor, Geschichte der Päpste seit dem Ausgang des Mittelalters V, Geschichte Pauls III. (1534–1549) Freiburg 1909, S. 205 f.
9 Zum Prestigekonflikt vgl. G. Doria, Investimenti della nobilità genovese nell' edilizia di prestigia (1530–1630), in: Studi storici, 27, 1986, S. 5 ff. Zur Verschwörung: C. Geschi, Gli Alberti di Firenze e la congiura dei Fieschi, in: Biblioteca Lig. II, 1950, S. 34 ff. T. Rosina, la congiura del Catilina genovese, Rom 1962.
10 T. Ossian de Negri, Storia di Genova, Mailand 1974, S. 672.
11 Niccolò Machiavelli, Discorsi spora la prima deca di Tito Livio, Mailand 1971, (III, 6: Delle congiure), S. 390.
12 Ebenda, S. 406 («Alli accidenti»).
13 L. v. Ranke, Über die Verschwörung gegen Venedig im Jahr 1618, Berlin 1831, S. 140.
14 J. Burckhardt, Die Kultur der Renaissance in Italien. Ein Versuch, hrsg. v. W. Kaegi, Berlin–Leipzig 1930, S. 43.

Wilhelm von Oranien löst die Niederlande von Spanien.
Der Aufstand gegen Philipp II.
Horst Lademacher

Martin van Gelderen, The Political Thought of the Dutch Revolt, 1555–1590, Cambridge 1992.
Jonathan I. Israel, The Dutch Republic. Its Rise, Greatness, and Fall, 1477–1806, Oxford 1995.

E. H. Kossmann/A. F. Mellink (Hgg.), Texts Concerning the Revolt of the Netherlands, Cambridge 1974.

Horst Lademacher, Die Geschichte der Niederlande. Politik, Verfassung, Wirtschaft, Darmstadt 1983.

Ders., Die Niederlande. Politische Kultur zwischen Individualität und Anpassung, Frankfurt a. M./Berlin 1993.

Anton van der Lem, De opstand in de Nederlanden (1555–1609), Utrecht u. a. 1995.

Geoffrey Parker, The Dutch Revolt, London 1977, S. 76.

Klaus Vetter, Wilhelm von Oranien, Berlin 1987.

1   Apologie van Willem van Oranje. Vertaling en evaluatie na vierhonderd jaar, 1580–1980, Amsterdam 1980, S. 112.

2   Nach A. A. van Schelven, Willem van Oranje, Amsterdam [4]1948, S. 93.

3   F. Rachfahl, Wilhelm von Oranien, II, 1, Halle 1907, S. 474.

4   Vgl. A. A. van Schelven, Willem van Oranje, S. 42 «no los estados ma vos vos vos!» soll der König ausgerufen haben. Später erinnert Oranien die Generalstände (1567) an ähnliche Worte aus dieser Zeit: «Que, si los estados no tuviesan pilares, no hablarian tan alto»! Über die Entfremdung Philipps von den Niederlanden schreibt auch eindringlich Robert Fruin, Het voorspel van den tachtigjarigen oorlog, Verspreide Geschriften I, (1900), S.273 f.

5   Zitiert bei H. Lademacher, Die Niederlande. Politische Kultur zwischen Individualität und Anpassung, Frankfurt a. M./Berlin 1993.

6   K. Vetter, Wilhelm von Oranien, Berlin 1987, S. 69.

7   So H. Pirenne, Histoire de Belgique, III, Bruxelles [3]1923, S. 245.

8   S. G. Parker, The Dutch Revolt, London 1977, S. 76.

9   Zit. bei A. van der Lem, De opstand in de Nederlanden (1555–1609), Utrecht u. a.1995, S. 63.

Die «Pulververschwörung» gegen Parlament und König.
1605 scheitert der katholische Aufstand in England
Alexander Gauland

Kenneth Allen, The Story of Gunpowder Plot, London 1973.

Philip Caraman, The Other Face. Catholic Life under Elisabeth I., London 1960.

Winston Churchill, Geschichte der englisch-sprechenden Völker, Band I, Die Geburt Britanniens, Bern 1956.

Francis Edwards, S. J. Guy Fawkes. The Real Story of the Gunpowder Plot? London 1969.

Antonia Fraser, The Gunpowder Plot. Terror and Faith in 1605, (Hardcover bei Weidenfeld and Nicolson) London 1996 (Taschenbuchausgabe bei Mandarin Paperbacks, London 1997).

Alexander Gauland, Das Haus Windsor, Berlin 1996.

John Gerard, The Gunpowder Plot and the Gunpowder Plotters, London 1897.

John Gerard, What was the Gunpowder Plot? The Traditional Story Tested by Original Evidence, London 1897.

Alan Haynes, The Gunpowder Plot, Stroud, Glos 1994.

Mark Nichols, Investigating. Gunpowder Plot, London 1991.

1   Der erste Verdacht in dieser Richtung stammt vom venezianischen Botschafter Nicoló Molin, zitiert in Antonia Fraser, The Gunpowder Plot, Terror and Faith in 1605, zuerst erschienen 1996 bei Weidenfeld und Nicolson, Taschenbuchausgabe Mandarin Paperbacks, London 1997, S. 284; moderner Vertreter der These, es habe keine Verschwörung

gegeben: Francis Edwards, S. J. Guy Fawkes. The real story of the Gunpowder Plot?
London 1969; ebenso: John Gerard, The Gunpowder Plot and the Gunpowder Plotters
London 1897, und: What was the Gunpowder Plot? The Traditional Story Tested by
Original Evidence 1897; die extreme Gegenposition vertritt Mark Nilchols, Investigating. Gunpowder Plot, London 1991, vermittelnd: Kenneth Allen, The Story of Gunpowder, London 1973, und: Alan Haynes, The Gunpowder Plot, Stroud, Glos, 1994.
 2 Fraser a. a. O., S. 188.
 3 Alexander Gauland, Das Haus Windsor, Berlin 1996, S. 35.
 4 Philip Caraman, The Other Face, Catholic Life under Elisabeth I., London 1960.
 5 Gauland, a. a. O., S. 73.
 6 Fraser, a. a. O., S. 37–38.
 7 Fraser, a. a. O., S. 287.
 8 Fraser, a. a. O., S. 90–91.
 9 Winston Churchill, Geschichte der englisch-sprechenden Völker, Bd. I, Die Geburt Britanniens, Bern 1956, S. 470.
10 Illustration zwischen S. 60 und 61, Fraser, a. a. O., S. 60 f.
11 Fraser, a. a. O., S. 115.
12 Fraser, a. a. O., S. XVI, Vorbemerkung der Autorin.
13 Fraser, a. a. O., S. 98.
14 Fraser, a. a. O., S. 98.
15 Fraser, a. a. O., S. 200.
16 Fraser, a. a. O., S. 150.
17 Fraser, a. a. O., S. 152.
18 Fraser, a. a. O., S. 156.
19 Fraser, a. a. O., S. 156.
20 Fraser, a. a. O., S. 164.
21 Fraser, a. a. O., S. 173.
22 Fraser, a. a. O., S. 172.
23 Fraser, a. a. O., S. 184.
24 Fraser, a. a. O., S. 187.
25 Fraser, a. a. O., S. 179.
26 Illustration zwischen S. 252 und 253, Fraser S. 252 ff.
27 Fraser, a. a. O., S. 191.
28 Fraser, a. a. O., S. 211.
29 Fraser, a. a. O., S. 283.
30 Fraser, a. a. O., S. 132.
31 Fraser, a. a. O., S. 240–43.
32 Fraser, a. a. O., S. 201.
33 Fraser, a. a. O., S. 203.
34 Fraser, a. a. O., S. 206.
35 Fraser, a. a. O., S. 219.
36 Fraser, a. a. O., S. 253.
37 Fraser, a. a. O., S. 254.
38 Fraser, a. a. O., S. 255.
39 Fraser, a. a. O., S. 256.
40 Fraser, a. a. O., S. 231.
41 Fraser, a. a. O., S. 233.
42 Fraser, a. a. O., S. 266–67.

Die Vollendung des Absolutismus.
Der Frondeaufstand in Frankreich (1648–1653)
Karl Otmar v. Aretin

H. Courteault, La Fronde à Paris, Paris 1930.
F. Kossmann, La Fronde, Leyden 1954.
G. Dethan, Gaston d'Orléans, Paris 1959, 1992.
M. Pernot, La Fronde, Paris 1994.
O. Ranum, The Fronde, A French Revolution 1648–1652, New York-London 1993, französisch: Paris 1995.
H. Carrier, Les Mazarinades, 2. Bde., Genf 1991.
H. Kötting, Die Ormée (1651–1653). Gestaltende Kräfte und Personenverbindungen der Bordelaiser Fronde, Münster 1983.
Zu Mazarin: Mazarin, Aufsätze, hrsg. v. R. Vailland, Paris 1959.

1 Zitat nach Auguste Bailly, Mazarin, 1947, S. 5. Die Zitate sind vom Verfasser nach der Aktenpublikation von F. Kossmann, La Fronde, Leyden 1954, überprüft, so weit bei Kossmann dasselbe Zitat auftaucht. Die Arbeit von Bailly erschien zuerst in französischer Sprache. Die von Frau Dr. Grete Rottmann gefertigte Übersetzung gibt die Zitate korrekt wieder. Sie werden nach der deutschen Ausgabe zitiert.
2 Zitat nach: M. Pernot, La Fronde, Paris 1994, S. 134.
3 Zitat nach: A. Bailly, Mazarin, 1947, S. 102.
4 Zitat nach: A. Bailly, S. 103 f.
5 L. Bely, Dictionnaire de l'Ancien Regime, Paris 1996, S. 574.
6 Zitat nach: A. Bailly, S. 110.
7 Zitat nach A. Bailly, S. 118.
8 Zitat nach A. Bailly, S. 119.
9 Zitat nach A. Bailly, S. 120.
10 Zitat nach O. Ranum, La Fronde, Une révolution française, Paris 1995, S. 208.
11 Zitat nach A. Bailly, S. 170.
12 Zitat nach A. Bailly, S. 213.
13 Zitat nach A. Bailly, S. 193.

«Morgen muß zugeschlagen werden».
Der Sturz Robespierres sowie der Kampf um Mehrheiten und Macht
in der Französischen Revolution
Jochen Köhler

Babeuf: Der Krieg zwischen Reich und Arm. Artikel, Reden, Briefe, hg. von P. Fischer, Berlin 1975.
Barras, Comte de: Mémoires, hg. von G. Duruy, 3 Bde., Paris 1895.
Furet, F./Richet, D.: Die Französische Revolution, Frankfurt am Main 1987.
Furet, F./Ozouf, M. (Hg.): Kritisches Wörterbuch der Französischen Revolution, 2 Bde., Frankfurt am Main 1996.
Madelin, L.: Fouché. 1759–1820, Frankfurt am Main 1970.
Massin, J.: Robespierre, Berlin 1963.
Michelin, J.: Geschichte der Französischen Revolution, hg. von J. Köhler, 5 Bde., Frankfurt am Main 1988.
Robespierre, M.: Ausgewählte Texte, Hamburg 1989.
Zweig, St.: Joseph Fouché. Bildnis eines politischen Menschen, Frankfurt am Main 1952.

1 Parteien im heutigen Sinn waren nach dem Verständnis, das die Revolutionäre von einer «repräsentativen» Demokratie hatten, in der jeder Abgeordnete den Gemeinwillen verkörpern und vertreten sollte, verpönt. Daß es offiziell keine Parteien (mit Programm, Statuten, Mitgliedsstatus) gab, hatte aber den Nachteil, daß die Abgeordneten nicht eindeutig einer bestimmten Gruppierung zuzuordnen waren, im Konfliktfall jedoch willkürlich und nicht selten böswillig einer zu bekämpfenden «Partei» subsumiert wurden.

2 Die verfassungsgebende Nationalversammlung («Konstituante») von 1789 bis 1791 und die gesetzgebende Nationalversammlung («Legislative») von 1791 bis 1792.

3 Maximilien Robespierre: Ausgewählte Texte, Hamburg (Merlin Verlag) 1989, 2. Auflage, S. 664.

4 zit. nach Walter Grab (Hg.): Die Französische Revolution. Eine Dokumentation, München (Nymphenburger Verlagshandlung) 1973, S. 226.

5 zit. nach François Furet/Mona Ozouf (Hg.): Kritisches Wörterbuch der Französischen Revolution, Frankfurt am Main (Suhrkamp) 1996, Bd. 1, S. 200.

6 Louis Madelin: Fouché. 1759–1820, Frankfurt am Main (Societäts-Verlag) 1970, S. 55.

7 Maximilien Robespierre: a. a. O., S. 672 f.

8 zitiert nach Stefan Zweig: Joseph Fouché. Bildnis eines politischen Menschen, Frankfurt am Main (Fischer Taschenbuch) 1952, S. 83 f.

9 Louis Madelin datiert die Rückkehr Fouchés auf den 11. Germinal (31. März) und den Besuch bei Robespierre auf den 18. Germinal (7. April). Nach Stefan Zweig ist Fouché erst am 8. April in Paris angelangt und am Abend des darauffolgenden Tages bei Robespierre gewesen. Etliche Recherche- und Flüchtigkeitsfehler von Zweig, dessen Ruhm als meisterhafter Romancier dadurch nicht geschmälert wird, legen den Rat nahe, den angegebenen Daten und Fakten nur mit Vorbehalt zu vertrauen.

10 Mémoires de Barras, hg. von George Duruy, Paris (Librairie Hachette) 1895, Bd. 1, S. 178 (übersetzt von mir, J. K.).

11 Stefan Zweig: a. a. O., S. 86 f.

12 Mémoires de Barras, Bd. 1, S. 183 (übersetzt von mir, J. K.).

13 Der Revolutionshistoriker Jules Michelet kommt zum Schluß, daß Fouchés Intrigen ohne die Eigeninitiative von Leuten wie Bourdon de l'Oise, Lecointre, Pierre Charles Ruamps und Pierre Louis Bentabole den 9. Thermidor nicht hätten in die Wege leiten können. François Antoine Boissy d'Anglas, ein besonders illustrer, rechtsorientierter und aus der Versenkung aufgetauchter «Thermidorianer», behauptete 1795: «Fouché war am 9. Thermidor überhaupt nicht beteiligt.» Das ist, simpel gesprochen und gedacht, wahr: Fouché war am 9. Thermidor nicht im Konvent. Wenn Boissy d'Anglas, ein «ehrenwerter» Untertaucher (im «Sumpf» des Konvents) und glücklicher Opportunist (wie Fouché), jenem Kollegen jedes Verdienst am Sturze Robespierres abspricht, so spricht dies eher für Neid – zu einer Zeit, in der Fouché im Unterschied zu ihm keinen guten Namen und Rang (mehr) hatte.

14 Maximilien Robespierre: a. a. O., S. 795, 720.

15 Jules Michelet: Geschichte der Französischen Revolution, hg. von Jochen Köhler, Frankfurt am Main (Eichborn Verlag) 1988, Bd. 5, S. 143.

16 Archives Parlementaires de 1787 à 1860, recueil complet des débats législatifs et politiques des chambres françaises, hg. vom Institut d'Histoire de la Révolution française (Université de Paris I), Paris (Éditions du Centre national de la recherche scientifique) 1982, 1. Serie (1787 bis 1799), Bd. 93 (vom 21. Messidor bis zum 12. Thermidor des Jahres II – vom 9. Juli bis zum 30. Juli 1794), S. 533 (übersetzt von mir, J. K.).

17 Ebd., S. 534 (übersetzt von mir, J. K.).

18 Diesbezüglich ist die Quellenlage unsicher, der Historiker Octave Aubry gibt aber sogar einen Dialog wieder.

19 Jules Michelet: a. a. O., S. 156.

20 Ebd., S. 159.

21 Jean Massin: Robespierre, Berlin (Rütten & Loening) 1963, S. 421 f.
22 Der Begriff «Reaktion» kommt erst nach der Thermidorperiode in Gebrauch. In seiner
    modernen politischen Bedeutung taucht er erstmals im Wörterbuch der Akademie von
    1798 auf und bezeichnet «eine Partei, die sich rächt und ihrerseits tätig wird» (François
    Furet/Denis Richet: Die Französische Revolution, Frankfurt am Main [Fischer Taschen-
    buch] 1987, S. 336). Vor allem wird der neue Begriff im nachhinein auf die Massaker
    an Jakobinern und «terroristischen» Gefangenen angewandt.
23 Fouché erhielt diesen wenig ruhmvollen Beinamen, weil er in Lyon die zum Tode
    Verurteilten mit Kartätschen (mitrailles), das sind kleine Geschütze für den Nahkampf,
    in Massen niedermähen ließ.
24 Louis Madelin: a. a. O., S. 67.
25 Babeuf: Der Krieg zwischen Reich und Arm. Artikel, Reden, Briefe, hg. von Peter
    Fischer. Berlin (Verlag Klaus Wagenbach) 1975, S. 105–108.
26 Mémoires de Barras, Bd. 2, S. 118 (übersetzt von mir, J. K.).
27 Stefan Zweig: a. a. O., S. 117.

Der gescheiterte Staatsstreich des aufgeklärten Adels.
Der Dekabristenaufstand von 1825 in Rußland
Nikolaus Katzer

Baratt, G.: Voices in Exile. The Decembrist Memoirs. Montreal u. a. 1974
Beyrau, Dietrich: Militär und Gesellschaft im vorrevolutionären Rußland. Köln u. a. 1984
Die Dekabristen. Dichtungen und Dokumente. Hg. von Gerhard Dudek. Leipzig 1975
Dekabristy. Biografičeskij spravočnik. M. 1988
Keep, John L. H.: Soldiers of the Tsar. Army and Society in Russia 1462–1874. Oxford 1985
Lemberg, Hans: Die nationale Gedankenwelt der Dekabristen. Köln u. a. 1963
Lotman, Jurij M.: Rußlands Adel. Eine Kulturgeschichte von Peter I. bis Nikolaus I. A. d.
    Russ., Köln 1997
Mazour, Anatole G.: The First Russian Revolution, 1825. The Decembrist Movement. Its
    Origins, Development, and Significance. Stanford 1937 (2. Aufl. 1961)
Nečkina, M. V.: Dviženie dekabristov. Bd. 1–2. M. 1955
Raeff, Marc: The Decembrist Movement. Englewood Cliffs, N. J. 1966
Riasanovsky, Nicholas V.: A Parting of Ways. Government and the Educated Public in Russia
    1801–1855. Oxford 1976
Saunders, David: Russia in the Age of Reaction and Reform 1801–1881. London u. a. 1992
Schiemann, Theodor: Geschichte Rußlands unter Kaiser Nikolaus I. Bd. II: Vom Tode Alex-
    ander I. bis zur Juli-Revolution. Berlin 1908
Semevskij, V. I.: Političeskie i obščestvennye idei dekabristov. SPb. 1909
Vosstanie dekabristov. Materialy. Bd. I–XVIII. M.–L. 1925–1984
Walicki, Andrzej: A History of Russian Thought from the Enlightenment to Marxism.
    Stanford 1979
Wolkonskij, Michael: Die Dekabristen. Die ersten russischen Freiheitskämpfer des 19. Jahr-
    hunderts. Zürich 1946
Die russischen Zaren 1547–1917. Hg. von Hans-Joachim Torke. München 1995

1 Tagebuchnotiz vom 12. Dez. 1825, zit. W. Bruce Lincoln, Nikolaus I. von Rußland,
    1796–1855. München 1981, S. 35.
2 Zit. Nikolaj K. Šil'der, Imperator Nikolaj Pervyj. Ego žizn' i carstvovanie. Bd. I. SPb.
    1903, S. 281.
3 Zit. Šil'der, Bd. I, S. 287.
4 Mežducarstvie 1825 goda i vosstanie dekabristov v perepiske i memuarach členov cars-

koj sem'i. Hrsg. von B. E. Syroečkovskij. M.–L. 1926, S. 184, 195. Briefe vom 22. Jan. und 6. Juni 1826.

5 W. Bruce Lincoln, A Re-examination of Some Historical Stereotypes: An Analysis of the Career Patterns and Backgrounds of the Decembrists, in: JbfGO 24 (1976) S. 356.

6 Zit. Šil'der, Bd. I, S. 454.

7 Zit. Šil'der, Bd. I, S. 372.

8 Donesenie Sledstvennoj Komissii 30 maja 1826 [...] SPb. 1826 (Nachdruck in: B. Bazilevskij [V. Bogučarskij]), Gosudarstvennye prestuplenija v Rossii v XIX veke. Bd. I. SPb. 1906, S. 14–45).

9 Donesenie (Nachdruck 1906), S. 15.

10 Baron von Korff, Die Thronbesteigung des Kaisers Nikolaus I. Officielle deutsche Ausgabe. 2. Auflage. Frankfurt (Main) 1857, S. 70, 98. Das Werk war ursprünglich nur für den Kaiser und einen kleinen Kreis Erwählter in 25 Exemplaren gedruckt worden (M. A. Korf, Istoričeskoe opisanie 14-go dekabrja 1825-go goda i predšedšich emu sobytij. SPb. 1848, 2. Auflage 1854). Erst nach der Niederlage im Krimkrieg und unter dem neuen Kaiser Alexander II., der 1856 die letzten Dekabristen begnadigt hatte, konnte das Werk für einen breiteren Leserkreis herausgebracht werden (M. A. Korf, Vosšestvie na prestol imperatora Nikolaja 1-ogo. 3. Auflage, SPb. 1857). Danach erfolgten auch die zitierte deutsche und andere Übersetzungen.

11 Zit. nach Korff, Die Thronbesteigung, S. 160.

12 Diese Bezeichnung stammte von den marxistischen russischen Historikern M. N. Pokrovskij und K. N. Levin. Vgl. A. Herzen, Die russische Verschwörung und der Aufstand vom 14. December 1825. Eine Entgegnung auf die Schrift des Baron Modeste Korff. «Die Thronbesteigung Kaiser Nikolaus I. von Rußland im Jahre 1825». Hamburg 1858, S. 11.

13 W. I. Lenin, Dem Gedächtnis Herzens [1912], in: ders., Werke. Bd. 18., Berlin 1962, S. 15.

14 Richard Pipes, The Russian Military Colonies 1810–1831, in: Journal of Modern History 22 (1950), S. 205–219.

15 Izbrannye social'no-političeskie i filosofskie proizvedenija dekabristov. Hrsg. von I. Ja. Ščipanov. Bd. I. M. 1951, S. 98.

16 A. E. Rozen, Zapiski dekabrista. SPb. 1907, S. 57.

17 M. Aronson/S. Rejser: Literaturnye kružki i salony. L. 1929, S. 24.

18 Zit. F. A. Walker, K. F. Ryleyev: A Self-Sacrifice for Revolution, in: SEER 47 (1969), S. 446.

19 Zit. Marc Raeff, The Decembrist Movement. Englewood Cliffs, N. J. 1966, S. 56 f.

20 Anatole G. Mazour: The First Russian Revolution 1825. The Decembrist Movement. Its Origins, Development, and Significance. Stanford 1937. [Nachdruck 1961], S. 70.

21 Die Dekabristen. Dichtungen und Dokumente. Hrsg. von Gerhard Dudek. Leipzig 1975, S. 176.

22 Izbrannye proizvedenija, Bd. I, S. 243.

23 Izbrannye proizvedenija, Bd. I, S. 243 f.

24 Izbrannye proizvedenija, Bd. I, S. 244 f.

25 Die Dekabristen, S. 391–393.

26 Izbrannye proizvedenija, Bd. I, S. 126.

27 Izbrannye proizvedenija, Bd. I, S. 89, 92; Bd. II, S. 159 f.

28 Vosstanie dekabristov. Materialy. Bd. VII. M.–L. 1958, S. 129.

29 Vosstanie dekabristov, Bd. I (1925), S. 324. Hervorhebung im Original.

30 Izbrannye proizvedenija, Bd. II, S. 171.

31 Izbrannye proizvedenija, Bd. I, S. 316 f.

32 Izbrannye proizvedenija, Bd. I, S. 295 f., 301 f. Hervorhebung im Original.

33 Zit. Günther Stökl, Russische Geschichte von den Anfängen bis zur Gegenwart, 3. Aufl., Stuttgart 1973, S. 477.

34 Zit. Hans Lemberg, Die nationale Gedankenwelt der Dekabristen. Köln u. a. 1963, S. 111.
35 Zit. Theodor Schiemann, Geschichte Rußlands unter Kaiser Nikolaus I., Bd. II., Berlin 1908, S. 71, Anmerkung.
36 Izbrannye proizvedenija, Bd. II, S. 83.
37 Zur Zeit des Aufstandes vom 14. Dezember 1825 weilte Turgenjew bereits längere Zeit im Ausland. Einer Vorladung vor die Untersuchungskommission leistete er keine Folge. In Abwesenheit wurde er am 10. Juli 1826 zu lebenslanger Zwangsarbeit verurteilt. Von Alexander II. 1856 begnadigt, kehrte er mehrfach nach Rußland zurück und starb 1871 in Paris.
38 Zit. Hélène Carrère d'Encausse, The Russian Syndrom. One Thousand Years of Political Murder. New York u. a. 1992, S. 202.
39 Izbrannye proizvedenija, Bd. I, S. 369. Hervorhebungen im Original.
40 A. E. Presnjakov, Apogej samoderžavija: Nikolaj I. L. 1925, passim.
41 Adam B. Ulam, Rußlands gescheiterte Revolutionen. Von den Dekabristen bis zu den Dissidenten. München u. a. 1985, S. 10.
42 Sovetskaja Istoričeskaja Ėnciklopedija. Bd. 9. M. 1966, Sp. 811.
43 Jurij M. Lotman, Besedy o russkoj kul'ture. Byt i tradicii russkogo dvorjanstva (XVIII – načalo XIX veka). SPb. 1994, S. 331–384.
44 A. S. Puškin, Sočinenija. Bd. V. M. 1957, S. 213.
45 Zum Vergleich: die Armee umfaßte zu jener Zeit etwa 500 Generäle, 26 000 Offiziere und 1100 Gardeoffiziere.
46 A. N. Pypin, Die geistigen Bewegungen in Rußland in der ersten Hälfte des XIX. Jahrhunderts., Bd. I., Berlin 1894, S. 689.
47 V. O. Ključevskij, Pis'ma, dnevniki, aforizmy i mysli ob istorii. M. 1968, S. 298 f.

Kugeln für Lincoln und Kennedy.
Zwei tote Präsidenten der USA
und ungezählte Konspirationen in den Köpfen.
Hans E. Tütsch

Assassinations: The Final Assassinations Report. Report of the Select Committee on Assassinations. U. S. House of Representatives. A Bantam Book. New York 1979.

Frank Church Report: Senate Select Committee to Study Government Operations with Respect to Intelligence Activities. Government Printing Office. Washington, D. C. 1976.

David Herbert Donald: Lincoln. Simon & Schuster. New York 1995.

Henry Fairlie: The Kennedy Promise. The Politics of Expectation. Doubleday & Company. New York 1972.

William Hanchett: The Lincoln Murder Conspiracies. University of Illinois Press. Urbana and Chicago 1986.

Richard Hofstadter: The Paranoid Style in American Politics. The University of Chicago Press. 1952.

Iran-Contra Affair: Report of the Congressional Committees Investigating the Iran-Contra Affair. U. S. Government Printing Office. Washington, D. C. 1987.

Victor Lasky: It Didn't Start with Watergate. The Dial Press. New York 1977.

Stephen B. Oates: With Malice toward None. The Life of Abraham Lincoln. A Mentor Book. New York 1978.

—: Abraham Lincoln. The Man behind the Myths. Harper & Row. New York 1984. Paperback 1994.

Jenny Randles: The UFO Conspiracy. Barnes & Noble Books. New York 1993.

Thomas C. Reeves: A Question of Character. A Life of John F. Kennedy. Prima Publishing. Rocklin, California 1992.

The Roswell Report: Case Closed. Headquarters United States Air Force. Barnes & Noble by Arrangement with the U. S. Government Printing Office. New York 1997.

Carl Sandburg. Abraham Lincoln. The Prairie Years. A Harvest Book. Harcourt Brace & Co. Undatiert.

Arthur M. Schlesinger, Jr.: A Thousand Days. John F. Kennedy in the White House. A Fawcett Crest Book. New York 1967.

Michael Schudson: Watergate in American Memory. Basic Books. New York 1992.

Hans L. Trefousse: Andrew Johnson. W. W. Norton & Company. New York 1989.

Jonathan Vankin & John Whalen: The 60 Greatest Conspiracies of all Time. A Citadel Press Book by Carol Publishing Group. Secaucus, New Jersey 1997.

The Warren Report. Report of the President's Commission on the Assassination of President Kennedy. U. S. Government Printing Office. Washington, D. C. 1964.

Watergate: Watergate Special Prosecution Force Report. U. S. Government Printing Office. Washington, D. C. 1975.

–: The Watergate Hearings. A Bantam Book. New York 1973.

1 Stephen Oates: With malice toward none: p. 150.
2 Stephen Oates: With malice toward none: p. 313.
3 Stephen Oates: With malice toward none: p. 142.
4 Stephen Oates: With malice toward none: p. 366.
5 Stephen Oates: With malice toward none: p. 411.
6 Stephen Oates: With malice toward none: p. 425.
7 Stephen Oates: With malice toward none: p. 428.
8 D. H. Donald p. 597.
9 Stephen Oates: With malice toward none: p. 597.
10 Stephen Oates: With malice toward none: p. 599.

Diffamierung aus dem Dunkel.
Die Legende von der Verschwörung des Judentums in den «Protokollen der Weisen von Zion»
Wolfgang Benz

Gottfried zur Beek (Hrsg.), Die Geheimnisse der Weisen von Zion, Charlottenburg 1919.

Wolfgang Benz/Werner Bergmann (Hrsg.), Vorurteil und Völkermord. Entwicklungslinien des Antisemitismus, Freiburg 1997.

Norman Cohn, Warrant for Genocide. The myth of the Jewish world – conspiracy and the Protocols of the Elders of Zion, Chico 1981 (erstmals 1967), deutsche Ausgabe: Die Protokolle der Weisen von Zion. Der Mythos von der jüdischen Weltverschwörung, Köln 1969 (Neuausgabe Baden-Baden, Zürich 1998).

Biarritz. Historisch-politischer Roman in acht Bändern von Sir John Retcliffe, Bd. 1, Berlin o. J. (von Ernst Goetz durchgesehene Ausgabe 1903–1908).

Umberto Eco, Das Foucaultsche Pendel, München 1988.

Umberto Eco, Im Wald der Fiktionen. Sechs Streifzüge durch die Literatur, München 1994.

Michael Hagemeister, Sergej Nilus und die «Protokolle der Weisen von Zion». Überlegungen zur Forschungslage, in: Jahrbuch für Antisemitismusforschung 5 (1996), S. 127–147.

Michael Hagemeister, Wer wer Sergej Nilus? Versuch einer bio-bibliographischen Skizze, in: Ostkirchliche Studien 40 (1991), S. 49–63.

Colin Holmes, New light on the «Protocols of Zion», in: Patterns of Prejudice 11 (1977), Nr. 6, S. 13–22.

The Jewish Peril. Protocols of the Learned Elders of Zion, London 1920.

Danilo Kiš, Enzyklopädie der Toten, Frankfurt a. M. 1988.

Walter Laqueur, Deutschland und Rußland, Berlin 1965.

Urs Lüthi, Der Mythos von der Weltverschwörung. Die Hetze der Schweizer Frontisten gegen Juden und Freimaurer – am Beispiel des Berner Prozesses um die «Protokolle der Weisen von Zion», Basel 1992.

Emil Raas/Georges Brunschvig, Vernichtung und Fälschung. Der Prozeß um die erfundenen «Weisen von Zion», Zürich 1938.

Nachweise bei Béla Rásky, Plagiierte Höllendialoge. Die Fälschungs- und Wirkungsgeschichte der «Protokolle der Weisen von Zion», in: Jüdisches Museum der Stadt Wien (Hrsg.), Die Macht der Bilder. Antisemitische Vorurteile und Mythen, Wien 1995.

Volker Neuhaus, Der zeitgeschichtliche Sensationsroman in Deutschland 1855–1878. «Sir John Retcliffe» und seine Schule. Berlin 1980.

Peter Pulzer, Die Entstehung des politischen Antisemitismus in Deutschland und Österreich 1867–1914, Gütersloh 1966.

Alfred Rosenberg. Die Protokolle der Weisen von Zion und die jüdische Weltpolitik, München 1923 (10. Aufl. 1933).

Hans Sarkowicz, Die Protokolle der Weisen von Zion, in: Karl Corino (Hrsg.), Gefälscht! Betrug in Politik, Literatur, Wissenschaft, Kunst und Musik, Frankfurt a. M. 1990, 56–73.

Binjamin Segel, Die Protokolle der Weisen von Zion kritisch beleuchtet. Eine Erledigung. Berlin 1924.

Robert Singerman, The American Career of the Protocols of the Elders of Zion, in: American Jewish History 71 (1981), S. 48–78.

Yaacov Tsigelman, «The Universal Jewish Conspiracy» in Soviet Anti-Semitic Propaganda, in: Theodore Freedman (Hrsg.), Anti-Semitism in the Soviet Union: Its Roots and Consequences, New York 1984, S. 394–421.

Arnold Zweig, Bilanz der deutschen Judenheit. Ein Versuch, Amsterdam 1934, Neudruck Leipzig 1991.

Die Zionistischen Protokolle. Das Programm der internationalen Geheim-Regierung. Aus dem Englischen übersetzt nach dem im Britischen Museum befindlichen Original. Mit einem Vor- und Nachwort von Theodor Fritsch, Leipzig 1924.

1 Volker Neuhaus, Der zeitgeschichtliche Sensationsroman in Deutschland 1855–1878. «Sir John Retcliffe» und seine Schule. Berlin 1980, S. 24.

2 Biarritz. Historisch-politischer Roman in acht Bänden von Sir John Retcliffe. Bd. 1, Berlin o. J. (von Ernst Goetz durchgesehene Ausgabe 1903–1908), S. 154.

3 Nachweise bei Béla Rásky, Plagiierte Höllendialoge. Die Fälschungs- und Wirkungsgeschichte der «Protokolle der Weisen von Zion», in: Jüdisches Museum der Stadt Wien (Hrsg.), Die Macht der Bilder. Antisemitische Vorurteile und Mythen, Wien 1995, S. 264 f.

4 Norman Cohn, Warrant for Genocide. The myth of the Jewish world – conspiracy and the Protocols of the Elders of Zion, Chico 1981 (erstmals 1967). Das Buch (deutsche Ausgabe: Die Protokolle der Weisen von Zion. Der Mythos von der jüdischen Weltverschwörung, Köln 1969) ist immer noch die gründlichste und daher unentbehrliche Studie. Die neueste Arbeit, Hadassa Ben-Itto, «Die Protokolle der Weisen von Zion» – Anatomie einer Fälschung, Berlin 1998, ist dagegen in jeder Beziehung unzulänglich.

5 Gottfried zur Beek (Hrsg.), Die Geheimnisse der Weisen von Zion, Charlottenburg 1919, zit. 10. Auflage, München 1930, S. 27.

6 Ebenda, S. 27 f.

7 Ebenda, S. 32.

8 Ebenda, S. 38.

9 Vgl. Wolfgang Benz/Werner Bergmann (Hrsg.), Vorurteil und Völkermord. Entwicklungslinien des Antisemitismus, Freiburg 1997.

10 Vgl. Peter Pulzer, Die Entstehung des politischen Antisemitismus in Deutschland und Österreich 1867–1914, Gütersloh 1966.

11 Vgl. Jacob Katz, Vom Vorurteil bis zur Vernichtung. Der Antisemitismus 1700–1933, München 1989, S. 107 ff.

12 Vgl. Walter Laqueur, Deutschland und Rußland, Berlin 1965, S. 109 f.

13 Michael Hagemeister, Wer war Sergej Nilus? Versuch einer bibliographischen Skizze, in: Ostkirchliche Studien 40 (1991), S. 49–63, zit. S. 53.

14 Michael Hagemeister, Sergej Nilus und die «Protokolle der Weisen von Zion». Überlegungen zur Forschungslage, in: Jahrbuch für Antisemitismusforschung 5 (1996), S. 127–147.

15 Die Geheimnisse der Weisen von Zion, hrsg. von Gottfried zur Beek, Charlottenburg 1919.

16 Ebenda, S. 15.

17 Die Zionistischen Protokolle. Das Programm der internationalen Geheim-Regierung. Aus dem Englischen übersetzt nach dem im Britischen Museum befindlichen Original. Mit einem Vor- und Nachwort von Theodor Fritsch, Leipzig 1924, S. 3.

18 Ebenda, S. 79.

19 Alfred Rosenberg, Die Protokolle der Weisen von Zion und die jüdische Weltpolitik, München 1923 (10. Aufl. 1933).

20 Vgl. Hans Sarkowicz, Die Protokolle der Weisen von Zion, in: Karl Corino (Hrsg.), Gefälscht! Betrug in Politik, Literatur, Wissenschaft, Kunst und Musik, Frankfurt a. M. 1990, S. 67.

21 The Jewish Peril. Protocols of the Learned Elders of Zion, London 1920.

22 Colin Holmes, New light on the «Protocols of Zion», in: Patterns of Prejudice 11 (1977), Nr. 6, S. 12–13.

23 Robert Singerman, The American Career of the Protocols of the Elders of Zion, in: American Jewish History 71 (1981), S. 48–78.

24 Binjamin Segel, Die Protokolle der Weisen von Zion kritisch beleuchtet. Eine Erledigung. Berlin 1924, S. XII. Vgl. auch das mit ähnlichem aufklärerischen Anspruch für die USA geschriebene Buch: Herman Bernstein, The Truth about «The Protocols of Zion». A complete Exposure, New York 1935.

25 Die zionistischen Protokolle (s. Anm. 17), S. 77.

26 Urs Lüthi, Der Mythos von der Weltverschwörung. Die Hetze der Schweizer Frontisten gegen Juden und Freimaurer – am Beispiel des Berner Prozesses um die «Protokolle der Weisen von Zion», Basel 1992; vgl. Emil Raas und Georges Brunschvig, Vernichtung und Fälschung. Der Prozeß um die erfundenen «Weisen von Zion», Zürich 1938.

27 Vgl. Ulrich Fleischhauer, Die echten Protokolle der Weisen von Zion, Erfurt 1935; vgl. Hans Jonak von Freyenwald (Hrsg.), Der Berner Prozeß um die Protokolle der Weisen von Zion. Akten und Gutachten, Erfurt 1939, s. a. Stephan Vász, Das Berner Fehlurteil, Erfurt 1935.

28 Vgl. Yaacov Tsigelman, «The Universal Jewish Conspiracy» in Soviet Anti-Semitic Propaganda, in: Theodore Freedman (Hrsg.), Anti-Semitism in the Soviet Union. Its Roots and Consequences, New York 1984, S. 394–421.

29 Arnold Zweig, Bilanz der deutschen Judenheit. Ein Versuch, Amsterdam 1934, Neudruck Leipzig 1991, S. 83 f.

30 Adolf Hitler, Mein Kampf, München 1925, Ausgabe 1937 (248.–251. Auflage), S. 337.

31 Danilo Kiš, Enzyklopädie der Toten, Frankfurt a. M. 1988, S. 141 ff.

32 Umberto Eco, Das Foucaultsche Pendel, München 1988, S. 565.

33 Umberto Eco, Im Wald der Fiktionen. Sechs Streifzüge durch die Literatur, München 1994, S. 155 ff.; ein Vorabdruck erschien unter dem Titel «Eine Fiktion, die zum Alptraum wird. Die Protokolle der Weisen von Zion und ihre Entstehung» in der Frankfurter Allgemeinen Zeitung am 2. 7. 1994.

34 Ebenda.

Die Idee von einem anderen Deutschland.
Das Attentat auf Hitler am 20. Juli 1944
Hans-Ulrich Thamer

Max Domarus, Hitler. Reden und Proklamationen 1932–1945, Bd. II, 2 (1941–1945), Wiesbaden 1973 (1988⁴).

Dieter Ehlers, Technik und Moral einer Verschwörung. 20. Juli 1944, Frankfurt a. M./Bonn 1964.

Joachim Fest, Staatsstreich. Der lange Weg zum 20. Juli, Berlin 1994.

Friedrich Freiherr Hiller von Gaertringen (Hrsg.), Ulrich von Hassel. Die Hassel-Tagebücher 1938–1944. Aufzeichnungen vom anderen Deutschland, Berlin 1988.

Peter Hoffmann, Widerstand, Staatsstreich, Attentat. Der Kampf der Opposition gegen Hitler, München 1969.

Hans-Adolf Jacobsen (Hrsg.), Spiegelbild einer Verschwörung. Die Opposition gegen Hitler und der Staatsstreich vom 20. Juli 1944 in der SD-Berichterstattung. Geheime Dokumente aus dem ehemaligen Reichssicherheitshauptamt, Band 1, Stuttgart 1984.

Hans Mommsen, Neuordnungspläne der Widerstandsbewegung des 20. Juli 1944, in: Deutscher Bundestag (Hrsg.), 50. Jahrestag des Attentats vom 20. Juli 1944. Zum Gedenken an den Widerstand gegen die nationalsozialistische Gewaltherrschaft, Bonn 1994.

Christian Müller, Oberst i. Graf Stauffenberg, Eine Biographie, Düsseldorf 1970.

Ralf Georg Reuth (Hrsg., Joseph Goebbels, Tagebücher, Band 5: 1943–1945, München/Zürich 1992.

Gerhard Ritter, Carl Goerdeler und die deutsche Widerstandsbewegung, Stuttgart 1956³.

Ger van Roon, Neuordnung im Widerstand. Der Kreisauer Kreis innerhalb der deutschen Widerstandsbewegung, München 1967.

Fabian von Schlabrendorf, Offiziere gegen Hitler, Frankfurt a. M. 1959.

Paul Schmidt, Statist auf diplomatischer Bühne 1923–1945. Erlebnisse des Chefdolmetschers im Auswärtigen Amt mit den Staatsmännern Europas. Bonn 1949.

Peter Steinbach, Der 20. Juli, in: Alexander Demandt (Hrsg.), Das Attentat in der Geschichte, Köln 1996.

Eberhard Zeller, Der Geist der Freiheit. Der 20. Juli 1944, München 1965.

1 Spiegelbild einer Verschwörung. Die Opposition gegen Hitler und der Staatsstreich vom 20. Juli 1944 in der SD-Berichterstattung. Geheime Dokumente aus dem ehemaligen Reichssicherheitshauptamt. Hrsg. von Hans-Adolf Jacobsen, Stuttgart 1984, Bd. I, S. 1 ff.

2 Joseph Goebbels, Tagebücher 1924–1945. Hrsg. von Ralf Georg Reuth, Bd. 5: 1943–1945, München/Zürich 1992, S. 2079 bzw. S. 2084.

3 Hans Mommsen, Neuordnungspläne der Widerstandsbewegung des 20. Juli 1944, in: Deutscher Bundestag (Hrsg.), 50. Jahrestag des Attentats vom 20. Juli 1944. Zum Gedenken an den Widerstand gegen die nationalsozialistische Gewaltherrschaft, Bonn 1994, S. 25.

4 Gerhard Ritter, Carl Goerdeler und die deutsche Widerstandsbewegung, Stuttgart 3. Aufl. 1956, S. 352f.

5 Ger van Roon, Neuordnung im Widerstand. Der Kreisauer Kreis innerhalb der deutschen Widerstandsbewegung, München 1967, S. 336.

6 Zit. nach Dieter Ehlers, Technik und Moral einer Verschwörung. 20. Juli 1944, Frankfurt a. M./Bonn 1964, S. 92.

7 Ulrich v. Hassel, Die Hassel-Tagebücher 1938–1944. Aufzeichnungen vom anderen Deutschland. Hrsg. von Friedrich Frhr. Hiller v. Gaertringen, Berlin 1988, S. 421 (Eintrg. v. 23. 2. 1944).

8 Joachim Fest, Staatsstreich. Der lange Weg zum 20. Juli, Berlin 1994, S. 234.

9 Zit. nach Christian Müller, Oberst i. G. Stauffenberg. Eine Biographie, Düsseldorf 1970, S. 385.

10 Zit. nach F. v. Schlabrendorff, Offiziere gegen Hitler, Frankfurt a. M. 1959, S. 138.

11 Zit. nach Fest, Staatsstreich, S. 253.

12 Spiegelbild einer Verschwörung, Bd. 1, S. 117.

13 Zit. nach Eberhard Zeller, Der Geist der Freiheit. Der 20. Juli 1944, München 1965, S. 419.

14 Zit. nach Paul Schmidt, Statist auf diplomatischer Bühne 1923–45. Erlebnisse des Chefdolmetschers im Auswärtigen Amt mit den Staatsmännern Europas, Bonn 1949, S. 582.

15 Fest, Staatsstreich, S. 274.

16 Fest, Staatsstreich, S. 275.

17 Zit. nach Hoffmann, Widerstand, Staatsstreich, Attentat. Der Kampf der Opposition gegen Hitler, München 1969, S. 601.

18 Zit. nach Hoffmann, Staatsstreich, S. 601.

19 Zit. nach Fest, Staatsstreich, S. 279 f.

20 Zit. nach Fest, Hitler, S. 970.

21 Zit. nach Ehlers, Technik und Moral, S. 113.

22 Domarus, Hitler, Bd. II, 2, S. 2127.

23 Peter Steinbach, Der 20. Juli, in: Das Attentat in der Geschichte, Hrsg. von Alexander Demandt, Köln 1996, S. 387.

Mit der Waffe in der Hand.
Militärputsch im hispanischen Raum
Walter Haubrich

Zeitungen und Zeitschriften:
Frankfurter Allgemeine Zeitung, 6. 6. 1997 und 5. 12. 1983
Tiempo, Nr. 825, 23. 2. 98.

Bücher:
Julio *Busquets:* El militar de carrera en España. Estudio de Sociología Militar. (Segunda edición) Barcelona 1971.

Comisión Nacional sobre la desaparecíon de personas: Nunca más. Buenos Aires 1986.

Ramón *Cótarelo*: La Conspiracón. El golpe de estado difuso. Barcelona 1995.

Ernesto *Ekaizer:* Vendetta. Barcelona 1996.

Carlos *Fernández:* Los militares en la transición política. Un estudio objetivo sobre la actuación del Ejercito en una etapa clave de nuestra historia reciente. Barcelona 1982.

Enrique *Finot:* Nueva Historia de Bolivia und Mariano *Baptista Gumucio:* Historia contemporánea de Bolivia 1930–1978. La Paz 1978.

Tulio *Halperin Donghi:* Geschichte Lateinamerikas von der Unabhängigkeit bis zur Gegenwart. Frankfurt am Main 1991.

Tulio *Halperin Donghi:* Historia Contemporánea de América Latina. Madrid 1969.

Juan Carlos I. von Spanien/Walter *Haubrich:* Rede vom 23. Februar 1981. Hamburg 1992.

Detlef *Junker,* Dieter Nohlen, Hartmut Sangmeister (Hrsg.): Lateinamerika am Ende des 20. Jahrhunderts. München 1994.

Salvador de *Madariaga:* España. Ensayo de Historia Contemporánea. (Decimocuarta edición) Madrid 1979.

José *Oneto:* La verdad sobre el caso Tejero. El proceso del siglo. Barcelona 1982.

Stanley G. *Payne:* Los política militares y la política en la España contemporánea. Paris 1968.

Hans-Jürgen *Puhle* (Hrsg.): Lateinamerika. Historische Realität und Dependencia-Theorien. Hamburg 1997.

Augustin *Souchy:* betrifft: Lateinamerika. Zwischen Generälen, Campesinos und Revolutionären. Frankfurt am Main 1974.

1 Vgl. Luis María Anson, einer der «Mitverschwörer», in: Tiempo, Nr. 825 v. 23. 2. 98, S. 24–30.

2 Der Fall Roldán wurde im übrigen nicht von einem Blatt der «Verschwörung», sondern von der um Neutralität bemühten Tageszeitung «Diario 16» aufgedeckt.

3 Die amerikanische Regierung, der Geheimdienst und das Pentagon haben bei der Vorbereitung einiger Militärputsche mitgearbeitet. So etwa bei dem besonders grausamen Staatsstreich der chilenischen Militärs unter Pinochet und dem, der 1954 zum Sturz von Jacobo Arbenz in Guatemala führte. Vgl. u. a. Klaus Lindenberg, Militär und Abhängigkeit in Lateinamerika, in: Hans-Jürgen Puhle (Hrsg.), Lateinamerika. Historische Realität und Dependencia-Theorien, Hamburg 1977, S. 193–229.

4 S. Peter Waldmann, Staatliche und parastaatliche Gewalt in Lateinamerika, S. 79 ff., in: Detlef Junker, Dieter Nohlen, Hartmut Sangmeister (Hrsg.), Lateinamerika am Ende des 20. Jahrhunderts, München 1994, S. 75–103.

5 Vgl. FAZ v. 6. 6. 1997, Gespräch Banzers mit dem Autor.

6 Gespräch des Autors mit Vargas.

7 Vgl. FAZ v. 5. 12. 1983. In der gleichen Zeit boten Generäle dem amtierenden Vizepräsidenten beim Abendessen im Beisein des Autors an, ihn mit einem Putsch zum Präsidenten zu machen, was dieser ablehnte.

8 Vgl. Klaus Lindenberg, in: Hans-Jürgen Puhle, a. a. O.

Die Autoren

Karl Otmar von Aretin, geb. 1923, em. Professor für Zeitgeschichte an der Technischen Hochschule Darmstadt und Direktor der Abteilung Universalgeschichte des Instituts für Europäische Geschichte in Mainz 1968–1994; Hauptschriftleiter der Neuen Deutschen Biographie.

Wolfgang Benz, geb. 1941, Professor für Zeitgeschichte und Leiter des Zentrums für Antisemitismusforschung an der Technischen Universität Berlin.

Klaus Bringmann, geb. 1936, Professor für Alte Geschichte an der Universität Frankfurt am Main.

Alexander Gauland, geb. 1941, Dr. phil., war seit 1970 in der politischen Administration der Bundesrepublik Deutschland im In- und Ausland tätig; seit Juli 1993 Herausgeber der Märkischen Allgemeinen.

Walter Haubrich, geb. 1935, langjähriger Korrespondent der Frankfurter Allgemeinen Zeitung für Spanien und Südamerika; Träger des Augsburger Universitätspreises für Spanien- und Lateinamerikastudien.

Martin Jehne, geb. 1955, Professor für Alte Geschichte an der Technischen Universität Dresden.

Nikolaus Katzer, geb. 1952, Professor für Geschichte des 19. und 20. Jahrhunderts, insbes. der Geschichte Mittel- und Osteuropas, an der Bundeswehr-Hochschule Hamburg.

Jochen Köhler, geb. 1954, Dr. phil., Publizist in Frankfurt am Main.

Theo Kölzer, geb. 1949, Professor für Mittelalterliche und Neuere Geschichte an der Universität Bonn.

Horst Lademacher, geb. 1931, Professor für Neuere, Neueste und Landesgeschichte sowie Direktor des Zentrums für Niederlande-Studien an der Universität Münster.

Achatz von Müller, geb. 1943, Professor für Mittelalterliche Geschichte an der Universität Basel.

Michael Richter, geb. 1943, Professor für Mittelalterliche Geschichte an der Universität Konstanz.

Uwe Schultz, Hrsg., geb. 1936, Dr. phil., Publizist, Frankfurt am Main und Paris.

Ferdinand Seibt, geb. 1927, em. Professor für Mittelalterliche Geschichte an der Ruhr-Universität Bochum.

Hans-Ulrich Thamer, geb. 1943, Professor für Neuere und Neueste Geschichte an der Universität Münster.

Hans E. Tütsch, geb. 1918, war langjähriger Korrespondent der Neuen Zürcher Zeitung in den USA.

Dietrich Wildung, geb. 1941, Professor für Ägyptologie an der Freien Universität Berlin, Direktor des Ägyptischen Museums Berlin.

Helmut Winter, geb. 1935, Dr. phil., Publizist, Frankfurt am Main.

Epochenübergreifende Darstellungen bei C. H. Beck
(Eine Auswahl)

Uwe Schultz (Hrsg.)
Große Prozesse
Recht und Gerechtigkeit in der Geschichte
2. Auflage. 1997. 462 Seiten. Leinen

Alexander Demandt (Hrsg.)
Das Ende der Weltreiche
Von den Persern bis zur Sowjetunion
Die Beiträge von Donald Nicol, Bernard Porter und Toru Yuge
wurden von Michael Redies aus dem Englischen ins Deutsche übertragen.
1997. 283 Seiten. Leinen

Michael A. Meyer (Hrsg.)
Deutsch-Jüdische Geschichte in der Neuzeit
Herausgegeben im Auftrag des Leo Baeck Instituts.
Mitwirkung: Michael Brenner

Band 1: Tradition und Aufklärung 1600–1780
Von Mordechai Breuer und Michael Graetz.
1996. 390 Seiten mit 53 Abbildungen und 6 Karten. Leinen

Band 2: Emanzipation und Akkulturation 1780–1871
Von Michael Brenner, Stefi Jersch-Wenzel und Michael A. Meyer.
1996. 402 Seiten mit 46 Abbildungen und 3 Karten. Leinen

Band 3: Umstrittene Integration 1871–1918
Von Steven M. Lowenstein, Paul Mendes-Flohr, Peter Pulzer
und Monika Richarz.
1997. 428 Seiten mit 50 Abbildungen und 4 Karten. Leinen

Band 4: Aufbruch und Zerstörung 1918–1945
Von Avraham Barkai und Paul Mendes-Flohr,
mit einem Epilog von Steven M. Lowenstein.
1997. 429 Seiten mit 48 Abbildungen und 3 Karten. Leinen.

Verlag C. H. Beck München